U0453318

本书系国家社会科学基金资助项目"上海合作组织能源俱乐部法律机制研究"(14XFX014)、中共陕西省委党校(陕西行政学院)出版资助项目

上海合作组织能源俱乐部法律机制研究

刘素霞 著

Study on the legal mechanism of energy club of
Shanghai Cooperation Organization

中国社会科学出版社

图书在版编目（CIP）数据

上海合作组织能源俱乐部法律机制研究 / 刘素霞著． —北京：中国社会科学出版社，2020.7

ISBN 978-7-5203-6516-1

Ⅰ.①上… Ⅱ.①刘… Ⅲ.①上海合作组织－能源经济－国际合作－研究 Ⅳ.①F416.2

中国版本图书馆 CIP 数据核字（2020）第 086776 号

出 版 人	赵剑英
责任编辑	许　琳
责任校对	鲁　明
责任印制	郝美娜

出　　版	中国社会科学出版社
社　　址	北京鼓楼西大街甲 158 号
邮　　编	100720
网　　址	http://www.csspw.cn
发 行 部	010-84083685
门 市 部	010-84029450
经　　销	新华书店及其他书店
印刷装订	北京市十月印刷有限公司
版　　次	2020 年 7 月第 1 版
印　　次	2020 年 7 月第 1 次印刷
开　　本	710×1000　1/16
印　　张	20
字　　数	312 千字
定　　价	118.00 元

凡购买中国社会科学出版社图书，如有质量问题请与本社营销中心联系调换

电话：010-84083683

版权所有　侵权必究

目 录

第一章 绪论 …………………………………………………………… 1

第二章 上海合作组织区域合作机制的发展历程 ………………… 6
 第一节 上海合作组织区域合作机制概述 …………………… 8
 第二节 上海合作组织区域合作机制的扩容 ………………… 18
 第三节 上海合作组织区域合作机制的功能扩溢 …………… 40

第三章 上海合作组织区域能源合作法律机制的探索与初建 …… 62
 第一节 上海合作组织能源俱乐部的建立倡议及酝酿阶段
    （2006—2012年）………………………………… 62
 第二节 上海合作组织各成员国对能源俱乐部法律机制构建的
    不同主张 ………………………………………… 67
 第三节 上海合作组织能源俱乐部的法律机制初创和推进阶段
    （2013年至今）…………………………………… 90

第四章 上海合作组织能源俱乐部现行法律机制评析 …………… 93
 第一节 上海合作组织能源俱乐部框架下区域能源合作的成效
    分析 ……………………………………………… 93
 第二节 上海合作组织能源俱乐部框架下多边能源合作的障碍
    分析 ……………………………………………… 113
 第三节 上海合作组织能源俱乐部现行法律机制的局限性评析 …… 118

第五章　上海合作组织能源俱乐部法律机制重构的必要性和可行性 …… 123
第一节　上海合作组织能源俱乐部法律机制重构的必要性 …… 123
第二节　上海合作组织能源俱乐部法律机制重构的可行性 …… 148

第六章　上海合作组织能源俱乐部法律机制重构借鉴与主要模式比较 …… 206
第一节　几种主要的国际能源合作法律机制及比较分析 …… 206
第二节　"一带一路"对上海合作组织能源俱乐部法律机制重构的影响 …… 237

第七章　上海合作组织能源俱乐部法律机制重构设计 …… 248
第一节　上海合作组织能源俱乐部法律机制重构的总体构想 …… 249
第二节　能源政策沟通与信息共享机制 …… 265
第三节　能源基础设施互联互通合作机制 …… 268
第四节　能源贸易畅通与定价机制 …… 272
第五节　能源投资金融合作机制 …… 274
第六节　能源民生工程建设与共同发展机制 …… 279
第七节　多边能源合作争端解决机制 …… 282

第八章　中国深度参与上海合作组织能源俱乐部法律机制重构 …… 288

附录：重要网站 …… 293

参考文献 …… 295

后　记 …… 317

第一章　绪论

上海合作组织是第一个在中国境内宣布成立、第一个以中国城市命名（至今也是唯一一个）、总部设在中国境内的区域性国际组织。通过多年努力，上海合作组织已经成为兼顾不同规模、不同文明、不同国家制度、不同发展水平的国家之间共处的真正典范。随着上海合作组织的不断发展，地区性政治安全的压力暂时有所放松，各成员国开始寻求政治安全合作范围的扩大以及其他领域的合作。通过机制扩容、功能扩溢，上海合作组织的合作范围扩展至政治、安全、经济、人文等领域，并在这些领域探寻各成员国的共同利益或共享利益所在。《上海合作组织宪章》也强调，支持和鼓励各种形式的区域经济合作，推动贸易和投资便利化，以逐步实现商品、资本、服务和技术的自由流通；有效使用交通运输领域内的现有基础设施，完善成员国的过境潜力，发展能源体系。

安全与经济是上海合作组织发展的两个车轮。其中，安全合作是上海合作组织及其成员关注度最高的共同预期战略目标，安全合作是上海合作组织未来发展的首要职能。在此前提下，随着双边经济合作的频繁开展和"上海精神"在组织内的深化，区域经济合作正在稳步推进，上海合作组织也亟须持续发展动力。印度、巴基斯坦加入上海合作组织后，该组织的安全职能得以强化，其经济职能的潜力进一步扩大，这两个非独联体国家的加入，改变了上海合作组织的成员结构，也能对国际上针对上海合作组织的"偏见"起到一定对冲作用。但同时也面临一些重大挑战，如组织内部的政治互信仍需进一步加强，成员国之间多元化利益的协调将更加困难，"协商一致"的决策机制更难满足，可能会对合作项目落实的效率有一定影响。

上海合作组织各成员国均不同程度地希望开展区域能源合作并建立合作机制，但在各方呼吁并筹备逾七年的上海合作组织能源俱乐部终于于2013年12月6日建立，但至今也仅召开了五次高官委员会，鲜见有多边能源行动规划，更勿论法律机制的构建和运行，尚不能充分发挥其在上海合作组织框架下有效引导区域能源合作的作用。上海合作组织区域以双边、小多边形式开展能源合作，虽取得了一些成效，但多边能源合作机制建设停滞不前。在上海合作组织框架下，中国与中亚国家、俄罗斯之间构建了多条能源战略通道，油气贸易往来频繁，达成了一些基础设施建设的合作协议等等，但因各国利益诉求各异难以协同，区域内能源合作范围还显得较为局狭、区域内开展多边能源合作的黏性不足、多边能源合作机制特性化探索受限等因素严格制约了能源俱乐部的机制化建设。

全球能源供需格局正在悄然发生改变，呈现"供给西进"和"需求东移"的主要变革路径。欧佩克和俄罗斯等部分非欧佩克国家通过油气减产以推高油价，但借此"东风"，以美国"页岩油气革命"为代表的非常规油气产量激增一跃超越老牌油气生产国而坐收"渔翁之利"。美国在时隔60年后重新成为天然气的净进口国，实现华丽的超越而渐成为世界能源生产的"另一中心"，并可能对其他新兴经济体发展非常规能源和可再生能源实现"弯道超车"起到示范作用。在此背景下，全球能源供给格局逐渐呈现"多中心"趋势。同时，中国、印度等新兴经济体成为全球能源消费新增量的主体。世界能源消费的重心正呈现由西向东移的倾向，由原来发达国家主导转变为发达国家与发展中国家共同主导的格局。从前两次全球能源转型的经验来看，位于能源消费中心的国家或地区可能对全球能源格局带来重要影响，将成为全球能源消费的主要增长动力并一定程度上作用于本地区或全球的经济增长。全球能源供需格局的变化趋势，导致能源供给侧与需求侧的主导国家逐渐明晰，而这些国家可能深刻影响着未来的全球能源发展和能源治理体系。

全球能源结构正在引发新一轮的能源革命,其发展趋势是从高碳到低碳清洁能源发展。2017年全球能源消费结构大致呈现"四分天下"的格局:石油仍是世界的主导燃料,在所有能源消费中的占比刚刚超过三分之一。煤炭的市场份额比例降至27.6%,为自2004年以来的最低水平。天然气在一次能源消费中占据了23.4%的份额,而核能、水电及其他可再生能源的消费占比将近15%,其中,可再生能源占比再创新高。能源结构整体上呈现化石能源与新能源"多能并存"的局面,核能、水电及其他可再生能源在能源消费结构中的比重逐年增加,能源消费结构逐渐向低碳化方向发展的趋势明显,由原来的化石能源为主、清洁能源为辅逐渐向清洁能源为主、化石能源为辅的结构转变。风能、水能、太阳能和生物质能等可再生能源正成为全球能源转型的核心,也已被很多国家列为当前和未来能源发展的重要方向。中国是全球清洁可再生能源投资规模的领跑国家,全球可再生能源总装机容量排名第一,正在引领全球可再生能源的发展。从向可再生能源转型中产生的世界将与建立在化石能源基础上的世界大不相同,权力将可能变得更加分散和扩散,一些国家的影响力将可能得到空前增加,而那些严重依赖化石能源出口且未及时实现能源转型的国家可能会逐渐失去影响力。

"能源治理"是"治理"理念在能源领域的拓展与运用,无论区域能源治理还是全球能源治理,能源治理指的是不同参与主体之间的合作,并在合作过程中达成共识形成具有约束力的制度和规范,指导进一步的合作和能源发展,共同保障区域或全球的能源安全。

作为区域内负责任的大国,中国积极引导、推动上海合作组织区域能源治理发展。能源安全是非传统安全的重要组成部分,上海合作组织是全球非传统安全领域治理水平的典范。因而,中国一直在为将上海合作组织能源俱乐部建设成"区域能源共同体"而不懈努力。传统化石能源的蕴藏受地域所限而致分布不均衡,上海合作组织区域内很多发展中国家的油气资源较为贫乏,严重影响了这些国家的经济发展水平。然而,水能、风能、太阳能、生物质能等清洁低碳能源和可再生能源的全球分布却较为均衡，发展中国家也可以因地制宜地开发利用这些可再生能源，以补给传统能源的缺乏。中国从自身能源革命出发，结合全球能源格局转型的大趋势，未雨绸缪，积极引导上海合作组织区域内能源治理格局向绿色、低碳能源转型，为区域能源治理水平和治理能力提升，发挥大国引领作用。

中国将上海合作组织区域能源治理对接更大范围、更高水平、更深层次的区域能源治理体系。上海合作组织能源俱乐部的发展迟缓，与该组织安全合作领域在全球的影响力不相匹配。区域内各国对能源俱乐部的向心力不强，尤其是同为大国的俄罗斯，更愿意与区域内其他国家进行双边或小多边的能源合作，而对上海合作组织能源俱乐部这样一个独具特色的区域能源组织机制的设计、构建、运行等投入有限。中国希望打造开放型的区域能源共同体，然而上海合作组织区域范围有限，且区域内能源利益多样，故当面对上海合作组织能源俱乐部机制建设停滞不前时，中国积极将其与"一带一路"、欧亚经济联盟等区域机制进行对接，实现区域公共产品的共享，带动融入更大范围的区域能源治理体系。区域内持续热议的上海合作组织开发银行和发展基金（专用账户）的建议，始终没有太大进展，但"一带一路"倡议下亚洲基础设施投资银行、丝路基金等金融机制的运行填补了空白并提供了有效的示范。"一带一路"倡议已经吸引了100多个国家的支持和国际组织的支持和参与，在沿线国家间开展的政策沟通、设施联通、贸易畅通、资金融通、民心相通等"五通"工程，惠及沿线众多国家。上海合作组织国家是"一带一路"倡议的最早支持者，也是"一带一路"建设成果的较早享用者。通过这种外溢机制，可考虑将上海合作组织打造成为"一带一路"合作机制下的"特殊利益群体"或"机制的外延机制"，使得中亚国家在"一带一路"沿线国家中享有一些特殊优势，倒逼上海合作组织能源俱乐部的机制转型和完善，构建更为广泛、合作更为紧密的能源一体化组织。

中国推进区域能源合作与全球能源治理的协同，积极参与全球能源治理体系。在联合国发展峰会、G20峰会及我国能源发展"十三五"规划中，中国提出共同构建绿色低碳的全球能源治理格局，推动全球绿色发展合作。目前，中国虽参与了多项能源治理体制，也发挥了重要作用，但总体上还只是停留在对话、交流及政策协调的阶段，对能源价格、能源治理规则的影响力极为有限。日益全球化的能源市场呼唤全球性的能源规则与能源秩序，伴随着全球能源格局正在发生"东升西降"的变革，正向绿色低碳能源转型，中国已经占据先发优势，有可能也有实力融入新一代全球能源治理体系并在其中取得话语权和规则制定权，占据全球能源治理体系的主导地位，为构建全球能源利益共同体、命运共同体、责任共同体而贡献中国智慧和中国力量。

第二章　上海合作组织区域合作机制的发展历程

　　《现代汉语词典》对"机制"的解释是，泛指一个工作系统的组织或部分之间相互作用的过程和方式。[①]有学者主张，机制在一个国际组织内实际上是成员国发挥作用的程序，是处理成员国共同关心的问题的规范。[②]最早将国际机制的概念引入国际政治文献，是美国国际关系大师约翰·鲁杰于1975年提出。他认为，"国际机制"是被一些国家所接受的一系列相互预期、规则和规章、计划、组织实体和资金承诺，这种机制的特点就是国际关系领域各层次所形成的制度结构，不同层次的制度结构的本质差异就决定了不同的合作结果，从而区别于不同的国际机制。这种制度结构是其成员共同认知的结果，并且各成员国间的组织活动及其财务投入都是按照这种制度结构所进行的。这种制度结构的基本形态就是国际组织。[③]1983年，西方学术界专门召开了以国际机制为主题的研讨会，形成了一个较为统一的概念，即国际机制是指"在国际关系某一特定问题领域，各行为体共同达成的一整套明示或默示的原则、规范、

[①] 中国社会科学院语言研究所词典编辑室：《现代汉语词典》（第6版），商务印书馆2013年版，第597页。

[②] 王杰：《国际机制论》，新华出版社2002年版，第237页。

[③] John Gerard Ruggie, "International Responses to technology:concepts and trends", *International Organization*, Vol.29, No.3(Summer), p.570.

规则和决策程序。"①虽然这些有关国际机制的概念并不一定能够普适，也不一定能获得学界的一致认可，但这些概念本身点明了机制的最基本要素，即机制的载体是国际组织，它是成员国达成共识的制度规范，其核心内容是"原则、准则、规则和决策程序"②，然而这些原则、准则、规则之间的细微区别，则因各机制而异，其表现形式可能是成文的，也可能是不成文的。但无论如何，不可否认的一点是，一个组织的机制应是持续动态变化、不断完善的，只有这样，才能实现该机制存在和运行的初衷，也才能吻合机制内部各成员国相互作用的机理。

上海合作组织（The Shanghai Cooperation Organisation，SCO）最早发端于中国与中亚四国之间的"上海五国会议"机制，为的是协商解决边境地区的军事信任和裁军问题。囿于当时的历史条件，在这些传统安全问题取得卓有成效的进展并打下了良好互信合作基础的前提下，各方加上乌兹别克斯坦一致决定成立"上海合作组织"，将合作领域扩展至众多非传统安全领域，并探究更多领域的合作机制建设。中国与中亚国家之间从"上海五国"到上海合作组织，其发展以五年为一个周期大致经历了几个阶段③：

第一个阶段是上海合作组织成立前的"上海五国"阶段，即从1996年至2001年6月14日。这一阶段，从中国与中亚四国之间"五国两方"形成定期会晤的"上海五国"机制，直到乌兹别克斯坦加入"上海五国"，各方就边境军事互信达成了富有成效的协定，确立了"上海精神"在协调各方关系中的指导地位，有效解决了相邻国家边界问题，奠定了政治互信和合作基础。然而，这一阶段仍停留在"上海五国""定期会晤"机制的合作模式之下。

---

① Stephen D. Krasner, "Structural causes and regime consequences:regimes as intervening variables", In Krasner, 1983, p.2.
② 孙静：《中俄在中亚的共同利益及其实现机制研究》，光明日报出版社2014年版，第121页。
③ 这几个阶段的划分，参考了李进峰《上海合作组织15年：发展形势分析与展望》，社会科学文献出版社2017年版，第2页。但每个阶段的具体划分与该书稍有不同，对各阶段典型事件的关注点也不尽相同。

第二个阶段是从上海合作组织成立到其五周年之际，即自2001年6月15日至2006年。这一阶段中，上海合作组织从初创成立、建章立制到建立各领域有效合作机制，设立常设行政机构，吸纳多个观察员国，与独联体、东盟、欧亚经济共同体等国际组织确立合作关系，逐渐以《上海合作组织宪章》为基础在机制化和法律化建设方面取得显著成效。这一阶段肇始于上海合作组织成立，故而其合作机制的载体显现，并通过一系列机制赖以运行的规章、制度，但总体上这一阶段的机制还局限于安全领域的合作机制。

第三个阶段从2006年至2011年，这是上海合作组织成立后的第二个五年，也是上海合作组织合作机制进一步完善及合作领域扩溢的时期。该阶段，上海合作组织合作机制化建设进一步完善，通过了有关对话伙伴条例、接收新成员条例、程序规则等，与联合国机构开展合作，与阿富汗建立联络小组，签署了成员国长期睦邻友好合作条约，以法律形式确立了"世代友好、永保和平"的思想，合作领域从安全、经贸领域扩展到政治、安全、经济、人文等领域开展全面合作。

第四个阶段从2011年至今，这是上海合作组织成立后的第二个十年期，也是其稳步发展和全面扩员的阶段。上海合作组织制定并逐步实施中长期发展战略规划，推动上海合作组织与"一带一盟"建设的对接和合作，合作议题及合作领域较之前均有了较大跨越，该国际组织的参与国扩容，无论是成员国、观察员国还是对话伙伴国，均经历了全面扩员和壮大发展，截至目前，三个层次的国家共有18个，上海合作组织作为一个区域性国际组织在全球的影响力空前提高。基于此，上海合作组织的区域合作机制化建设出现了组织成员的扩容、合作领域及合作功能的扩溢。

第一节 上海合作组织区域合作机制概述

我国有学者对国际组织法视野下国家间多边合作机制的制度化型态，总结为四种：（1）传统的协定性政府间组织；（2）国家间论坛性组织；

（3）国际组织间的联合机构（项目）；（4）多边条约性组织。[①]而学者们普遍认为，上海合作组织与其前身"上海五国"分属于上述四种区域合作机制中的不同型态。

其中，学者们基本均认可"上海五国"并不是一种政府间国家组织，而应归于上述四种型态的"国家间论坛性组织"，也有学者称之为"G（Group）型合作"。"上海五国"会晤机制肇始于中国与俄罗斯、哈萨克斯坦、吉尔吉斯斯坦、塔吉克斯坦四个国家为解决原苏联遗留下的边界问题并加强边境地区的信任和裁军而举行的定期会晤[②]。2000年7月，"上海五国"在塔吉克斯坦首都杜尚别举行第一次外长会晤及第五次元首会晤，各国外长一致认为："上海五国"框架内的各种机制的建立和发展体现了建立在平等合作、互信互利基础上的不结盟、开放的、不针对第三国的新型国家关系，丰富了当代外交和区域合作的实践，对维护地区安全与稳定发挥了重要作用，有利于世界多极化进程的发展和公正合理的国际秩序的建立。[③]杜尚别峰会中，乌兹别克斯坦首次应邀以观察员身份与会，此时"上海五国"从封闭于五国之间的会晤机制而首次对域内他国开放，乌兹别克斯坦的加入打破了"上海五国"机制下"五国两方"（即中国与中亚四国进行边境谈判）的局面，各国之间的沟通也将超越单纯的边境裁军及军事互信方面的合作，扩展到反恐合作，打击和遏制三股势力，毒品、武器走私和非法移民，经贸合作等领域。各国元首会晤时发表联合声明称，各方将在平等和互利合作原则基础上全面鼓励在五国框架内理顺和发展经贸伙伴关系，包括改善本国投资和贸易环境，为五国其他国家的公民和企业进

[①] 饶戈平、胡茜：《全球化时代国家间多边合作型态》，饶戈平：《全球化进程中的国际组织》，北京大学出版社2005年版，第36—90页。

[②] 中苏两国实现关系正常化之后，中国与苏联两国的军事专家和外交官，开始就边境地区加强军事领域信任和相互裁减军事力量问题进行谈判。在苏联解体后，中苏之间一对一的边界谈判就转化为中国与俄罗斯、哈萨克斯坦、吉尔吉斯斯坦、塔吉克斯坦五国展开的两方谈判，故此时的谈判被称为"五国两方"谈判。该谈判从1989年开始直到1996年达成一致，经历了7年一共22轮谈判。

[③] 《中塔俄哈吉外长会晤结果联合公报》，人民网http://www.people.com.cn/GB/channel1/10/20000705/130338.html。

行正常商业活动、解决在合作过程中出现的纠纷提供有利条件。① 杜尚别峰会标志着"上海五国"前期元首会晤模式及议题暂告一段落，也标志着其继续探索新型国际关系、新型安全观、新型区域合作模式的重要开端。

这种区域内论坛性组织，以国家间论坛的方式对共同关心的问题进行讨论和交流并处理相关的危机，以期进行合作而提升共同的外交政策利益。②"上海五国"较为符合这一定义，其系由主权国家发起成立并均作为其成员和主要参与者，一般的"论坛性组织"实行有限成员资格，"上海五国"则仅限于中国、俄罗斯和中亚三国，不对外开放。该种组织成立和运作的法律依据、成员国的权利义务等并未通过创始条约予以全部规定，也未设立常设机构，而"上海五国"意欲实现的目标则主要针对边境安全与军事互信开展合作，定期召开的会议或论坛成为"上海五国"发挥作用、实现成员国间多边合作的载体。作为一种"论坛性组织"，"上海五国"在国际法意义上的法律人格地位较为模糊和尴尬。

与"上海五国"不同，上海合作组织则归于"协定性政府间组织"这种传统的国际组织型态，它被认为是最明显也是最典型的国家间合作的工具③，以机构化、制度化的合作机制为基本特征。"协定性政府间组织"建立在条约或协定的基础上，并在条约或协定中规定了该组织成立和运作的基本问题、成员的权利义务等，有独立的国际法意义上的人格并具备独立的意志和权力，这些均是将该种型态区别于其他国家间多边合作型态的特征之处。然而，根据联合国经社理事会1950年第288B（X）号决议中的规定："任何国际组织，凡不是经由政府间协议而创立的，都视为此种安排而

---

① 中、塔、俄、哈、吉五国《杜尚别声明》，人民网http://www.people.com.cn/GB/channel1/10/20000705/131545.html.

② 参见Mihaly Simai, *The Future of Global Governance, Managing Risk and Change in the International System*, United States Institute of Peace Press, 1994, p.287.作者在书中提及G型组织这一概念时是以政府间组织的角度研究的，与此处认定并不一致，此处我们仅引用其概念及定义。转引自饶戈平、胡茜：《全球化时代国家间多边合作型态》，饶戈平《全球化进程中的国际组织》，北京大学出版社2005年版，第49页。

③ 参见Jan Klabbers, *An Introduction to International Institutional Law*, Cambridge University Press, 2002, p.18.

成立的非政府组织。"该两分法的规定较为简单直接，虽可将非政府组织明确排除开来①，但却不能明确区分国家间多边合作的四种制度化型态，仅可从正面解释"协定性政府间组织"必须"经由政府间协议而创立"这一特征。与联合国经社理事会的决议相比，众多学者中荷兰学者 Schermers 和 Blokker 给出的定义则更为准确地阐明了"协定性政府间组织"的定义并能将之与其他国家间合作的型态区分开来，即"国际组织是建立在根据国际法订立的协定基础上，拥有一个以上具有独立意志的机构的合作形式"②。

在"上海五国"经过五年长足发展及诞生五周年之际，中、俄、哈、吉、塔、乌六国作为创始会员国共同发表了《上海合作组织成立宣言》。该宣言称，为更有效地共同利用机遇和应对新挑战与威胁，提升相互合作的层次和水平，六国决定在"上海五国"机制基础上成立上海合作组织，其宗旨在于"加强各成员国之间的相互信任与睦邻友好；鼓励各成员国在政治、经贸、科技、文化、教育、能源、交通、环保及其他领域的有效合作；共同致力于维护和保障地区的和平、安全与稳定；建立民主、公正、合理的国际政治经济新秩序"。2001年6月15日，上海合作组织正式宣告成立，包含中国、俄罗斯、哈萨克斯坦、吉尔吉斯斯坦、塔吉克斯坦和乌兹别克斯坦等6个成员国。上海合作组织成为第一个在中国境内宣布成立、第一个以中国城市命名（至今也是唯一一个）、总部设在中国境内的区域性国际组织。2002年6月，上海合作组织各成员国元首在圣彼得堡签署了《上海合作组织宪章》，标志着上海合作组织在国际法意义上得以真正建立。

上海合作组织是建立在各成员国签订的《上海合作组织成立宣言》基础上的政府间国际组织，该成立宣言是其纲领性文件，之后签署的

---

① 《联合国宪章》第71条规定了联合国处理与非政府组织关系的原则，即经社理事会可以就与非政府组织有关并属于经社理事会职权范围内的事项，征询非政府组织的意见。根据这一原则，联合国经社理事会1950年通过了调整与非政府组织关系的第288B（X）号决议。

② Henry G. Schermers and Niels M. Blokker, *International Institutional Law*, Third Revised Edition, Hague: Martinus Nijhoff Publishers, 1995, p.23.转引自饶戈平、胡茜《全球化时代国家间多边合作型态》，出自饶戈平《全球化进程中的国际组织》，北京大学出版社2005年版，第39页。

《上海合作组织宪章》是其基本章程,为上海合作组织的机制化和法律化建设奠定了基础。实际上,在上海合作组织运行过程中,各成员国还通过了观察员条例、对话伙伴条例、接收新成员条例、程序规则等几十个文件或条约,所签署的所有文件或条约均构成了上海合作组织作为政府间国际组织的协定基础。

虽然在制度化型态上大不相同,但"上海五国"与上海合作组织两者构成了一个前后承继的有机整体。"上海五国"会晤机制虽为一种有限成员之间论坛性质的合作,也未设立常设机构,但这是各成员国建立互信的预备动作,也囿于主要解决特定历史遗留问题的独特性和专一性所致。"上海五国"元首们的固定会晤,经过5年的规范性和稳定性发展,为上海合作组织的成立准备了客观的机制基础、主观的心理互信条件和精神基础,实现了从较为松散性的论坛性组织向合作较为紧密的协定性国际组织的历史性转变。上海合作组织成为"上海五国"定期会晤机制得以存续和发展的更完善、更稳定的高一级合作形式。

就协定性国际组织而言,当前国际上有两种最有代表性的区域合作机制的模式:欧盟模式和"东盟方式"(两种模式的区别见表2-1)。欧盟是目前一体化程度最高的区域性国际合作机制,在成员国已经决定让渡权利的领域,其活动不再是简单的政府间性质,而具有了一定程度上的"超国家"性质[①]。但欧盟及其行为活动也仅仅限于成员国授权的范围,《马

---

① 我国学者陈玉刚在其《国家与超国家——欧洲一体化理论比较研究》一书中,总结归纳出有关国家间区域合作的三种基本的一体化理论模式,即超国家主义模式、国家主义模式和国家之外主义(extranationalism)模式。超国家主义模式下,存在一个超国家权威机构(如联邦),成员国成为地方政府或联邦制结构中的组成单位;在国家主义模式下,各成员国存在共同的利益,但国家在整个合作架构中仍处于中心位置,合作机制的运作和发展也控制在国家手中;国家之外主义模式下,仍承认成员国处于模式的中心位置,但同时各成员国建立共同机制并让渡部分主权给超国家行为体,在共同机制范围内,成员国由原来的惟一合法决策者变成了共同管理的一个参与者,与其他国家和超国家行为体一起分享决策权,形成"共同治理体系"。从这三种具体分类来看,作者倾向于认为欧盟模式为"国家之外主义模式"。而结合本课题来看,上海合作组织的发展模式较倾向于"国家主义模式"。具体参见陈玉刚《国家与超国家——欧洲一体化理论比较研究》,上海人民出版社2001年版,第302—337页。也有学者认为《欧盟既非国家性质,又非超国家性质,而是一种"自成一种的"(sui generis)体制》。参见周弘、【德】贝娅特·科勒-科赫《欧盟治理模式》,社会科学文献出版社2008年版,第1页。

斯特里赫特条约》规定"共同体应在本条约赋予它的权力与指派给它的目标的限度内行事……共同体的任何行动，均不应超越实现本条约目标所必需的程度"①，欧盟即使权力再大，也不可能拥有使自己不断增加权力的权力。与之相对比，东盟是目前世界上具有相当影响力、极具特色的另一种区域性国际合作机制，由一个经济落后的地区发展成为一个具有活力和吸引力的地区，由一个地球上最多样化文明②并被称作"亚洲巴尔干"③的地区发展成为一个以"协商一致"和平文明解决本区域事务的地区，其区域合作机制值得借鉴。

表2—1　　　　　　　欧盟模式与"东盟方式"的比较④

区别之处	欧盟模式	东盟方式
模式类型	政治法制型	政治协商型
成员国是否让渡主权	主权让渡较多	主权让渡较少
政治经济一体化程度	一体化程度较深	融合程度较低
各成员国内政治经济制度	相近或相同	无明确强制要求，可以不同
对外交往政策	欧盟拥有共同的对外政策，各成员国的外交政策需与之一致	东盟主张协调外交，但对各成员国的外交政策没有制约

与这两种模式相比，上海合作组织作为一个极具影响力的区域合作组织，其发展模式和合作机制兼具此两者模式的部分特征，但可能更贴近于后者，而且上海合作组织成员国的民族构成也较为复杂、经济发展水平参差、政治体制各异、意识形态多元⑤，这些因素使得上海合作组织不可能套用现成的哪一种区域合作机制，而必须在吸取其他区域合作机

---

① 戴炳然译：《欧洲共同体条约集》，复旦大学出版社1993年版，第385、390页。
② 包括印度文明、中华文明、伊斯兰文明和西方文明等。
③ Charles A. Fisher, "Southeast Asia: The Balkans of the Orient? A Study in Continuity and Change", *Geography* 47,4(1962). 转引自［新加坡］马凯硕、孙合记《东盟奇迹》，翟崑、王丽娜等译，北京大学出版社2017年版，第14页。
④ 该表的内容参考了杨锟《上海合作组织发展模式探析》，硕士学位论文，新疆大学，2007年。
⑤ 杨锟：《上海合作组织发展模式探析》，硕士学位论文，新疆大学，2007年，第2页。

制发展模式优势的基础上,探索自己独特的机制发展模式。

一　一种构建新型国际关系的区域合作机制

20世纪最后一个十年,二战后形成的以两大阵营对峙为特征的"雅尔塔体系"开始走向崩溃。随着1991年苏联解体,两极格局终结,和平与发展成为世界的主题。但东欧剧变和苏联解体带有突发性,没有及时形成一种成熟稳定的新格局来代替旧的国际关系体系。[①]各个国家或国家集团都在探索一种新的不同于冷战思维的国家间关系、地区关系,重新规划一种全新的国际秩序。时任美国总统老布什曾描述了他所期望的世界新秩序:"我们期待各国有超越冷战的新伙伴关系。这个伙伴关系要以磋商、合作和集体行动为基础,尤其要通过国际组织和区域组织集体行动。这个伙伴关系是依原则和法治而团结,并借由平均分摊成本与承诺所支持。这个伙伴关系的目标是增进民主,增进繁荣,增进和平和裁减军备。"[②]

根植于特定的历史背景,"上海五国"会晤机制及其承继的上海合作组织合作机制的发展历程则很明显地体现了这种鲜明时代特征的精神,上海合作组织成立当时引起了全世界的强烈反响[③],成为一种在多边平等基础上讨论地区安全与合作问题的重要平台。

上海合作组织坚决摒弃传统冷战思维的"零和博弈",奉行结伴不结盟的合作方针,在其宪章中申明"本组织不针对其他国家和国际组织"的原则,这一点比较接近东盟模式。上海合作组织追求区域内共同合作、互利互赢、包容发展,将"互信、互利、平等、协商、尊重多样文明、谋求共同发展"的上海精神作为本组织的合作理念和行动指南,通

[①] 邢广程、孙壮志:《上海合作组织研究》,长春出版社2007年版,第2页。

[②] [美]亨利·基辛格, Henry Kissinger,《大外交》,顾淑馨、林添贵译,海南出版社2012年版,第824页。

[③] 国际社会有关"上海五国"和上海合作组织的相关评论,参见中国现代国际关系研究所民族与宗教研究中心:《上海合作组织——新安全观与新机制》,时事出版社2002年版,第242—269页;曾乔圆:《美国主流新闻媒体对上海合作组织的报道研究》,华东师范大学硕士学位论文,2014年。

过多边合作共同维护地区安全。2007年8月在比什凯克召开的上海合作组织第七次元首理事会，各方签署了《上海合作组织成员国长期睦邻友好合作条约》，该条约强调"不针对任何其他国家和组织"，并"决心巩固本组织成员国的友好关系，使成员国人民的友谊世代相传"。在西方尤其是美国眼中，上海合作组织仍被贴上"威权国家集团"的标签，天生具有反美、反北约、反西方特质①，但上海合作组织不会也无意于成为与西方国家抗衡的地缘政治体，这一组织的成立，已经成为当时历史条件下全新的区域合作模式，"填补了冷战后欧亚地区出现的地缘政治和安全的真空，在稳定地区局势方面发挥了不可替代的作用"②，具有重大的历史意义。

2017年，中国国家主席习近平在出席上海合作组织成员国元首理事会第十七次会议阿斯塔纳峰会时指出，成员国以《上海合作组织宪章》和《上海合作组织成员国长期睦邻友好合作条约》这两份纲领性文件为思想基石和行动指南，坚定遵循"上海精神"，在构建人类命运共同体道路上迈出日益坚实的步伐，树立了合作共赢的新型国际关系典范。③从"上海五国"阶段到上海合作组织成立发展至今，始终践行构建新型国际关系，强调"相互尊重是基础，公平正义是保障，合作共赢是目标"④，各成员国共同构建"平等相待、守望相助、休戚与共、安危共担"的命运共同体⑤。

---

① 李进峰：《上海合作组织发展报告（2017）》，社会科学文献出版社2017年版，第310页。
② 张德广：《总结经验，深化合作，推动上海合作组织迈向新的辉煌》，《求是杂志》2006年第12期。
③ 《习近平出席上海合作组织成员国元首理事会第十七次会议并发表重要讲话》，《人民日报》2017年6月10日。
④ 党的十九大报告强调中国将"坚定不移在和平共处五项原则基础上发展同各国的友好合作，推动建设相互尊重、公平正义、合作共赢的新型国际关系"。
⑤ 《习近平出席上海合作组织成员国元首理事会第十七次会议并发表重要讲话》，《人民日报》2017年6月10日。

二　一种不断追求区域内共赢发展的合作机制

马丁·怀特曾指出,"联盟是实现共同利益的机制。"①虽然罗伯特·基欧汉称"在很多情况下,即使存在共同利益,合作也照样会失败"②,但即便如此,基欧汉对世界政治经济合作的研究也是在"承认共同利益的前提下展开的",指出"促进国际机制形成的激励因素从更根本的意义上讲,取决于共享或共同利益的存在"③,如果没有共同利益或共享利益,很显然,区域合作也很难达成或保持稳定。新现实主义者以"国际体系的无政府状态"的概念为逻辑起点,提出由于联盟的安全决策涉及各个成员国,需要成员间达成一致性,故联盟需要限制成员国的自由行动,以达到安全合作的目的。国家的自由行动被限制,可能会损害到该国的利益,但合作后的安全所提供的保障,又有可能加强该国的国家利益。权衡利弊,当各成员国在联盟中失去的利益与获得的利益能够达到平衡时,联盟就会形成。④实际上,一个政府间国际组织对成员国的吸引力大小,其本质在于成员国对"国家利益至上"理念下的不同层次利益的核算问题。⑤新制度主义者认为,在有些条件下,合作在互补利益的基础上是可以发展起来的。⑥即便存在"互补利益",从本课题的角度来看,这也可以称为各成员国之间存在可以达成合作之共享利益。

上海合作组织立足于各成员国的共同利益,在《上海合作组织宪章》

---

① [英]马丁·怀特:《权力政治》,世界知识出版社2004年版,第70页。
② [美]罗伯特·基欧汉:《霸权之后:世界政治经济中的合作与纷争》,苏长和、信强、何曜译,上海人民出版社2012年版,第4页;Robert O. Keohane, *After Hegemony: Cooperation and Disorder in the world Political Economy*, P.51; Robert O. Keohane, "International Institutions: Two Approaches," in Robert Keohane, *International Institutions and State Power*, Boulder Westview, 1989, p.159.
③ [美]罗伯特·基欧汉:《霸权之后:世界政治经济中的合作与纷争》,苏长和、信强、何曜译,上海人民出版社2012年版,第80页。
④ 刘星:《关于联盟的几种理论》,《江汉论坛》2004年第4期。
⑤ 杨锟:《上海合作组织发展模式探析》,硕士学位论文,新疆大学,2007年,第35页。
⑥ [美]罗伯特·基欧汉:《霸权之后:世界政治经济中的合作与纷争》,苏长和、信强、何曜译,上海人民出版社2012年版,第7页。

中强调"在利益一致的领域逐步采取联合行动"。上海合作组织从"上海五国"机制经历"华丽转身"发展而来，一直坚持以地区政治安全互信为先导并取得了一系列重要成果，"维护地区安全稳定是本组织所有成员国的共同关切"①，从《上海合作组织成立宣言》的强调可以看出，"各成员国将加强在地区和国际事务中的磋商与协调行动，在重大国际和地区问题上相互支持和密切合作，共同促进和巩固本地区及世界的和平与稳定。"

但随着上海合作组织的不断发展，地区性政治安全的压力暂时有所放松，各成员国开始寻求政治安全合作范围的扩大以及其他领域的合作。阿诺德·沃尔弗斯（Arnord Wolfers）在他的《国家之间的合作与冲突》一文中提出：联盟国任何外部威胁的减少，或者结盟意愿的降低，都将会瓦解联盟的凝聚力，使挽救联盟的努力成为徒劳。查尔斯·卡格莱（Charles Kegley）和格雷戈里·瑞曼德（Gregory Raymond）也认为，当一个联盟不再服务于军事目的——而这是它最初建立时的目的时，它就应该解散了。忠实不是联盟本身的美德，当联盟成员国的需要消失时，联盟也就应该终止它的存在了。利斯卡也认为，当压力的消失联盟的需要消失时，联盟将自行消亡。②逐渐地，上海合作组织的合作范围扩展至政治、安全、经济、人文等领域，并在这些领域探寻各成员国的共同利益或共享利益所在。经济合作成为这个新型的区域合作组织的一个重点合作领域。上海合作组织宪章强调，支持和鼓励各种形式的区域经济合作，推动贸易和投资便利化，以逐步实现商品、资本、服务和技术的自由流通；有效使用交通运输领域内的现有基础设施，完善成员国的过境潜力，发展能源体系。之后成员国间签署了一系列有关经济合作的文件，合作方式也从双边合作逐渐深入推进到多边框架下的合作。

三 一种具有开放性的政府间国际合作机制

"上海五国"作为一种论坛性组织，实行有限成员资格，但不妨碍其

---

① 《习近平在上海合作组织2016年元首峰会上的讲话》，《人民日报》2016年6月24日。
② 刘星：《关于联盟的几种理论》，《江汉论坛》2004年第4期。

具有"开放性"的特征,其以乌兹别克斯坦为观察员国,并在条件具备时,及时转型建立协定性国际组织——上海合作组织。正因为上海合作组织本身所具有的"结伴不结盟"方针、"不针对第三方"等特性,使得该组织从一成立就不是一个封闭性的国际组织,其对那些承诺遵守该组织宪章和原则及该组织框架内通过的一系列其他国际条约和文件的其他国家实行开放,并对这些国家申请加入上海合作组织持积极的欢迎态度①,在组织内部,通过各种形式不同层次开展与其他国家的交流合作。同时,上海合作组织也与一些相关国际组织如联合国、区域性国际组织等,签署了具有法律效力的文件确立合作关系,加强各领域的合作。

当今,上海合作组织已经成为兼顾不同规模、不同文明、不同国家制度、不同发展水平的国家之间共处的真正典范,真正践行了"尊重多样文明,谋求共同发展"的理念。同时,根据《上海合作组织宪章》第13条和第14条规定,上海合作组织对本地区其他国家实行开放并愿意接纳其为成员国,且成员国拥有在履行了必要的程序后退出该组织的权利。同时,上海合作组织可"与其他国家和国际组织建立协作与对话关系,可向感兴趣的国家或国际组织提供对话伙伴国或观察员地位"。

第二节 上海合作组织区域合作机制的扩容

一 上海合作组织的扩员进程

上海合作组织自成立后不断吸收区域内其他国家参与,体现了该合作机制的开放性。2004年6月,蒙古国在塔什干举行的上海合作组织成员国元首理事会上率先被接纳为第一个观察员国,2005年7月的阿斯塔纳峰会上巴基斯坦、印度、伊朗被接纳为观察员国,2012年6月和2015年7月阿富汗和白俄罗斯相继成为上海合作组织的观察员国,其间曾被接纳为上海合作组织对话伙伴国的有斯里兰卡、白俄罗斯、土耳其、亚

---

① 尽管早期西方一些别有用心的论调,对上海合作组织是否是一个"开放性"的组织产生疑虑,但经过这么多年的发展和扩员,这些论调应该不攻自破。

美尼亚、阿塞拜疆、柬埔寨、尼泊尔等。直到 2016 年 6 月,值《上海合作组织宪章》签署 15 周年《上海合作组织成员国长期睦邻友好合作条约》签署 10 周年之际,在塔什干峰会上印度、巴基斯坦签署了加入上海合作组织义务的备忘录,并于 2017 年 6 月召开的阿斯塔纳峰会上印巴两国正式获批加入上海合作组织,成为首批扩员的成员国。截至目前,上海合作组织框架下共计 18 个国家,包括 8 个成员国(中国、俄罗斯、哈萨克斯坦、吉尔吉斯斯坦、塔吉克斯坦、乌兹别克斯坦、印度、巴基斯坦)、4 个观察员国(蒙古、伊朗、阿富汗、白俄罗斯)和 6 个对话伙伴国(斯里兰卡、土耳其、阿塞拜疆、柬埔寨、尼泊尔、亚美尼亚)(具体扩员情况见表 2-2)。

表2—2　　　　　　　　上海合作组织扩容情况统计①

日期	成员国	观察员国	对话伙伴国
2001.6.5（成立大会）	中国、俄罗斯、哈萨克斯坦、吉尔吉斯斯坦、塔吉克斯坦、乌兹别克斯坦	——	——
2004.6.17（塔什干峰会）	中国、俄罗斯、哈萨克斯坦、吉尔吉斯斯坦、塔吉克斯坦、乌兹别克斯坦	蒙古	——
2005.7.5（阿斯塔纳峰会）	中国、俄罗斯、哈萨克斯坦、吉尔吉斯斯坦、塔吉克斯坦、乌兹别克斯坦	蒙古、巴基斯坦、伊朗、印度	——
2009.6.16（叶卡捷琳堡峰会）	中国、俄罗斯、哈萨克斯坦、吉尔吉斯斯坦、塔吉克斯坦、乌兹别克斯坦	蒙古、巴基斯坦、伊朗、印度	斯里兰卡、白俄罗斯
2012.6.7（北京峰会）	中国、俄罗斯、哈萨克斯坦、吉尔吉斯斯坦、塔吉克斯坦、乌兹别克斯坦	蒙古、巴基斯坦、伊朗、印度、阿富汗	斯里兰卡、白俄罗斯、土耳其
2015.7.10（乌法峰会）	中国、俄罗斯、哈萨克斯坦、吉尔吉斯斯坦、塔吉克斯坦、乌兹别克斯坦	蒙古、巴基斯坦、伊朗、印度、阿富汗、白俄罗斯	斯里兰卡、土耳其、阿塞拜疆、柬埔寨、尼泊尔、亚美尼亚

① 标注下划线的国家,表明该国于该次峰会上首次获批被赋予相应地位。

续表

日期	成员国	观察员国	对话伙伴国
2017.6.9（阿斯塔纳峰会）	中国、俄罗斯、哈萨克斯坦、吉尔吉斯斯坦、塔吉克斯坦、乌兹别克斯坦、印度、巴基斯坦	蒙古、伊朗、阿富汗、白俄罗斯	斯里兰卡、土耳其、阿塞拜疆、柬埔寨、尼泊尔、亚美尼亚

从地理上看，上海合作组织已经从原来中俄与主要的中亚国家之间开展合作，扩展到南亚、西亚、东亚的部分国家，从欧亚内陆地区扩展到印度洋沿岸，甚至涵盖了欧洲北部。从目前的参与国地理范围来看，上海合作组织已覆盖面积近 3400 万平方公里，成员国国土面积总和占欧亚大陆面积的 60%。从区域人口来看，上海合作组织成员国的人口数超 31 亿，从原来仅占世界人口的 20% 扩大到 44% 以上。从经济实力看，上海合作组织成员国的 GDP 总额超 16 万亿美元，从原来仅占世界 GDP 的 17.39% 扩大到 20.99%（见表 2-3 和图 2-1）。因此，伴随着此次扩员，上海合作组织已成为世界上人口最多、幅员最广、潜力巨大的综合性地区合作组织，也已成为世界上独一无二、极具影响力和威信的地区组织。

从区域安全范围来看，扩员之前以实现中亚地区的安全稳定为重心，现拓展到欧亚大陆腹地的安全稳定。扩员后的上海合作组织不再仅仅是中国与独联体部分国家之间的合作机制，中亚是合作重点，但不再是唯一的重点，上海合作组织将开拓更为广阔的合作空间，增强区域身份认同感，对构建区域命运共同体和利益共同体，推行区域治理的新理念具有更为重要的意义。上海合作组织拥有四个有核国家，对于恪守《不扩散核武器条约》并推动《中亚无核武器区条约》的生效，构建和谐地区及世界和平与发展将做出更大的贡献。扩员后，就上海合作组织的成员国而言，既包括中国、俄罗斯、中亚各国、印度等成员国，也包括来自欧亚、南亚、中东等地的诸多观察员国和对话伙伴国。这种参与国构成，体现了来自不同的次区域、不同的社会经济发展水平、不同的社会制度和意识形态、不同的文明和宗教、甚至于不同的地区军事安全组织的成员，出于追求地区合作与发展、安全与稳定的目标，自觉自愿走到一起并结成该组织，使得上海合作组织成为世界上最具有借鉴意义的机制。

表2—3　　上海合作组织各成员国GDP情况（2001—2017年）

单位：十亿美元

国家	2001年	2002年	2003年	2004年	2005年	2006年	2007年	2008年	2009年
中国	1339.40	1470.55	1660.29	1955.35	2285.97	2752.13	3552.18	4598.21	5109.95
俄罗斯	306.60	345.47	430.25	591.02	764.02	989.93	1299.71	1660.85	1222.64
哈萨克斯坦	22.15	24.64	30.83	43.15	57.12	81.00	104.85	133.44	115.31
乌兹别克斯坦	11.40	9.69	10.13	12.03	14.31	17.33	22.31	29.55	33.69
吉尔吉斯斯坦	1.53	1.61	1.92	2.21	2.46	2.83	3.80	5.14	4.69
塔吉克斯坦	1.08	1.22	1.56	2.08	2.31	2.83	3.72	5.16	4.98
6国总计	1982.16	1853.17	2135.08	2605.83	3126.19	3846.06	4986.57	6432.34	6491.27
印度	478.97	508.07	599.59	699.69	808.90	920.32	1201.11	1186.95	1323.94
巴基斯坦	72.31	72.31	83.24	97.98	109.50	137.26	152.39	170.08	168.15
8国总计	2233.43	2433.55	2817.92	3403.50	4044.59	4903.64	6340.07	7789.38	7983.36
世界	33401.01	34686.23	38926.49	43844.76	47487.18	51446.03	57953.30	63574.89	60267.07

国家	2010年	2011年	2012年	2013年	2014年	2015年	2016年	2017年	2017年占比
中国	6100.62	7572.55	8560.55	9607.22	10482.37	11064.67	11190.99	12237.70	15.16%
俄罗斯	1524.92	2051.66	2210.26	2297.13	2063.66	1368.40	1284.73	1577.52	1.85%
哈萨克斯坦	148.05	192.63	208.00	236.63	221.42	184.39	137.28	162.89	0.20%
乌兹别克斯坦	39.33	45.92	51.82	57.69	63.07	66.90	67.45	49.68	0.06%
吉尔吉斯斯坦	4.79	6.20	6.61	7.34	7.47	6.68	6.81	7.56	0.09%
塔吉克斯坦	5.64	6.52	7.63	8.51	9.24	7.85	6.95	7.15	0.09%
6国总计	7823.35	9875.48	11044.86	12214.52	12847.22	12698.89	12694.21	14042.50	17.39%
印度	1656.62	1823.05	1827.64	1856.72	2039.13	2102.39	2274.23	2600.82	3.22%
巴基斯坦	177.41	213.59	224.38	231.22	244.36	270.56	278.65	304.95	0.38%
8国总计	9657.38	11912.12	13096.88	14302.46	15130.71	15071.84	15247.09	16948.27	20.99%
世界	65965.38	73316.78	74993.71	77098.79	79188.46	74916.09	75997.38	80737.60	100%

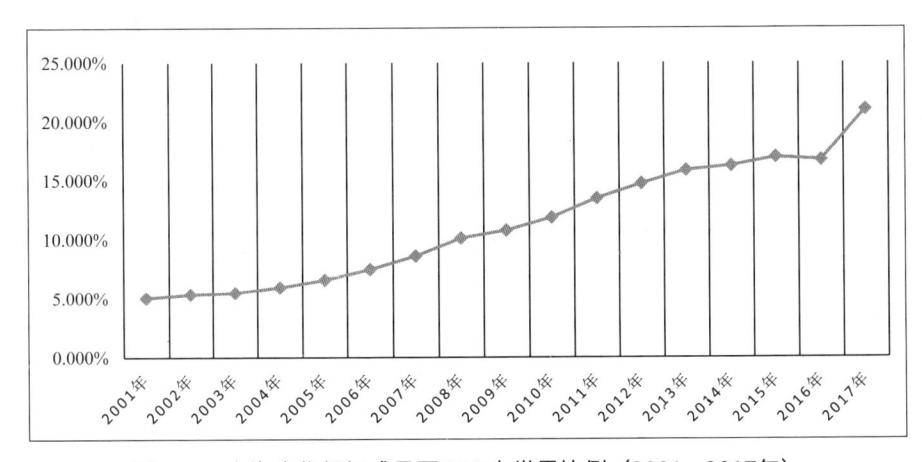

图2—1　上海合作组织成员国GDP占世界比例（2001—2017年）

二 上海合作组织合作机制扩容的利益分析

上海合作组织的"朋友圈"扩大后,不仅仅是"6+2=8"在数量上增加了两个成员国的问题,它所覆盖的地域范围扩展至南亚、西亚和东亚的部分地区,带来上海合作组织政治地理特征的改变,对上海合作组织的成员结构和内部平衡都将带来实质性的影响。从某种程度上说,该组织扩容不仅仅是一个纯技术问题,而是政治考量。①

(一)印度加入上海合作组织的战略利益分析

至于印度申请加入上海合作组织的战略利益诉求,国内外已有各种论著论及②。大致包括实现"中亚战略"、推进反恐进程和制衡中国三方面,而这三个方面说到底是印度为了"三个安全"的目标,即地缘政治安全、非传统安全、能源与资源安全,在这三个安全框架下,以中亚五国为竞合主场,以上海合作组织为重要沟通平台,印度力争成为大国博弈的"新玩家"。③印度总理莫迪在2017年6月的阿斯塔纳峰会上接受采访时曾说过:"我们希望深化印度与上海合作组织在经济、互联互通、反恐等领域的合作。"④由此可见,印度官方也对其加入上海合作组织后的利益诉求有了较为清晰的定位。

1. 实现"中亚战略"是促使印度加入上海合作组织的直接动因。国

---

① 赵华胜:《上海合作组织:评估与发展问题》,《现代国际关系》2005年第5期。
② 参见薛志华《权力转移与中等大国:印度加入上海合作组织评析》,《南亚研究季刊》2016年第2期;杨恕、李亮:《寻求合作共赢:上合组织吸纳印度的挑战与机遇》,《外交评论:外交学院学报》2018年第1期;白联磊:《印度对上合组织的认识和诉求》,《印度洋经济体研究》2017年第4期;张昊:《印度官员和学者对上海合作组织扩员的观点综述》,载李进峰:《上海合作组织发展报告(2017)》,社会科学文献出版社2017年版;高焓迅:《中亚国家对上海合作组织的基本态度及对扩员的看法》,赵玉明:《国外智库视野下的上海合作组织及其扩员(2017)》,载李进峰《上海合作组织发展报告(2018)》,社会科学文献出版社2018年版;Jagannath P. Panda, "India's Approach to Central Asia: Strategic Intents and Geo-political Calculus", *China and Eurasia Forum Quarterly*, Vol.7, No.3, 2009, pp.103-113.
③ 张友国:《地区安全的"新玩家":印度与中亚国家关系》,载孙力《中亚国家发展报告(2018)》,社会科学文献出版社2018年版,第185页。
④ 肖斌:《上海合作组织扩员之后的首要职能及其发展》,载李进峰《上海合作组织发展报告(2018)》,社会科学文献出版社2018年版,第72页。

外很多学者认为，上海合作组织是在中国的主导作用下运行的，或者认为是在以中俄为双中心的地区性组织。甚至印度有学者认为，中国会把印度当成"小伙伴"，要求它跟随中俄等"前辈"的步伐。[1]然而，印度在迟迟不愿加入同样由中国主导的"一带一路"倡议，却对申请加入上海合作组织表示极高的热情？当然，无可否认，俄罗斯对印度加入上海合作组织起了积极的推动作用。除此之外，俄罗斯还邀请印度加入其主导的集体安全条约组织，并推动印度启动了与欧亚经济联盟签订自贸区的谈判，但可以肯定的是，集体安全条约组织和欧亚经济联盟并未包罗更多的中亚国家，而上海合作组织却几乎容纳了全部的中亚国家（作为中立国的土库曼斯坦常常作为客人受邀参加峰会）。印度自认为在中亚拥有"历史记忆、文化相似性和政治同情心"（historical memory, a sense of cultural proximity, or political sympathy）[2]等优势，而不甘于做地缘政治角逐中的"后来者"（late-comer）[3]。如此判断，印度加入上海合作组织，最根本的利益点在于实现其"中亚战略"，眼光瞄向的是上海合作组织中的中亚国家，并非完全对上海合作组织机制的认同。20世纪90年代时，印度出台"向东看"政策（Look-East Policy）将南亚作为其政策核心地区，而对中亚地区不够关注。虽中亚国家无一与印度接壤，但进入21世纪后，印度将中亚视为"扩展的邻居"（Extended Neighborhood），加强与中亚地区的政治、军事、经济贸易联系。为寻求在中亚地区的地缘政治地位，2012年6月，印度在第一届印度—中亚

---

[1] V.C. Khanna, "Implications for India: Competition or Cooperation?" in P. Vohra and P. K. Ghosh, eds.,*China and the Indian Ocean Region*, National Maritime Foundation,2008,p.95.转引自杨恕、李亮《寻求合作共赢：上合组织吸纳印度的挑战与机遇》，《外交评论：外交学院学报》2018年第1期。

[2] Marlene Laruelle, Jean-Francois Huchet, Sebastien Peyrouse and Bayram Baci, "Why Central Asia? The Strategic Rationale of Indian and Chinese Involvement in the Region", in Marlene Laruelle, et al., eds., *China and India in Central Asia: A New "Great Game"*? p.2.

[3] Emilian Kavlski, "Partnership or Rivalry between the EU,China and India in Central Asia: The Normative Power of Regional Actors with Global Aspirations", *European Law Journal*, Vol.13, No.6, November 2007, p.854.

对话期间提出了"连接中亚"政策①，该政策被国内外学者称为印度版本的新丝绸之路②。

中亚地区被誉为"21世纪的能源基地"，其丰富的油气资源储量对于经济快速增长但长期高度依赖能源进口的印度而言，具有相当大的吸引力。随着美国、欧盟、日本、韩国、中国、俄罗斯等世界大的经济体都纷纷涌向中亚，一直抱有"大国梦"的印度当然不甘示弱，希望参与中亚能源资源开发的角逐。印度与哈萨克斯坦在民用核能领域、铀原料供应和合作开发里海油田等方面，与塔吉克斯坦在水电合作方面，与乌兹别克斯坦在油气勘探、核能合作方面，与土库曼斯坦在天然气贸易方面均签署了一系列合作协议。③印度自2005年阿斯塔纳峰会上被接纳为上海合作组织观察员国后，在其他观察员国多委派总统或政府首脑参加上海合作组织元首理事会的情况下，印度多委派行政级别较低的外交部部长参会④，然而2006—2008年的三次峰会却委派石油和天然气部长参会，推测原因是因为2006年的峰会上俄罗斯总统普京首次提出建立"能源俱乐部"的倡议，而其后两年的峰会刚好轮值主席国位于中亚国家，从印度委派石油和天然气部长作为上海合作组织元首理事会的代表团团长来看，其对获得中亚能源的渴望和重视度，可窥一斑。

---

① 具体可参见王志《印度"连接中亚政策"的战略评析》，《国际关系研究》2017年第1期。

② 甘均先：《中美印围绕新丝绸之路的竞争与合作分析》，《东北亚论坛》2015年第1期，第107—117页；Ajay Patnaik, *Central Asia: Geopolitics, Security and Stability*, Routledge, 2016.

③ 张友国：《地区安全的"新玩家"：印度与中亚国家关系》，载孙力《中亚国家发展报告（2018）》，社会科学文献出版社2018年版；杨恕、李亮《寻求合作共赢：上合组织吸纳印度的挑战与机遇》，《外交评论：外交学院学报》2018年第1期。

④ 根据《上海合作组织观察员条例》第九条第二款规定，"观察员代表的级别应与本组织成员国代表级别相当"。2009年叶卡捷琳堡峰会中，印度派总理辛格参会，是因为时任轮值主席国的俄罗斯将上海合作组织峰会与金砖国家峰会安全在同期同一城市召开，印度才出现破例情形委派总理出席。2015年乌法峰会，正式决定启动印度和巴基斯坦加入上海合作组织的程序，且时任轮值主席国仍为俄罗斯，同样也将上海合作组织峰会与金砖国家峰会安排同期同一城市举行，印度才委派总理出席。2016年塔什干峰会印度签署加入上海合作组织义务的备忘录，需派总理作为元首参会。

与中亚国家的地理距离，是印度获得能源资源和贸易机会的最大障碍。[①]印度曾经尝试多种印度版的"互联互通"[②]线路，如将阿富汗转变成连接中亚和南亚的贸易与能源枢纽国家，[③]从乌兹别克斯坦经阿富汗、巴基斯坦到印度，或从乌兹别克斯坦经伊朗与阿富汗至印度，还响应美国绕开俄罗斯修建"土库曼斯坦—阿富汗—巴基斯坦—印度"（TAPI）天然气管线的计划。甚至，印度于2000年9月与俄罗斯、伊朗签署了著名的"国际南北运输走廊"（INSTC）[④]多式联运协议；2016年3月，印度决定加入《阿什哈巴德协议》（Ashgabat Agreement），希望加强国际交通运输。然而，这些行动均因印度缺少充足的资金或长期停滞，或进展缓慢，但印度从来都没有放弃连通中亚的尝试和努力。

表2—4　上海合作组织各观察员国参加元首理事会代表团团长的身份[⑤]

年份（峰会）	印度	巴基斯坦	其他观察员国
2005年阿斯塔纳	外交部部长	总理	蒙古总统，伊朗第一副总统
2006年上海	石油和天然气部长	总统	均为总统
2007年比什凯克	石油和天然气部长	外交部部长	均为总统
2008年阿斯塔纳	石油和天然气部长	总理国家安全顾问	蒙古外交部部长，伊朗总统
2009年叶卡捷琳堡	总理	总统	蒙古第一副总理，伊朗总统
2010年杜尚别	外交部部长	总统	蒙古总统，伊朗外交部部长
2011年圣彼得堡	外交部部长	总统	均为总统
2012年北京	外交部部长	总统	均为总统
2013年比什凯克	外交部部长	总理国家安全和外交事务顾问	均为总统

---

① 杨恕、李亮：《寻求合作共赢：上合组织吸纳印度的挑战与机遇》，《外交评论：外交学院学报》2018年第1期。

② 白联磊：《印度对上合组织的认识和诉求》，《印度洋经济体研究》2017年第4期。

③ Meena Singh Roy, *The Shanghai Cooperation Organization: India Seeking New Role in the Eurasian Regional Mechanism*, Institute for Defence and Analyses, Febuary 2014, p.80.

④ 也有翻译作"国际南—北交通走廊"。

⑤ 该图表信息系笔者根据上海合作组织官网中历次成员国元首理事会会议联合公报所载内容整理，http://chn.sectsco.org/documents/.

续表

年份（峰会）	印度	巴基斯坦	其他观察员国
2014年杜尚别	外交部部长	总理国家安全和外交事务顾问	均为总统
2015年乌法	总理	总理	伊朗副外长，其他均为总统
2016年塔什干	总理	总统	伊朗外长，其他均为总统
2017年阿斯塔纳①	总理	总统	均为总统
2018年青岛	总理	总统	均为总统

2. 打击"三股势力"、推进反恐进程是上海合作组织长期在此领域取得卓著成效对印度的吸引力，借此解决阿富汗问题是印度的目标追求。在安全领域，印度在南亚长期被"三股势力"所困扰，恐怖主义仍然是影响印度安全的首要威胁，印度的反恐能力亟待提高。② 根据澳大利亚智库经济与和平研究所（IEP）发布的《2018年恐怖主义指数报告》显示，印度的恐怖主义指数（GTI）为7.568（满分为10），受威胁程度居全球第七，阿富汗和巴基斯坦的指数分别为9.391和8.181，排名分别为第二和第五。③ 由于宗教矛盾、民族对立、地区发展失衡与领土争端等问题，印度近年来深受恐怖主义活动之害。④ 自2001年以来，印度已经有超过8000人死于恐怖主义袭击。印度在2017年遭受恐怖袭击的次数有866次，

---

① 自2017年阿斯塔纳峰会，印度和巴基斯坦成为上海合作组织的成员国，理应委派国家元首参加元首理事会会议，此处仅为全面对比，故在此罗列。

② 吴昭义：《印度国情报告（2012-2013）》，社会科学文献出版社2014年版，第30页。

③ "2018 Global Terrorism Index: Measuring the Impact of Terrorism", Institute of Economy and Peace (IEP), http://visionofhumanity.org/app/uploads/2019/01/GTI2018-A3-poster-wall-chart.pdf. 根据该研究所对恐怖主义指数全区域五等分法以2作为划分的等级，将恐怖主义的影响分为"非常高"（8-10）、"高"（6-8）、"中等"（4-6）、"低"（2-4）、"非常低"（0-2）。而另根据赵敏燕等<"一带一路"沿线国家安全形势评估及对策>，载《中国科学院院刊》2016年第6期，采用四等分法以2.5为划分等级，将各国的安全形势划分为"高危"（7.6-10）、"动荡"（5.1-7.5）、"危险"（2.6-5.0）、"和平"（0-2.5）四个等级体系。

④ 杨恕、李亮：《寻求合作共赢：上合组织吸纳印度的挑战与机遇》，《外交评论：外交学院学报》2018年第1期。

死于恐怖主义的总人数为384人，受伤害的人数为601人。①而阿富汗高企的恐怖主义指数和问题外溢，为包括印度在内的本地区国家的安全与稳定构成挑战。进入后撤军时代，受美国在阿富汗新战略的影响，印度介入阿富汗事务颇深，也希望在阿富汗问题中发挥其影响力。

上海合作组织在本地区各种合作机制中是最早认识到反恐重要性，并且提出打击恐怖主义的国际组织之一，而且它较早地在这一领域采取了相应措施。②长期以来，在反恐合作上取得了卓著的成效，制定年度反恐计划，建立了一整套反恐合作机制，常设于乌兹别克斯坦首都塔什干的上海合作组织地区反恐怖机构，还多次主导举行了多边联合军事演习。印度加入上海合作组织，可借助该平台应对和解决安全挑战。2017年阿斯塔纳峰会确定接收印度与巴基斯坦作为上海合作组织的正式成员国，同时在该次峰会上，各成员国还签署了《上海合作组织反极端主义公约》《上海合作组织成员国元首关于共同打击国际恐怖主义的声明》和《关于〈上海合作组织地区反恐机构理事会关于地区反恐机构2016年工作的报告〉的决议》等文件，进一步完善了该领域的相关立法，正式将印度和巴基斯坦纳入到上海合作组织的非传统安全合作体系中。

上海合作组织是最早关注到阿富汗境内国际恐怖主义威胁，并打出反恐旗号的地区机制之一。阿富汗局势的变化对上海合作组织有直接影响。③上海合作组织围绕阿富汗问题做了许多努力，2005年11月4日上海合作组织与阿富汗签署了《建立上海合作组织—阿富汗联络小组的议定书》，2006年2月17日"阿富汗联络小组"第一次会议在上海合作组织秘书处举行；2009年6月的叶卡捷琳堡峰会上发表了《上海合作组织阿富汗问题特别会议宣言》，签署了《上海合作组织成员国和阿富汗伊斯

---

① "2018 Global Terrorism Index: Measuring the Impact of Terrorism", Institute of Economy and Peace (IEP). http://visionofhumanity.org/indexes/terrorism-index/.

② 《专家孙壮志谈未来十年上海合作组织发展前景》，http://news.163.com/12/0604/10/83583LUF00014JB5_all.html.

③ 杨倩：《阿富汗形势对上海合作组织安全合作的影响》，载李进峰《上海合作组织发展报告（2018）》，社会科学文献出版社2018年版，第98页。

兰共和国打击恐怖主义、毒品走私和有组织犯罪行动计划》《上海合作组织成员国和阿富汗伊斯兰共和国关于打击恐怖主义、毒品走私和有组织犯罪的声明》；2012年的北京峰会上赋予阿富汗观察员国地位……印度外交部部长克里希纳在2012年的北京峰会上曾表示，上海合作组织为相关国家商议阿富汗事务提供了一个难得的地区性平台，其经济项目也为阿富汗重建带来了深远影响，他期待印度能够通过上海合作组织实现对阿富汗人民的承诺。①

3. 制衡中国、发挥地区影响力则是促成印度加入上海合作组织的诱因。从一定意义上说，印度加入上海合作组织是在俄罗斯的主导和掌控下进行的。②印度在多种场合毫不掩饰其与俄罗斯之间的亲密关系，并对俄罗斯的支持表达了感谢之情。2017年6月，印度总理莫迪访俄期间与俄罗斯总统普京会谈时说："印度和俄罗斯间有信任关系。在国际舞台所有问题上，印俄总是站在一起。再次感谢您的积极支持，让印度成为上合组织正式成员国。"③俄罗斯支持印度加入上海合作组织，有意稀释中国在该组织内部的"领导地位"，④同时又在中国有意同意巴基斯坦加入上海合作组织的情况下，利用印巴之间多有龃龉作为对中国在上海合作组织的力量制衡。

印度在中亚的现有影响力不仅无法与俄、美、中等大国比拟，甚至还要逊于土耳其、伊朗、日本和阿联酋。⑤但印度一直抱有"大国梦"，

---

① Ananth Krishnan, "India Backs Greater SCO Role in Afghanistan", *The Hindu*, June 7,2012.
② 杨恕、李亮：《寻求合作共赢：上合组织吸纳印度的挑战与机遇》，《外交评论：外交学院学报》2018年第1期。
③ https://military.china.com/important/11132797/20170602/30630843.html.
④ "Shanghai Cooperation Organization at Crossroads: Views from Moscow, Beijing and New Delhi," http://carnegie.ru/commentary/71205. 转引自赵玉明《国外智库视野下的上海合作组织及其扩员（2017）》，载李进峰：《上海合作组织发展报告（2018）》，社会科学文献出版社2018年版，第256页。
⑤ Sebastin Pdyrouse, "Domestic and International Articulations of the Indian Involvement in Central Asia", in Marlene Laruelle and Sebastien Peyrouse, eds., *Mapping Central Asia: Indian Perception and Strategies*, Ashgate, 2013, p.90.

希望取得联合国常任理事国地位,并在区域内扮演领导者角色[①]。在这种"大国尊严"或称"大国虚荣心"的引导下,印度拒不加入中国主导的"一带一路"倡议,在加入上海合作组织时也表现出行动上的"犹抱琵琶"[②]:印度一直期望加入上海合作组织,自2001年8月便对到访的哈萨克斯坦总统表达了对上海合作组织的兴趣,之后于2005年被接收为观察员国;而在作为观察员国参加峰会时,印度违反常规并未委派国家元首出席,而仅仅委派外交部部长或者石油和天然气部长参会;其间印度一直未正式提出加入上海合作组织的申请,而是"曲线救国"地向各成员国的外交部进行双边沟通,等上海合作组织制定完善了扩员的各项法律文件后,于2014年正式向上海合作组织提出"转正"申请,并立刻获得批准。而在美国推行的"大中亚计划"中,印度被委以重任并对美国的战略予以积极配合。

(二) 巴基斯坦加入上海合作组织的战略利益分析

巴基斯坦加入上海合作组织的战略诉求,也不外乎能源与经济、互联与互通、安全与反恐等方面的利益。巴基斯坦能源部长哈瓦贾·阿西夫说过,对巴基斯坦的国家安全和经济来说,能源危机比恐怖主义带来的威胁还要大。[③] 巴基斯坦的能源储量尚可,但能源生产落后导致能源供应严重不足,拖累了国内经济发展。但巴基斯坦与印度一样,极佳的区位优势在于其临近海洋,这就满足了中亚国家能源出口迫切但却大多数处于内陆地区并无战略性出海口的合作潜力条件。因此,抢占战略性出海通道将成为巴基斯坦与上海合作组织各成员国加强能源与经济合作的动力所在。

[①] Gulshan Sachdeva,"India's Attitude towards China's Growing Influence in Central Asia", *China and Eurasia Forum Quarterly*, Vol.4, No.3, 2006, p.p.23-24.

[②] 参见Alexander Lukin, "Should the Shanghai Cooperation Organization Be Enlarged?" *Russia in Global Affairs*, No.2, June 22,2011, http://eng.globalaffairs.ru/number/Should-the-Shanghai-Cooperation-Organization-Be-Enlarged-15245. 转引自杨恕、李亮《寻求合作共赢:上合组织吸纳印度的挑战与机遇》,《外交评论:外交学院学报》2018年第1期。

[③] 《巴基斯坦能源部长:能源危机猛于恐怖主义》,《中国能源报》2013年8月12日,第9版。

巴基斯坦的反恐形势比印度还要危急，根据澳大利亚智库经济与和平研究所（IEP）发布的《2018年恐怖主义指数报告》显示，2017年巴基斯坦遭受恐怖袭击576次，死亡人数852人，受伤人数1830人，居全球163个国家中的第五位，①领先印度两个位次。毒品犯罪往往成为恐怖主义资金的重要来源，而巴基斯坦是毒品犯罪的重灾区，同时又与世界最大的毒品生产国阿富汗相邻。②凭借其特殊的战略位置，巴基斯坦配合上海合作组织解决阿富汗问题的共同努力，如割断阿富汗毒品南下交易的通道，则可以一定程度上有效地遏制阿富汗恐怖主义猖獗活动的资金来源。

三 上海合作组织合作机制扩容对其发展的影响

上海合作组织成立16年后首次成员国扩员，实现了职能和地域的扩大，使得上海合作组织成为目前世界上最大的地区性组织，其影响力在纵深和广度上也得到进一步提高。而就上海合作组织内部发展而言，印巴两国从观察员国变为正式成员国，不仅给该组织带来积极的影响，也同时伴随着一些消极的影响，风险与效益同时并存，还需要上海合作组织做好各种调适。

（一）积极影响

1. 强化了上海合作组织的区域安全合作机制

从"上海五国"到上海合作组织十几年的发展来看，上海合作组织在国际上的"标签"化职能即是其裁减军事力量、维护地区安全方面的突出表现。而扩员之后，上海合作组织成为为数不多能够让中国、印度、巴基斯坦、苏联国家进行对话的多边机制，而且还为印巴两个敌对国家创造了相互接触的宝贵契机③。

---

① "2018 Global Terrorism Index: Measuring the Impact of Terrorism", Institute of Economy and Peace (IEP) . http://visionofhumanity.org/indexes/terrorism-index/.

② 薛志华：《巴基斯坦加入上海合作组织的原因、挑战及前景分析》，《东南亚南亚研究》2015年第4期。

③ 白联磊：《印度对上合组织的认识和诉求》，《印度洋经济体研究》2017年第4期。

习近平主席曾于2017年9月在国际刑警组织第八十六届全体大会上的演讲中指出，安全问题的联动性和跨国性更加突出，早已超越国界，任何一个国家的安全短板都会导致外部风险大量涌入，形成安全风险洼地；任何一个国家的安全问题积累到一定程度又会外溢成为区域性甚至全球性安全问题。各国可谓安危与共、唇齿相依，没有哪个国家能够置身事外而独善其身，也没有哪个国家可以包打天下来实现所谓的绝对安全。[①] 而印巴的加入，对于各国同心合力打造组织范围内的"安全共同体"，进而维护全球的和平与发展，影响更为深远。

2. 激发了上海合作组织区域经济合作机制的潜力

目前，中国是印度第一大贸易伙伴、第一大进口来源地和第四大出口目的地，[②] 是巴基斯坦第一大贸易伙伴、第一大进口来源地和第二大出口目的地。[③] 印巴与俄罗斯、中亚国家之间的经济合作、能源合作潜力巨大。印度的加入意味着上海合作组织把"金砖国家"中的中、俄、印三国均纳入其中。随着印巴加入上海合作组织，将可能进一步刺激原成员国之间经济合作的范围、规模，释放合作的潜力。印巴、中印、中俄之间虽仍存在冲突与竞争关系，然而中俄印作为上海合作组织的三个大国，其从组织的使命感出发也会相应约束并缓解彼此之间的内部矛盾，故而强化相互之间的经济合作职能将可能成为各大国在上海合作组织内促进相互合作的切入点和重点，未来各成员国之间加强经济合作的成效会更为突出。

3. 一定程度上对冲了国际上针对上海合作组织合作机制的"偏见"

在上海合作组织扩员之前的6个成员国中，除中国之外都是原苏联解体后的国家，曾有说法认为上海合作组织是原苏联国家（独联体国家）与中国合作的平台。随着印巴的加入，增加了两个非独联体国家，这就

---

① 《习近平在国际刑警组织第八十六届全体大会开幕式上的主旨演讲》，2017年9月26日，http://www.xinhuanet.com/politics/2017-09/26/c_1121726066.htm。

② 《中国驻印度大使罗照辉：中印在上合组织合作大有可为》，http://www.sohu.com/a/235056965_115124。

③ 《巴基斯坦进出口市场外贸情况分析》，http://www.sohu.com/a/251190240_100254360。

改变了上海合作组织的成员结构。

国际上一度给上海合作组织贴上了"反美"的标签,[①]或称之为"东方的北约",[②]有的学者认为俄罗斯将上海合作组织定位为"反美的地缘政治组织,赋予其较多的意识形态色彩"。[③]扩员之前,中俄哈等大国对上海合作组织的稳定发展起了重要的推动作用。然而实际上,上海合作组织是一个多中心体系,[④]表现为该组织的权力较为扩散,更多的成员国开始有足够的力量影响地区事务。印巴的加入,将进一步加强了上海合作组织中的大国力量,相应地可能也就弱化了中俄对该组织的垄断性影响。同时,作为大国之一的印度与美国之间关系较为密切,美国选择印度作为其推行"新丝绸之路"计划的前哨。这样,印度的加入就会一定程度上对冲国际上对上海合作组织的性质及其与其他国家之间关系的偏见。

(二)新的挑战

1.区域合作机制内部的政治互信仍需加强

上海合作组织发源于"上海五国",各国为解决边界划界、军事力量裁减等问题而有了基本的政治互信,之后经历十几年的发展,内部凝聚力已基本符合区域共同体的特征。然而,新加入的印巴两国,却未参与上海合作组织的历史发展,仅作为观察员国尚未与创始成员国之间形成紧密的共同体发展意识。中印两国在诸如领土争端等一些重大问题上还存在分歧,作为古丝绸之路重要国家的印度总想另起炉灶,不愿加入中国倡导的"一带一路"建设。印度加入上海合作组织后不足10天,印度边防部队非法越过中印锡金段已定边界进入到中国洞朗

---

① 曾乔圆:《美国主流新闻媒体对上海合作组织的报道研究》,硕士学位论文,华东师范大学,2014年,第48页。

② 张德广:《"上海精神"是国际关系中的一股新风》,新华网,2009年6月17日,张德广:《聚集上合访谈与演讲》,世界知识出版社2011年版,第406页。

③ P. Stobdan, "The SCO: India Enters Eurasia", *IDSA Policy Brief*, July 14, 2016. 转引自白联磊《印度对上合组织的认识和诉求》,《印度洋经济体研究》2017年第4期。

④ 美国学者William W. Burke-White在2015年撰文提出国际权力体系呈现"多中心体系"特点。见William W. Burke-White, "Power Shirts in International Law: Structural Realignment and Substantive Pluralism", Harvard International Law Journal, Vol.56, No.1, 2015, p.15-23.转引自薛志华:《权力转移与中等大国:印度加入上海合作组织评析》,《南亚研究季刊》2016年第2期。

地区，阻碍中方进行道路施工，引发军事对峙事件。尽管该事件最后以印方越界人员和设备撤回了结，但上海合作组织作为解决成员国边界问题而发源的地区性组织，在印度加入后却无力避免中印边界争端问题，由此可见，印度加入上海合作组织的核心利益点并未在此，也似乎对维护地区和平稳定并无充分的诚意。除此之外，印度与乌兹别克斯坦之间也存在边境争端问题。印巴之间也一直争端不断，相互扶植对方国内的恐怖主义组织，两国间的矛盾暂时尚未找到调和的途径。这些矛盾可能在可预见的时间内还不太容易解决，起码还未列入相关国家的优先解决问题。和则互利，信则共赢。因此，上海合作组织扩员后，最为迫切的问题就是各成员国之间加强政治互信，共同推动区域安全与发展。

2.区域合作机制对多元化利益的协调将更加困难

印度作为一个大国，在上海合作组织内部的综合影响力仅次于中国和俄罗斯，甚至有评论称印巴同时获批加入上海合作组织，也是俄罗斯意图用印度平衡巴基斯坦与中国的关系。印度通过上海合作组织谋求区域影响力、发展经济贸易、实现互联互通，而巴基斯坦也同样有类似的个性利益。同时，印巴两国资金实力弱，基础设施差，均需要争取中国的巨额资金支持修建互联互通的设施，如中巴经济走廊的修建就引发了印度的担忧。中印巴均为能源消费大国，能源进口依存度较高，在获得俄罗斯、中亚国家的能源方面相互之间存在能源来源的竞争关系，这将导致中亚国家借"能源出口多元化"战略而推行"大国平衡外交政策"，可能在需求国间力求左右逢源，又可能对各需求国提供的优惠措施或合作方案处于一种"待价而沽"的地位，①实施"挑剔"对策（"pick- and- choose" strategies）和逐利方针（bandwagoning-for-profit policies）②。上

---

① 陈小鼎、王亚琪：《东盟扩员对上海合作组织的启示与借鉴——兼论上海合作组织扩员的前景》，《当代亚太》2013年第2期。

② Emilian Kavlski, "Partnership or Rivalry between the EU,China and India in Central Asia: The Normative Power of Regional Actors with Global Aspirations", *European Law Journal*, Vol.13, No.6, November 2007, p.856.

海合作组织能源俱乐部在倡议建立之初的难产,也与各国利益多元难以协调有关。

3. 区域合作机制运行的效率可能受到影响

上海合作组织各成员无论大小、强弱,均在政治上平等,每个成员国均享有平等的"一票"。根据《上海合作组织宪章》第十六条的规定,本组织通过决议坚持"协商一致"原则,即"以不举行投票的协商方式通过,如在协商过程中无任一成员国反对(协商一致),决议被视为通过",① 这也是上海合作组织区别于其他一些组织的特征之处。从理论上讲,各成员国均享有"否决权",这也成为上海合作组织决策效率被诟病的一个原因。虽然效率的实际降低与否主要是在动态的过程中,而预知各国在每一具体问题上将采取什么具体政策是有难度的,② 但是新成员的加入极有可能需要寻求各方均能接受的折中方案,对一定成员国的利益加以充分考虑而在方案上做以妥协,因而可以预见的是,多边化项目达成协商一致的难度可能会加大,不可能不对决策效率产生一定的负面影响。同样曾采取"协商一致"原则的东盟也在扩员后决策效率变得低下,在面对各成员国意见不统一时难有作为。③

四 上海合作组织区域合作机制进一步扩容的原则

目前,上海合作组织还接到其他有意愿进行合作的国家提交的申请,希望加入上海合作组织。据新闻报道整理,目前伊朗、阿富汗、巴林和卡塔尔④已提出正式申请成为上海合作组织的成员国;美国⑤、斯里兰卡、

---

① 《上海合作组织宪章》,见上海合作组织官网:http://chn.sectsco.org/documents/.
② 赵华胜:《上海合作组织评析与展望》,时事出版社2012年版,第239页。
③ 李进峰:《上合组织扩员与东盟扩员比较借鉴》,《俄罗斯学刊》2016年第3期。
④ 《上合组织秘书长:巴林卡塔尔提交加入上合组织申请》,http://news.163.com/17/1205/22/D4U4VIF8000187V9.html?baike.
⑤ 《习近平指出上合组织国际地位提升四大原因》,https://news.qq.com/a/20160628/047520.htm;曾乔圆:《美国主流新闻媒体对上海合作组织的报道研究》,硕士学位论文,华东师范大学,2014年,第49页。

孟加拉国、亚美尼亚、阿塞拜疆、尼泊尔、叙利亚等①提出申请希望成为观察员国；乌克兰、马尔代夫、埃及和以色列已申请获得对话伙伴国的地位，还有5个未公开报道的国家也已向上海合作组织提出希望成为对话伙伴国的申请，目前共计有9个对话伙伴申请国。2005年，北约也曾希望以观察员身份参加上海合作组织框架内的军事演习。②

国际组织扩员存在着"囚徒困境"，一方面扩员表明该组织的影响力在扩大，对其他国家有相当的吸引力，单纯从这方面看，国际组织会希望有越来越多的成员国或参与国；但同时，扩员前已经稳定了的运行模式可能在扩员后受到挑战，国家间地缘关系的复杂性会对现有成员的结构和内部平衡带来实质性影响，新的成员在承担了成员国的权利义务后还需要培养对国际组织的集体认同感。因而，上海合作组织未来进一步扩员应坚持如下原则。

第一，扩员应信守组织定位和弘扬"上海精神"

上海合作组织是在摆脱冷战两极格局束缚的背景下成立的，③成立之初便强调该组织"奉行不结盟、不针对其他国家和地区及对外开放的原则"，充分体现了和平与发展的时代潮流，努力推动建立民主、公正、合理的国际政治经济新秩序，已经成为全球治理领域最具借鉴意义的多边合作机制之一。2001年，上海合作组织在中国上海成立时签署的《上海合作组织成立宣言》中，第七条规定："'上海合作组织'奉行不结盟、不针对其他国家和地区及对外开放的原则，愿与其他国家及有关国际和地区组织开展各种形式的对话、交流与合作，在协商一致的基础上吸收认同该组织框架内合作宗旨和任务、本宣言第六条阐述的原则及其他各项条款，其加入能促进实现这一合作的国家为该组织新成员。"该规定确

---

① 《俄官员：上合组织研究扩容叙利亚申请成为观察员国》，https://www.guancha.cn/Neighbors/2015_02_14_309549.shtml；《上合组织成立15周年在即又有5国申请成为对话伙伴印巴加入迈关键一步》，https://www.guancha.cn/Neighbors/2016_06_15_364104.shtml。
② 《习近平指出上合组织国际地位提升四大原因》，https://news.qq.com/a/20160628/047520.htm。
③ 张德广：《"上海精神"颠覆了西方的国际关系理念》，中国网，2009年6月10日，载张德广《聚集上合访谈与演讲》，世界知识出版社2011年版，第394页。

定了上海合作组织吸收新成员的基本原则,即必须以"协商一致"作为吸收新成员的方式,扩员之后的新成员加入上海合作组织后,必须同等遵守该组织框架内的合作宗旨、任务及各项原则性义务。上海合作组织无论怎么扩员,都应当坚持该组织的定位,即不搞政治军事结盟,不针对其他国家和地区,在此前提下,才实行对外开放政策。然而,此处的"对外开放"原则,并非完全开放扩员,而指的是与其他国家、国际组织等加强合作交流,更有效地实现本组织的功能。

"互信、互利、平等、协商、尊重多样文明、谋求共同发展"的上海精神,是上海合作组织的道义和思想基础,[①]是国际关系理论中的新合作观和新安全观的集中体现,[②]也是该组织发展的独特源泉。[③]上海合作组织的现有参与国正是在承认并接受了"上海精神"的基础上,才精诚合作、共同推动该组织的稳定发展,使得该组织取得目前的国际影响力。扩员后新加入的国家也必须始终信守"上海精神"来处理与其他参与国、组织外其他国家的关系,确保该组织不易位、不走样,维护上海合作组织的国际形象。

第二,选定扩员国家的范围应坚守和遵循组织法律文件的要求

申请加入上海合作组织的国家必须一揽子接受该组织已经通过的所有协定或法律文件,履行规定的程序。目前,上海合作组织有关扩员的法律程序文件有:2001年签署的《上海合作组织成立宣言》(第7条)、2002年的《上海合作组织宪章》(第13条、第14条)、2004年通过的《上海合作组织观察员条例》、2008年通过的《上海合作组织对话伙伴条例》、2010年批准的《上海合作组织接受新成员条例》及《上海合作组织程序规则》、2014年批准的《关于申请国加入上海合作组织义务的备忘录范

[①] 张德广:《"上海精神"颠覆了西方的国际关系理念》,中国网,2009年6月10日,载张德广《聚集上合访谈与演讲》,世界知识出版社2011年版,第393页。

[②] 张宁:"关于上海合作组织扩员的战略方向的分析",《辽宁大学学报》(哲学社会科学版)2016年7月。

[③] 李进峰:《上海合作组织15年:发展形势分析与展望》,社会科学文献出版社2017年版,第17页。

本》和《给予上海合作组织成员国地位程序》。

表2—5　　　　　　　上海合作组织扩员的法律程序文件

序号	法律文件名称	签署时间	签署地点
1	《上海合作组织成立宣言》	2001.6.15	中国上海
2	《上海合作组织宪章》	2002.6.7	俄罗斯圣彼得堡
3	《上海合作组织观察员条例》	2004.6.17	乌兹别克斯坦塔什干
4	《上海合作组织对话伙伴条例》	2008.8.28	塔吉克斯坦杜尚别
5	《上海合作组织接受新成员条例》	2010.6.11	乌兹别克斯坦塔什干
6	《上海合作组织程序规则》	2010.6.11	乌兹别克斯坦塔什干
7	《关于申请国加入上海合作组织义务的备忘录范本》	2014.9.11	塔吉克斯坦杜尚别
8	《给予上海合作组织成员国地位程序》	2014.9.11	塔吉克斯坦杜尚别

2002年通过的《上海合作组织宪章》作为上海合作组织的根本性文件，专条规定了接纳成员国、观察员和对话伙伴国的原则性规定，并授权另行制定专门协定规定相应的条例和程序。自2004年开始，上海合作组织首次吸收蒙古国成为观察员国时，相应地制定了《上海合作组织观察员条例》，规定了获得上海合作组织观察员地位的条件、应遵循的程序、观察员国应承担的权利和义务等，这是践行和落实宪章规定的具体步骤和举措。这一条例的签署也为2005年进一步吸纳其他观察员国奠定了法律基础。

2008年的杜尚别峰会，各成员国签署了《上海合作组织对话伙伴条例》，为接下来的几年里大量吸收对话伙伴国准备了相关法律文件。这是落实和完善宪章规定的又一大举措，也为上海合作组织进一步与更多的国家或国际组织建立联系和开展合作铺平了道路，这是上海合作组织对外交往方面的重要一步。鉴于当时上海合作组织的影响力扩大，不断有其他国家提出加入成员国的申请，但接收成员国相应的法律程序尚缺失，故2010年的塔什干峰会通过了《上海合作组织接收新成员条例》和《上海合作组织程序规则》。2014年各成员国批准了《关于申请国加入上海合作组织义务的备忘录范本》和《给予上海合作组织成员国地位程序》的修订案,至此,上海合作组织所建立的正式成员国、观察员国、对话伙伴国的参与国模式,有了基本完善的法律基础和机制框架,各成员国对上海合作组织扩员的意见也基本趋于一致。这意味着"上海合作组织扩员法律准备工作已经基本完成,扩员大门将正式打开"[①]。之后,自2015年俄罗斯乌法峰会决定正式启动印度、巴基斯坦加入上海合作组织的程序,2016年两国签署加入上海合作组织义务的备忘录,并在审慎履行了一系列法律程序后,终于2017年6月阿斯塔纳峰会上给予印度、巴基斯坦正式成员国身份,这是上海合作组织自成立以来的成员国首次扩员。

上海合作组织对承诺遵守《宪章》宗旨、原则以及本组织框架内通过的国际条约和文件的本地区其他有关国家开放。成员申请国应符合的标准和条件包括:地属欧亚地区;与本组织所有成员国建立外交关系;具有本组织观察员国或对话伙伴地位;与本组织成员国保持积极的经贸与人文交往;所承担的国际安全义务不应与本组织框架内通过的相关国际条约和其他文件冲突;不与一国或数国存在武装冲突;自觉履行《联合国宪章》规定的义务,遵守公认的国际法准则;未受联合国安理会制裁。[②] 由此可见,上海合作组织将自己的成员国地域范围限定在"欧亚地区",目前的参与国除作为成员国的俄罗斯和作为观察员国的白俄罗斯地属东欧外,其他参与国均位于亚洲地区,[③] 故上海合作组织在未大幅扩员致根本改变成员国的地理结构之前,还是应尽可能加强与亚洲国家的合

[①] 国家主席习近平在上海合作组织成员国元首理事会第十四次会议上的讲话:《凝心聚力精诚协作推动上海合作组织再上新台阶》,2017年9月12日,http://politics.people.com.cn/n/2014/0913/c70731-25653706.html.

[②] 出自《上海合作组织接收新成员条例》,上海合作组织官网:http://chn.sectsco.org/documents/.

[③] 亚洲和欧洲的分界线是乌拉尔山、乌拉尔河、大高加索山脉和土耳其海峡。这样就造成了五个地跨欧亚两大洲的国家,他们分别是俄罗斯、土耳其、哈萨克斯坦、格鲁吉亚、阿塞拜疆,只有俄罗斯一个是欧洲国家,而其他四个为亚洲国家。参见https://baijiahao.baidu.com/s?id=1589823305139885165&wfr=spider&for=pc.

作，尤其是维持原来"以中亚为中心"的选择，不降低作为上海合作组织创始成员国的中亚国家的合作分量。①申请加入上海合作组织的国家必须首先在成为本组织的观察员国或对话伙伴国的基础上，循序渐进才能申请成为正式成员国。同时，申请国不能正在接受联合国安理会的制裁，不与他国存在武装冲突，这与上海合作组织保障地区安全职能相吻合。

第三，扩员应不忘"搁置争议"和"求同存异"

上海合作组织在成员构成方面异质性明显，各成员国具有不同的政治制度、经济规模和价值取向，②尤其是中国与信仰伊斯兰教的中亚国家之间可能面临文明冲突，缺乏区域整合的历史沉淀，因而各成员国的集体身份认同较为薄弱，难免在一些重大问题上出现歧见。如前所述，新加入的印度可能与其他成员国之间存在着不少的争端，如中印之间、印巴之间、印度与乌兹别克斯坦之间还存在着领土争端，这些争议由来已久，可预见的时间内还不太能彻底解决，各成员国也未将之列为优先解决的问题，如果这些国家过分突出各方之间的争议（因素利益）③，则很有可能影响在上海合作组织框架下的合作，以及就特定事项达成协商一致决议的进程。因此，各成员国需将互相之间的因素利益暂且"搁置"，让位于组织框架下各方的共同利益。共同利益是国际组织发展的内在动力，只有这样，才能"求同存异"、协调冲突，共同推进上海合作组织的稳定发展。

第四，扩员应坚持兼顾效率与"协商一致"的原则

上海合作组织通过决议所采用的"协商一致"原则，并非要求全体成员国均一致同意通过才可以，而是"在协商过程中无任一成员国反对"即视为通过决议，这是类似于东盟方式中的"10-X"（原来为"6-X"），

---

① 张宁：《关于上海合作组织扩员的战略方向的分析》，《辽宁大学学报》（哲学社会科学版）2016年7月。
② 朱永彪、魏月妍：《上海合作组织的发展阶段及前景分析——基于组织生命周期理论的视角》，《当代亚太》2017年第3期。
③ 于游：《上海合作组织扩员问题分析——以印度为例》，硕士学位论文，外交学院，2015年。

即只要大多数成员国赞成,而少数成员国并不反对,即视为"协商一致"通过决议。这种变通的协商一致方式可以最低限度的共识形成决策,而不至于空耗流程影响决策效率。这种决策方式既重申了"上海精神"中强调的"平等、协商"原则,也是上海合作组织践行"新安全观"和构建国际关系新秩序的体现,必须一以贯之坚持下去。

第五,扩员应坚持"慎扩"和"缓扩"原则

申请成为上海合作组织的成员国需要履行复杂的程序,接受几十个法律文件。印巴自2016年签署备忘录并进入法定程序后,直到2017年才成为正式会员国,此前提交申请为之奔走的时间也持续多年。印巴加入后,成员国的增长也会遇到新问题,尚需较长一段时间进行磨合、调适,在基本达成全面政治互信并有利于组织稳定发展后,才可能再考虑接纳其他国家加入的申请。因而,应尽可能拉长扩员的进程,慎重考虑其他国家的申请,"慎扩"强于"滥扩","缓扩"好于"急扩"。然而,在暂不进行扩员的前提下,可以尝试一些新的合作形式。比如,可以参照东盟的"10+X"模式启动新的合作层次、构筑全方位合作关系,即以上海合作组织为整体与其他意愿合作但尚不能成为成员国的国家开展次领域合作。这在《上海合作组织宪章》第十四条中有所体现,即:本组织可与其他国家和国际组织建立协作与对话关系,包括在某些合作方向。但是这种合作方式切忌泛论坛化,而要开展实质性的合作项目;还要注意以上海合作组织整体为中心开展合作,防范沦为区域内国家的双边化合作。

第三节　上海合作组织区域合作机制的功能扩溢

"扩溢"(spill-over)理论是20世纪50年代末60年代初新功能主义(new-functionalism)一体化理论流派[①]研究欧洲一体化发展历程的经

---

① 该理论流派以厄恩斯特·哈斯(Ernst Haas)、雷吉纳德·哈里森(Reginald Harrison)、菲利浦·施密特(Philippe Schmitter)、利昂·林德博格(Leon Lindberg)、约瑟夫·奈(Joseph Nye)等为主要代表人物。

验总结，也是对欧盟统合（integration）前景的展望与行动指南。"扩溢"理论是新功能主义一体化理论的核心概念之一。该理论流派认为，各国在任何领域合作的成功都会增强在其他领域进行合作的愿望与信心，因而在某一领域的合作成效会"扩溢"到其他更多的领域并催生出更多的合作，而功能部门的合作发展到一定程度会形成一种功能性的互赖网[①]，可能形成"复合型相互依赖"[②]。而至于"扩溢"的运行机制及原始动力，根据该流派代表人物之一利昂·林德伯格（Leon Lindberg）的观点，"扩溢"指的是"有一个具体目标的行动创造了这样一种情势，原初的目标只有通过采取进一步的行动才能得到保证，这又反过来创造了一种进一步的条件以及更多行动的需要等"[③]。虽然新功能主义流派的观点受到了不少学界的批评，但之后发展起来的新制度主义和政府间主义流派在研究一体化问题时，也都不同程度地吸收了新功能主义理论的"扩溢"理论。

如果单就各国之间的合作从一个领域扩展到其他领域这一层面来讲，"扩溢"理论在描述国家间合作机制的发展进程方面毫无疑问具有普遍适用意义。但是，新功能主义主要从欧洲一体化的进程着手展开研究，认为各国间一体化的过程是"自下而上"的，合作会从经济领域逐渐扩溢到政治领域，即由"低政治（low politics）"（经济、技术与社会）逐渐到"高政治（high politics）"（外交、安全与防务）并最终形成超国家机构。这一点受到众多学者批判，如政府间主义的代表人物斯坦利·霍夫曼（Stanley Hoffman）就提出，扩溢将只适用于低政治领域[④]，而不适用于解决高政治领域。罗格·汉森（Roger Hansen）也根据欧盟至今并未朝着新功能主义设想的路径发展，因而也断定扩溢理论只对低政治领域具有

[①] 潘忠歧：《新功能主义扩溢理论及其批判》，《上海交通大学学报》（哲学社会科学版）2003年第5期。

[②] 邢广程、孙壮志：《上海合作组织研究》，长春出版社2007年版，第99页。

[③] Leon N. Lindberg, *The Political Dynamics of Europe Intergration*, Stanford University Press (Stanford,California,1963),p.10.

[④] Stanley Hoffman, *Obstinate or Obsolete?The Fate of the Nation State and the Case of Western Europe*, (Daedalus, 1996), pp.862-915.

解释力①。当然,这些学者仁者见仁,智者见智。但从我们本课题的研究对象来看,上海合作组织的合作机制发展与新功能主义学者设计的"自下而上"的扩溢路径并不完全一致。

如前面部分所述,上海合作组织起源于"上海五国"会晤机制在解决边境安全问题取得的军事互信,并发展于政治、安全、经贸、能源、交通、人文、教育等全领域的合作。如果套用新功能主义主张的从"低政治"向"高政治"的一种"自下而上"扩溢路径,上海合作组织很显然并不吻合,反而是从军事互信合作、打击"三股势力"等安全合作进而向经济、人文、交通等"低政治"领域的合作进行扩溢。

一 上海合作组织区域合作机制的功能定位

从上海合作组织成立前的"上海五国"阶段签订的协定及发表的联合声明等文件来看,那五年还主要在地区安全、边境军事互信方面着力开展合作并取得了一定的成果,虽然在这些文件中提及在本地区内开展平等互利的经济合作等内容,但还基本止于纸面上,在多边层面并未有太多实质性的推动和落实。

1998年7月3日,"上海五国"元首在哈萨克斯坦的阿拉木图举行第三次会晤,发表了《阿拉木图声明》,其中提出了本地区经济合作应遵循的基本原则:"相互提供国际通用的贸易条件,以扩大贸易额;鼓励和支持各种形式的地方和边境地区经贸合作以及五国大企业和大公司间的合作;改善各自投资环境,为增加对各国经济项目的投资创造条件。"同时,还提出了大力加强其他经济领域的合作,如油气管道基础设施、铁路、公路、水运和空运领域的长期合作,改造和使用现有的相互之间及通往其他国家的交通、管道基础设施等建设,重视能源领域包括相互输送电能及电能过境项目的研究。②

---

① Roger Hansen, *European Integration Reflection on a Decade of Theoretical Efforts*, World Politics, 1969, 21(2), pp.242-271.

② 参见《阿拉木图声明》(1998年7月3日),新浪中心,http://news.sina.com.cn/c/2006-05-31/095210022508.shtml.

1999年"上海五国"元首共同发表的《比什凯克联合声明》用绝大部分篇幅阐述了五国在安全领域方面合作的成绩和一致意见,但同时也再次强调了各方根据平等互利原则开展经贸合作具有重要意义,表示将继续鼓励五国在双边基础上的合作,同时积极寻求开展多边合作的途径,优先考虑1998年阿拉木图联合声明所确定的合作方向。各方欢迎本地区感兴趣的国家及其各种所有制企业在相互投资等领域开展合作。①

2000年"上海五国"元首的《杜尚别联合声明》在强调应加强军事领域信任和合作方面加快步伐的基础上,提出各方将在平等和互利合作原则基础上全面鼓励在五国框架内理顺和发展经贸伙伴关系,包括改善本国投资和贸易环境,为五国其他国家的公民和企业进行正常商业活动、解决在合作过程中出现的纠纷提供有利条件。有效利用"上海五国"能源潜力,加强区域能源互利合作是确保地区稳定和发展的重要因素,将使"上海五国"的多边协作提高到新的水平。②

2001年,上海合作组织成立后,在《上海合作组织成立宣言》的第二条规定:"上海合作组织的宗旨是:加强各成员国之间的相互信任与睦邻友好;鼓励各成员国在政治、经贸、科技、文化、教育、能源、交通、环保及其他领域的有效合作;共同致力于维护和保障地区的和平、安全与稳定;建立民主、公正、合理的国际政治经济新秩序。"这一宗旨确立了上海合作组织成员国间在多领域谋求合作的一致意思表示,也成为上海合作组织的发展方向和努力目标。借用道格拉斯·诺斯(Douglass C. North)说过的一句话,"任何组织都是在现有约束所致的机会集合下有目的地创立的,是为达到目标而受某些共同目的约束的个人团队"③,上海合作组织在成立之初,确定该组织设立的目的和发展方向就与"上海五国"

---

① 参见《比什凯克声明》(1999年8月25日),新浪中心,http://news.sina.com.cn/c/2006-05-31/095310022594.shtml。
② 参见《中、塔、俄、哈、吉五国〈杜尚别声明〉》,人民网,http://www.people.com.cn/GB/channel1/10/20000705/131545.html。
③ [美]道格拉斯·C.诺斯:《制度、制度变迁与经济绩效》,杭行译,格致出版社、上海三联书店、上海人民出版社2008年版。

时期有所不同,则上海合作组织内的各成员国也将根据所确定的发展方向和领域进行努力,并探索合作。事实上,上海合作组织在后续的发展进程中,正是按照成立宣言中确立的宗旨,在不同阶段、不同时期在政治、经贸、科技、文化、教育、能源、交通、环保等各个领域"遍地开花",取得了相当务实的合作成果。

二 安全—经济:上海合作组织合作机制发展的两个车轮

从最初在"上海五国"机制下开展有关边境地区的互信与裁军的合作,逐步扩大到各国在政治、经贸、文化、科技、教育等各个领域开展睦邻友好互利合作,"安全合作"与"经济合作"逐渐成为驱动上海合作组织发展的两个轮子。上海合作组织逐渐在实现着该组织的"功能扩溢"。作为一个区域性国际组织,如果仅仅将合作范围局限于军事互信和安全领域的话,上海合作组织将很难在林立的众多国际组织中脱颖而出,也很难吸引更多的成员并互相借重发展。由于各成员国都是转型国家,经济发展和通过经济合作参与经济全球化进程以融入国际社会,是各成员国最重要的战略目标[①]。因而,上海合作组织也从最初的安全合作逐渐"扩溢"到包括经济、能源等各个领域的合作,并将可能扩展到更多领域、更多国家。上海合作组织在安全合作领域已经取得的显著成果及所构建的紧密合作机制也将对其他领域的合作起到示范效应,并将吸引更多的国家加入到该组织中来或成为观察员国、对话伙伴国。

2002年6月,上海合作组织圣彼得堡元首会晤时,时任我国国家主席的江泽民同志发表讲话,强调:"安全与经贸合作相辅相成、相互促进,是推动区域合作与上海合作组织发展的两个轮子。要抓住这两个合作重点,促进和带动其他领域的友好合作逐步展开。"这里强调了安全合作与经济合作是推动区域合作和上海合作组织发展的两个轮子,一只手抓安全合作的轮子,一只手抓经济合作的轮子,两者均不能松懈。但是

---

① Stanislav Zhukov, "Adapting to Globalization", in Boris Rumer eds., *Central Asia and the New Global Economy*, New York, 2000, pp.149-173.

可能引起误读的是，我们会以为在上海合作组织内只需要抓这方面的合作就可以了，实则不然，江泽民同志的讲话中强调了"抓住这两个合作重点"可以"促进和带动其他领域的友好合作逐步展开"，也就是说，安全合作与经济合作是上海合作组织发展的重点领域，但如同成立宣言所倡导的上海合作组织成立的宗旨一样，还需要在科技、文化、教育、能源、交通、环保及其他领域开展有效的合作，促进区域一体化发展和命运共同体建设。

上海合作组织并非为解决特定问题而建立，而是在"上海五国"定期会晤期间已经解决了边界划分及边界安全问题后，已经在各成员国间形成了基本的政治互信和良好的合作关系，为维持这种互信合作关系才继而成立了上海合作组织。也正因为有了良好的互信合作关系，才促使上海合作组织各成员国不断在其他领域开拓合作，实现该组织的功能扩溢。因而安全合作为后续包括经济合作在内的其他领域的合作打下了坚实的信任基础，准备了和谐的合作氛围，各成员国之间消除隔阂和猜忌，才可能在其他合作领域走得更远、更久。

同时，经济领域的合作因为不触及政治主权问题，最容易产生功能扩溢效果，所以很多区域组织都是从经济合作入手，通过经济合作带动其他领域的合作[①]，容易形成"滚雪球效应"。于上海合作组织而言，受美国在中亚地区"颜色革命"的负面影响，一些中亚国家对中国和俄罗斯在上海合作组织中的主导性作用和地位有所忌惮，对与中国或俄罗斯开展经济合作心存疑虑，担心大国资本进入中亚国家后会对其国家主权造成不良影响，因此近年来的多边经济合作步伐迟缓，取得的成效也不太明显。随着双边经济合作的频繁开展和"上海精神"在组织内的深化，区域经济合作正在稳步推进，上海合作组织也亟须持续发展动力。

即便上海合作组织的功能再怎么扩溢，其安全功能不可偏废，应始终

---

① [德]贝娅特·科勒科赫、托马斯·康策尔曼、米歇勒·克诺特：《欧洲一体化与欧盟治理》，顾俊礼译，中国社会科学出版社2005年版，第32、42页；[美]罗伯特·基欧汉：《霸权之后：世界政治经济中的合作与纷争》，苏长和、信强、何曜译，上海人民出版社2012年版，第76页。

作为其首要功能。尤其是扩员之后的上海合作组织面临诸多迫切需要解决的问题。其中"确定首要职能"是上海合作组织未来发展的关键，而确定首要职能需要建立在共同的战略预期之上。为了确定上海合作组织成员国的战略预期，在对上海合作组织宪章、公约、元首宣言文本分析和结合考察上海合作组织成员国官方立场的基础上，我们发现安全合作是上海合作组织及其成员关注度最高的共同预期战略目标，安全合作应该作为上海合作组织未来发展的首要职能。维护地区安全，共同打击恐怖主义、宗教极端主义和民族分裂主义"三股势力"及贩毒、偷运武器等有组织犯罪是上海合作组织成员国合作的优先方向。[①] 上海合作组织从建立之初，其首倡的"新安全观"作为其安全职能的一个方面，成为该组织在国际组织的世界之林屹立的标签和名片，也是吸引其他国家加入上海合作组织的魅力和定力所在。中国正在为推动建设相互尊重、公平正义、合作共赢的新型国际关系而努力，倡导坚决摒弃冷战思维和强权政治，走对话而不对抗、结伴而不结盟的国与国交往新路，坚持以对话解决争端、以协商化解分歧，统筹应对传统和非传统安全威胁，反对一切形式的恐怖主义，推动经济全球化朝着更加开放、包容、普惠、平衡、共赢的方向发展。[②] 党的十九大报告确定的外交方针与上海合作组织安全职能的要求互相吻合，这表明中国一以贯之坚持"新安全观"，尊重他国主权完整，倡导国际关系民主化，坚持平等互利、合作共赢开展与其他国家的合作。

三　上海合作组织成立以来区域经济合作机制的法制化进程

（一）初步建立工作机制，确定合作目标

上海合作组织成立后，2001年9月各成员国总理在哈萨克斯坦的阿拉木图举行第一次会晤，一致决定启动六国多边经贸合作进程，宣布正式建立上海合作组织框架内的总理定期会晤机制。六国总理商讨了区域经贸

---

① 《习近平指出上合组织国际地位提升四大原因》，https://news.qq.com/a/20160628/047520.htm。

② 《决胜全面建成小康社会　夺取新时代中国特色社会主义伟大胜利——在中国共产党第十九次全国代表大会上的报告》，2017年10月18日。

合作和贸易与投资便利化问题，签署了《上海合作组织成员国政府间关于开展区域经济合作的基本目标和方向及启动贸易和投资便利化进程的备忘录》。该备忘录对发展成员国之间的经济合作有着重要的指导性作用，规定了区域经济合作的基本目标、实现途径及主要合作领域。至此，上海合作组织总理首次会晤标志着区域经济合作与安全合作已成为上海合作组织的两大支柱，区域经济合作被正式提升到本组织的重要支柱地位[①]。2002年5月，上海合作组织首次经贸部长会晤在上海举行，各方就正式启动经贸部长会晤机制和贸易投资便利化谈判达成共识，并签署了《〈成员国政府间关于区域经济合作的基本目标和方向及启动贸易和投资便利化进程的备忘录〉的议定书》，宣布正式建立上海合作组织经贸部长会晤机制。

2002年6月签署的《上海合作组织宪章》，对上海合作组织的宗旨原则、组织结构、运作形式、合作方向及对外交往等原则作了明确阐述，合作方向除维护地区和平外，还包括支持和鼓励各种形式的区域经济合作和保障合理利用自然资源等。2003年9月5—6日在吉尔吉斯斯坦召开的上海合作组织经贸部长第二次会议上，中方第一次提出了以建立自由贸易区为上海合作组织区域经济合作"三步走"目标，即第一步推进贸易投资便利化；第二步大力开展区域经济合作；第三步力争用10—15年时间逐步建立上海合作组织自由贸易区。2003年9月23日，上海合作组织成员国总理在北京举行第二次会晤，批准了《上海合作组织成员国多边经贸合作纲要》，该纲要首次正式写入了上海合作组织区域经济合作的中长期目标。长期（2020年前）目标是上海合作组织成员国将致力于在互利基础上最大效益地利用区域资源，为贸易投资创造有利条件，以逐步实现货物、资本、服务和技术的自由流动。中期（2010年前）任务是共同努力制订稳定的、可预见的和透明的程序，在上海合作组织框架内实施贸易投资便利化，并以此为基础在《上海合作组织宪章》和备忘录规定的领域内将开展大规模多边经贸合作。

[①] 须同凯：《上海合作组织区域经济合作——发展历程与前景展望》，人民出版社2010年版，第29—30页。

（二）扩展民间合作渠道，丰富合作机制

上海合作组织秘书处于2004年1月15日在北京正式成立，其中内设经济合作组，并专设一位负责区域经济合作事务的副秘书长。2004年3月25—26日，上海合作组织成员国经贸部门高官会在莫斯科召开，同意成立电子商务、海关、质检和投资促进等四个工作组。

2004年9月14日，各成员国经贸部长签署了《关于建立"上海合作组织区域经济合作网站"问题的谅解备忘录》，并于此后的总理会晤期间开通网站。2004年9月23日，上海合作组织成员国总理会议在比什凯克召开，该次会议批准了《〈上海合作组织成员国多边经贸合作纲要〉落实措施计划》，该文件涉及上海合作组织成员国在贸易、投资、海关、技术规程与标准及合格评定程序、金融、能源、交通等11个合作领域共127个多边、双边合作项目和课题等的合作。该措施计划的批准成为实施上海合作组织区域经济合作的标志性文件和关键步骤，为开展区域经济合作打下了坚实的法律基础并提供了可操作的具体项目清单。[①] 为确保该《落实措施计划》得以切实执行，2005年10月26日在莫斯科召开的上海合作组织总理会议上，各成员国总理批准了《〈多边经贸合作纲要〉落实措施计划实施机制》。

不断充实发展的机制化建设是上海合作组织得以顺利发展的重要保障，除了政府间开展的官方合作机制外，利用民间的资本和非政府组织来推进多边经贸人文交流，是上海合作组织的一大特色[②]。在各成员国的支持和推动下，上海合作组织框架内建立了实业家委员会、银行间联合体、上海合作组织论坛、上海合作组织经济智库联盟等民间合作机制，有效地发挥作用并丰富了上海合作组织的机制化建设。

1. 实业家委员会

为积极推动区域经济合作，2004年9月上海合作组织成员国经贸部

[①] 须同凯：《上海合作组织区域经济合作——发展历程与前景展望》，人民出版社2010年版，第34页。

[②] 邢广程、孙壮志：《上海合作组织研究》，长春出版社2007年版，第68页。

长第三次会议上，各成员国一致同意在各国工商会和相应机构的基础上建立上海合作组织实业家委员会，并在同期召开的总理理事会上专门批准成立专家工作组，具体研究实业家委员会的建立原则与运行方式，并决定成立上海合作组织实业家委员会。2005年10月上海合作组织成员国总理会晤期间，实业家委员会召开了第一次理事会会议，并讨论通过了《上海合作组织实业家委员会章程》《上海合作组织实业家委员会大会规章》《上海合作组织实业家委员会理事会规章》草案，提交实业家委员会成立大会通过。2005年10月7日召开了实业家委员会成员国主席联席会议，通过了《上海合作组织实业家委员会秘书处规章》，决定在莫斯科设立秘书处。2006年6月，在上海合作组织上海峰会期间，实业家委员会召开成立大会，选举了运行机构，并在各国元首的见证下签署了《上海合作组织实业家委员会成立大会决议》。

上海合作组织实业家委员会根据上海合作组织成员国总理理事会决议创立，是联合上海合作组织成员国的实业界和金融界的非政府组织。首先由各国大中型企业参与并组成本国的实业家委员会，并在此基础上组成上海合作组织实业家委员会，每年在各国轮流召开会议。上海合作组织实业家委员会的主要任务是为执行上海合作组织框架内通过的关于发展经贸合作的《上海合作组织成员国多边经贸合作纲要》及其落实措施计划等基础性文件提供有效协助，促进上合组织区域经济合作的进一步发展，扩大实业界和金融界直接联系与对话，推动其参与上海合作组织框架内经贸、金融信贷、科技、能源、交通、通信、农业及其他领域的全面合作。

2018年6月6日上海合作组织青岛峰会期间，中国国际贸易促进委员会、中国国际商会、上海合作组织实业家委员会共同在北京举办了上海合作组织工商论坛暨上海合作组织实业家委员会理事会会议。会议分两个环节，其主题分别为"搭建战略对接平台，推动互联互通"和"促进投资贸易便利化，助力中小企业创新发展"，旨在探讨上海合作组织各成员国在贸易、物流、基础设施、制造、创新等领域开拓合作的新机遇和新模式。论坛上，青岛市商务局、胶州市政府与上海合作组织实业家委员会签署了《关于共同推进在青岛欧亚经贸合作产业园区建设中国—

上海合作组织地方经贸合作示范区的备忘录》①，与上海合作组织实业家委员会秘书处签署了《关于共同推动举办上海合作组织实业家委员会地方经贸合作论坛的备忘录》。

上海合作组织实业家委员会的成立，对落实上海合作组织区域多边经济合作项目起到了实质推动作用，为各国实业界建立联系、增进了解、深化互信、扩大合作构筑了新的舞台和桥梁，标志着上海合作组织框架内的区域经济合作向务实方向又迈出了重要一步②。

2. 银行联合体

2005年10月26日，在莫斯科举行的上海合作组织总理会议期间，各成员国正式决定成立一个新型的国际金融区域合作组织——上海合作组织银行联合体。该银行联合体由上海合作组织成员国授权的和/或推荐的开发银行、国有专业银行和其他金融组织/机构组成，具体签约时各成员国分别指定了本国的牵头银行，即哈萨克斯坦开发银行、中国国家开发银行、俄罗斯联邦开发和对外经济活动银行、塔吉克斯坦国家储蓄银行和乌兹别克斯坦国家对外经济银行作为发起银行组成联合体，共同签署了《上海合作组织银行联合体（合作）协议》③。各成员国总理均对签署《上海合作组织银行联合体（合作）协议》表示满意，指出上海合作组织成员国的金融界有必要更加积极地参与落实中亚地区的大型联合投资项目④，银行联合体的成立是此次上海合作组织总理会议取得的一项重要成果，开辟了欧亚各国政府间金融合作的新领域，显示出以开发性金融合

---

① 2015年8月，上海合作组织实业家委员会秘书处谢尔盖秘书长访问青岛，并签署了《共建欧亚经贸合作产业园区战略合作备忘录》。2018年4月，商务部复函支持青岛在欧亚园区创建中国—上海合作组织地方经贸合作示范区。

② 《启动区域项目，实现互利共赢——于广洲副部长在上海合作组织实业家委员会成立大会上的致辞》，http://yuguangzhou.mofcom.gov.cn/article/speeches/200606/20060602439326.shtml.

③ 吉尔吉斯斯坦共和国因国内没有国有商业银行，当时未能签署协议。2006年6月14日，在上海举行的上海合作组织银行联合体理事会第二次会议期间，吉尔吉斯斯坦储蓄结算银行加入了银行联合体。

④ 《上海合作组织成员国政府首脑（总理）理事会会议联合公报》，http://www.gov.cn/gongbao/content/2005/content_121424.htm.

作为特征的区域合作新格局。① 2005 年 11 月 16 日，上海合作组织银行联合体在莫斯科正式成立。

上海合作组织银行联合体遵循和贯彻《上海合作组织宪章》、《上海合作组织成员国多边经贸合作纲要》及其落实措施计划，各签约方互为优先合作伙伴执行上海合作组织国家间协议及合作纲要框架下签署的协议。银行联合体的宗旨在于建立一种对上海合作组织各成员国政府支持的项目提供融资及相关金融服务的机制，以促进各成员国经济和社会发展。2006年 6 月 14 日，银行联合体理事会通过了《上海合作组织银行联合体理事会工作条例》、《上海合作组织银行联合体项目库建立和管理的总原则》和《上海合作组织银行联合体成员行间授信的框架性原则》，进一步完善了银行联合体的运行机制。6 月 15 日，上海合作组织成员国元首出席了《上海合作组织银行联合体成员行关于支持区域经济合作的行动纲要》的签字仪式，该纲要反映了银行联合体的未来发展战略。2007 年 8 月 16 日，各成员银行在上海合作组织比什凯克峰会框架下签署了上海合作组织银行联合体与实业家委员会合作协定。2007 年 8 月 15 日，在比什凯克举行的上海合作组织银行联合体理事会会议上，各成员银行通过了《上海合作组织银行联合体成员挑选、审查和执行项目的合作规则》。随着上海合作组织银行联合体的这些法律文件的签订，其运行机制不断完善，也在为上海合作组织成员国重大项目融资方面愈来愈行稳走远。

在上海合作组织秘书处的指导下，银行联合体已发展成为该组织最重要的金融合作平台，各成员银行密切合作，在高层政策对话、双多边金融合作、重点领域建设、人员交流培训、组织机制建设等方面取得了丰硕成果。银行联合体参与了上海合作组织区域内许多大型项目的实施，中国国家开发银行也成为贷款规模最大、最活跃的银行联合体成员行②。截至2018年 6 月，在上海合作组织银行联合体框架下，中国国家开发银行与成员国

---

① 李岚：《上合组织银行联合体成立》，http://wap.cnki.net/touch/web/Newspaper/Article/JRSB20051117A013.html。

② 《上合组织银联体理事会第14次会议在京召开2018国开行累计向上合成员国发放贷款超千亿美元》，http://www.sohu.com/a/238070787_175647。

的项目合作已发放贷款累计超过 1000 亿美元，目前贷款余额达到 413.4 亿美元、163.7 亿元人民币。① 这些合作项目包括中俄原油贸易、中亚天然气管线、塔吉克斯坦国家储蓄银行农业项目等②，主要涵盖各国能源、基础设施、中小企业、农业等领域，这些重大项目的实施形成了良好的社会效应和经济效益，带动了区域内的经贸往来，激发区域经济的活力。

2018 年 6 月 6 日，上海合作组织银行联合体理事会第十四次会议在北京召开，授予巴基斯坦哈比银行成员行地位，实现了银行联合体的首次扩员。至此，银行联合体在除了印度以外的 7 个上海合作组织成员国内均发展了成员银行，另外还有两家对话伙伴银行，即白俄罗斯银行和蒙古开发银行。中国国家开发银行与哈萨克斯坦开发银行、吉尔吉斯斯坦结算储蓄银行、塔吉克斯坦国家储蓄银行、乌兹别克斯坦国家对外经济活动银行签署了新增授信协议；成立了开发性金融学院，为包括上海合作组织地区在内的"一带一路"沿线国家开展能力建设合作提供重要平台；驻哈萨克斯坦阿斯塔纳设立了代表处，驻白俄罗斯明斯克代表处的内外部申请和审批工作正在紧锣密鼓地进行。在随后召开的青岛峰会上，习近平主席宣布中方将在上海合作组织银行联合体框架内设立 300 亿元人民币等值专项贷款③。这一专项贷款有望集中用于维护上海合作组织地区安全稳定、推动重大项目和合作的落地等方面。

3. 上海合作组织论坛

2006 年 5 月 22 日，上海合作组织论坛在莫斯科成立，成立大会通过了《上海合作组织论坛规则》，并确定了论坛的主要目标和组织机构。它是上海合作组织常设多边专家咨询和科研机构，具有公众和专家咨商性

---

① 《上合组织银联体理事会第14次会议在京召开2018国开行累计向上合成员国发放贷款超千亿美元》，http://www.sohu.com/a/238070787_175647。
② 《中国国开行行长：上合组织银联体已成为该组织重要金融合作平台》，上海合作组织区域经济合作网，http://www.sco-ec.gov.cn/article/headline/201801/397704.html。
③ 习近平在上海合作组织成员国元首理事会第十八次会议上的讲话："弘扬'上海精神' 构建命运共同体"，http://cpc.people.com.cn/n1/2018/0610/c64094-30048403.html。

质的机制，[①]亦是上海合作组织的智库机制，被称为"第二轨道"[②]。俄罗斯总统普京高度评价了上海合作组织论坛的意义，强调"论坛的作用同样不可小视，该论坛将把专家学者的代表联合在一起，成为一个独特的非政府专家机制"[③]。

上海合作组织论坛作为上海合作组织非官方性质的多边社会咨议性机制和学术机制，由成员国各自推举本国一家权威学术机构，即具有上海合作组织国家研究中心地位的权威研究机构组成，并由这些学术机构的领导人组成论坛协调委员会。论坛旨在为上海合作组织发展提供智力支持；促进成员国学术机构之间的互相协作，就上海合作组织有关迫切问题开展联合研究；宣传组织的宗旨、原则和任务；加强上海合作组织与学术及社会各界的互动。论坛独立确定自己的研究题目、研究方向和研究计划，并组织科学讨论会和其他活动，原则上采取年会制度，由成员国轮流主办，在上海合作组织国家元首会议前举行论坛会议。

截至2019年，上海合作组织论坛已召开了14次会议。2019年4月，上海合作组织论坛第十四次会议在北京召开。此前，中国曾先后主办了上海合作组织投资论坛、欧亚经济论坛、上海合作组织防务安全论坛、打击"三股势力"论坛、工商论坛等。2018年中国担任上海合作组织轮值主席国，主办了首届上海合作组织政党论坛、首届上海合作组织人民论坛、首届上海合作组织妇女论坛、首届上海合作组织文化艺术高峰论坛、首届上海合作组织医院合作论坛等多个首届论坛。2019年5月，上海合作组织妇女论坛、媒体论坛、经济论坛分别召开。

在各种论坛中，欧亚经济论坛表现较为突出。自2005年创办以来，每两年召开一次，目前已举行了八届论坛会议，西安作为欧亚经济论

[①] 《上海合作组织成员国元首理事会比什凯克宣言》，2019年6月14日，上海合作组织官网，http://chn.sectsco.org/documents/.

[②] 陈玉荣：《从上合组织论坛到"上海精神"》，《解放军报》2015年12月22日。

[③] 新华社：《俄罗斯总统普京特为上海合作组织2006年峰会撰文》，http://www.gov.cn/jrzg/2006-06/14/content_309013.htm.

坛的常设会址。"能源合作"是欧亚经济论坛各专题分会中的一个,逐渐从合作交流层面转向探讨实质性的合作,2007年的欧亚经济论坛上各国达成了《西安共识》,这是该论坛首次公开发表的宣言性质的文件,也是其务实合作的里程碑事件。2009年论坛举办期间,各参会国共同签署了《推进贸易安全与便利西安倡议》,并召开欧亚经济论坛理事会筹备委员会成立大会,开始逐步实现机制化发展。2011年举办的第四届欧亚经济论坛上,中国、俄罗斯、吉尔吉斯斯坦、塔吉克斯坦四国能源部长共同发表了《西安倡议》,并开始启动上海合作组织能源俱乐部的建设工作。2013年论坛上,丝绸之路经济带沿线13个城市共同签署了《共建丝绸之路经济带西安宣言》,就沿线城市间的合作和发展达成协议。此后的论坛举办,纳入国家层面统筹管理,不断完善机制建设,并由各领域合作共洽逐渐转变到商讨与"一带一路"的倡议对接和融入,参会国家范围也由原来的中亚国家和俄罗斯,到包括上海合作组织观察员国和对话伙伴国在内的欧亚地区国家,再逐步扩大至"一带一路"沿线国家和地区,对话的行业领域范围也不断延展。

表2—6　　　　　　历届欧亚经济论坛的会议主题

届数	时间	会议主题
第一届	2005.10.10-10.11	搭建中国中西部与中亚及俄罗斯相关地方区域经济合作
第二届	2007.11.8-11.9	加强务实合作,谋求共同发展
第三届	2009.11.15-11.16	携手合作,促进经济发展
第四届	2011.9.23-9.24	创新欧亚合作,共享转型机遇
第五届	2013.9.26-9.28	深化务实合作,促进共同繁荣
第六届	2015.9.23-9.26	创新合作模式,共享丝路繁荣
第七届	2017.9.21-9.23	"一带一路":发展战略对接
第八届	2019.9.10-9.12	共建"一带一路":高水平合作,高质量发展

作为上海合作组织框架下的重要学术机制,参与上海合作组织论坛的各国学术代表"朋友圈"不断扩大,从最初的正式成员国逐步扩展到观察员国、对话伙伴国,论坛讨论的议题也更加丰富,从较为集中的安

全与经济议题扩展到政治、文化、民生等多个领域，紧紧把脉上海合作组织发展中的迫切问题，联系各国学术代表，引领各国学术界研究方向，为上海合作组织发展提供智慧和方案。

4. 上海合作组织经济智库联盟

2018年5月25日，由中国商务部研究院发起并主办的上海合作组织经济智库联盟成立暨上海合作组织经济论坛在北京举行。包括印度、中国、吉尔吉斯斯坦、巴基斯坦、乌兹别克斯坦、阿富汗、白俄罗斯、蒙古、阿塞拜疆、土耳其等10个上海合作组织的成员国、观察员国和对话伙伴国的经济智库机构参加了该联盟，并签署了《上海合作组织经济智库联盟合作框架》和《上海合作组织经济智库联盟北京共识》。该联盟旨在建立稳定的交流与合作机制，为区域经济合作的持续健康发展搭建智库联盟平台，实现官、产、学有机结合，着力解决区域经济合作面临的各种问题。各国智库代表就推进上海合作组织区域贸易便利化与自由化制度安排、深化上海合作组织区域经济合作新方向等议题展开讨论。[①]

（三）拓宽合作领域，深化合作机制

2008年9月24—25日在北京召开的上海合作组织成员国经贸部长第七次会议，打破了之前仅由成员国经贸部长参与的惯例，首次邀请了当时的观察员国伊朗、巴基斯坦、印度、蒙古及第三国阿富汗代表与会，此次会议的召开标志着上海合作组织区域经济合作的范围和规模在不断扩大，地缘政治和地缘经济利益契合度进一步提高，上海合作组织区域经济合作的意义和影响不断深化。[②]该次会议上，重新修订了《〈上海合作组织成员国多边经贸合作纲要〉落实措施计划》，最终确定为10个合作领域85个多双边合作项目，所需建设资金逾百亿美元，[③]并最终提交

---

① 中华人民共和国商务部：《上海合作组织经济智库联盟成立》，http://www.mofcom.gov.cn/article/shangwubangzhu/201805/20180502750031.shtml.
② 须同凯：《上海合作组织区域经济合作——发展历程与前景展望》，人民出版社2010年版，第41页。
③ 须同凯：《上海合作组织区域经济合作——发展历程与前景展望》，人民出版社2010年版，第42页。

2008年10月召开的上海合作组织总理理事会予以通过。

2009年是世界经济大动荡、体系大变革、格局大调整的一年[①],国际金融危机给成员国带来不同程度的冲击,也导致上海合作组织内部一些成员国之间的矛盾有所上升。为寻求共识、携手共进、同舟共济、共克时艰,在2009年10月14日召开的上海合作组织总理理事会第八次会议上,各国元首一致认为开展国际合作是应对新威胁和新挑战、克服国际金融危机等的重要有效途径,该次会议及时签署了《上海合作组织成员国关于加强多边经济合作、应对全球金融危机、保障经济持续发展的共同倡议》和《上海合作组织秘书处关于〈上海合作组织成员国多边经贸合作纲要〉实施情况的报告》,中方在会上表示将全力落实对成员国100亿美元信贷支持。这次会议的召开,体现了成员国在关键时期携手应对危机、深化各领域务实合作,不断增强凝聚力,再次彰显了上海合作组织为地区安全与发展所做的贡献。

2011年11月7日,总理理事会第十次会议在圣彼得堡举行,会议通过了《上海合作组织成员国政府首脑(总理)关于世界和上海合作组织地区经济形势的联合声明》。2012年6月,上海合作组织成员国元首理事会第十二次会议在北京举行,成员国元首签署了《上海合作组织成员国元首关于构建持久和平、共同繁荣地区的宣言》、《上海合作组织中期发展战略规划》等重要文件。《上海合作组织中期发展战略规划》是一份框架文件,提出了"构建持久和平、共同繁荣地区"的长远发展目标,勾勒出了2012年—2021年上海合作组织在政治、安全、经济、人文和组织机制建设等诸多领域的总体任务,描绘了中亚地区未来发展的路线图。[②]

受世界金融危机影响,世界经济仍处于深度调整期,上海合作组织区域经济合作也进入调整期。中国国家主席习近平于2013年提出建设"丝绸之路经济带"的构想,并于当年上海合作组织比什凯克元首理事会

---

① 冯玉军:《国际形势变化与上海合作组织》,《上海合作组织发展报告(2010)》,社会科学文献出版社2010年版,第25页。

② 陈玉荣:《2012年上海合作组织元首理事会会议》,《上海合作组织发展报告(2013)》,社会科学文献出版社2013年版,第18页。

上提出打造上海合作组织"命运共同体"和"利益共同体"的倡议，赢得各成员国的高度赞扬。上海合作组织经济一体化合作锁定三个重点合作区域，即推进金融领域合作，成立上海合作组织开发银行和上海合作组织专门账户；推进能源合作，成立能源俱乐部，建立稳定供求关系，确保能源安全；推进农业合作，构建粮食安全合作机制，加强农业生产、产品、贸易合作。2013年11月，李克强总理在上海合作组织塔什干总理会议期间，提出"中方愿设立面向本组织成员国、观察员国、对话伙伴国等欧亚国家的中国—欧亚经济合作基金"的倡议。2014年9月，习近平主席在上海合作组织杜尚别元首峰会期间，宣布中国—欧亚经济合作基金启动。该基金首期规模10亿美元，最终扩展至50亿美元，其使命是深化上海合作组织区域经济合作，推动丝绸之路经济带建设，提升中国与欧亚地区国家经济合作水平，促进区域内产业资本与金融资本的密切合作。[①] 杜尚别峰会上，六国授权代表还签署了《上海合作组织成员国政府国际道路运输便利化协定》。

2015年7月上海合作组织乌法峰会上，元首们批准了《上海合作组织至2025年发展战略》，该战略确定了上海合作组织新的优先方向，决定完善上海合作组织，使其成为综合性地区组织；就丝绸之路经济带倡议达成共识，将其作为创造有利条件推动上海合作组织地区经济合作的手段之一；并确定经济合作是维护上海合作组织地区稳定的重要因素，也是本组织实现长期稳定的手段之一，大力开展全领域的合作。

（四）完善机制建设，务实推进合作

2016年6月23-24日，元首理事会第十六次会议在塔什干举行，峰会批准了《〈上海合作组织至2025年发展战略〉2016—2020年落实行动计划》，进一步细化了2015年乌法峰会确定的上海合作组织未来10年发展规划，制定了合作的具体举措。2016年10月12日，上海合作组织成员国经贸部长会议第十五次会议在比什凯克召开，通过了《上海合作组织成员国贸易便利化专业工作组章程》和《2017—2021年上海合作组织进一步推动

[①] 具体内容参考http://www.china-eurasian-fund.com/jjgk/i=12&comContentId=12.html.

项目合作的措施清单》，该措施清单包括经贸、海关、质检、交通基础设施等7个领域共38项合作措施和项目，用以指导上海合作组织接下来五年的区域经济合作方向，是上海合作组织区域经济全面合作的新的"五年计划"。上海合作组织框架下区域经济合作的项目变得更加精准、更加务实，法律基础体系相对较为完备，而且总理理事会、经贸部长会议通过的重要文件也应视为该框架下区域经济合作法律基础的构成部分（具体见表2-7）。

表2—7　　　　上海合作组织区域经济合作的法律基础及重要文件[①]

签署时间	文件名称	签署地点
2001年9月14日	《上海合作组织成员国政府间关于区域经济合作的基本目标及启动贸易投资便利化进程的备忘录》	哈萨克斯坦阿拉木图
2002年5月28—29日	《上海合作组织成员国政府间关于区域经济合作的基本目标及启动贸易投资便利化进程的备忘录》的议定书	中国上海
2002年6月7日	《上海合作组织宪章》	俄罗斯圣彼得堡
2003年9月22—23日	《上海合作组织多边经贸合作纲要》	中国北京
2004年9月14日	《关于建立"上海合作组织区域经济合作网站"问题的谅解备忘录》	俄罗斯莫斯科
2004年9月23日	《〈上海合作组织多边经贸合作纲要〉落实措施计划》	乌兹别克斯坦塔什干
2005年10月25日	《上海合作组织成员国实业家委员会章程》《上海合作组织实业家委员会大会规章》《上海合作组织实业家委员会理事会规章》	俄罗斯莫斯科
2005年10月26日	《上海合作组织银行联合体（合作）协议》《〈多边经贸合作纲要〉落实措施计划实施机制》	俄罗斯莫斯科
2006年5月22日	《上海合作组织论坛规则》	俄罗斯莫斯科
2006年6月14日	《上海合作组织银行联合体理事会工作条例》《上海合作组织银行联合体项目库建立和管理的总原则》《上海合作组织银行联合体成员行间授信的框架性原则》《上海合作组织实业家委员会成立大会决议》	中国上海

---

① 资料来源见中国社会科学院俄罗斯东欧中亚研究所主编《上海合作组织发展报告》，社会科学文献出版社2009年—2018年出版之《上海合作组织黄皮书》；须同凯：《上海合作组织区域经济合作——发展历程与前景展望》，人民出版社2010年版，第14—15页。

续表

签署时间	文件名称	签署地点
2006年6月15日	《上海合作组织银行联合体成员行关于支持区域经济合作的行动纲要》	中国上海
2007年8月15日	《上海合作组织银行联合体成员挑选、审查和执行项目的合作规则》	吉尔吉斯斯坦比什凯克
2007年8月16日	《上海合作组织成员国长期睦邻友好合作条约》	吉尔吉斯斯坦比什凯克
2008年10月30日	修订《〈上海合作组织多边经贸合作纲要〉落实措施计划》	哈萨克斯坦阿斯塔纳
2009年10月14日	《上海合作组织成员国关于加强多边经济合作、应对全球金融经济危机、保障经济持续发展的共同倡议》《上海合作组织秘书处关于〈上海合作组织成员国多边经贸合作纲要〉实施情况的报告》	中国北京
2011年11月7日	《上海合作组织成员国政府首脑（总理）关于世界和上合组织地区经济形势的联合声明》	俄罗斯圣彼得堡
2012年6月7日	《上海合作组织成员国元首关于构建持久和平、共同繁荣地区的宣言》《上海合作组织成员国中期发展战略规划》	中国北京
2014年9月11—12日	《上海合作组织成员国政府间国际道路运输便利化协定》	塔吉克斯坦杜尚别
2015年12月14—15日	《上海合作组织成员国政府首脑（总理）关于区域经济合作的声明》	中国郑州
2016年6月23—24日	《〈上海合作组织至2025年发展战略〉2016—2020年落实行动计划》	乌兹别克斯坦塔什干
2016年10月12日	《上海合作组织成员国贸易便利化专业工作组章程》《2017—2021年上海合作组织进一步推动项目合作的措施清单》	吉尔吉斯斯坦比什凯克
2018年5月25日	《上海合作组织经济智库联盟合作框架》《上海合作组织经济智库联盟北京共识》	中国北京

为了推动区域经济合作机制的深入发展，截至2018年底，上海合作组织除保持每年一度的国家元首理事会、总理理事会外，还建立并完善了外交部部长会议、国防部长会议、经贸部长会议、文化部长会议、交通部长会议、财政部长和央行行长会议、科技部长会议、农业部长会议、司法部长会议、旅游部长会议等多个部长级协调机制（部分机构及机制

建设时间见表 2-8），为相关领域的合作提供了保障。

表2—8　　　上海合作组织经济合作相关机构及机制建设时间表

时间	部门机构及机制建设
2001年6月14—15日	启动国防部长会议机制
2001年9月13—14日	启动政府首脑（总理）会晤机制
2002年4月11—12日	首次文化部长会议召开
2002年5月28—29日	首次经贸部长会议召开
2002年11月20—21日	首次交通部长会议召开
2003年①	成立经贸高官委员会和5个专业工作组（海关、技术规则标准和合作评定程序应用、电子商务、投资促进、发展过境潜力）
2006年8月24日	经贸部长峰会宣布能源、现代信息和电信两个专业工作组成立②
2005年10月25日	实业家委员会第一次理事会召开
2005年11月26日	上海合作组织银行联合体成立
2006年5月22日	举行首届"上海合作组织论坛"
2009年12月9日	首次财政部长和央行行长会议召开
2010年5月11—14日	首次科技部长会议召开
2010年10月26日	首次农业部长会议召开
2013年9月5—6日	首次司法部长会议召开
2018年5月9日	首次旅游部长会议召开
2018年5月25日	上海合作组织经济智库联盟成立暨上海合作组织经济论坛召开

虽然目前上海合作组织共有 20 个机构的职能涉及经济合作问题，但经贸部长会议机制为推动区域经济合作、落实各国领导人达成的协

---

① 经贸高官委员会与5个专业工作组是相继成立的，故此处不再具体标明日期。电子商务工作组由中国牵头，技术规则标准和合作评定程序应用工作组由哈萨克斯坦牵头，海关工作组由俄罗斯牵头，投资促进工作组由塔吉克斯坦牵头，发展过境潜力工作组由乌兹别克斯坦牵头。

② 能源工作组由俄罗斯牵头，现代信息和电信技术工作组由吉尔吉斯斯坦牵头。

议、发展健康的多双边经贸关系搭建了潜力巨大的有效平台。①在经贸部长会议之下设立了高官委员会和海关、技术规则标准和合作评定程序应用、电子商务、投资促进、发展过境潜力、能源、现代信息和电信七个专业工作组。其中，高官委员会负责准备经贸部长会议及本组织重要经贸文件的起草和磋商工作，各专业工作组由各国主管相关领域工作的部门官员组成，负责落实上海合作组织元首峰会及总理会议所做出有关区域经济合作的各项决议，以推进区域经济合作进程（区域经济合作机制见图2-2）。

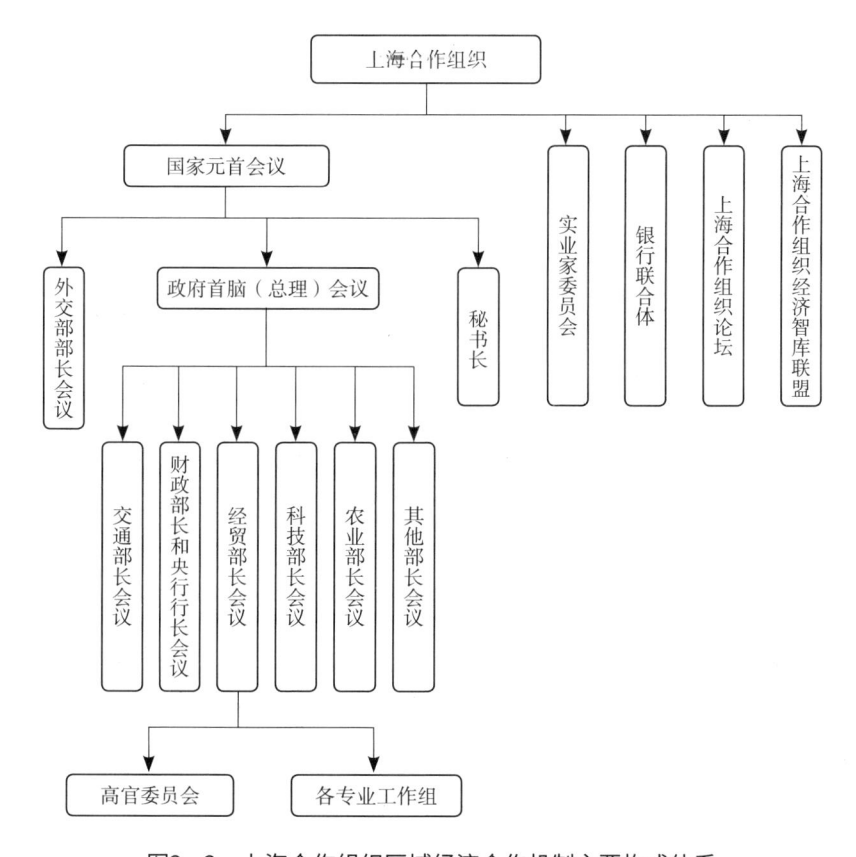

图2—2　上海合作组织区域经济合作机制主要构成体系

---

①　须同凯：《上海合作组织区域经济合作——发展历程与前景展望》，人民出版社2010年版，第49—50页。

第三章 上海合作组织区域能源合作法律机制的探索与初建

第一节 上海合作组织能源俱乐部的建立倡议及酝酿阶段（2006—2012年）

上海合作组织各国之间不乏一些能源合作的项目，但总体表现为分散、松散的合作，多以成员国之间双边框架下进行石油、天然气、水电等方面的能源项目合作，偶有几个成员国之间开展小多边能源合作。尽管在上海合作组织的历次峰会多边文件中反复强调开展和加强区域能源合作、发展能源体系的重要性，但因林林总总的原因或障碍，探索建立能源合作机制的努力仍未落地。

区域能源合作是上海合作组织的区域经济合作方向之一。早在2000年7月5日，"上海五国"杜尚别元首峰会中各国提出，在"上海五国"框架下，有效利用"上海五国"的能源潜力，加强区域能源互利合作是确保地区稳定和发展的重要因素，将使"上海五国"的多边协作提高到新的水平。①这是在"上海五国"多边框架内较早提出开展区域能源合作的文件。从《上海合作组织成立宣言》、《上海合作组织宪章》到上海合作组织成立后的区域经济合作文件、项目推进清单、国家元首和政府首

---

① 《中、塔、俄、哈、吉五国〈杜尚别声明〉》，人民网，http://www.people.com.cn/GB/channel1/10/20000705/131545.html。

脑（总理）会议联合声明等文件中，屡次强调加强区域内能源合作、发展能源体系的重要性。

从现有可见各种形式的资料中，最早提及在上海合作组织框架下建立能源合作组织及其法律机制倡议的记载，始于2004年9月，时任俄罗斯总理的弗拉德科夫在吉尔吉斯斯坦比什凯克参加上海合作组织第三次总理会议时，曾提出"在上海合作组织框架下，能源领域可以成立消费者俱乐部和能源生产者俱乐部，并制定统一的油气及能源运输系统"[①]的设想。塔吉克斯坦在2005年10月上海合作组织经贸部长杜尚别会议期间，也提出建立上海合作组织框架内"统一水电系统"的建议。[②]之后的两年间，乌兹别克斯坦的学者们多次召开研讨会，论证在上海合作组织框架下设立能源俱乐部的可行性和前景，并于同年12月在塔什干举行的"中亚能源市场：趋势和前景"国际会议上，乌兹别克斯坦政治研究中心提出建立某种能源组织的思想。[③]但因当时建立高度统一的能源合作机制的设想还不成熟，故于2006年，上海合作组织建立了"能源专业工作组"，由俄罗斯牵头，根据实施机制确定具体的示范项目，进一步深化上海合作组织能源领域的合作。这一年，哈萨克斯坦能源与矿场资源部副部长弗·阿克丘拉科夫致函中华人民共和国发展与改革委员会，俄罗斯联邦工业和能源部，吉尔吉斯共和国工业、能源和燃料资源部，塔吉克斯坦共和国能源和工业部，乌兹别克斯坦共和国能源部和国家石油天然气股份公司并随函提交了《亚洲能源战略（草案）》，提请各相关方审议研究并提出建议。该草案在2006年6月于中国上海召开的上海合作组织元首理事会第六次会议上，由哈萨克斯坦总统提出。也在该次峰会上，俄

---

① 马振岗：《稳步向前的上海合作组织——专家学者纵论SCO》，世界知识出版社2006年版，第45页。转引自李兴《论上海合作组织的发展前途——基于中俄战略构想比较分析的视角》，《东北亚论坛》2009年1月。

② 张宁：《中亚能源与大国博弈》，长春出版社2009年版，第190页。

③ 同上书，第191页；［乌］卡里莫娃：《建立上海合作组织能源俱乐部的前景》，《俄罗斯中亚东欧市场》2007年第5期。

罗斯总统普京正式提出,在上海合作组织框架内应建立能源俱乐部（Energy Club）,以作为在该框架内联合能源生产国、消费国和过境运输国的机制,并表示"在上海合作组织框架内建立一个能源俱乐部是有益的"。同年9月,在杜尚别召开的上海合作组织成员国总理会议责成能源专业工作组会同秘书处尽快研究建立本组织能源俱乐部的可能性。但其后一度反应寥寥。

2007年6月29日,上海合作组织首次能源部长会议在莫斯科召开,与会的五个成员国（中俄哈吉塔）代表同意建立上海合作组织能源俱乐部作为能源领域的非政府协商性机构,将政府机构和实业界代表、能源领域的信息分析中心和科研机构联系在一起,并就《上海合作组织能源俱乐部章程》达成了一致。该章程称,"建立能源俱乐部的目的是就上海合作组织成员国改善能源安全,协调能源战略,促进能源生产、运输和消费各方之间的协作等问题进行广泛的对话,多方位讨论成员国在油气、煤炭、电力领域的合作前景",其主要任务是"为协调上海合作组织各成员国的关系创造一个全方位讨论其能源战略的信息交换平台,并制定改善成员国能源安全的建议"。能源俱乐部成立高级工作组和秘书处。① 上海合作组织能源俱乐部章程虽意在全部成员国间设立该组织,但这次会议上,乌兹别克斯坦的代表并未出席,故而,乌兹别克斯坦并未参与该章程的讨论和制定,公开消息也未显示乌兹别克斯坦同意或签署该章程。如前所述,乌兹别克斯坦学界对能源俱乐部的建立表现积极。但一直以来,乌兹别克斯坦官方对建立上海合作组织区域内的多边能源合作组织持谨慎态度,仅仅同意成立一个"能源论坛",加强各国在能源政策上的交流沟通即可,却不愿本国的能源发展受制于任何形式的制度化安排。②

2007年8月,在吉尔吉斯斯坦比什凯克举行的上海合作组织元首理事会第七次会议上,普京总统再次强调成立能源俱乐部的必要性。他认

---

① 《上海合作组织能源俱乐部章程》,《国际石油经济》2007年第7期。
② 刘乾:《能源俱乐部:对中国意味着什么?》,《能源》2013年第8期。

为，上海合作组织各国必须扩大在能源领域的相互协作，并指出"扩大能源领域的合作能够成为推动符合上海合作组织所有成员国利益的地区项目的巨大动力。我坚信，已经开始的能源对话，各国能源构想的接轨以及能源俱乐部的成立将会成为我们进一步合作的优先方向。"本次元首理事会上，各国元首确定上海合作组织框架内经济合作的有关计划和协议进入落实阶段，实施能源、交通、电信等领域多方参与和共同受益的"示范项目"阶段。同年11月，在上海合作组织成员国总理第六次会议上，成员国总理对当年6月29日在莫斯科首次召开的能源部长会议的成果高度重视，强调必须密切合作，确定能源领域的共同立场，讨论能源合作前景，包括成员国能源战略对比问题。同时，俄罗斯总理祖布科夫在会议上指出"能源合作是上海合作组织最重要的工作方向之一"，并建议上海合作组织国家应更积极地开展筹备上海合作组织能源俱乐部的工作。

塔吉克斯坦、吉尔吉斯斯坦两国热切支持上海合作组织建立能源俱乐部，就是希望借助本地区能源领域的一体化合作，发展其本国的新能源，并保障国内油气的稳定进口。2008年8月在塔吉克斯坦首都杜尚别举行的上海合作组织成员国元首理事会第八次会议，发表了《上海合作组织成员国元首杜尚别宣言》，其中指出，"在考虑到各方关切的前提下，本组织成员国就有效合理利用水能资源开展对话十分重要。在应对全球气候变化的背景下，成员国密切合作开发新型能源技术具有特殊意义。因此，本组织成员国高度重视制定共同立场，应对气候变化带来的消极后果，发展环保清洁型能源。"[①]

2009年10月后，俄罗斯对建立能源俱乐部法律机制的立场已经发生明显转变。当时，时任俄罗斯总理的普京在上海合作组织成员国总理会议上再次提议："成立上海合作组织能源俱乐部，并促使其成为一个针对能源合作问题的常设对话平台。"从这个提议看，俄罗斯不再坚持将上海

---

① 上海合作组织官网，《上海合作组织成员国元首杜尚别宣言》，http://chn.sectsco.org/documents/.

合作组织能源俱乐部建立成高度统一的国际能源组织,改而主张将其建设成"常设对话平台"。2011年9月,在中国西安召开欧亚经济论坛期间,先后举行了上海合作组织国家能源部长闭门会议、欧亚国家能源圆桌会议暨企业高峰会议。9月23日,中国、吉尔吉斯斯坦、俄罗斯、塔吉克斯坦四国的能源部长在中国西安召开闭门会议,就启动上海合作组织能源俱乐部事宜进行磋商,巴基斯坦、伊朗代表出席了此次会议。会后,中吉俄塔四国共同发表了《西安倡议》,内容包括:秉承"互信、互利、平等、协商、尊重多样文明、谋求共同发展"的精神开展能源领域合作,加快启动上海合作组织能源俱乐部,以扩大成员国能源战略、政策、安全问题交流,发展能源技术合作,培养能源专业人才;建议上海合作组织成员国成立能源俱乐部高级工作组等等。从这次欧亚会议对能源俱乐部的合作内容来看,各国均已放弃了建立高度一体化的国际能源组织的尝试,对其法律机制改持一种较为务实的态度。

2012年12月,在上海合作组织成员国总理比什凯克峰会上,时任俄罗斯总理的梅德韦杰夫表示,各成员国今后继续协调能源政策并进一步推进能源融合,加快上海合作组织能源俱乐部的建设;该会议上,哈萨克斯坦新任总理艾哈迈托夫也建议上海合作组织成员国今后合作的主要方向是集中全力落实能源合作计划的实施,其中就包括以上海合作组织参与国为基础,建立有特色的上海合作组织能源俱乐部。这一提议意味深长,点明上海合作组织拟成立的能源俱乐部应不同于世界上其他能源组织,既不同于全部以能源生产国为成员的欧佩克,也不同于全部由能源消费国组成的国际能源机构(IEA),而是既包括能源生产国,也包括能源消费国和能源的过境国在内的综合性的、富有特色的能源组织。

由上可以看出,自2006年俄罗斯总统普京正式提出建立能源俱乐部的倡议后,至2012年间在上海合作组织的各级会议上,这种呼声不绝于耳,也成为上海合作组织各国开展区域内能源合作的共同心愿,但是因各国的立场和意见不太一致,即便通过了《上海合作组织能源俱乐部宪章》,但能源俱乐部的组织形式及机制建设一直未真正落实。

第二节　上海合作组织各成员国对能源俱乐部法律机制构建的不同主张

总体上来看，上海合作组织成员国对在该组织框架下能源俱乐部法律机制的性质及所持态度经历了不同的阶段，各国之间的立场也不尽一致，一定程度上也成为阻碍上海合作组织能源俱乐部法律机制顺利发展的阻碍因素。

一　俄罗斯对能源俱乐部法律机制的早期主张："统一能源空间"

在 2007 年之前，俄罗斯是最早倡议也是最为积极支持在上海合作组织框架下建立能源俱乐部的成员国，且认为该俱乐部应为上海合作组织下的"统一能源空间"，这种模式下，能源俱乐部须详细制定各参与国的共同能源战略和政策，进行具体项目的规划和决策，并同区域外的国家或国际组织进行合作，这种模式被称为较为"激进"的方案。哈萨克斯坦也持相同的观点，是上海合作组织能源俱乐部建立的积极支持者。

在俄罗斯的积极支持下，2003 年上海合作组织通过的《上海合作组织成员国多边经贸合作纲要》中就确立了各成员国合作的优先方向，而能源就是其中之一。次年，上海合作组织通过的《〈上海合作组织成员国多边经贸合作纲要〉落实措施计划》中，确定了 19 个能源领域的合作项目。在此期间，俄罗斯倡议建立的能源俱乐部只限于能源消费者俱乐部、能源生产者俱乐部，并希望制定统一的油气及能源运输系统。这一阶段，正值国际油价和天然气价格一路飙升，世界能源需求也不断提升，而高涨的油气价格使得油气资源国的经济发展迅速、外汇储备迅速增加。俄罗斯希望发挥自身对中亚地区能源管道的控制作用，协调各相关国家的能源战略，影响世界能源价格，提升本国在世界能源领域的影响力。故而，这一阶段俄罗斯还是希望将能源俱乐部打造为卡特尔性质的国际组织，尤其是对其中成立能源生产国俱乐部的定位。

2005年哈萨克斯坦向其他成员国提交的《亚洲能源战略（草案）》，也明确表达了实施该战略所提出的措施后，将形成有效发展的统一燃料—能源综合体和上海合作组织国家能源市场，可满足能源资源共同需求，使能源供应方向多元化，与其他国际能源市场一体化。从该战略的实现目标来看，哈萨克斯坦所主张建立的能源俱乐部与俄罗斯该阶段的立场较为一致。2006年，上海合作组织上海峰会上，俄罗斯总统普京再次倡议建立能源俱乐部时，提出该机制旨在联合生产国、消费国、过境运输国等。此时，俄罗斯进一步完善了其对能源俱乐部的设想，将"过境运输国"也作为上海合作组织能源俱乐部机制的重要组成部分。2006年，上海合作组织成立了能源专业工作组，由俄罗斯牵头，具体确定各方合作的"示范"项目。鉴于当时的内外交困，俄罗斯比以往任何时候都更迫切希望建立上海合作组织框架下的能源俱乐部。

然而，如欲建立统一能源空间性质的能源俱乐部，则需各参与国签订多边能源合作协定如上海合作组织能源俱乐部章程，规定能源俱乐部的宗旨目标、组织定位、机构设置、运行机制等，然而上海合作组织能源俱乐部与其他的国际能源组织相比，有其特色之处，它的成员将不单纯限于能源生产国或能源消费国，但这也决定了各成员国对能源俱乐部的组织定位应当有较为清晰的认识，应更能达成协商一致，对协调包括能源生产国、消费国及过境运输国之间的利益有更为领先且务实的安排，然而事实上，直到目前为止，上海合作组织成员国尚不能满足此条件，这也成为定位于国际能源一体化组织的能源俱乐部建设暂时还不太现实。

（一）俄罗斯所持立场的背景追溯分析

目前在各学者的著述中，基本都将俄罗斯总统普京2006年的倡议作为上海合作组织能源俱乐部建立最早的滥觞。2006年6月，俄罗斯总统普京首次正式在上海举行的上海合作组织元首理事会上，提出了在上海合作组织框架下建立能源俱乐部的倡议。那么，为什么俄罗斯选择在这一年提出？俄罗斯对能源俱乐部的利益何在？为什么上海合作组织其他国家对此倡议立场不一？而为什么近几年来能源俱乐部的发展停滞不前?俄罗斯对此的态度经历了哪些变化?我们回顾追溯上海合作组织能源俱乐部的发展历史,可能更能帮助我们理解前述几个问题。

2006年,对于俄罗斯来讲,是"普京能源战略中重要的一年,甚至是一个具有分水岭意义的年份"①。这一年元旦,俄乌发生天然气断供事件;这一年3月,中国将该年定为"俄罗斯年",在普京访华期间两国签署了几十份法律文件,而太平洋彼岸的美国却加大对中亚国家的拨款,干涉并影响中亚能源管线的走向;日本搅黄了中俄"安大线"的决定,说服俄罗斯采纳"安纳线"(或最终表述为"泰纳线")的太平洋线路方案;2006年4月中国与土库曼斯坦签订输气管道建设与长期天然气供应的框架协议,中哈原油管道于5月全线通油,BTC管道于7月开始运营;这年6月的上海合作组织上海峰会上,普京正式提出在上海合作组织框架下建立能源俱乐部,同年9月在杜尚别召开的上海合作组织成员国总理峰会上,确定由能源工作专业组会同秘书处尽快研究建立能源俱乐部的可行性;还是这一年的7月,俄罗斯作为八国集团会议的主席国,普京在圣彼得堡主持G8会谈并将该次峰会的主题之一确定为"能源安全问题";该年的7月一直持续至年底,俄罗斯以环境保护为借口,强使国有石油公司参与到此前纯由外资开发的"萨哈林2号"项目,并取得该项目的控股权。

这些事件虽然在2006年先后发生,但实际上在2006年之前甚至更长时间内或早已出现征兆,或已经过多次谈判,或不断累积下来而在2006年恰好出现了一些事件,这些事件累加起来,影响了俄罗斯普京政府的能源外交主张,故而下述事件的叙述顺序并未严格按照时间顺序进行。

1. 2006年俄乌天然气断供事件:欧盟对俄罗斯的信任受影响

俄罗斯一直视乌克兰为其与欧盟之间的地缘政治屏障,西方也甚至认为"一个没有乌克兰的帝国最终只能是更'亚洲化'的离欧洲更遥远

---

① [日]木村泛:《普京的能源战略》,王炜译,社会科学文献出版社2013年版,第2页。下面有关2006年俄罗斯面临国内国际问题的相关叙述,均参考该书相关内容。

的俄罗斯"①,即没有乌克兰,俄罗斯很难成其为一个欧亚帝国。西方一直将乌克兰视作限制和削弱俄罗斯、阻止其崛起的重要支点,乌克兰也因而成为大国博弈的舞台②。但苏联解体后直到2004年乌克兰大选前,俄罗斯与乌克兰还一直保持着睦邻友好关系。然而乌克兰2004年大选后上任的总统,并非亲俄派人士,而是亲欧美派的维克多·尤先科当选。尤先科的选举活动中使用橙色作为其代表色,橙色丝带作为其运动的标志,因此这场革命被后人称为"橙色革命"。俄罗斯对此非常不满,便趁机要求乌克兰清还拖欠的天然气款,并欲提高天然气价格。

乌克兰天然气储量匮乏,每年消费的天然气大约有74%依赖从国外进口,这其中从俄罗斯进口的数量大约占到21%③,俄罗斯念在独联体的份上,给乌克兰供应天然气是以产品交换的形式进行结算的,大约每千立方米天然气的价格为50—80美元(很难精确计算)。但乌克兰2004年"橙色革命"后明显的"亲欧远俄"的政治倾向,惹怒了正要将能源作为"国内政策与外交政策的工具"的俄罗斯普京政府。俄罗斯趁机要求乌克兰按国际市场价格购买天然气,并于2005年年末将供应乌克兰的天然气价格提高至230美元,而乌克兰方则要求分阶段提高天然气价格,并要求按照市场价格计算俄罗斯应支付给乌克兰的天然气管道过境费。双方谈判未果,2006年元旦,俄罗斯关闭了向乌克兰输送天然气的阀门,也可能是对乌克兰"橙色革命"的报复④。但因为从地理位置上,乌克兰正处于俄罗斯与欧盟的中间地带,而乌克兰也是俄罗斯向欧洲国家供应天然气的过境国,于是乌克兰便在未经同意的情况下,安装取气口盗取了管道中从俄罗斯输送给欧洲国家的天然气,致使欧洲国家天然气供应减

---

① [美]兹比格纽·布热津斯基:《大棋局:美国的首要地位及其地缘战略》,中国国际问题研究所译,上海人民出版社2007年版,第92页。

② 胡冰:《乌克兰危机与俄乌关系》,《俄罗斯发展报告(2018)》,社会科学文献出版社2018年版,第190页。

③ 参见[日]木村泛《普京的能源战略》,王炜译,社会科学文献出版社2013年版,第123页。

④ [日]《俄罗斯东欧卷》,共同通讯社,2006年1月4日。转引自[日]木村泛《普京的能源战略》,王炜译,社会科学文献出版社2013年版,第117页。

少了大约1/3①。欧洲各国向俄罗斯提出抗议、施加压力，也对俄罗斯长期以来作为"能源的稳定供应源"的国际形象有了诸多非议。当时欧洲一些媒体甚至将该事件视作"天然气战争"或"21世纪第一场战争的通告"或"新形式的冷战"等②。

由于欧洲的压力，这场断气风波仅仅持续了三天就告一段落，最终俄罗斯与乌克兰达成协议，俄罗斯将其自身生产的天然气以每千立方米230美元的价格出售给中间商"俄乌能源公司"，该公司再将中亚生产的售价为50美元/千立方米的廉价天然气与之混合，遂以每千立方米95美元的价格出售给乌克兰。单纯从表面上看，俄罗斯生产的天然气销售给乌克兰的售价与国际市场价格保持平齐，维护了俄罗斯的面子；而另一方面，乌克兰实际支付的天然气价格也仅从原来的50美元提高至95美元，提高幅度并不太大。但是，协议的另一项内容，就是俄罗斯天然气经乌克兰境内出口欧盟的过境费则由原来每千立方米/百公里1.09美元提至1.6美元。

虽然，2006年发生的俄乌天然气断供事件持续时间并不长，但普京政府利用天然气作为外交手段，试图施加给除乌克兰外的其他独联体国家或甚至对俄罗斯出口天然气依存度极大的日本等国，而同样相当程度上受制于俄罗斯天然气出口的欧洲国家也感受到了"山雨欲来风满楼"的态势。这些国家联合起来，抨击俄罗斯不再是一个值得信赖的稳定的能源供应源。

2. 中亚油气管道建设：美欧及中亚各国重新规划能源管线的布排

如前所述，由于苏联的规划，俄罗斯把控了中亚里海地区的能源输送管网。苏联解体前，中亚里海区域为苏联和伊朗的内湖，由苏联和伊

---

① ［日］木村泛：《普京的能源战略》，王炜译，社会科学文献出版社2013年版，第107页。

② Jerome Guilet, "*More on Russian-Ukrainian gas dispute*", European Tribune, in Johnson's Russian List, 2005.1.3,#24; Washington Post, 2006.1.5; Fred Weir, "*Russia's new cold war*", Christian Science Monitor, 2006.1.24. 转引自［日］木村泛《普京的能源战略》，王炜译，社会科学文献出版社2013年版，第108页。

朗两个国家"一方主导、两方分占",根据双方于1921年签订的《苏俄波斯友好合作条约》①和1940年签订的《苏伊通商和航海条约》规定,"在里海范围内只允许苏联和伊朗的船只航行"②,彼时的里海没有争议也没有冲突,确立了里海是苏联与伊朗内水的法律地位,同时也稳定了各沿岸国在里海的秩序。但中亚国家纷纷独立后,俄罗斯还是通过继承苏联时期留下的油气管道实现对整个中亚地区出口石油天然气的垄断,除俄罗斯天然气工业股份公司外,其他任何国内公司均无权对外出口天然气,其他公司必须先将自己生产的天然气出售给俄罗斯天然气工业股份公司,再通过该公司的对外出口部门"天然气出口公司"向国外出口天然气。中亚一些处于内陆且不临海、没有自己的对外油气管道也无资金实力修建独立油气管道的国家,也必须将自己生产的天然气以低于国际价格25%以下的价格出售给俄罗斯天然气工业股份公司③,并借助俄罗斯的油气管道出售给外国。因此,俄罗斯一度成为中亚油气区的"出口阀门"。

然而,中亚国家独立后的里海,沿岸国家变成了五个:俄罗斯、阿塞拜疆、伊朗、土库曼斯坦、哈萨克斯坦,而就里海是湖还是海的法律地位界定、里海五国划界、里海矿产能源资源的归属就成了五国间欲说还休的争议和矛盾。哈萨克斯坦、土库曼斯坦、阿塞拜疆一直以来希望建设跨里海的油气运输管道,然而俄罗斯一直坚持"铺设海底管道需要五国一致同意",④之后,随着西方国家石油公司的大举进入,中亚里海地区的石油勘探发现了一些大规模的油气田,而就这些油气的外输路线走向问题,在俄罗斯与受西方大国支持的中亚国家之间发生了冲突。俄罗斯理想的输送线路是:从里海经俄罗斯联邦车臣共和国的首都格罗兹尼,

---

① 1925年,礼萨·汗发动政变后推翻了波斯帝国卡扎尔王朝,将波斯帝国名字改成了伊朗。

② Persia and the Russian Socialist Federal Soviet Republic-Treaty of Friendship, Signed at Moscow, February 26, 1921(1922) LNTSer 69; 9 LNTS 383.

③ Maria Levitov, "Gazprom Has Eye on Komsomolskaya Pravda", *Moscow Times*, 2006.4.20. 转引自[日]木村泛《普京的能源战略》,王炜译,社会科学文献出版社2013年版,第113页。

④ 匡增军、马晨晨:《〈里海法律地位公约〉评析》,《现代国际关系》2018年第11期。

北上进入俄罗斯管网到达俄罗斯境内黑海沿岸的新罗西斯克港，这条线路被称为"北线"，输送管道完全经由俄罗斯领土。而阿塞拜疆则主张输油管道尽可能地绕过俄罗斯，从黑海沿岸的格鲁吉亚的苏普萨港进入黑海，并在那里装上油轮通过博斯普鲁斯海峡运抵地中海并运往西方市场。这条线路被称为"西线"，这种方案不仅仅是阿塞拜疆的主张，还是美国、英国等西方国家的主张。因为，阿塞拜疆国际石油公司是该国成立的第一个国际石油合作集团，其中美国石油公司持有股权39.9%，英国石油公司持股19%，挪威、日本、土耳其、沙特阿拉伯、俄罗斯的石油公司也都占有一定股份。[①]"北线"和"西线"之争，实际上是中亚里海地区能源管线走向之争的一个缩影。西方各大国强势插手里海事务，更使得里海的地缘政治局势复杂，很明显，1921年条约和1940年条约已经很难调整和实现各种政治力量的利益平衡，而俄罗斯传统里海大国的地位已然受到了挑战。

（1）巴杰管道投产

始建于2002年并于2006年7月开始运营的巴杰石油管道，便使得俄罗斯失掉了对中亚里海油区"出口阀门"的地位。这是当时世界上第二长的石油管道，被人们称为"21世纪第一个伟大的工程"[②]和"21世纪的丝绸之路"[③]，仅次于从俄罗斯到欧洲中部的德鲁泽哈巴管道。这条管道从阿塞拜疆的巴库，进入格鲁吉亚后沿首都第比利斯的地方左拐，径直向南穿过土耳其抵达其位于地中海的杰伊汉港口，该石油管道简称"BTC管道"或"巴杰管道"。该管线的修建始于独立后奉行"能源立国"的阿塞拜疆于1994年签订了所谓的"世纪合同"的石油开发合作协议。为解决作为内陆国的阿塞拜疆原油运输的问题，以美国为首的西方国家

[①] 成宁、张炎：《里海油气管道控制权争夺现状》，《国际资料信息》2002年第4期。

[②] ［美］丹尼尔·耶金：《能源重塑世界》（上），朱玉犇、阎志敏译，石油工业出版社2012年版，第48页。

[③] "Baku-Ceyhan Pipeline: Another West-East Fault Line-Part 1", *Turkish Daily News*, 2005.6.2, in Russian Environmental Digest, Vol.7 No.23(2005.5.30-6.5), #2. 转引自［日］木村泛《普京的能源战略》，王炜译，社会科学文献出版社2013年版，第165页。

力倡建设一条完全绕开俄罗斯的新管道,然而前述"西线"管线因为仍要依赖日益拥挤不堪重负的博斯普鲁斯海峡,而显得并不是长久之计。巴杰管道的线路长,山地多,建设和运营成本相当高,单纯从经济角度来看并不是最优方案,但在各方力量角力多年后,最终巴杰管道于2002年开工,并于2005年5月25日在巴库输油终端举行注油庆典,2006年7月13日在杰伊汉港口举行管道开通投产典礼。

著名的英国地理学家哈罗德·麦金德曾将中亚界定为"心脏地带（the heartland）",并称"谁控制了中亚,谁就控制了世界",该说法虽曾多遭贬评,但如抛弃地理意义而从能源战略角度来讲,也有一定的道理。西方国家称巴杰管道为"和平管道"和"能源走廊"。尤其是美国,9·11事件后,将里海列入其生命攸关的重要利益区,并通过这条"能源管线"实施自己的"民主管线","这条管线是双向的,美国人一边通过这条管线将里海石油运向国际市场,一边又通过这条管线向外高加索和中亚地区输入民主思想"[①]。2006年3月,美国国会宣布了旨在推进哈萨克斯坦、吉尔吉斯斯坦、乌兹别克斯坦、塔吉克斯坦、土库曼斯坦五国"民主进程"的提案,从2006年开始,美国政府每年向中亚五国拨款1.88亿美元,资助推进中亚五国的民主进程。[②] 在巴杰管道的通油仪式上,布什总统发来贺信称,"我希望,巴杰管道能促进本地区各国的独立,成为帮助各国加强经济改革和民主进程的杠杆。"[③]

2006年投入运营的巴杰管道是中亚地区油气运输的第一条独立于俄罗斯之外的管道,该管道由美国主导,不仅将中亚地区的石油运向国际市场,同时以美国为首的西方国家也趁机扩大了在中亚环里海地区的政治、经济、军事存在,打破了俄罗斯在该地区的地缘政治影响,引发地区力量的重新组合,也相应地干涉中亚里海地区国家的政治生态,企图

[①] 《美借油管控制中亚》,http://www.people.com.cn/GB/paper68/14851/1317507.html。
[②] 《美国用重金渗透中亚五国》,《环球时报》2006年3月2日。
[③] 《美借油管控制中亚》,http://www.people.com.cn/GB/paper68/14851/1317507.html。

建立控制欧亚大陆的战略基点。①

如前所述，除了阿塞拜疆石油外运的能源管道极力绕开俄罗斯外，中亚其他国家如哈萨克斯坦、土库曼斯坦，甚至乌兹别克斯坦等国也在探索多元化能源管线走向的方案。

（2）中哈原油管道一期工程通油

中哈原油管道是中国在中亚俄罗斯地区投资建设的第一条管线，西起哈萨克斯坦阿特劳，途经肯基亚克、库姆科尔和阿塔苏，东至阿拉山口—独山子输油管道首站，全线总长2800多公里，被誉为"丝绸之路第一管道"。2004年7月，中国石油天然气勘探开发公司（CNODC）与哈萨克斯坦国家石油运输股份公司（KTO）达成协议，各自持股50%共同成立了"中哈管道有限责任公司"（KCP），负责中哈原油管道的项目投资、工程建设、管道运营管理等业务。该管线于2004年开工建设，设计输送能力为2000万吨/年，一期工程阿塔苏-阿拉山口段于2006年5月实现全线通油，二期工程于2009年7月建成投产，管道实现全线贯通。截至2017年3月底，该管道实现累计向中国输油1亿吨。

该管道是我国第一条陆路进口的跨国原油管道，开辟了哈萨克斯坦原油向中国出口的战略通道，也是哈萨克斯坦对外原油出口绕开俄罗斯管线的战略安排。2006年5月中哈原油管道一期工程实现全线通油，必然引发俄罗斯重新思考其在里海地区的传统油气大国地位和国家能源战略，而恰恰在一个月后俄罗斯总统普京在上海合作组织峰会上提出建立能源俱乐部这一倡议，二者之间不可避免有较大的影响。

（3）中国—中亚天然气管道框架协议签署

中国—中亚天然气管道最初的设想是在中哈石油管道的基础上的延伸。2003年6月，胡锦涛主席在访问哈萨克斯坦时，两国签署了尽快完成此项目的意向协议。哈萨克斯坦国家石油天然气公司与中国石油天然

---

① 王海运：《巴杰管线开通及中国国家利益》，《世界新闻报》2005年6月6日，引自《上海合作组织与中国》，上海大学出版社2015年版，第215页。

气集团公司随后开始了输气管道项目可行性研究，与此同时，中国与其他中亚国家继续进行协商。

俄乌天然气断供事件后，欧洲提高了保障能源安全的警觉，不能单一依赖从俄罗斯进口，谋求进口天然气市场多元化，乌克兰也直接向土库曼斯坦寻求进口天然气。此前土库曼斯坦出口给俄罗斯的天然气均按每千立方米44美元结算，土库曼斯坦总统尼亚佐夫在电视上宣称将向中国出口天然气，迫使俄罗斯将天然气结算价格提高至65美元。2006年1月19日，《土库曼斯坦日报》头版头条大幅报道了尼亚佐夫总统会见中国代表团，并称将以每千立方米100美元的价格购买土库曼斯坦的天然气。实际上双方此次会谈并未涉及天然气价格的细节，而土库曼斯坦利用中国因素压迫俄罗斯提价。[①]2006年4月3日，中国与土库曼斯坦签署了关于输气管道建设与长期天然气供应的框架协议。之后，中国与哈萨克斯坦、乌兹别克斯坦签署了关于管道建设过境的原则性协议。中国-中亚天然气管道起于阿姆河右岸的土库曼斯坦和乌兹别克斯坦边境，经乌兹别克斯坦中部和哈萨克斯坦南部，从霍尔果斯进入中国，成为我国"西气东输二线"。中国—中亚天然气管道全长约10000公里，是世界上最长的天然气管道，大部分位于中国境内。2009年12月14日，中国—中亚天然气管道全线通气。

中国—中亚天然气管道是联通中亚多国与中国的重要能源战略通道，也被誉为新时期建设的能源丝绸之路，是中国陆路能源进口的大动脉。截至2019年3月底，该管道累计向中国输入天然气2632亿标方。[②]因此，2006年4月中国—中亚天然气管道框架协议的签署，也成为俄罗斯"具有重要分水岭意义的2006年"中的又一个"黑天鹅事件"。

3. "安大线"与"安纳线"之争：中日俄能源管线走向的角力

从1994年俄罗斯率先提出与中国合作铺设石油管道的合作项目以

[①] 张国宝：《我亲历的中亚天然气管道谈判及决策过程》，《中国经济周刊》2016年1月4日。

[②] 中国石油新闻中心：《中亚天然气管道累计向中国输入天然气2632亿标方》，http://news.cnpc.com.cn/system/2019/04/17/001727064.shtml。

来，双方围绕该问题开始接触，虽然两国有合作的意向，但因为当时中国的能源缺口尚不迫切，而俄罗斯正处于苏联解体后大力发展能源提振本国经济的时期，两国的合作预期存在差异，故一直没有实质性的进展和具体规划。2000年普京当选总统后，中俄油气合作才稳步地进入初步发展阶段，并逐步开始对中俄原油管道"安大线"（安加尔斯克——中国大庆）的建设展开谈判。但2002年，由于日本小泉纯一郎政府突然表现出对俄罗斯原油管道走向的"安纳线"（安加尔斯克——纳霍德卡）的过度关心，极力推进实施该方案，致使俄罗斯开始在"安大线"与"安纳线"之间举棋不定，不断权衡比较两条线路的投资额、预计运输量、石油供给对象等方方面面的问题，尤其考虑到两条石油管道线路的境内及境外长度等可能给将来合作带来的影响等问题，导致中俄两国原油管道在已达成协作意向并已完成可行性分析后却出现了一波三折。2004年12月31日，俄罗斯修改线路采纳了"泰纳线"，即从俄罗斯的泰舍特到太平洋沿岸的纳霍德卡港口，尽管这条管线从经济意义上成本较高，但因为该条管线全部位于俄罗斯境内，有力地增强了俄罗斯对该管线的控制权，避免了俄乌天然气断供事件中欧洲管道受制于过境国乌克兰而对俄罗斯主动权的削弱。从表面上看，"安大线"与"安纳线"均告流产，但"泰纳线"基本是在日本所主张的"安纳线"主干线的基础上，将起点延伸至东西伯利亚的泰舍特，而终点仍确定在太平洋沿岸的纳霍德卡港口。

为平衡中日与俄关系，2005年7月普京总统首次表示在"泰纳线"开工前优先修建至中国大庆的支线。2006年3月21—22日，俄罗斯总统普京访华期间，中俄两国共签署了30个文件[1]，并约定互办中俄"国家年"，中国政府将2006年定为"俄罗斯年"，并约定来年在俄举办"中国年"[2]。该次会议上，中国石油天然气集团有限公司分别与俄罗斯天然气工

---

[1] Stephen Boykewich, "Putin Takes 800 People to China", Moscow Times, 2006.3.21, p.1. 转引自［日］木村泛《普京的能源战略》，王炜译，社会科学文献出版社2013年版，第101页。

[2] 新华网：http://www.xinhuanet.com/2006russia/index.htm.

业股份公司、俄罗斯石油公司和俄罗斯管道运输公司签署了俄罗斯对中国天然气供应谅解备忘录、中俄双方能源企业成立合资公司及启动俄对中铺设原油管道问题的三份合作协议。中俄组建合资公司分别经营上游和下游业务，这是中俄能源合作的新形式，即中国石油天然气集团有限公司以入股的方式与俄罗斯天然气工业股份公司共同组建"东方能源公司"，俄方持股51%，中方持股49%，主要业务是在俄罗斯进行地质勘探及能源项目融资，并联合开发俄罗斯万科尔油田。同时，中国开放能源下游市场，在中国建立中俄合资的炼油厂，组建中俄东方石化（天津）有限公司，由中方持股51%而俄方持有49%[①]。虽然普京的这次访华，促进了中俄原油管道建设合作的原则性协议的签署，但距离两国启动合作步骤并签署具体协议还时日尚早。直到全球金融危机爆发后，在低油价的合并打击下，俄罗斯严重依赖能源市场的经济结构弊端显露无遗，对外博弈能力下降[②]，中俄原油管道的谈判及修建迟至2008年10月才基本达成合作协议，一线工程至2010年11月1日完工进行试运行，其间经历了长期胶着的谈判和磋商。

然而，中日俄三国能源合作的角力在2006年这一年，一方面俄罗斯已经确定采纳比较倾向于日本主张的"泰纳线"原油管道，并于当年开工建设一期工程；而另一方面俄罗斯也保留了向中国的支线并决定优先建设该支线，俄罗斯将中日置于天平的两端，巧妙地利用中日之间的相互竞争抬高合作的条件，并力求俄乌天然气断供风波后俄罗斯在欧洲市场形象受影响之后的国际能源战略平衡。尽管2006年中国伸出橄榄枝确定当年为"俄罗斯年"并趁普京访华期间签订了大量的能源合作文件，但中俄之间马拉松式的谈判还未见曙光。

---

① 朱光强：《困境与协调：探析中俄能源合作的博弈——以俄远东输油项目为例》，《俄罗斯研究》2009年第4期。

② 《世界能源中国展望（2013—2014）》，社会科学文献出版社2013年版，第235页。

表3—1　　　　　　　　中日与俄之间能源管道之争的梗概表①

时间	事件
1994年	中国石油天然气集团有限公司（简称"中石油"）与俄罗斯第二大石油企业——尤科斯石油公司接触，该公司提出"安大线"（安加尔斯克—大庆）主张（时值叶利钦总统期间）。
1996年	（1）中俄签署《中华人民共和国和俄罗斯政府关于共同开展能源领域合作的协议》； （2）中俄企业完成了"安大线"的项目预可行性研究
1998年	中俄有关部门开始研讨合作修建从俄罗斯安加尔斯克到中国东北的石油管道问题
2000年7月	普京总统访华期间，中俄两国签署了多邦能源部管道运输公司及尤科斯石油公司关于中俄原油管道项目可行性研究的谅解备忘录和向尤科斯石油公司购买30万吨西伯利亚原油的购销合同
2001年7月	（1）中国国家主席江泽民访问莫斯科，签署了《中俄睦邻友好条约》，并与俄罗斯总理卡西亚诺夫就修建"安大线"石油管道初步达成意向； （2）同期，俄罗斯石油运输公司（国有企业）宣布将修建一条自安加尔斯克至纳霍德卡的石油运输管线
2001年9月	中俄两国总理第六次定期会晤，签署了《中俄关于共同开展铺设中俄石油管道可行性研究的总协议》
2002年4月	俄罗斯总理赫里斯坚科访华期间原则上同中国就石油管道问题达成协议，计划在2003年开工建设"安大线"（安加尔斯克—大庆）输油管道，当时预计长2337千米，预算总投资18亿美元
2003年1月初	日本首相小泉纯一郎正式访问俄罗斯，向普京表明了支持"安纳线"的态度
2003年2月7日	俄罗斯能源部会议建议采取折中方案，即将"安大线"与"安纳线"合二为一，在"安纳线"上附建至中国大庆的支线
2003年3月14日	俄罗斯卡西亚诺夫总理宣布采纳折中方案，并在5月1日前确定管道建设的具体步骤
2003年5月28日	中石油和俄罗斯尤科斯石油公司签署了兴建中俄原油管道的协议和600万吨原油的铁路购销合同
2003年10月	俄罗斯政府逮捕尤科斯石油公司总裁霍多尔科夫斯基（"安大线"的主张者），并于其后以偷漏税为名开始调查该公司

---

① 因本节论述所需，本表仅将事件叙述脉络锁定在2006年之前，有关中俄原油管道的后续进展情况，详见后续章节。本表的绘制，参考了木村泛《普京的能源战略》，王炜译，社会科学文献出版社2013年版；张国宝：《中俄原油管道十五年谈判纪实》，《中国经济周刊》2018年第2期；及其他网络资料。

续表

时间	事件
2004年2月24日	俄罗斯普京总统罢免了卡西亚诺夫的总理职务,至此俄国内"安大线"的支持派全军覆没
2004年6月30日	俄罗斯决定修建从泰舍特至纳霍德卡("泰纳线")的管道方案,"安大线"和"安纳线"表面上均告流产
2004年12月31日	俄罗斯弗拉德科夫总理及普京总统批准了"泰纳线",日俄双方签署协议并公开发表了这一方案
2005年7月8日	俄罗斯普京总统首次表示将优先铺设通往中国大庆的输油支线
2006年3月21日	中国确定当年为"俄罗斯年",普京访华期间共签署了30多个文件
2006年4月28日	"泰纳线"一期工程开工

4. "萨哈林2号"项目控股权之争:俄加强对能源的国有控制权

普京于2000年5月担任俄罗斯总统时,俄罗斯才刚刚从1998年的经济危机中恢复过来,国际原油价格也才逐步回升。为了将前任叶利钦时代曾经一度私营化的能源产业重新国有化,"由国家拥有对所有资源和能源开发过程的管理和控制权",普京政府实施了一系列举措。2003年8月2日制定并公布的《2020年前俄罗斯联邦能源战略》中将俄罗斯的能源战略定义为"俄罗斯经济发展的基础,同时也是实施'国内政策与外交政策的工具'",并指出俄罗斯的能源资源决定了"俄罗斯在世界能源市场上所能发挥的作用","决定了俄罗斯在地域政治学意义上的影响力"。在这种思想指导下,普京政府让纯国有资本的俄罗斯石油公司兼并了当时最大的私营石油企业——尤科斯公司;国有控股的俄罗斯天然气工业股份公司成为最大的天然气国有垄断企业;政府全资的俄罗斯石油管道运输公司垄断了石油、天然气运输的管线建设和管理领域。

2006年7月—12月,普京政府促成了俄罗斯天然气工业股份公司得以参与"萨哈林2号"项目并取得项目公司50%的股权,成为控股股东。"萨哈林2号"是当时世界上最大的液化天然气项目,也是俄罗斯第一个液化天然气项目,其外资金额是当时外国在俄罗斯投资最大的一个项目。该项目主体萨哈林能源投资股份有限公司系由三家外国公司出资设立,分别为皇家荷兰壳牌公司集团占股55%,日本的三井物产占股25%和三菱商事株式会社占股20%。该项目合同采用"产品分成协议"（Production Sharing Agreement, PSA）[①]，该种合作模式由产油国作为主体在经营中负有责任，但实际上的经营管理者是外国企业，而外国企业投入经营的费用以部分产品回收，之后由产油国与外国企业之间以剩余的"利润油"产量为基础来确定双方的分成，即双方的分配物为油气等实物产品。于产油国俄罗斯而言，该种合作模式的接受本就经历了各种争论，拖延了长达五年多的时间。虽然前期石油开发的投资费用和风险无须俄罗斯政府承担，仅在开采出石油并抵偿外国企业的投资后，俄罗斯政府参与石油分配并分得部分石油，这种合作模式对于当时资金实力较弱的俄罗斯来讲，不失为一种不太坏的石油开发合作模式。但"萨哈林2号"项目的问题在于，萨哈林能源投资股份有限公司突然追加预算从原来的120亿美元至200亿美元，这样就使得该公司回收投资的时间延长而致俄罗斯取得该项目产品分成的时间也被大大推迟。基于对萨哈林能源投资股份有限公司大额追加预算的不满，再加上前期交涉谈判中的一些隔阂，还有俄罗斯民间环保团队和人士对"萨哈林2号"项目"突然"环保问题的热烈关注[②]，俄罗斯政府于2006年9月18日以"未能有效采取措施进行环境保护"为由，命令萨哈林能源投资股份有限公司停止一切活动，后又吊销了该公司的水资源使用许可。经过一系列谈判，最终于2006年12月19日签署协议，俄罗斯天然气工业股份公司取得萨哈林能源投资股份有限公司的50%股权成为其大股东。同期，俄罗斯政府还重新审视了包括美国埃克森美孚石油公司等外资企业参与的"萨哈林1号"项目和

[①] 有关"产品分成协议"这种能源合作开发模式，可参见刘素霞《国际能源投资合同稳定性条款研究》，中国社会科学出版社2018年版，第69—78页。

[②] 之所以表述为"突然"的关注，是因为"萨哈林2号"项目从1994年签署合同至此之前，民间环保团体和人士并没有过多关注该项目所涉的环保问题和自然保护问题。而且在俄罗斯天然气工业股份公司（国有企业）取得该项目的50%的股权后的短短3天时间后，2006年12月21日普京总统就在克里姆林宫的一次会议上表示"萨哈林2号"项目的环境问题，"俄罗斯环境部门和监督官员们已经达成了解决方案""该问题已经基本解决"。而所谓的"环境改善计划"并没有多大实质效果。

英国 BP 石油公司控制的东西伯利亚科维克塔天然气开发项目。虽然俄罗斯通过这一系列行动实现了国家控制能源资源的目标,但却因存在这种政治风险的可能性,而对能源投资合同的稳定性①及俄罗斯的国际形象造成了较大影响。

5. 2006 年俄担任 G8 会议主席国:能源外交主张与实践相矛盾

2006 年 7 月 15—17 日,八国集团首脑会议(G8)在圣彼得堡召开,俄罗斯作为主席国主持该次会议。早在 2005 年 12 月 22 日俄罗斯召开的安全保障会议上,普京便公开强调了能源安全保障问题将作为来年 G8 会谈的主题之一,"呼吁加强传统能源供应的稳定性和可信赖性以及多样化,寻找技术开发的突破口,发展有利于环境保护的新能源"②。多年来,俄罗斯极力塑造出"负责任的大国"的国际形象,堪称稳定且值得信赖的能源供应源,然而发生在 2006 年元旦的俄乌天然气断供事件颠覆了这一形象,且恰好处在俄罗斯公开其能源外交主张后与 G8 会议之前,俄罗斯又恰好作为那次 G8 峰会的主席国,则给全世界的印象是,俄罗斯的能源外交主张与其实践做法显然不太一致。

(二)俄罗斯主张区域内建立"统一能源空间"的战略利益诉求

2006 年发生的一系列"黑天鹅事件",对于俄罗斯来讲,国际能源格局的变局已经在暗潮涌动。在各种因素的叠加影响下,2006 年俄罗斯在上海合作组织峰会上提出建立能源俱乐部的倡议,既是实践其能源外交主张的表现,同时也是国际能源格局下内外受困的突围之举。

1. 树立能源大国形象

俄罗斯拥有丰富的能源资源储备,是世界能源生产大国和能源出口大国,其一直有做一个能源强国的梦想,俄罗斯尤其希望对世界能源价格施加影响力。早在俄罗斯 2003 年制定的《2020 年前的俄罗斯能源战

---

① 有关该项目能源投资合同稳定性条款与环境保护问题之间的关系,参见刘素霞《国际能源投资合同稳定性条款研究》,中国社会科学出版社2018年版,第171—172页。

② Sherr, "Europe and the Gas Crisis"; Jerome Guillet, "The free market ideologues want to break Gazprom", European Tribune (www.eurotirb.com), 2006.3.26. 转引自[日]木村泛《普京的能源战略》,王炜译,社会科学文献出版社2013年版,第148页。

略》中就强调了,作为世界能源市场的主要成员,俄罗斯应积极参与制定对能源生产国和能源消费国都有利的、公平的能源价格。该战略中提出,俄罗斯对外能源政策的根本目标是:使俄罗斯从单纯的原料供应者转变为在国际能源市场执行独立政策的重要参与者;对外能源政策的具体目标是:巩固俄罗斯在国际能源市场上的地位,最有效地实现俄罗斯能源综合体的出口潜力,提高其国际竞争力。[①] 因此,俄罗斯希望通过倡议在上海合作组织框架下建立能源俱乐部,凭借其地区性能源大国的角色和实力,协调地区内能源发展战略,开展与区域外国家或组织的合作,从而逐步将影响力扩展至更广的区域。故而,从倡议之初,俄罗斯希望上海合作组织能源俱乐部定位为国际能源组织,实现一体化能源合作的模式。俄罗斯这一倡议,是希望在能源领域发出一个能源大国的声音,发挥并壮大其在能源领域的影响力。

2. 控制中亚地区能源

俄罗斯在确保欧洲作为其传统的能源出口地的基础上,意图稳定中亚能源市场。一直视中亚为其"后院",利用天然的能源管道实现对中亚出口油气的控制,并期望成为地区性能源垄断大国。俄罗斯希望与中亚国家建立天然气欧佩克,但进展并不顺利。独立后奉行"能源立国"的中亚能源资源国,渴望形成出口多元化的局面从而摆脱对俄罗斯能源管道的依赖,中亚各国根据自身发展需要,向西与欧美国家建设完全绕开俄罗斯的能源管道(如巴杰管道),向东与中国合作建设油气管道,从而形成了向北、东、西三个方向开展能源合作的格局。基于此,俄罗斯注意到中亚国家向西向东的能源合作行动,故而倡议在上海合作组织框架下建立能源俱乐部,希望借助同与中亚国家为上海合作组织成员国的良好条件,既能照顾到中亚国家与同为成员国的中国的能源合作,又能实现挤压西方国家在中亚地区影响的目标,或起码能协同与中亚国家的能源发展战略,一致对外开展能源合作。

---

① 冯玉军、丁晓星、李东编译:《2020年前俄罗斯能源战略(上)》,《国际石油经济》2003年第9期。

3. 开拓亚太能源市场

美欧等西方国家作为能源消费国,与作为能源生产国的俄罗斯之间本应存在紧密开展能源合作的客观条件,也实际开展着能源合作,但俄乌天然气断气事件却让西方国家不得不重新正视对俄罗斯的能源依赖关系,而采取能源进口多元化策略,支持建设绕开俄罗斯的能源管道从而培育中亚国家作为新的能源来源。俄罗斯也相应采取出口多元化策略,向东开拓亚太能源市场。世界经济重心逐渐向东转移,亚太市场日益活跃起来,尤其是中国的能源需求非常旺盛,中国也在大力加强与俄罗斯和中亚国家的能源谈判,然而中俄原油管道合作中俄罗斯的态度摇摆致使一再出现变局,间接促进了中国与中亚国家之间的接触和合作,其结果表现为中国—中亚天然气管道、中哈原油管道均先于中俄原油管道的谈判而取得了较快的进展或建设投产。因此,俄罗斯瞄准亚太这一具有巨大潜力的市场。2013年2月18日,俄罗斯总统普京批准了新的《俄罗斯联邦外交政策构想》,确定了俄罗斯外交的四大优先方向,其中发展同中国和印度的"友好关系"被视为俄罗斯外交政策的"最重要"方向之一。亚太地区被其称作"发展最快的地缘政治空间,世界经济和政治重心正在向其转移"。①从2006年2月俄罗斯工业和能源部长的一篇题为《俄罗斯能源战略:奔向东方》的文章也可以发现,俄罗斯"将东方视为一个战略方向",希望搭乘"亚太经济快车",推动该地区经济发展。②俄罗斯利用上海合作组织这一已经具有较强地区影响力的国际组织,倡议建立能源俱乐部,首先绑定与中国的能源合作,其次再逐渐渗透到周边市场,最终有利于俄罗斯能源出口多元化战略的实施。

上述能源战略利益与2006年发生的一系列事件杂糅在一起,促使俄罗斯极力倡议建立上海合作组织能源俱乐部,并在多种场合提出该倡议。

---

① 商务部国际贸易经济合作研究院、中国驻俄罗斯大使馆经济商务参赞处、商务部对外投资和经济合作司:《对外投资合作国别(地区)指南》系列丛书之《俄罗斯》(2018年版),"走出去"公共服务平台,http://fec.mofcom.gov.cn/article/gbdqzn/#.

② 王汝佳:《俄罗斯的"上海合作组织能源俱乐部"构想:提出、推进及困境》,硕士学位论文,北京外国语大学,2015年,第16页。

然而，俄罗斯在具体实施其"能源强国"战略时却表现出种种矛盾之处：其一，俄罗斯能源外交主张与实践有时存在着不能完全一致的地方，一方面呼吁各国保障能源安全，另一方面自身的能源合作实践又成为影响能源安全保障的因素；其二，俄罗斯在"安大线"与"安纳线"之争中，既想与日本握手合作，又不敢厚此薄彼得罪中国这样一个超大的能源消费国；其三，俄罗斯既希望加强对中亚的控制，但面对美欧等国支持另建能源管道时，俄罗斯仍表示无奈；其四，俄罗斯想借对乌克兰的断气事件，提高对欧天然气价格，但在欧洲各国的抗议下，乌克兰断气风波也仅仅持续了三天就结束了这场闹剧，表面上虽然俄罗斯提高了对乌克兰天然气的售价，但如果结合较低的气源价、另付过境费等因素的话，俄罗斯并未取得太为明显的效果，反而因该事件影响了其"负责任的供应国"的形象。就如同前述俄罗斯的种种矛盾之处一样，俄罗斯在提出建立能源俱乐部的倡议后，遇及上海合作组织其他成员国对此倡议持有并不完全一致的立场，该倡议于俄罗斯来讲也仅仅就成为一种政治主张，并未继续跟进并为此作出更多的努力。

二　乌兹别克斯坦等国对能源俱乐部法律机制的立场："常设对话平台"

乌兹别克斯坦对上海合作组织能源俱乐部持保守态度，一直不赞成将能源俱乐部建成国际能源组织，而主张成立一个"能源论坛"，即由各成员国政府主导的能源对话平台，协调各国能源政策，由政府部门、企业及科研机构均参与的交流平台。面对上海合作组织一些成员国对建设"统一能源空间"的反对，俄罗斯推动能源俱乐部机制建设乏力，则2007年以后，俄罗斯不得不改变立场作出妥协而支持建立"常设对话平台"性质的能源俱乐部，以取得更多的成员国支持而推进能源俱乐部的落地。塔吉克斯坦、吉尔吉斯斯坦两国虽积极支持建立能源俱乐部，以保障本国能源安全，但这两个国家较为忌惮本国经济的发展受制于其他国家，因而该两国也较为支持乌兹别克斯坦的立场。

2007年，中、俄、哈、塔、吉五国召开的首次能源部长会议，就

《上海合作组织能源俱乐部章程》条款达成一致，但因为乌兹别克斯坦对能源俱乐部的性质持不同意见，故该章程中已经对能源俱乐部的性质及定位作了一定的妥协，称其主要任务是"为协调上海合作组织各成员国的关系创造一个全方位讨论其能源战略的信息交换平台，并制定改善成员国能源安全的建议"，而将其性质定位于能源领域的非政府协商性机构。

受2008年国际金融危机的冲击，国际能源价格大幅下降，国际能源融资受到重创，俄罗斯及中亚能源生产国因国内经济发展过度依赖能源产业，则其国内经济发展受到严重影响。为抵销国际金融危机的负面影响，上海合作组织各成员国提议各国集中力量提高能源利用率，开发清洁能源和技术，利用可再生能源（尤其关注利用水能资源），保障能源安全。中国与俄罗斯之间有关原油管道的谈判屡遇挫折，但迟至2008年双方才就协议及建设基本达成协议，中国承诺提供250亿美元贷款换取俄罗斯供应3亿吨石油，这些均与彼时国际金融危机对俄罗斯国内经济的深刻影响有密切关系。

2009年，时任俄罗斯总理的普京就曾建议将上海合作组织能源俱乐部建设成为一个针对能源合作问题的"常设对话平台"，标志着俄罗斯对上海合作组织能源俱乐部法律机制的立场转变。2011年，中、俄、吉、塔四国在西安举办的欧亚经济论坛上通过了《西安倡议》，强调尽快促成能源俱乐部的建立，并指出能源俱乐部是由政府组织的开放性、多边能源商议平台，面向政府部门、科研机构和商业团体的代表。2012年上海合作组织的比什凯克峰会上，俄罗斯总理仍强调建立能源俱乐部。总体上，这一阶段俄罗斯一方面仍积极倡议加快建设能源俱乐部，另一方面为实现各国的能源领域整合，不得不调整其对能源俱乐部的最初构想，改而同意建设成为能源论坛性质的"常设对话平台"，即全方位讨论能源战略的信息交换平台。俄罗斯对上海合作组织能源俱乐部立场的大转变，从根本上来讲是受制于国际国内的经济、政治形势的影响，而从较直接的层面上来讲，应是在最大限度内争取上海合作组织成员国参与多边能源合作之举，尤其是对乌兹别克斯坦和中国。因为，除该两国外的其他成员国已经与俄罗斯之间有了相对稳定的经济或能源合作平台，乌兹别克斯坦对俄罗斯倡导的欧亚经济共同体若即若离，却唯独对成为上海合作组织成员国表现还较为稳定，表现出较强的组织黏性。[1] 而中国则是俄罗斯所主导的国际组织之外的国家，俄罗斯通过倡议建立上海合作组织能源俱乐部加强其对亚太能源市场的扩张，则是其"醉翁之意"，而中国却是庞大的亚太能源需求市场中的佼佼者。

三　中国对能源俱乐部法律机制的态度："对话与协商平台"

中国对上海合作组织框架下建立能源俱乐部的态度较为积极，就上海合作组织层面召开的一些促进建立能源俱乐部的会议和通过的文件，中国均参与讨论并签署相关文件，但针对该能源俱乐部的性质定位，在2012年之前，中国政府官方并未太多表达观点，而在国内学者的著述中有一些评价。大多数学者的观点均倾向于主张中国对能源俱乐部的立场应"积极参与、稳妥推进"[2]，在现阶段，"各成员国在能源领域积极对话和合作"是前提，[3]目前应将能源俱乐部定位于"经济一体化进程中的一种能源生产国、消费国和中转国的产销运联盟"，"一种区域能源合作与协调机制"，[4]并认为"在合作中学习合作"的渐进性发展、梯次型拓展的

---

[1] 中亚地区有集体安全组织、欧亚经济联盟和上海合作组织三个多边组织。1992年5月15日，乌兹别克斯坦签署独联体集体安全条约，但1999年4月续签时，乌兹别克斯坦未再续签。2002年5月14日，集体安全组织改组成立，乌兹别克斯坦于2006年8月16日申请重返该组织，但却于2012年6月28日又决定退出。欧亚经济共同体于2000年10月改组成立。乌兹别克斯坦于2005年10月申请加入该组织，并于2006年加入。但其于2008年10月20日申请停止该组织成员国的资格。2015年该组织改为欧亚经济联盟后，至今乌兹别克斯坦仍未加入成员国序列。结合乌兹别克斯坦的国内政治形势看，乌兹别克斯坦国内于2005年5月发生了安集延事件，其在这个事件之后加入上述两个国际组织，意在寻求与美国抗衡的组织依靠。

[2] 王海运：《上海合作组织能源俱乐部：中国的立场选择》，《国际石油经济》2007年第6期；杨成《关于在上海合作组织框架内建立统一能源空间的几点思考》，《西伯利亚研究》2008年第1期。

[3] 陈小沁：《上海合作组织能源合作机制化问题初探》，《教学与研究》2009年第9期。

[4] 阿不都热合曼·卡德尔：《上海合作组织经济合作法律机制研究》，社会科学文献出版社2013年版，第190页。

方式可能更符合各国不同时期、不同利益的诉求，①为将来形成统一能源空间、能源一体化奠定基础，而超越现阶段的能源合作现状，签订所谓的"一揽子"协议可能仅仅是"一个政治错觉"②。

2013年9月13日，中国国家主席习近平在上海合作组织成员国元首理事会比什凯克峰会上，强调"着力开展务实合作"，其中在能源领域明确提议上海合作组织成立能源俱乐部，并将该俱乐部明确定位于"协调本组织框架内能源合作"，其目的是要"建立稳定供求关系，确保能源安全"，同时回应了上海合作组织各成员国在"提高能效和开发新能源等领域"开展广泛合作的利益诉求。③这次会议，是中国官方首次主动提议建立能源俱乐部的发声，而且首次对能源俱乐部的定位有了清晰的表达，即上海合作组织能源俱乐部是协调区域内能源合作的平台。

在中国的积极倡导下，2013年11月29日，俄罗斯总理梅德韦杰夫在出席上海合作组织成员国总理理事会时，再次呼吁加紧研究启动能源俱乐部项目，并于当年12月6日，能源俱乐部的参与国在俄罗斯莫斯科签署了《上海合作组织能源俱乐部成立备忘录》，各与会者认为，能源俱乐部的成立定会深化能源生产国与能源消费国之间的合作，并将在构建全球与地区统一能源体系的道路上迈出第一步。④至此，上海合作组织能源俱乐部终于成立。能源俱乐部仅有的运作机制为高官委员会，各国之间交流能源合作信息，探讨新能源技术发展。

2013年11月乌克兰国内"亲欧派"与"亲俄派"之间爆发政治危机，以至于2014年3月17日原属乌克兰的克里米亚宣布独立并申请加

---

① 张玉国：《上海合作组织能源俱乐部建设：问题与前景》，《俄罗斯研究》2007年第3期。

② ［美］R.P.巴斯顿：《现代外交》，赵怀普等译，世界知识出版社2002年第2版，第152页，转引自张玉国《上海合作组织能源俱乐部建设：问题与前景》，《俄罗斯研究》2007年第3期。

③ 习近平：《弘扬"上海精神"促进共同发展》，http://cpc.people.com.cn/xuexi/n/2015/0721/c397563-27338283.html。

④ 转引自强晓云《从公共产品的视角看上海合作组织能源俱乐部发展前景》，《上海商学院学报》2014年第15卷第6期。

入俄罗斯,美国、欧盟对俄罗斯几个攸关经济发展的领域进行制裁,而对俄罗斯能源行业的制裁,是美欧对俄罗斯经济制裁的核心内容。[1]这些制裁措施包括,禁止欧洲的银行向俄罗斯能源企业提供贷款,限制俄罗斯能源企业到欧盟获取涉及石油勘探和生产等领域的技术或服务等。之后,欧盟扩展了经济制裁内容,并多次延长制裁期限。欧盟将取消对俄罗斯的制裁与俄罗斯履行《明斯克协议》[2]的效果相挂钩,以《明斯克协议》未能得到全面执行为由,不断将经济制裁延期一直延续至2019年1月31日。相应地,俄罗斯采取了一系列反经济制裁措施,尤其是俄罗斯再次中断对乌克兰的天然气供应,而乌克兰政府禁止俄罗斯过境向欧盟输送能源,由此加剧了俄罗斯与欧盟之间的能源供需矛盾。俄罗斯与西方国家之间的交恶及面临的国际形势,更促使其加强与上海合作组织国家的能源合作,开拓海外能源市场。

2014年9月,在塔吉克斯坦杜尚别举行的上海合作组织成员国元首理事会上,习近平主席再次指出:"我们应该充分发挥能源俱乐部作用,加强成员国能源政策协调和供需合作,加强跨国油气管道安保合作,确保能源安全"[3]。从这次发言中可以看出,中国希望能源俱乐部从"能源论坛"向"对话与协商平台"发展,加强各国能源政策协调和供需合作,发挥上海合作组织在安全合作上的优势,加强跨国油气运输管道的安保合作,并为最终发展成为能源一体化组织而打下基础。2017年5月,我国国家发展和改革委员会、国家能源局共同公布的《推动丝绸之路经济带和21世纪海上丝绸之路能源合作愿景与行动》中,提出要共建"一带一路"能源合作俱乐部,积极参与包括上海合作组织在内的多个多边框架下的能源合作。

---

[1] 徐洪峰、王海燕:《乌克兰危机背景下美欧对俄罗斯的能源制裁》,《美国研究》2015年第3期。

[2] 该协议由法国、德国、俄罗斯、乌克兰四国于2015年达成,意在促成乌克兰东部全面停火。该协议于2015年2月15日午夜起生效。

[3] 习近平:《凝心聚力 精诚协作 推动上海合作组织再上新台阶——在上海合作组织成员国元首理事会第十四次会议上的讲话》,http://www.xinhuanet.com/world/2014-09/12/c_1112464703.htm。

第三节　上海合作组织能源俱乐部的法律机制初创和推进阶段（2013年至今）

中国作为上海合作组织的重要成员国，对在该组织框架下建立能源俱乐部一直表现积极。早在2012年9月于新疆乌鲁木齐市召开第二届中国—亚欧博览会时，中国能源部门的相关代表就表示"上海合作组织成员国、观察员国政府积极构建能源俱乐部，为能源及相关企业合作提供指引的平台，中国政府正在积极协助能源部门开展项目信息交流及构建组织的前期工作"[①]。2013年9月13日，在吉尔吉斯斯坦比什凯克举行的上海合作组织成员国元首理事会第十三次会议上，中国国家主席习近平提议上海合作组织成立能源俱乐部。他指出，成立能源俱乐部可以"协调本组织框架内能源合作，建立稳定供求关系，确保能源安全，同时在提高能效和开发新能源等领域开展广泛合作"[②]。

2013年11月29日，俄罗斯总理梅德韦杰夫在出席上海合作组织成员国总理第十二次会议时再次呼吁加紧研究启动能源俱乐部项目，表示俄罗斯准备当年就签署成立能源俱乐部备忘录，并号召所有成员国都参加该俱乐部。当年12月6日，上海合作组织的部分成员国和观察员国在俄罗斯莫斯科签署了《上海合作组织能源俱乐部成立备忘录》，其内容主要集中在保障能源安全的途径和能源部门发展问题。与会者认为，能源俱乐部的成立定会深化能源生产国与能源消费国之间的合作，并将在构建全球与地区统一能源体系的道路上迈出第一步。作为上海合作组织框架下发展和扩大能源合作的开放性多边平台，呼吁并筹备逾七年的上海合作组织能源俱乐部终于成立了。但各国媒体对此报道颇少，该组织的法律运行机制尚不完善，还未充分发挥其在上海合作组织框架下有效引

[①] 王宝龙：《上海合作组织能源俱乐部构建的法律问题研究》，硕士学位论文，新疆大学，2015年，第10页。

[②] 习近平：《弘扬"上海精神"促进共同发展》，http://cpc.people.com.cn/xuexi/n/2015/0721/c397563-27338283.html。

导区域能源合作的作用。

2014年9月，在塔吉克斯坦杜尚别举行的上海合作组织成员国元首理事会第十四次会议，习近平主席在发言中再次指出："我们应该充分发挥能源俱乐部作用，加强成员国能源政策协调和供需合作，加强跨国油气管道安保合作，确保能源安全"①。2017年5月，国家发展和改革委员会和国家能源局共同公布的《推动丝绸之路经济带和21世纪海上丝绸之路能源合作愿景与行动》中，提出要共建"一带一路"能源合作俱乐部，积极参与包括上海合作组织在内的多个多边框架下的能源合作。2018年6月，上海合作组织青岛峰会发表的《青岛宣言》，强调"成员国重申恪守《上海合作组织宪章》宗旨和任务，遵循《上海合作组织至2025年发展战略》，继续加强政策沟通、设施联通、贸易畅通、资金融通、民心相通，发展安全、能源、农业等领域合作，推动建设相互尊重、公平正义、合作共赢的新型国际关系，确立构建人类命运共同体的共同理念"②。中国领导人的多次呼吁，表明了中国对上海合作组织能源俱乐部充分发挥作用的殷切期盼，也侧面印证了该合作机制尚需进一步完善的现状。

自上海合作组织能源俱乐部成立后，目前俱乐部的会员包括中国、俄罗斯、哈萨克斯坦、塔吉克斯坦、印度、巴基斯坦、蒙古、阿富汗、伊朗、白俄罗斯、土耳其和斯里兰卡等12个国家。这些会员中，上海合作组织的观察员国全部参与了能源俱乐部，而尚有作为成员国的吉尔吉斯斯坦和乌兹别克斯坦、作为对话伙伴国的阿塞拜疆、柬埔寨、尼泊尔和亚美尼亚等共计6个国家并未加入能源俱乐部。能源俱乐部仅有的运作法律机制为高官委员会，至今已经举行了四次，前三次高官委员会分别在哈萨克斯坦、俄罗斯和土耳其举行。2018年5月15日，上海合作组织能源俱乐部高官委员会第四次会议在中国北京举行，来自阿富汗、白

---

① 习近平：《凝心聚力　精诚协作　推动上海合作组织再上新台阶——在上海合作组织成员国元首理事会第十四次会议上的讲话》，http://www.xinhuanet.com/world/2014-09/12/c_1112464703.htm.

② 《上海合作组织成员国元首理事会青岛宣言》，http://baijiahao.baidu.com/s?id=1602925870098066186&wfr=spider&for=pc.

俄罗斯、伊朗、哈萨克斯坦、巴基斯坦、俄罗斯、塔吉克斯坦、土耳其等国的代表参会。各国代表重点介绍了本国发展新能源的情况,中方代表介绍了中国在能源技术创新方面取得的进展。会后各代表签署了会议纪要。①

---

① 参考《上合组织能源俱乐部第四次高官会在京举行》,国家能源局http://www.nea.gov.cn/2018-05/23/c_137200592.htm.

第四章　上海合作组织能源俱乐部现行法律机制评析

第一节　上海合作组织能源俱乐部框架下区域能源合作的成效分析

上海合作组织区域内能源资源优势互补，地缘能源安全利益密切相关，双边能源合作日益密切，相互能源投资、贸易和跨境油气管网运输日益频繁。共同的利益需求和紧密合作催生了上海合作组织各国的能源法律安排、一系列涉及能源领域的具有国际法性质的安排和有关区域能源合作的契约性质的安排。对上海合作组织能源俱乐部框架下区域能源合作成效和有关法律安排的总结分析将有助于准确揭示现有法律机制存在的问题，并为进一步完善有关法律体制提供坚实的基础。

一　多边规划安排甚密，有待加强落实

上海合作组织在区域经济合作领域通过了一系列法律文件，其中包含了对区域能源合作的一些安排。能源合作是上海合作组织区域内开展经济合作的重要领域，几乎每次召开峰会，都会触及能源合作这个话题。一直以来，上海合作组织各成员国都希望推动多边能源合作，因而在上海合作组织多边层面通过了一系列有关能源合作的安排，然而上海合作组织成员国在能源合作方面的利益各异，故很难较快地取得多边一体化合作的成效，对多边能源合作具体项目的落地还需加大力度。倒是通过

推动多边能源合作安排，产生扩溢效果而带动了其他领域项目的合作，比如与能源传输相连的交通设施建设、金融领域的合作，甚至还逐渐扩溢到创新和节能技术、可再生能源等领域，而不再仅仅局限于常规能源的合作或能源贸易的合作。

1. 2001年9月14日，上海合作组织成员国在哈萨克斯坦的阿拉木图签署了《上海合作组织成员国政府间关于区域经济合作的基本目标和方向及启动贸易和投资便利化进程的备忘录》。该备忘录中强调，各方认为，必须在能源、交通、电信、农业、旅游、银行信贷、水利和环保等重点合作领域及其他共同感兴趣的领域集中力量开展合作，同时促进中小企业建立直接联系。[①]

2. 2002年签订的《上海合作组织宪章》中，第一条本组织基本宗旨与任务中，明确鼓励开展成员国间能源领域的有效区域合作；第三条规定了本组织框架内合作的基本方向，其中包括有效使用交通运输领域内的现有基础设施，完善成员国的过境潜力，发展能源体系；保障合理利用自然资源，包括利用地区水资源，实施共同保护自然的专门计划和方案等。上海合作组织宪章是本组织成立、运行的基本遵循，其中对能源领域合作的规定也表明了本组织各成员国之间加强能源合作的必要性。

3. 2003年9月23日，上海合作组织成员国总理理事会批准了《上海合作组织成员国多边经贸合作纲要》，其中重申了《上海合作组织成员国政府间关于区域经济合作的基本目标和方向及启动贸易和投资便利化进程的备忘录》中确定的该组织合作的优先方向和主要领域，并提出将开展在燃料和能源领域的合作、提高现有能源生产能力和能源网络的效益；在开发石油和天然气新产地及其加工方面扩大互利合作；共同利用上海合作组织成员国的过境运输潜力等。

4. 2004年9月23日，上海合作组织在比什凯克举行成员国总理理事会，会议批准了《〈上海合作组织成员国多边经贸合作纲要〉落实措施计

---

① 须同凯：《上海合作组织区域经济合作——发展历程与前景展望》，人民出版社2010年版，第239页。

划》，其中涉及 11 个领域的 127 个项目，而能源领域合作项目有 19 个，较为典型的多边合作项目计划有：（1）对上海合作组织成员国在能源燃料综合体方面有合作前景的方向进行分析；（2）制订能源合作优先方向的建议或相互感兴趣的共同规划及项目；（3）研究对现行的天然气运输体系标准技术规则一致化的可能性，就协调天然气领域的标准、规范和规则的技术政策问题进行磋商；（4）研究为上海合作组织成员国电力市场相互准入创造条件和通过上海合作组织成员国境内无障碍过境输电的问题；（5）电力领域市场改革进程和电力行业发展前景的信息交流；（6）研究完善现有和建设新的天然气运输走廊问题；（7）开发自土库曼斯坦和乌兹别克斯坦经吉尔吉斯斯坦到哈萨克斯坦直至乌鲁木齐（中国新疆）的天然气管道；（8）研究共同拟订建设、改造、更新能源项目的投资计划，及解决其融资问题的可能性；（9）开发非传统性可再生能源，用以作为获得电力的来源；（10）利用上海合作组织成员国承包机构的能力实施阿富汗水电站重建项目；（11）研究在共同勘探和开发上海合作组织成员国石油天然气产地方面进行合作的可能性。除此以外，该落实措施计划中还涉及一些在部分成员国间进行的能源合作，如：（1）在中国、哈萨克斯坦、俄罗斯和塔吉克斯坦间研究和实施能源项目；（2）共同建设吉尔吉斯斯坦和塔吉克斯坦水电设施；（3）研究扩大吉尔吉斯斯坦境内现有天然气管道运输能力的可能性；（4）改造吉尔吉斯斯坦的乌齐－库尔干和阿特—巴什干水电站；（5）上海合作组织成员国参与开发吉尔吉斯斯坦和塔吉克斯坦境内 500—220 千伏输电干线，以提高电网的输电能力；（6）上海合作组织成员国参与吉尔吉斯斯坦"北电"公司配电公司的租让招标活动；（7）共同建设罗贡水电站；（8）研究并建设中、俄、韩天然气管道项目。但是这些项目的落地并不是特别充分，有的项目也是需要长期进行跟进并没有限定执行期限的，随着项目推进，其后几年又对该落实措施计划中的一些项目进行了删改或调整。

5. 2005 年 11 月，上海合作组织成立银行联合体，由各成员国的主要银行组成，积极参与落实中亚地区的大型联合投资项目，主要涵盖各国能源、基础设施、中小企业、农业等领域，其中能源领域的项目包括中俄原油贸易、中亚天然气管线等①。截至2018年6月，在上海合作组织银行联合体框架下，中国国家开发银行与成员国的项目合作已发放贷款累计超过1000亿美元，目前贷款余额达到413.4亿美元、163.7亿元人民币。②

6. 2006年6月，俄罗斯总统普京在上海合作组织成员国元首理事会上，倡议建立能源俱乐部。同年9月，上海合作组织经贸部长会议决定成立能源专业工作组，旨在促进本组织内的能源领域合作。

7. 2007年6月29日，上海合作组织能源部长会议决定，在上海合作组织框架下成立能源俱乐部并就《上海合作组织能源俱乐部章程》达成了一致。该次会晤，各国能源部长讨论了能源合作前景，包括成员国能源战略对比问题，并强调各成员国必须密切合作，制定能源领域的共同立场。当年，元首理事会通过的《上海合作组织成员国长期睦邻友好合作条约》第十五条规定，缔约各方在工业、农业、金融、能源、交通、科技、新技术、信息、电信、航空航天及其他共同感兴趣的领域开展合作，促进实施各类区域性项目。该条约一经签署，即从法律形式上确定了各成员国开展合作的领域，也彰显了上海合作组织各成员国在能源领域加强合作的强烈愿望。

8. 2008年10月30日，上海合作组织总理理事会批准了修订后的《〈上海合作组织成员国多边经贸合作纲要〉落实措施计划》，修订后，该落实措施计划除去已执行完毕的项目外，根据有关国家的要求，进行了删改和补充，最终确定为10个合作领域、85个多边或双边合作项目，所需建设资金逾百亿美元。各方商定将加强在能源、交通、电信等领域的合作。

9. 2011年11月7日，值上海合作组织成立十周年之际，上海合作组织总理理事会通过了《上海合作组织成员国政府首脑（总理）关于世界和上海合作组织地区经济形势的联合声明》，该声明强调当前阶段的显著

---

① 上海合作组织区域经济合作网：《中国国开行行长：上合组织银联体已成为该组织重要金融合作平台》，http://www.sco-ec.gov.cn/article/headline/201801/397704.html.

② 《上合组织银联体理事会第14次会议在京召开2018国开行累计向上合成员国发放贷款超千亿美元》，http://www.sohu.com/a/238070787_175647.

特点是区域经济合作在扩大，地区性国际组织和金融机构在世界政治和经济中的作用在提高，上海合作组织面临着在扩大区域内及与国际市场的互联互通、使用创新和节能技术、发展可再生能源等领域实施大型合作项目的任务。该期间，俄罗斯及中亚地区国家在应对国际金融危机方面力不从心，故在上海合作组织框架下开展有关能源领域的多边合作或安排较乏，而双边层面上的能源合作则较多。有关能源合作的方向也逐渐扩展至发展可再生能源相关的领域，挖掘未来有关可再生能源合作的潜力。

10. 2012 年 6 月 7 日，上海合作组织在北京召开的元首理事会上，六国元首签署了《上海合作组织中期发展战略规划》和《上海合作组织成员国元首关于构建持久和平、共同繁荣地区的宣言》等。其中，中期发展战略规划中强调，上海合作组织的基本行动方向之一是扩大经济合作，发展能源安全合作，利用替代能源，开发和应用先进能源技术，以造福上海合作组织全体成员国。该宣言中称成员国将努力保障本地区能源安全，将深化和完善互利互惠的区域经济合作，促进贸易和投资便利化，实施共同投资的大型项目并吸收观察员国和对话伙伴参与。

11. 2013 年底，在中、俄的积极倡议下，上海合作组织能源俱乐部终于成立，主要协调区域内的能源合作事项，但因为一些成员国对此并不积极，故能源俱乐部的参与国范围还不够多，尚不能作为上海合作组织层面上广泛参与的组织，充其量还仅仅是上海合作组织区域范围内的多边合作。

12. 2015 年 7 月 10 日，上海合作组织元首理事会批准了《上海合作组织至 2025 年发展战略》，其中强调，各成员国将为国际社会和联合国保障经济、金融、能源、粮食等领域安全的共同努力做出贡献；将采取切实措施，确保共同使用的交通、通信、能源领域基础设施安全稳定运营；成员国将在能源领域开展各类互利合作，包括可再生与替代能源利用；将加强在先进环保技术、可再生和清洁能源、节能等领域的合作，以促进可持续发展。

13. 2016 年在比什凯克召开的总理理事会上，各国总理强调，提高人民福祉和生活水平，进一步加强在包括能源在内的多个符合共同利益领域的合作是首要任务，继续在能源包括可再生和可替代能源利用领域开展全方位互利合作具有重要意义，支持更广泛地使用各种经济高效、清洁环保能源，以实现可持续发展。2017年和2018年的总理理事会上，再次强调了这些话题。

二 多双边合作相结合，双边合作密切

在上海合作组织成立之前，中国与俄罗斯、中亚国家就签订过一些开展能源合作的政府间能源合作协议，其中较早的要数中国与土库曼斯坦于1994年4月签订的《中国石油天然气集团公司与土库曼斯坦天然气部开展合作的意向书》，除此之外，中俄于1996年签署了《中俄关于共同开展能源领域合作的协议》，中哈之间于1997年9月24日签署了《中哈政府关于在石油天然气领域合作的协议》，而在上海合作组织成立后，尤其是2004年签署了《〈上海合作组织成员国多边经贸合作纲要〉落实措施计划》后，各成员国之间签订了一些双边能源合作条约和具体合作项目的协议。

中国与俄罗斯之间签订的双边能源合作条约或协议较多，具体包括[①]：《中俄关于共同开展铺设俄罗斯至中国原油管道项目可行性研究工作的总协议》(2001年9月)，《中俄关于从俄罗斯向中国供应天然气的谅解备忘录》(2006年)，《中国石油天然气集团公司与俄罗斯国家天然气工业公司关于俄天然气出口价格机制协议》(2007年11月)，关于技术协助建造四期离心机工厂和向中国提供浓缩铀服务或浓缩铀产品合同基础条款的协议（2008年5月），《中俄关于在石油领域合作的谅解备忘录》(2008年10月28日)，《关于斯科沃罗季诺—中俄边境原油管道建设与运营的

---

① 资料来源张宁《中亚能源与主要经济体博弈》，长春出版社2009年版，第229—230页；柴利：《中国与中亚国家能源合作对策研究》，社会科学文献出版社2013年版，第190页；商务部国际贸易经济合作研究院、中国驻土库曼斯坦大使馆经济商务参赞处、商务部对外投资和经济合作司：《对外投资合作国别（地区）指南》（2018年版）系列丛书，http://fec.mofcom.gov.cn/article/gbdqzn/#。

原则协议》(2008年10月28日),《中俄石油领域合作政府间协议》(2009年4月21日),《中俄关于天然气领域合作的谅解备忘录》(2009年6月24日),《中俄石油上下游领域扩大合作备忘录》(2009年10月),《关于俄罗斯向中国出口天然气的框架协议》(2009年10月),《中俄落实2009年10月24日签署的〈关于天然气领域合作的谅解备忘录〉的议定书》(2009年10月),《关于2009年6月24日〈天然气领域合作的谅解备忘录〉的议定书》(2011年5月31日)。自1996年中俄两国建立总理定期会晤机制以来,迄今已经举行了23次。中俄总理定期会晤机制下设四个合作机制,而能源合作委员会就属于其一。2014年,中俄全面战略协作伙伴关系进入新的发展阶段,双方的合作更为密切。2014年5月亚洲相互协作与信任措施会议第四次峰会(简称"亚信会议")期间,中俄双方签署了50多项合作文件。在中俄总理第十九次定期会晤期间签署了近40项合作文件,其中能源领域包括《中华人民共和国政府和俄罗斯联邦政府关于沿中俄东线管道自俄罗斯联邦向中华人民共和国供应天然气领域合作的协议》等文件,双方还对深化核能和能源上下游一体化合作、油气电路互联互通项目等深入交流,许多重大战略性项目取得突破性进展。2015年,双方在中俄总理第20次定期会晤期间又签署了30余项能源合作文件,其中包括《〈中华人民共和国政府与俄罗斯联邦政府关于实施亚马尔液化天然气项目的合作协议〉的议定书》等。2016年11月7日中俄发表了《中俄政府首脑关于深化和平利用核能领域战略合作的联合声明》。2017年中俄总理第22次定期会晤期间,就投资、能源、地方合作、人文、农业、海关、质检、航天、金融等领域签署了近20项双边合作文件。2018年的第23次中俄总理定期会晤期间,双方商定进一步扩大在油气、电力、煤炭、核能、可再生能源、能效等领域的全面合作,推动能源领域现有合作项目和政府间协议逐步落实。2019年中俄总理第24次定期会晤期间,指出双方在能源等传统领域合作取得新突破,希望双方积极探讨深化炼化一体化合作,增加能源合作的附加值,助力双边贸易额翻番目标如期实现。

中国与哈萨克斯坦于2005年7月4日签署联合声明,宣布将两国关系提升为战略伙伴关系,其后,双方就包括能源领域在内的多个领域开展双边合作。双方在能源领域的双边合作安排有:《中哈关于在油气领域开展全面合作的框架协议》(2004年5月),《关于从哈萨克斯坦阿塔苏至中国阿拉山口原油管道建设基本原则协议》(2004年5月),《中国石油公司参与里海达尔汗区块开发的谅解备忘录》和《中哈开展天然气管道项目可行性研究协议》(2005年8月),《中哈经济合作发展构想》(2006年12月),《中哈政府关于对通过中哈边境管道运输能源的海关监管协定》和《中国石油公司与哈国家石油天然气股份公司关于中哈原油管道二期工程建设的基本原则协议》等11项协议(2006年12月),《中哈关于阿塔苏—阿拉山口石油管道运行若干问题的决定》(2007年5月),《中哈原油管道二期工程建设和运营的协议》(2007年8月),《关于在天然气及天然气管道领域扩大合作的框架协议》(2008年11月),《关于中哈石油管道二期二阶段建设的框架协议》(2009年10月),《关于联合开发乌里赫套气田的框架协议》(2009年10月),《中哈关于加强产能与投资合作的框架协议》①(2015年8月31日)。2018年6月,中国石油与哈萨克斯坦能源部签署了《中国石油天然气集团有限公司与哈萨克斯坦能源部关于石油合同延期及深化油气领域合作的协议》。2018年11月,哈萨克斯坦总理访问中国期间,两国签署了一系列政府间协议及商业合作文件,其中有关能源合作领域的包括:关于在哈萨克斯坦特穆莱油田建立采矿、化学和冶金综合体的合作协议,关于在阿克莫拉州共同建设风力发电站的合作协议等。② 中俄之间还自2018年成立了"中俄能源商务论坛",并于当年11月29日召开了第一届论坛,由中国石油和俄罗斯石油公司联合主办,旨在为中俄双方企业搭建对话交流平台,为促进双方企业在油气、电力、煤炭、新能源、能源装备等领域的长期一体化合作创

---

① 该框架协议的合作领域包括:拟在建材(水泥、平板玻璃等)、冶金(钢铁等)、有色、油气加工、化工、机械制造、电力、基础设施建设(铁路、公路、水运及航空等)、轻工(羊毛加工)、农产品加工、运输物流、旅游、食品加工、居民消费品生产及双方同意的其他领域加强产能与投资合作。

② 《哈萨克斯坦与中国签署一系列合作文件》,http://www.sohu.com/a/277526536_799801.

造条件。虽然该论坛系两国的能源企业主办且为商务性质,但却由两国国家元首共同决定成立并出席见证,已经成为两国深化能源合作的重要机制。2019年6月召开了第二届论坛,习近平主席强调:"能源合作是两国合作中分量最重、成果最多、范围最广的领域",并就巩固和深化中俄能源合作提出四点建议:(1)坚持企业主体、商业原则,广泛寻找合作良机。加强金融保险和能源合作相互支持、相互促进。(2)挖掘新潜力,推动中俄能源合作提质升级。要加强能源技术标准合作,推动两国能源标准互认和对接。(3)促进利益融合,深化上中下游全方位一体化合作。(4)加强全球能源治理合作,推动能源可持续发展事业。要携手坚定维护多边主义,积极开展多边合作,在全球能源治理体系中发挥建设性作用,为全球能源发展注入更多正能量。①

中国与吉尔吉斯斯坦政府于2002年6月签订了《中吉能源领域合作协定》,2004年9月签订了《中吉2004—2014年合作纲要》。2008年3月,吉尔吉斯斯坦与中国新疆克孜勒苏柯尔克孜自治州签署了计划从吉尔吉斯斯坦向中国出口煤炭的协议,双方还讨论了在两国边境设立贸易中心和从吉尔吉斯斯坦出口燃油到新疆克孜勒苏柯尔克孜自治州的可行性。中国与塔吉克斯坦政府2002年5月签订了《中塔关于能源领域合作协议》。2006年6月,中国与塔吉克斯坦签署了关于中国援助塔吉克斯坦350公里500千伏南北输变电线路项目协议,这是中国在上海合作组织框架下提供9亿美元优惠贷款实施的重点项目,该项目为全面缓解塔吉克斯坦国内电力供应不平衡和电力输送的瓶颈问题,被塔吉克斯坦人民誉为"铺就光明之路"。② 2004年6月,中国与乌兹别克斯坦签订了《中国石油天然气集团公司与乌兹别克斯坦国家石油天然气集团在石油天然气领域开展互惠合作的协议》。2005年,中国与乌兹别克斯坦组建了合资公司,中方获得了对乌布哈拉—希瓦油气区块及乌斯纠尔特油田的23个油

---

① 《习近平和俄罗斯总统普京共同出席中俄能源商务论坛》,《人民日报》2019年6月8日,第一版。

② 张宁:《中亚能源与大国博弈》,长春出版社2009年版,第239页。

气区块的先期勘探和油气开采权，其油气资源总价值约6亿美元。2008年11月，中国石油公司和乌兹别克斯坦国家油气公司达成了关于在乌纳曼甘州明格布拉克油田开采项目中组建石油加工合资企业的协议。2017年，中国商务部与乌兹别克斯坦国家投资委员会签订了《关于在乌兹别克斯坦建设中小型水电站的合作协议》。

除了上述由中国与上海合作组织其他成员国之间进行的能源合作，仍不乏其他国家之间开展相关能源合作的安排，如2007年，乌兹别克斯坦政府给俄罗斯天然气工业股份公司颁发了对乌西部有前景的凝析气田进行地质勘探的许可证。① 在此之前，两国也有类似的多次合作。2007年12月，哈萨克斯坦垄断管理处专家指出，能源可能会成为哈萨克斯坦与吉尔吉斯斯坦两国联合关系的组成部分之一。吉尔吉斯斯坦可为哈萨克斯坦提供能源，而哈萨克斯坦可以保证吉尔吉斯斯坦的煤炭和其他能源的供应。② 2008年6月10日，俄罗斯天然气工业股份公司与塔吉克斯坦能源与工业部签署了《在塔吉克斯坦有油气开发前景的区域进行地质矿产调查的基本原则协议》。③ 在该协议框架下，俄罗斯天然气工业股份公司海外油气公司可在塔吉克斯坦有油气开发前景的区域进行地质勘探工作。上海合作组织部分国家之间达成多边能源合作的意向或协议，如2007年12月18日，俄罗斯、哈萨克斯坦、土库曼斯坦三国代表在莫斯科达成了共同建设濒里海天然气管道的协议。④

可以看出，在上海合作组织成员国中，中国与俄罗斯之间、中俄与其他上海合作组织成员国之间开展能源领域的双边合作或"小多边"合作较多，中俄两国对上海合作组织框架下的能源合作互动起着重要的推动作用。毋庸讳言，这些双边合作或"小多边合作"是利益各异的上海合作组织国家之间开展能源合作的切入路径，从较为紧密的双边合作逐渐建立起来经济依赖，消除歧见、互利共赢，最终推动上海合作组织层

---

① 聂书岭：《俄天然气工业公司获得乌天然气勘探许可》，《中亚信息》2007年第2期。
② 孙永祥：《上合组织能源合作的进展及问题》，《亚非纵横》2009年第5期。
③ 聂书岭：《俄天然气工业公司开始勘探塔天然气田》，《中亚信息》2008年第7期。
④ 谷维：《俄、哈、土签署建设濒里海天然气管道的协议》，《中亚信息》2008年第1期。

面上的多边一体化能源合作模式成为常态,将带动更多的上海合作组织参与国加入能源俱乐部并发挥其重要的协调平台作用。

三 基础设施建设互通,各国诉求相异

自上海合作组织成立以来,能源基础设施建设领域的合作取得较大成效,也成为上海合作组织能源合作的优先发展方向。2014年9月12日,上海合作组织在杜尚别峰会上签署了《上海合作组织成员国政府间国际道路运输便利化协定》,为在本区域内开展互联互通合作奠定了法律基础。2017年5月23日—5月24日在北京召开了上海合作组织成员国国际道路运输便利化联委会筹备会议,各成员国政府认为制定《上海合作组织公路协调发展规划》将为扩大本组织国家间交通运输联通作出重要贡献。2017年11月23日,上海合作组织与联合国亚太经社理事会在曼谷成功举行了"向地区交通互联互通前行"高级别活动。[①]上海合作组织区域内初步形成了涵盖公路、铁路和油气管道的复合型基础设施网络。

能源基础设施建设领域在能源上游的合作一般涉及在能源资源国投资建设大型油气田、输变电管网设施、可再生能源发电设施等。由于地理环境的不同和油气资源分布的不均,石油天然气的长距离运输成为必然,而跨境油气管道的建设常常伴随着油气贸易而生。跨境油气管道建设,是指为实现油气产品从资源国到消费国的运输,跨越两个以上的国家或地区建设的油气输送通道,实现油气的跨境直接流动。[②]石油的运输可以通过多种渠道、多种方式的物流,包括公路运输、铁路运输、水路运输和管道运输等。而管道运输因成本低、污染小、可连续不间断运输、安全性高且不受途经地的影响等优势成为目前石油运输的主要方式。然而天然气的运输则大不相同,无论是采用压缩还是冷却的方式制成液化天然气,其采用非管道运输的成本都高于石油。如果考虑运输过程中

---

① 《上海合作组织成员国政府首脑(总理)理事会第十六次会议联合公报》,上海合作组织官网,http://chn.sectsco.org/documents/.

② 刘素霞:《国际能源投资合同稳定性条款研究》,中国社会科学出版社2018年版,第111页。

气体的挥发问题，对天然气而言管道运输就更加具有优势。油气管道运输因为建造投资较高、建设工期较长，合作各方达成协议后，管道走向往往再生变化的弹性较小，因而较高的毁约成本具有"锁死"合作的作用。① 因而，上海合作组织各能源生产国对与区域内的能源消费大国之间共建能源管道，不可避免存在着互相竞争的局面。中亚各国希望与中国达成合作而绕开俄罗斯对管道的控制，俄罗斯在与中国达成油气管道合作时，立场较为摇摆，中国与中亚国家相关领域的合作落地反而对中俄达成油气管道合作起了间接的促进作用。中国在与上海合作组织区域内的各参与国达成油气管道合作时，需兼顾能源生产国、能源消费国、能源过境国差异化利益诉求的平衡，同时还要考虑吸引一些不发达国家参与到区域内的能源合作格局，形成合作共赢的能源共同体。

（一）中哈原油管道

2006年5月，中哈原油管道实现全线通油，二期工程于2009年7月建成投产，管道实现全线贯通。这是我国第一条陆路进口的跨国原油管道，开辟了上海合作组织成员国的原油向中国出口的战略通道，也是在中俄原油管道谈判步入僵局后的突破，对于2006年俄罗斯总统普京提出建立能源俱乐部的倡议以及中俄原油管道的最终谈判成功起到了重要作用。截至2017年3月底，该管道实现累计向中国输油1亿吨。② 截至2019年5月，累计向国内输送原油1.19亿吨，贸易值4438.1亿元。③

（二）中国—中亚天然气管道

2009年12月14日，中国—中亚天然气管道全线通气，这是联通上海合作组织的多个中亚成员国与中国的重要能源战略通道，也被誉为新时期建设的能源丝绸之路，是中国陆路能源进口的大动脉。中国—中亚

---

① 叶蓁蓁：《国际能源合作模式与中国战略选择》，博士学位论文，外交学院，2005年。

② 《'丝绸之路第一管道'中哈原油管道累计输油一亿吨》，新华社，2017年3月29日，http://www.xinhuanet.com/world/2017-03/29/c_1120618729.htm。

③ 《中哈原油管道累计输油近1.2亿吨》，2019年5月29日，http://3g.163.com/dy/article/EGCE3IUH05149MTB.html；《中哈原油管道累计输油1.19亿吨》，新疆广播电视台，2019年5月19日，http://www.sohu.com/a/315062430_120065957。

天然气管道打破了俄罗斯对中亚天然气的垄断，是中亚国家"能源立国"和能源出口多元化外交战略的重要举措。截至2019年3月底，该管道累计向中国输入天然气2632亿标方。① 从中亚进口的天然气通过管道接入，现已覆盖我国25个省区市和香港特别行政区的用户，造福5亿多人。中亚管道AB线横跨中国、哈萨克斯坦、乌兹别克斯坦三个国家，并行敷设，是我国第一条引进境外天然气的陆上能源通道，是按照乌兹别克斯坦、哈萨克斯坦两国标准建设的国家级优质工程。管道全长1833公里，其中乌国境内长529公里，哈国境内长1300公里，中国境内长4公里。管道设计输量每年300亿立方米。中国—中亚天然气管道工程（中亚管道AB线）荣获詹天佑奖。②

（三）中俄原油管道

经过多轮谈判，于2009年2月17日中俄能源谈判代表举行第三次会晤时，中国与俄罗斯一揽子签署了《关于石油领域的合作协议》、250亿美元的融资贷款合同、中俄原油管道建设和运营合同、长期原油贸易合同等，该系列合同于2009年4月21日开始正式生效。根据协议约定，自2011年1月1日起，俄罗斯每年通过管道向中国供应1500万吨原油，期限为20年，共计为3亿吨原油贸易。该管道起自俄罗斯的斯科沃罗季诺，止于中国黑龙江大庆，管道全长999.04公里，俄罗斯境内72公里，中国境内927.04公里，设计年输油量为1500万吨，最大年输油量为3000万吨。2009年4月27日，中俄原油管道俄罗斯境内段开工建设，至2010年8月29日完工。2009年5月18日，中俄原油管道中国境内段开工，至2010年9月27日实现全线竣工。在经历2010年11月1日注油试运行后，按照中俄双方政府间协议约定，于2011年1月1日如期实现中俄原油管道的投入运行，标志着中俄能源合作进入了新阶段，标志着我国东北方向的原油进口战略要道正式贯通。双方在履行一系列协

---

① 中国石油新闻中心：《中亚天然气管道累计向中国输入天然气2632亿标方》，http://news.cnpc.com.cn/system/2019/04/17/001727064.shtml.

② 《中亚管道AB线获詹天佑奖》，《中国能源报》2019年4月22日，第19版。

议的过程中还是出现了一些插曲，直到 2012 年 9 月，中俄原油管道正式签约。

2013 年 6 月 21 日，中俄共同出席第十七届圣彼得堡国际经济论坛能源圆桌会议时，签署了俄罗斯向中国增供原油的长期贸易合同。根据该合同，俄罗斯将在目前中俄原油管道输油量的基础上逐年向中国增供原油，增供合同期为 25 年，可延长 5 年。为落实该协议，中俄两国达成修建中俄原油管道二线工程的协议。中俄原油管道二线管道起始于黑龙江省漠河县兴安镇附近的漠河首站，途经黑龙江、内蒙古两省，止于黑龙江省大庆市林源输油站，管道全长 941.80 公里，与已建成投产的中俄原油管道一线工程并行敷设，设计年输油能力为 1500 万吨。2016 年 8 月 13 日开工建设，至 2017 年 11 月 12 日中俄原油管道二线工程全线贯通，具备进油条件。2018 年 1 月 1 日，中俄原油管道二线工程正式投产。目前，中俄原油管道依约有序运行。

（四）中俄天然气管道东线

2014 年 5 月 21 日，国家主席习近平和俄罗斯总统普京在上海共同见证中俄两国政府签署《中俄东线天然气合作项目备忘录》、中国石油天然气集团公司和俄罗斯天然气工业股份公司签署《中俄东线供气购销合同》。① 根据该协议，从 2018 年起，俄罗斯开始通过中俄天然气管道东线向中国供气，输气量逐年增长，最终达到每年 380 亿立方米，协议期限为 30 年，合同金额达到 4000 亿美元。这是自 2004 年开启中俄天然气谈判以来近 10 年后的成果，是中俄加强全面能源合作伙伴关系、深化全面战略协作伙伴关系的又一重要成果。2017 年 7 月，在中俄两国元首的见证下，中国石油天然气集团公司和俄罗斯天然气工业股份公司签署了《中俄东线购销合同的补充协议》，标志着中俄东线供气项目进入关键阶段，对双方合作具有重要的里程碑意义。②

---

① 《习近平和普京共同见证中俄东线天然气合作协议签署》，中央政府门户网站，2014 年 5 月 21 日，http://www.gov.cn/xinwen/2014-05/21/content_2684209.htm。

② 《中俄东线供气项目进入关键阶段 中石油与俄油俄气公司签署合作协议》，《中国能源报》2017 年 7 月 10 日第 13 版。

2016年7月8日，中俄天然气管道项目进场施工。该管道中国境内段起自黑龙江省黑河市中俄边境，止于上海市，途经黑龙江、吉林、内蒙古、辽宁、河北、天津、山东、江苏、上海等9省区市，新建管道3170公里，并行利用已建管道1800公里，并配套建设地下储气库。中俄天然气管道东线将于2019年12月部分实现通气，2024年全线通气。[①]这条管道的建设推进我国油气管道建设由数字化向智慧化转变，成为我国首条智能管道的样板工程，是继中俄原油管道漠大线（漠河—大庆）之后，中俄两国能源合作的又一重要通道，是上海合作组织框架下及"一带一路"建设的典范工程，更是提升中俄两国能源合作的重点示范工程。

（五）中巴经济走廊（China-Pakistan Economic Corridor，CPEC）

中国与巴基斯坦之间的关系，被一些巴基斯坦人称为"流着奶与蜜的友谊"，早在巴基斯坦加入上海合作组织成为其成员国之前，中巴两国就在能源领域存在广泛合作。2013年5月，李克强总理访问巴基斯坦时提出建立中巴经济走廊的远景规划，以协助巴基斯坦进行基础设施扩建与升级为基础，加强两国之间交通、能源、海洋等领域的交流合作与互联互通，促进共同发展。该项目拟建成一条公路、铁路、油气管道及光缆覆盖的"四位一体"通道，通过全方位、多领域的合作，以中巴经济走廊为引领，以瓜达尔港、能源、交通基础设施和产业合作为重点，形成立体全方位的经济合作布局。2013年底，习近平主席提出建立"丝绸之路经济带"提议，巴基斯坦对此积极表示支持，中巴经济走廊项目成为共建"一带一路"中最具有典型意义的示范项目。该项目于2015年4月20日正式启动，同日中巴两国关系提升为全天候战略合作伙伴关系。目前中巴经济走廊的22个早期收获项目中已有14个建成，能源及基础设施等早期收获项目的竣工有效缓解了巴基斯坦电力紧缺的局面，今后

[①] 《推进"一带一路"建设工作领导小组办公室："共建'一带一路'倡议：进展、贡献与展望"》，国务院新闻办公室网站，http://www.scio.gov.cn/xwfbh/xwbfbh/wqfbh/39595/40298/xgzc40304/Document/1652493/1652493.htm。

走廊建设将向农业合作、产业园区、社会民生等领域拓展打下基础。①

能源领域是中巴经济走廊进展最快、成效最显著的领域。中巴双方签署了建立中巴小型水电技术国家联合研究中心的谅解备忘录,已竣工的项目极大缓解了巴基斯坦电力供应不足的局面,并对巴基斯坦调整电力能源结构、降低发电成本等方面产生深远影响。中巴经济走廊贯通后,不仅中巴两国受益,更能惠及伊朗、阿富汗、印度、中亚及周边地区,②将能把南亚、中亚、北非、海湾国家等通过经济、能源领域的合作紧密联合在一起,形成经济共振,同时强化巴基斯坦作为桥梁和纽带连接欧亚及非洲大陆的战略地位。③

四 油气贸易往来频繁,价格存在歧见

受全球经济增长缓慢、国际市场需求萎缩及俄罗斯遭受西方国家经济制裁等多重因素的影响,上海合作组织区域内的贸易态势连续几年下滑,近两年才止跌回升。2017年,我国与上海合作组织成员国贸易额总额为2176亿美元,同比增长19%,④2018年,中国与上海合作组织成员国的贸易总额达到2550亿美元,同比增长了17.2%。截至2019年4月底,我国对上海合作组织成员国的各类投资总额超过870亿美元,多个大型能源、矿产和工业制造项目顺利推进。我国在上海合作组织成员国工程承包累计合同额达到2378亿美元,一大批公路、输变电线和油气管道工程成为具有区域带动性项目。⑤

尽管,中国与上海合作组织成员国之间的总体贸易发展趋势较好,

---

① 《中巴经济走廊22个早期收获项目中有14个已建成》,中国经济网,2019年6月17日, https://baijiahao.baidu.com/s?id=1636566034285218093&wfr=spider&for=pc。
② Introduction about CPEC, http://cpec.gov.pk/introduction/1。
③ 《李克强访巴基斯坦:打造经济走廊 寻求双赢合作》,中国新闻网,2013年5月24日, http://news.sina.com.cn/c/2013-05-24/113727214622.shtml。
④ 《骄人成就 2017年中国与上合成员国贸易总额同比增19%》,央视网,2018年6月8日,http://news.cctv.com/2018/06/08/ARTIaZYJdSkA69yqUXrBbgXq180608.shtml。
⑤ 商务部召开例行新闻发布会(2019年6月13日),商务部官网,http://www.mofcom.gov.cn/xwfbh/20190613.shtml。

但区域内贸易存在发展不平衡的态势。其中，中国与吉尔吉斯斯坦之间的经贸合作成果较为显著，2018年中吉贸易总额为56.1亿美元，中国已经连续多年成为吉尔吉斯斯坦的最大贸易伙伴、最大投资来源国。2018年，中国与塔吉克斯坦之间的贸易额为15.1亿美元，中国是塔吉克斯坦的第三大贸易伙伴、最大的投资来源国。[1]然而2018年，中国与俄罗斯之间的贸易额首次突破1000亿美元大关，创历史新高，[2]据此计算，中俄之间的贸易额占中国与上海合作组织成员国间贸易总额超过40%。中国继续保持俄罗斯第一大贸易伙伴国的地位，俄罗斯是中国第十大贸易伙伴。双方在能源领域、核领域、航天领域、跨境基础设施领域，包括北极开发、数字经济等新兴领域合作成效显著。[3]因此可见，中国与上海合作组织各成员国之间的贸易发展不够平衡，但总体贸易额逐年增大，能源领域是区域内贸易增长的重要领域。

然而，能源领域油气贸易的价格却始终是该区域贸易发展的一个重要考虑因素，尤其是有关油气价格的"亚洲溢价"问题。中东地区的一些石油输出国对出口到不同地区的相同原油采用不同的计价公式，从而造成亚洲地区的石油进口国要比欧美国家支付较高的原油价格。相比较而言，亚洲国家每购买一桶中东原油，便要多支付1-1.5美元。2002年，菲律宾在东盟与中日韩三国的"10+3"会议上首次提出了"亚洲溢价"问题，得到了与会各国的响应。全球原油贸易定价主要按照期货市场发现的价格作为基准。目前，国际上有十多家期货交易所都推出了各自的原油期货，其中芝加哥商业交易所集团旗下的纽约商业交易所、伦敦洲际交易所是世界两大原油期货交易中心，它们的西德克萨斯中质（WTI）原油期货、布伦特原油期货分别扮演着北美和欧洲基准原油合约的角

---

[1] 商务部召开例行新闻发布会（2019年6月13日），商务部官网，http://www.mofcom.gov.cn/xwfbh/20190613.shtml.

[2] 驻哈萨克经商参处：《中俄贸易额首次突破1000亿美元大关》，商务部官网，2019年1月11日，http://www.mofcom.gov.cn/article/i/jyjl/e/201901/20190102825933.shtml.

[3] 《商务部2019年1月10日例行新闻发布会问答》，商务部外事司，2019年1月11日，http://wss.mofcom.gov.cn/article/sy/201901/20190102828966.shtml.

色。① 但长期以来,亚洲地区国家由于缺乏统一的油气现货和期货集中交易平台,不能及时反映出该地区市场供需状况,缺乏对国际原油和天然气市场价格的影响力,日本、新加坡、印度等亚洲国家曾探索和尝试建立原油期货市场,但影响力并不大。我国目前是世界第一大能源消费国,也是世界上最大的原油进口国,有必要也有条件影响国际油气价格。2013年11月6日,上海国际能源交易中心在中国(上海)自由贸易试验区注册设立,该交易平台组织安排原油、天然气、石化产品等能源类衍生品上市交易、结算和交割。② 该交易中心遴选了有别于西德克萨斯中质和布伦特的中质含硫原油作为该中心原油期货合约的标的,并采用人民币计价和结算,但外币可以作为保证金使用,规定了七种可交割的实物原油,而胜利原油是唯一的一种纳入可交割油种的国产原油。

同样地,俄罗斯出口欧洲、乌克兰等的天然气价格与出口中国的天然气价格并不相同,虽然在乌克兰断气风波后,俄罗斯出口欧洲的油气多次提价,且经过拉锯战后天然气售价的标价较高,但实际上与俄罗斯出口中国的天然气价格还相差甚远。

五 开发银行道阻且长,融资需求旺盛

2003年9月23日,上海合作组织第二次总理事事会上签署了《上海合作组织成员国多边经贸合作纲要》,其中将本组织的长期目标(2020年前)设定为,逐步实现货物、资本、服务和技术的自由流动。为推进区域内各投资项目的落实,上海合作组织积极建立多边金融合作体系,为项目落实提供融资金融服务。有关上海合作组织区域金融合作的成果,除了国家元首和政府首脑定期会晤机制、成员国财长和央行行长定期会议机制外,上海合作组织成立了实业家委员会和银行联合体,与成员国实业界和金融机构建立直接联系,同时还与丝路基金、亚洲基础设施投

---

① 马莹莹:《中国版原油期货上市凸显四大意义》,国际能源网,2018年3月15日,http://www.in-en.com/finance/html/energy-2236832.shtml。

② 上海国际能源交易中心,http://www.ine.cn/。

资银行、中国—欧亚经济合作基金、金砖国家新开发银行等其他的投融资平台加强合作，加入本币互换和结算合作业务，与其他金融机构推进跨境合作（如 2019 年比什凯克峰会上与阿斯塔纳国际金融中心的谅解备忘录）等，取得了相当的成效。

2004 年 9 月上海合作组织成员国经贸部长第三次会议决定成立上海合作组织实业家委员会。2006 年 6 月，在上海合作组织上海峰会期间，实业家委员会召开成立大会，选举了运行机构，并在各国元首的见证下签署了《上海合作组织实业家委员会成立大会决议》。目前，已通过了《上海合作组织实业家委员会章程》、《上海合作组织实业家委员会大会规章》、《上海合作组织实业家委员会理事会规章》、《上海合作组织实业家委员会秘书处规章》等文件。实业家委员会对于上海合作组织扩大实业界和金融界间的直接联系与对话，推动区域内经贸、金融信贷、科技、能源、交通、通信、农业及其他领域的全面合作，作出了重要贡献。

2005 年 11 月 16 日，上海合作组织银行联合体在莫斯科正式成立，这是一种新型的国际金融区域合作组织，由区域内各成员国授权的和/或推荐的开发银行、国有专业银行和其他金融组织/机构组成。上海合作组织银行联合体的宗旨在于建立一种对上海合作组织各成员国政府支持的项目提供融资及相关金融服务的机制，以促进各成员国经济和社会发展。银行联合体参与了上海合作组织区域内许多大型项目的实施，截至 2018 年 6 月，在上海合作组织银行联合体框架下，中国国家开发银行与成员国的项目合作已累计发放贷款超过 1000 亿美元，[①]这些合作项目包括中俄原油贸易、中亚天然气管线、塔吉克斯坦国家储蓄银行农业项目等[②]，主要涵盖各国能源、基础设施、中小企业、农业等领域。2018 年青岛峰会上，习近平主席宣布中方将在上海合作组织银行联合体框架内设立 300

[①]《上合组织银联体理事会第14次会议在京召开2018国开行累计向上合成员国发放贷款超千亿美元》，http://www.sohu.com/a/238070787_175647.

[②] 上海合作组织区域经济合作网：《中国国开行行长：上合组织银联体已成为该组织重要金融合作平台》，http://www.sco-ec.gov.cn/article/headline/201801/397704.html.

亿元人民币等值专项贷款①。上海合作组织银行联合体成立以来，已经签署了《上海合作组织银行联合体理事会工作条例》、《上海合作组织银行联合体项目库建立和管理的总原则》、《关于上海合作组织银行联合体成员行间授信的框架原则》、《上海合作组织银行联合体关于支持区域经济合作的行动纲要》等文件，则上海合作组织银行联合体的制度框架建设基本完成。②

受国际金融危机的影响，2009年上海合作组织总理理事会上，各成员国总理们就深化本组织金融合作达成共识，并研究举行财长和央行行长会晤，总理们责成成员国相关机构会同国家协调员理事会尽快完成《上海合作组织专门账户组建和运作基本原则》商谈工作。③2010年上海合作组织总理理事会上，中国提议成立上海合作组织开发银行。之后的历次峰会都表示支持及进一步研究上海合作组织开发银行和发展基金（专门账户）的问题。2013年上海合作组织总理理事会上通过了《关于成立上海合作组织开发银行和上海合作组织发展基金（专门账户）下一步工作的决议》，但截至2019年峰会，该项金融合作机制尚未落地。在2013年上海合作组织总理理事会上，中国宣布成立中国—欧亚经济合作基金，目前该已经正式启动，基金前期规模为10亿美元，最终规模将扩大至50亿美元。

2014年底正式启动运行的"丝路基金"，由中国出资400亿美元设立，虽然其系为配合"一带一路"倡议而设立的金融机制，但是截至目前，丝路基金的很多项目都是与上海合作组织国家达成合作，如巴基斯坦的卡洛特水电站项目、中俄亚马尔液化天然气一体化项目入股等，另外，丝路基金还单独出资20亿美元设立了中哈产能合作基金。卡洛特水电站项目是中巴经济走廊优先实施的能源项目之一，中俄亚马尔液化天

---

① 《习近平在上海合作组织成员国元首理事会第十八次会议上的讲话："弘扬'上海精神'构建命运共同体"》，http://cpc.people.com.cn/n1/2018/0610/c64094-30048403.html。
② 刘振林：《上海合作组织经济合作研究》，中国商务出版社2010年版，第126页。
③ 《上海合作组织成员国政府首脑（总理）理事会会议联合公报》2009年10月14日，上海合作组织官网，http://chn.sectsco.org/documents/。

然气项目是俄罗斯北极资源开发的标杆项目,中哈产能合作基金有效契合和对接了哈萨克斯坦"光明之路"经济战略规划。

第二节　上海合作组织能源俱乐部框架下多边能源合作的障碍分析

在全球能源结构转型背景下,探讨上海合作组织区域内深化和完善多边能源合作机制的障碍因素,会发现曾经的一些障碍在逐渐消解或暂时弱化,而一些新的阻碍因素又在不断产生。同时,有可能另一些因素的作用凸显,虽然可能是"旧瓶装新酒",这些阻碍因素本就存在,但却在新的国际形势下出现了逻辑内在关系的变化。虽然外在的压力并不可能完全消失,但本课题将重点研究主要放在上海合作组织区域内各国发展和完善能源俱乐部机制的内在原因上。

一　上海合作组织区域内的制约因素分析

（一）区域内能源合作范围较为局狭

目前,上海合作组织区域内的能源合作无论从能源领域范围还是合作地域范围来讲,均较为受限,一定程度上对该区域能源合作机制化建设和完善构成了障碍。

首先,从能源合作领域范围来看,该区域的能源合作目前较多关注传统能源领域。无论是中俄有关原油、天然气的贸易购销合同、"贷款换石油"合同以及与实施这些合同而进行的管道建设,还是中国与中亚的哈萨克斯坦、乌兹别克斯坦等国之间的中哈原油管道、中国—中亚天然气管道的建设并保障对中国石油和天然气的稳定供应等,中国与巴基斯坦之间经济走廊的建设,均较多在石油、天然气领域开展合作,表现在能源资源的勘探开发、能源的深加工设施建设、能源管线建设、电站和电网建设、铀矿资源的勘探开发合作等几个方面。虽然中国与上海合作组织其他成员国之间也有达成关于可再生能源的合作意向,合作开发中亚吉尔吉斯斯坦、塔吉克斯坦等国的水能、风能资源等,但目前项目落地尚少，逐渐才展开合作。传统能源领域早已机制林立，且利益固化，上海合作组织参与国均已参与不同的国际能源合作机制，受已有能源合作机制的示范效应影响，上海合作组织框架内能源俱乐部在传统能源合作领域的机制设计很难具有更为强大的吸引力。

其次，从能源合作的区域范围来看，上海合作组织能源俱乐部的成员国较少，开展能源一体化机制建设的范围较为受限。上海合作组织区域内仅包含8个成员国、4个观察员国、6个对话伙伴国，但目前加入上海合作组织能源俱乐部的成员仅有12个，还有部分参与国并未加入能源俱乐部。虽然没有任何国际法的规定或国际惯例证明，参与国较少就会影响能源合作机制化建设，但上海合作组织能源俱乐部不同于能源宪章条约组织或欧佩克中的成员国构成单一化（能源利益较为一致），这仅有的一些成员国中既有部分能源生产国，还有部分能源需求国和过境国，其本身就代表不同的能源合作利益，如欲在其间形成一个虚拟的一体化能源空间，则很难形成有效运转的真实反映能源市场运行秩序的能源合作一体化机制，且参与国之间的能源利益冲突在有限的范围内将更易放大和凸显，因而这个微缩的能源合作一体化组织的吸引力就大大降低了。

（二）区域内各国能源安全利益多元难协同

上海合作组织能源俱乐部在倡议之初，即以该区域内能源利益多样而称道，不像欧佩克成员国均是单纯的石油输出国、国际能源署成员国均是能源消费国，能源俱乐部是唯一一个既有能源生产国，又有能源需求国和过境国的有特色的国际能源组织。然而，这一优势是一个双刃剑，同样成为能源俱乐部发展的劣势。当上海合作组织能源俱乐部面临机制化建设停滞不前的窘境时，再反思这些成员国构成，会发现这种能源利益的多样化反倒成了能源俱乐部难以协同各方利益、无法进一步发展机制化建设的瓶颈。

能源生产国与能源需求国之间利益针锋相对，这也是上海合作组织区域内多边能源合作较少的原因之一。上海合作组织区域内各国在传统能源领域的合作定位较为固化，导致能源生产国之间或能源需求国之间存在同构性竞争和角逐。这一形势在印巴加入上海合作组织后可能变得更为激烈，虽然印巴尚未宣称加入上海合作组织能源俱乐部，但其在上海合作组织区域内与俄罗斯、中亚国家等开展双边或多边能源合作，也将会对中国与这些国家之间在能源领域已有的密切合作发生影响。俄罗斯在《2020年前俄罗斯能源战略》中提出，"俄罗斯希望将独联体特别是中亚国家的能源资源（特别是天然气）长期、大规模地吸收到自己的燃料能源体系中。这不仅可以为后代节约俄罗斯北部天然气资源、节省勘探收入，还可降低市场压力，对俄罗斯具有战略利益"。[①] 事实上，俄罗斯也一直希望与中亚国家之间结成"天然气欧佩克"，以实现对独联体地区天然气资源的控制。但很显然，中亚各国却试图脱离俄罗斯的控制，绕开俄罗斯建立能源管道，比如巴杰管道建立的初衷便是基于此。

一直以来，各方评论均担心中俄两个大国在能源俱乐部机制中发挥引领作用存在冲突，两个大国又分别代表传统能源领域不同的能源利益方，因而哪一个国家对能源俱乐部机制的影响更为深远，可能就会对能源俱乐部的机制设置更为偏向能源生产国或能源需求国一方多一些，因而这种大国关系的博弈也导致能源俱乐部的机制化建设受阻。2013年之前，俄罗斯对建立上海合作组织能源俱乐部表现积极，但当能源俱乐部在中国的积极努力下于2013年建立后，俄罗斯对能源俱乐部机制建立及完善的兴趣不大、努力不多。因而，在传统能源领域，上海合作组织能源俱乐部成员的利益多元，对其机制创新和进一步完善，多有掣肘。

除此之外，我们发现上海合作组织区域内的一些国家并未加入能源俱乐部，尤其是乌兹别克斯坦，已经参加很多其他的国际能源组织，但却对上海合作组织能源俱乐部机制化建设不感兴趣。因此，短期内上海合作组织区域内各参与国的互信度仍待加强，对多边能源合作机制化建设应坚持求同存异、逐步推进。

(三) 区域内各国开展多边能源合作黏性不足

基本上，上海合作组织区域内各个国家的能源战略均从能源安全战

---

① 冯玉军、丁晓星、李东编译：《2020年前俄罗斯能源战略》（上），《国际石油经济》2003年第9期。

略角度奉行"多元化策略"。能源生产国追求能源出口的多元化，避免国内能源产业的发展过度依赖于某个国家的能源市场，比如，俄罗斯前些年的天然气出口重心在欧洲，但受乌克兰断气风波影响与欧洲关系交恶，遂向东发展亚太市场；中亚国家受前苏联能源管线布局的影响，油气出口多受制于俄罗斯，但各国在"能源立国"的战略指导下，向外扩张能源市场。而能源需求国也追求能源供应多元化，防止国内经济发展所依赖之能源过度依存于某个国家或某些国家，中国的能源进口已经形成了四大通道布局，除了主要依靠海上通道进口石油外，陆上通道的布局也已经形成了东北通道、西北通道、西南通道三条线路，目前还在修建中巴通道。就连能源过境国也希望过境其国的能源管线呈现多元布局，从而可以增强本国的战略要塞重要性，也可保证本国的能源供应。如阿塞拜疆争取巴杰管道绕道通过，在其国内已经有三条能源管线通过的情况下，还在与哈萨克斯坦、土库曼斯坦等国开展石油过境合作。

上海合作组织区域内不仅自身奉行能源多元化发展策略，还分别加入了多个国际能源组织，则其对上海合作组织能源俱乐部框架下的能源合作机制化建设愿望不强，内在动力不足，大多通过区域内的双边合作实现能源发展。能源合同大多为长期性合同，尤其是能源管道等基础设施建设的合作，对相关方的能源交易在合同期内起"锁定"作用，各方轻易不会冒违约之风险而弃用巨额投资的基础设施，因而随着双边能源合作的不断推进，能源管道网络逐渐成形，平等开放的能源市场才有了基本的运作基础，才可能在保障区域内各国能源多元化发展的基础上，逐渐增强上海合作组织区域各国之间的合作黏性，在区域内进一步完善机制化建设。

（四）区域内多边能源合作机制特性化探索受限

尽管每个国际能源组织建立之初都希望与其他能源组织不同，或成员结构不同，或涉足能源领域不同，或区域范围有别，但就当前现状而言，同质性是世界能源领域多边合作机制的主要特性。上海合作组织能源俱乐部有其特色之处，这是一个从区域安全合作外溢到能源合作领域的组织，是以实现区域安全为基础和目标的区域性能源合作机制，它不仅包含了世界上储量领先的能源生产区域，还包括了能源消费体量领先的世界大国，能源俱乐部希望在区域内的能源生产国、消费国及过境国之间建立起有特色的能源合作协调机制，它的成员国大多为发展中国家，其区域正承接着国际能源消费中心的转移。但是，一个硬币总有两面，由于机制创新研究力量的不足，上海合作组织能源俱乐部合作机制的非同质化探索并未取得明显的效果，目前除了高官会的定期会议外，在机制创新方面未有深耕。

二 上海合作组织区域外的制约因素分析

就上海合作组织区域外因素对能源俱乐部机制构建的压力，已有众多学者的著述关注于此，大多从美国、欧盟、日本等大国在中亚区域能源的争夺和对中亚地区能源管道走向的干涉作为关注点。[①]然而，这些外部压力虽未完全消解，但在各国能源政策及全球能源转型背景下，有些因素发生了变化。

比如，美国上一届政府实行"亚太再平衡"战略，频频插手中亚事务，或对海外能源产地植入战略触角，然而现任特朗普政府更加贯彻"能源独立"战略，开发国内包括页岩气在内的化石能源，减少对进口油气的对外依存度，执意退出巴黎协定，较轻视太阳能、风能等清洁能源技术并要求重新评估奥巴马政府的《清洁能源计划》，[②]美国从原来全球最大的能源消费国转而成为页岩气的出口国，则其在全球能源战略格局中的地位发生转变，其与中国原来在中亚地区的能源需求竞争关系而可能转变为与中国这样一个能源消费大国的供需合作关系，因而，美国原来

[①] 张玉国：《上海合作组织能源俱乐部建设：问题与前景》，《俄罗斯研究》2007年第3期；刘国锋：《从国际机制理论看上海合作组织的发展动力和制约因素》，硕士学位论文，苏州大学，2008年，第33—35页；刘乾：《能源俱乐部：对中国意味着什么？》，《能源》2013年第8期。

[②] 周琪、付随鑫：《对特朗普政府能源政策的分析与评估》，《国际石油经济》2017年第10期；孔祥永、李莉文：《特朗普政府能源政策的调整及其成效》，《国际论坛》2018年第4期；李扬、徐洪峰：《特朗普政府"美国第一能源计划"及其影响》，《东北亚论坛》2017年第5期。

在中亚的能源战略存在对上海合作组织能源俱乐部机制化建设的阻碍影响，可能在现任特朗普政府能源战略中稍微显得弱化。

又比如，中亚国家之间长期因里海法律地位不清而致里海五国对所辖水域及油气资源的归属不能确定，然而在经历长达 22 年的马拉松式谈判后终于于 2018 年 8 月 12 日，里海五国在第五届里海峰会上签署了《里海法律地位公约》，赋予了里海"非海非湖"又"亦海亦湖"的特殊法律地位，对确保里海安全稳定、促进地区能源格局转变提供了法律制度保障，同时也为域外国家在该区域开展经济合作提供了可能性。[①] 若现在判断这些因素的负面影响已经完全消解，还为时尚早，但在国际能源转型快速推进的大背景下，一些阻碍因素的负面影响暂时处于弱化状态。

第三节　上海合作组织能源俱乐部现行法律机制的局限性评析

上海合作组织在建立能源俱乐部之初，对其机制设计就存在着不同的观点，各成员国对能源俱乐部框架下的能源合作法律模式和其所承担的职能持不同立场。其中，最保守的方案是"合作信息共享＋能源论坛"，即在区域内建立一个良好的信息沟通机制，定期召开"能源论坛"，搭建能源信息交流的平台。目前，上海合作组织能源俱乐部的现状也基本定位在"能源论坛"这个层面。这种模式下的能源俱乐部合作机制与各国所倡导的多边能源合作法律机制尚存在一定的差距。

一　参与国家有限，该机制尚未得到上海合作组织所有参与国的认可

上海合作组织目前有 18 个参与国，包括成员国、观察员国、对话伙

---

① 张玉国：《上海合作组织能源俱乐部建设：问题与前景》，《俄罗斯研究》2007年第3期；焦一强：《〈里海法律地位公约〉的签署及其影响》，《国际问题研究》2019年第1期；匡增军、马晨晨：《〈里海法律地位公约〉评析》，《现代国际关系》2018年第11期。

伴国等不同的参与层次。然而，作为上海合作组织框架下设的能源俱乐部，自2013年成立后，目前俱乐部的会员仅只有包括中国、俄罗斯、哈萨克斯坦、塔吉克斯坦、印度、巴基斯坦、蒙古、阿富汗、伊朗、白俄罗斯、土耳其和斯里兰卡等12个国家。这些会员中，上海合作组织的全部观察员国全部参与了能源俱乐部，而尚有作为成员国的吉尔吉斯斯坦和乌兹别克斯坦、作为对话伙伴国的阿塞拜疆、柬埔寨、尼泊尔和亚美尼亚等共计6个国家并未加入能源俱乐部。

从参与国数量来看，能源俱乐部的参与国家很有限，尚不能吸引上海合作组织的全部参与国，更不要说吸引区域外的其他国家或国际组织了，仅仅成为上海合作组织部分参与国就能源合作话题的机制松散的"俱乐部"。与其他几种国际能源合作机制相比，上海合作组织能源俱乐部还显得"默默无闻"、"名不见经传"，在能源合作法律机制构建方面还无法做到可圈可点。

从参与国的构成来看，能源俱乐部的参与国多为上海合作组织的对话伙伴国和观察员国，这些国家是愿意与上海合作组织建立平等互利伙伴关系的国家或向该组织提交了观察员地位申请的国家，他们不参与签署《上海合作组织宪章》和该组织的其他主要法律文件，严格意义上不承担该组织的主要国际条约义务，但因列席该组织召开的各种会议，对上海合作组织机制构成和运行成效非常熟知，因而这些国家普遍参与能源俱乐部，也表明了他们对在上海合作组织框架下除了安全合作之外发展能源等经济合作的渴望，希望在能源俱乐部机制下有更深入的参与和更好发展的期望。相比较而言，上海合作组织部分成员国却因为对能源俱乐部的合作机制持有异见，并没有果断加入能源俱乐部，尚处于观望状态。参加国数量较为有限，从这个方面也折射出上海合作组织能源俱乐部的运行和发展对区域内国家尚没有足够的吸引力，其组织影响力还待提升，才可能吸引越来越多的国家参与其中。

从参与国的能源地位来看，目前能源俱乐部的参与国均属于该区域内的能源国，包括能源资源国俄罗斯、哈萨克斯坦、伊朗等，也包括能源消费大国中国、印度、巴基斯坦等，其他还有一些担任能源过境国角色的国家。参与国的能源地位使得这些国家在该平台上寻求独立的合作伙伴,开展双边合作,偶有小多边合作,而能源俱乐部建立之初希望通过多边能源合作法律机制推动区域内能源一体化的愿景,还有很长的路要走。

二 有效协调欠缺,该机制仍停留在"能源论坛"式的合作层次

自 2013 年能源俱乐部成立以来,仅有的运作法律机制为高官委员会,至今已经举行了四次,第四次上海合作组织能源俱乐部高官委员会会议于 2018 年 5 月 15 日在中国北京举行,参加会议的国家也仅仅包括能源俱乐部会员国的部分国家,包括阿富汗、白俄罗斯、伊朗、哈萨克斯坦、巴基斯坦、俄罗斯、塔吉克斯坦、土耳其等国。会议的主要讨论事项是各国代表重点介绍了本国发展新能源的情况,中方代表介绍了中国在能源技术创新方面取得的进展,并于会后签署了会议纪要。

从上可见,能源俱乐部现有的法律机制仅仅是高官委员会,高官委员会也不能保证每年定期召开,也只是召集相关国家的主管能源的高级官员聚在一起讨论有关能源发展的话题,未达成相关的共识,也没有进一步就多边能源合作安排达成协议。因而,目前的能源俱乐部更像是一个不定期的会议论坛,参与国代表陈述自己的能源发展状况,互相交换信息,很难在该论坛上找到各国发展的共通点,而各国有关能源发展的项目还只能通过双边接触获得,从而使得该能源俱乐部的法律机制"空转"且"虚化"。"能源论坛"单纯作为上海合作组织区域内的信息共享平台,与各国能源政策关系较为松散,无法有效协调各国政府的能源发展战略,从长期发展来看,可能还会继续倚重现有的双边合作,对于区域能源安全的保障作用发挥有限。

三 多边合作较乏,该机制不能有效整合区域内多边能源合作机制

因各方国情不一、发展阶段不一,目前区域内的能源合作多以双边合作为主,小多边合作为辅,而作为上海合作组织多边化能源合作载体

的能源俱乐部自2013年成立后，仅组织各参与国对存在的能源问题进行讨论、交换信息，形成会议纪要，在能源俱乐部框架下还没有多少像样的多边合作项目。上海合作组织区域内的各成员国、观察员国、对话伙伴国对能源俱乐部的多边化机制建设普遍兴趣不大，或者抛开能源俱乐部法律机制而与其他国家达成双边合作，或者仅仅将能源俱乐部的存在与运行作为与中国这样一个区域内大国开展双边、小多边能源合作的配合机制，其结果则表现为能源俱乐部成为一个"徒有形而无其实"的"鸡肋"机制。

四 机制运行封闭，该机制基本未与其他国际能源合作机制建立横向联系

能源俱乐部自成立以来，在多边能源合作法律机制建设方面并没有大的建树，也没有吸引更多的国家参与，该机制的活力和生命力并没有展现出来。即便上海合作组织的一些参与国，还对加入能源俱乐部迟疑再三。比如，乌兹别克斯坦不希望能源俱乐部机制下的能源合作会干涉各成员国的能源资源主权，会影响各成员国的能源发展战略。值得一提的是，虽然乌兹别克斯坦在能源俱乐部建立之前曾主张将之建设成为能源论坛性质，但自该论坛式的能源俱乐部成立以来，其至今仍未加入能源俱乐部，除却其对参加各种国际组织的态度常常表现摇摆的因素外，客观方面也是能源俱乐部的运行效果不够突出，并未对参加国以外的国家产生较大的吸引力，且能源俱乐部的存在丝毫未影响各国在区域内开展双边能源合作。印度虽然早就加入了能源俱乐部，但因其在能源发展方面与上海合作组织其他成员国存在着相互竞争的状况，印度很少参加能源俱乐部的高官委员会，也很少在此平台上进行多边能源合作。

除此之外，能源俱乐部没有与其他国际能源组织开展横向的合作表现得较为封闭。作为一个志在深耕区域能源治理的国际组织，能源俱乐部还游离在国际能源治理体系之外，尚未与国际能源机构、二十国集团、国际能源论坛等机制开展合作，深入参与全球能源治理结构的改革进程，

以国际组织的独立身份积极融入多边能源法律规则的完善与改革进程。目前的情况是,能源俱乐部的一些会员国以独立主权国家的身份在参与着其他国际能源合作法律机制,而这些机制中尚缺乏上海合作组织能源俱乐部的发声,则其国际影响力自然还不能有效扩张。

第五章　上海合作组织能源俱乐部法律机制重构的必要性和可行性

第一节　上海合作组织能源俱乐部法律机制重构的必要性

能源俱乐部是上海合作组织框架下各方安全领域合作向经济、能源等领域合作机制扩溢的结果，也符合区域内各国经济发展的需求。然而，因各参与方的意见不一，致使多年"难产"的能源俱乐部于2013年成立了"能源论坛"性质的法律机制，这是各方妥协的结果。然而，其存在参与成员少、有效协调缺乏、机制运行封闭等局限性，结合全球能源格局变革的大潮，有必要对这一能源合作法律机制进行重构，以使得这一法律机制与上海合作组织在国际上的影响相匹配，也是中国作为一个区域内大国在区域能源治理领域发挥大国作用的平台。

一　全球能源格局变革对上海合作组织能源俱乐部法律机制重构的影响

（一）全球能源安全观演变的影响

美国前国务卿基辛格曾于1970年说过："如果你控制了石油，你就控制住了所有国家；如果你控制了粮食，你就控制住了所有的人；如果你控制了货币，你就控制住了整个世界。"这一观点虽非"放之四海而皆准"，但其指出了以石油为代表的能源安全的重要性。能源安全这个概念自提出以来，其内容和含义经历了一个不断充实和发展的过程，也从强调供应安全为目标的传统能源安全观过渡到综合能源安全观,并对于不同的国家(能源生产国、消费国、过境国)具有不同的含义。

1. 传统能源安全观

追溯其源,能源安全这一概念的产生,有赖于第一次世界大战前夕时任英国海军大臣的温斯顿·丘吉尔决定以石油取代煤炭成为海军战舰的燃料动力,其他发达国家也纷纷效仿。然而,当时的石油需从充满政治风险的波斯(今伊朗)经过长途海运运输而来,这就增加了英国政府官员对石油供给安全的担忧。

逐渐地,石油成为世界最主要的能源,然而严重依赖石油生产和销售的生产国因自身并无资金负担能源勘探开发,石油产业的超额利润往往被西方石油垄断资本所盘剥。1960年9月,亚、非、拉的石油生产国为协调和统一各国石油政策,维护各自和共同的利益,与西方石油垄断资本相抗衡,建立了石油输出国组织(简称"欧佩克",OPEC)。这是第三世界国家建立最早、影响最大的原料生产国和输出组织。[1] 不过,欧佩克建立后的十多年里,把主要精力都放在收回石油主权的斗争、国内经济建设和内部组织建设等方面,在国际石油市场上碌碌无为。[2] 直到1973年10月第一次石油危机爆发,欧佩克才一举成名。当时值第四次中东战争爆发,欧佩克成员国为了打击以色列及支持以色列的西方发达国家,实施了石油禁运。这次石油供应中断导致油价飙升了三四倍,从每桶3.011美元提高到11.651美元。

考虑到这种供应危机,1973年11月时任美国总统的尼克松在其能源政策演说《独立计划》中第一次将能源安全问题界定为"能源独立",即"在不依靠外国能源的情况下满足自身的能源需求",这一政策像魔咒一样一直出现在历任总统的能源政策中,直至现任特朗普政府。但国内

---

[1] "石油输出国组织",百度百科,https://baike.baidu.com/item/%E7%9F%B3%E6%B2%B9%E8%BE%93%E5%87%BA%E5%9B%BD%E7%BB%84%E7%BB%87/504903?fr=aladdin。

[2] 石磊、段希:《欧佩克的属性以及欧佩克石油政策行为的合法性》,《中国能源安全问题研究》,武汉大学出版社2008年版,第39页。

第五章　上海合作组织能源俱乐部法律机制重构的必要性和可行性

的自给自足并非一朝一夕就能完成，以美国为首的 16 个石油消费国^① 于 1974 年 11 月在法国巴黎设立了国际能源署（IEA）这一政府间国际组织（该组织隶属于经济与合作发展组织，OECD），其旨在促进全球制定合理的能源政策，建立一个稳定的国际石油市场信息系统，预防石油供给的异常波动。国际能源署对能源安全的定义为："在给定价格下，满足能源需求的供给在物理上的可获得性"，即可获得的（availability）、买得起的（affordable）、持续的（uninterrupted）能源供应，进一步限定标准为：能源供应的短缺量不应超过上一年能源进口的 7%，而且没有出现持续的难以承受的高油价。^② 市场上能源资源的冗余性和流动性是保障能源安全的重要因素。^③ 该组织的一项核心任务，是在石油供给中断时协调应急石油储备的共享，以缓解恐慌、增强信心及震慑那种有可能导致供应中断的行动。国际能源署要求各国要存储至少 60 天的石油（尤其是原油），第二次石油危机后，又将此战略石油储备提高至相当于本国 90 天的进口原油量。国际能源署设计战略石油储备的初衷，是希望以战略储备的形式在成员国范围内创造自身的流动机制，以应对短期石油供应冲击（大规模减少或中断）。从理想的视角来看，如果各国实施透明化的战略储备并能进行充分的国际协作，则可能在一定程度上抵消欧佩克在调节石油供应方面的作用，起码可以弥补其不足。

此时，国际上对能源安全的理解还仅仅限定在"能源供应安全"这一传统范畴内，即保障能源的持续稳定供应，减少对进口的依赖，尤其是石油的稳定供应，他们认为石油是能源安全的中心，保障石油供给的安全就是保障能源安全^④。这一阶段"能源安全"的核心特征很好地体现

---

① 目前国际能源署的成员国已经有29个，创始成员国有16个，其后加入的有13个。但是中国、印度等正在崛起的新兴经济体并未加入该组织。
② 魏一鸣、吴刚、梁巧梅、廖华等：《中国能源报告（2012）：能源安全研究》，科学出版社2012年版，第28页。
③ ［美］盖尔·勒夫特、安妮·科林：《能源安全辩论中的现实主义与理想主义》，《21世纪能源安全挑战》，石油工业出版社2013年版，第362页。
④ 王欢：《"呼包银榆"经济区能源安全评价及预警系统构建研究》，内蒙古科技大学硕士学位论文，2015年，第2页。

在国际能源学家丹尼尔·耶金的诠释中，他认为能源安全就是"在不危及一国价值观和目标的前提下，确保以合理的价格提供充足可靠的能源供给。"①

这一阶段，国际上能源安全形势严峻，石油供应国与需求国之间的矛盾不断激化。这一阶段的石油供应国主要是中东国家，因而该阶段的安全重心即为防止中东石油供应中断。除了1973—1974年的石油危机外，之后又经历了两次石油危机，即1979—1980年第二次石油危机、1985—1991年的第三次石油危机。其间，石油价格如过山车一般，经历了忽涨忽跌，也因此对世界经济发展产生了严重影响。

各石油需求国为保障石油供应稳定，寻求不同的供应国及供应渠道，以确保如果一个或多个供应渠道中断供应时，负面影响可以降到最小。与此同理，石油生产国也不满意于依赖单一的销售市场，防止因输油管道被封锁或出现恐怖袭击而影响石油输出，故也会实行供应渠道多元化。正如丘吉尔1913年7月向英国议会回应道："石油的安全和可靠供应在于多元化，也只有依靠多元化。"②直到现在，这个理论仍成为各国保障能源安全的一个重要原则。只不过，彼时丘吉尔所称的能源安全仅限于石油安全，而所谓的多元化仅是石油需求国选择供应渠道的多元化。现如今，"多元化"的概念最起码包含石油、天然气等传统能源的供应渠道多元化。同时，能源需求国与生产国共同寻求供应渠道的多元化，致使在能源运输路线的选择上出现了一种新型的参与国——"过境国"。对于能源过境国而言，其所追求的能源安全就是尽量参与到更多的油气输送路线中，从而加大自身的能源战略地位，而在参与的同时，也可以较为便利地取得部分油气供应。比如，格鲁吉亚、土耳其等国的重要战略地位，而乌克兰作为俄罗斯输送欧盟天

---

① Daniel Yergin, Energy Security in the 1990s, *Foreign Affairs*, Vol.67, No.1, 1988, pp.110-132.

② ［美］丹尼尔·耶金：《能源重塑世界》（上），朱玉犇、阎志敏译，石油工业出版社2012年版，第234页；Winston Churchill, *Parliamentary Debates*(Commons, July 17,1913), pp.1474-1477, 转引自［美］盖尔·勒夫特、安妮·科林《能源安全辩论中的现实主义与理想主义》，《21世纪能源安全挑战》，石油工业出版社2013年版，第361页。

然气的过境国，在俄罗斯中断对乌克兰的天然气供应后，乌克兰竟从俄输欧的天然气中截流部分用于国内消费。

2. 综合能源安全观

随着气候变化和全球变暖问题逐渐得到人们的关注，人类开始思考经济发展与能源未来之间的关系。一方面，能源形式从过多依赖石油转向化石能源、电力、核电和可再生能源[①]并存的多样化能源消费结构。能源形式的替代虽不能一蹴而就，但可以慢慢提高可再生能源的消费比重，减少对化石能源的依赖。同时，随着技术的飞速提高，对化石能源的减排方法得以突破，如碳捕集和碳封存等，也是对能源形式多元化的一种追求途径。因而，能源的多元化除了前面所述的能源供应渠道多元化外，还应当包括能源形式的多样化。各国都力图寻求多种形式的能源，丰富能源组合，以满足本国的能源需求，降低对传统能源的依赖和供应中断的负面影响。即便拥有丰富油气储存的国家，也在寻求能源形式的多样化，好为子孙后代保留必要的能源存储。

另一方面，对能源的消费不能单纯只考虑工业化建设，还应当考虑环境的兼容性。1993 年，约瑟夫·欧姆为能源安全增加了环境保护的向度："90 年代能源安全的目标是通过增加经济竞争力和减少环境恶化，确保充足可靠的能源服务。"[②] 1997 年《联合国气候变化框架公约的京都议定书》（简称《京都议定书》）的签订对传统能源安全观是一个重大挑战，重构了能源安全的概念，即要求各国研究、促进、开发和增加使用新能源和可再生的能源、二氧化碳固碳技术和有益于环境的先进的创新技术，采取具体措施限制温室气体的排放。到 2009 年时，一共有 183 个国家通过了该条约，也意味着世界上大多数国家就能源的使用不应对人类赖以生存与发展的生态环境构成较大的威胁这一问题基本达成共识。

[①] 国内外学者对未来能源转型型态的称谓，有"可再生能源""低碳能源""新能源""清洁能源""非化石能源"等术语，这些术语之间在不同的语境内存在通指互用的情形。其中，需要指出的是，核能因需使用铀资源而不属于可再生能源，但其属于清洁能源和低碳能源，一般也被纳入新能源范畴。

[②] 《能源安全的发展进程》，《能源与节能》2012年第10期。

如果说传统能源安全观中，目标在于保障能源供应稳定、减少对外能源依赖，确保某个国家的生存与发展，我们将这种供应安全称之为能源经济安全的话，那新的能源安全观下，在兼顾能源经济安全的基础上，还要考虑能源的消费及使用不应当对全人类的生存与发展环境构成威胁，则属于能源的使用安全[①]。也就是说，确保"既要有能源用，又要没有污染，还要价格便宜"这三个目标能够同时实现，即突破所谓的"不可能三角"，[②]这就是新能源安全观的体现。而这种能源安全观已经超越某一个国家的安全维度，而关注到全社会全人类的生存与发展环境，更具有全球观和宏观视野。

进入21世纪后，经济全球化使世界各国经济发展深度交融，能源安全问题的国际化倾向越来越突出。[③]尤其是高油价时期，能源危机引发连锁反应，最终可能演变为全球范围内的经济危机，故而从一定程度上讲，能源安全作为非传统安全的重要组成部分，已经成为当今国家安全的重要影响因素。2007年能源经济学家、俄亥俄北方大学商业管理学院阿尔哈吉教授从经济、环境、社会、外交、技术和治安等六个方面讨论了能源安全，认为能源安全是"以最低的社会成本、最小的价格波动，保障稳定可靠的能源供应，确保石油生产国和石油消费国的经济增长。"[④]这个说法中，已经将能源安全的范畴不仅仅锁定在石油消费国层面，而放大到既包括石油消费国，又包括石油生产国也同样会受到能源不安全的负面影响。只不过，对于不同的国家而言，如能源生产国、消费国抑或过境运输国[⑤]，能源安全的意义并不完全相同。

---

① 吴刚、刘兰翠、魏一鸣：《能源安全政策的国际比较》，《中国能源》2004年12月。
② 郑新业：《突破"不可能三角"：中国能源革命的缘起、目标与实现路径》，科学出版社2016年版。第87—90页。
③ 罗英杰：《国际能源安全与能源外交》，时事出版社2013年版，第39页。
④ 转引自魏一鸣、吴刚、梁巧梅、廖华等《中国能源报告（2012）：能源安全研究》，科学出版社2012年版，第29页。
⑤ 莫斯科国际关系学院教授、能源专家日兹宁把世界各国分为三种类型：能源出口国、能源进口国和能源过境运输国。大部分学者也跟随这种分析范式。见［俄］C.3.日兹宁：《全球能源安全与俄罗斯能源外交》，《俄罗斯学刊》2011年第3期。

能源出口国关心的是能源的供应安全,能够以较高的价格长期对外提供能源;能源需求国则关注需求安全,如何能持续以低价取得所需的能源;而对于能源过境运输国而言,则希望能源可以在较长期间内通过本国领土从能源出口国输往能源需求国,并稳定获得过境费用。但三种国家的能源安全之间并非互不相干,随着经济全球化的推进,没有哪个国家可以独善其身,也没有哪个国家可以跳出全球性能源安全的风险之外,而越来越成为能源安全共同体的一分子。2008年6月22日,在沙特阿拉伯吉达举行的国际能源会议上,时任国家副主席的习近平同志发表讲话称:"能源问题是全球性问题。促进世界能源供求平衡、维护世界能源安全,是世界各国共同面临的紧迫任务。为保障全球能源安全,国际社会应该树立和落实互利合作、多元发展、协同保障的新能源安全观。"[1]

(二) 全球能源供需格局变革的影响

从供需关系来看,"供给西进"和"需求东移"是当今全球能源格局的主导路径。[2]在欧佩克和俄罗斯等部分非欧佩克国家油气减产的背景下,以美国的"页岩油气革命"为代表的非常规油气的产量激增而一跃超越老牌的油气生产国,中国、印度等新兴经济体成为全球能源消费新增量的主体。这一趋势,导致能源供给侧与需求侧的主导国家逐渐明晰,可能对能源定价机制产生深远的影响。

1. 全球能源供给格局呈现"多中心"趋势

据BP公司能源统计年鉴数据显示,2017年中东地区石油产量占世界石油总产量的34.1%(其中沙特阿拉伯占比12.9%),独联体国家的石油产量占比15.4%(其中俄罗斯占比12.2%),两个地区加起来一共占到全球石油产量的将近一半,这也是过去几十年来世界油气的供应重心。2017年北美洲地区石油产量占比为21.7%,排位于中东地区与独联体国

---

[1] 习近平:《在沙特吉达举行的国际能源会议上的讲话》,《人民日报》2008年6月23日第3版。

[2] 黄晓勇:《全球能源格局的新特点和发展趋势》,《国家电网报》2016年8月2日第6版。

家之间,其中,美国的石油产量占比13%,位居全球所有产油国之首,胜出沙特阿拉伯和俄罗斯。然而,北美洲地区的天然气产量却远高于中东地区8个百分点(占比25.9%),位居各地区首位。其中,美国的天然气产量占比14.1%,对拉高本地区天然气产量占比贡献突出。独联体国家的天然气产量屈居各地区第二,占比为22.2%,中东国家的天然气产量位居其后。综合石油和天然气的产量而言,北美洲的能源产量居全球之首,而美国2017年的油气产量表现不俗。

表5—1　　　　2017年全球主要地区石油天然气产量占比

地区	石油产量占比(%)	天然气产量占比(%)
中东地区国家	34.1	17.9
北美洲国家	21.7	25.9
独联体国家	15.4	22.2
欧佩克国家	42.6	——
非欧佩克国家	57.4	——
世界	100	100

根据上述数据,我们发现中东和独联体国家仍是稳居国际能源市场的老牌"玩家",而美国堪称这个竞技场野心勃勃的"新选手",后来居上的美国的加入,使得世界能源版图正面临着前所未有的结构性变化,保守地说,暂时呈现"多中心"趋势。沙特阿拉伯与俄罗斯均是传统意义上的老牌石油生产国,相对而言,美国的崛起代表了新中心的出现。而我们可以毫不夸张地断言,国际能源格局正处在一个"十字路口",何去何从、或进或退还未可知,我们只能对其中的原因分析一二,并尝试预测未来的发展趋势。

究其原因,2016年时国际能源市场的"强需求、弱供给"相结合的态势使市场基本恢复平衡,但石油库存仍居历史高位。[①] 欧佩克国家

---

① BP《2018世界能源统计年鉴》(2018年6月),https://www.bp.com/content/dam/bp-country/zh_cn/Publications/2018SRbook.pdf.

和以俄罗斯为首的 11 个非欧佩克国家形成所谓的"维也纳联盟",于 2016 年 12 月达成石油联合减产协议,意图提振石油价格。欧佩克国家的油田设施早已老化,石油开采成本趋高,产油国需要不断提高油价来支撑生产成本,这其中沙特阿拉伯无疑是这场减产运动的"掌舵人"。欧佩克国家曾于 2008 年基于"石油减产"在短期内引起油价市场的强势反弹,从当年 12 月 24 日布伦特油价低点的 36.61 美元/桶至次年一季度末上涨至 50 美元/桶,再到年底的每桶 78 美元。① 八年后,欧佩克国家仍运用这一"工具"对油价进行催涨。的确,这一招确实取得了效果,在欧佩克减产协议签订后的四个交易日内,国际油价就大涨了 18.5%。② 在欧佩克国家与部分非欧佩克国家组成的维也纳联盟持续进行减产时,美国却悄悄地大幅增产石油,并借着欧佩克国家推高油价的"东风"而坐收"渔翁之利",而该渔利的获得还有一个很重要的原因,那就是美国页岩油气的开采成本大大降低。沙特阿拉伯曾于 2014 年下半年声称要通过增产(6 个月增产 80 万桶/日)争夺全球原油市场份额,遏制美国页岩油③产量增长,以至于油价从 2014 年 6 月的高点(115 美元/桶)开始下跌,至 2016 年初布伦特原油价格约 30 美元/桶。④ 那几年,美国页岩油的开采成本每桶要 70—80 美元,⑤ 高成本与低油价之间的冲突,一定程度上影响了美国原油产量及页岩油的开采活动。然而,自 2010 年之后,"卧薪尝胆"的美国不断改进技术,大幅降低页岩油开采成本,2017 年美国页岩油企业的平均油价

---

① 王海滨:《欧佩克减产能复制2008年的成功吗》,《中国石化》2017年第1期。
② 同上。
③ 美国能源信息署(EIA)的报告中,基本将页岩油和致密油作为可以互换的概念使用。根据EIA评估报告,美国页岩油技术可采量约580亿桶,仅次于俄罗斯(750亿桶),占全球的 16.8%;美国页岩气技术可采量约18.6万亿立方米,排名第四,占全球的9.1%。https://baijiahao.baidu.com/s?id=1616450082936941065&wfr=spider&for=pc.
④ 《美国页岩油企业现在到底有多赚钱?——从财报看页岩油完全成本》,https://baijiahao.baidu.com/s?id=1616450082936941065&wfr=spider&for=pc.
⑤ 王海滨:《欧佩克减产能复制2008年的成功吗》,《中国石化》2017年第1期。

平衡点达到 52 美元/桶左右,①页岩油开采成本降低了 35% 左右。总体来看,美国实现华丽的超越而渐成为世界能源生产的"另一中心",则其"天时地利"之势包括:改进技术致生产成本降低,国际油价拉高出现利润空间,大量增产而一跃位居全球首位。

美国石油产量自 2012 年起连续增产,2017 年的石油产量与增长前 2011 年产量相比几乎翻番,自 2006 年至 2016 年年均增长率为 6.1%,2017 年的增长率也达到 5.6%,美国石油产量 2017 年占全球产量的 14.1%,居全球首位。无论是美国页岩油产量激增搭了国际油价上涨的"便车",还是国际油价上涨刺激了美国页岩油的大增产,不管怎么说都已经不是太重要了,最终呈现的效果是美国石油增产反而抵消了维也纳联盟国家减产的效果。2017 年全球石油产量增长了 60 万桶/日,加上维也纳联盟成员减产的 90 万桶/日,一共 150 万桶/日的石油增产量则由维也纳联盟外的国家贡献,而美国的贡献可圈可点。

同样地,技术改进也惠及美国页岩气的开采,2009 年起美国页岩气就已经开始大增产,自 2006 年至 2016 年年均增长率为 3.8%,2017 年天然气产量占世界产量的比重为 20%,居全球第一位。而美国油气产量的增长,几乎全部依赖页岩油气的开采。美国的油气增产效果明显,还表现在 2017 年美国石油对外依存度也比 2016 年有了相当明显的降低,而天然气 2017 年已经实现了自给自足并有少量出口。美国终于在 60 年之后重新成为天然气净出口国,这是一个划时代的变化。②

---

① 《美国页岩油企业现在到底有多赚钱?——从财报看页岩油完全成本》,https://baijiahao.baidu.com/s?id=1616450082936941065&wfr=spider&for=pc. 此处所指的"油价平衡点"即为"完全成本",大致包括几部分:生产成本、勘探成本、资产减值、折旧损耗及摊销、管理费用、与收入无关的税、融资利息费用等。只有当实际油价高于油价平衡点时,页岩油气生产企业的生产活动才可能实现盈利,反之,则出现亏损。2017年,布伦特原油价格为54.19美元/桶,较2016年每桶上涨了10.46美元。

② 王海滨:《世界能源格局变化以及中国的应对》,《紫光阁》2018年第3期。

表5—2　　　　　　美国2007—2017年油气产量及增长率

石油产量单位：千桶/日　　　　　　　　　　　　天然气产量单位：十亿立方米

年份	2007	2008	2009	2010	2011	2012	2013	2014	2015	2016	2017
石油产量	6860	6784	7263	7549	7859	8904	10071	11768	12750	12366	13057
石油产量 2006-2016 年均增长率					6.1%	石油产量 2017 年增长率					5.6%
天然气产量	521.9	546.1	557.6	575.2	617.4	649.1	655.7	704.7	740.3	729.3	734.5
天然气产量 2006-2016 年均增长率					3.8%	天然气产量 2017 年增长率					1.0%

表5—3　　　　　　美国近两年油气对外依存度对比

石油产量单位：千桶/日　　　　　　　　　　　　天然气产量单位：十亿立方米

年份	原油进口量	油品进口量	原油出口量	油品出口量	消费量	原油依存	石油依存
2016	392.0	105.8	27.6	207.2	907.6	28.98%	40.15%
2017	394.1	103.5	45.8	221.0	913.3	25.27%	38.14%
年份	管道气进口	液化气进口	管道气出口	液化气出口	消费量	管道气依存	天然气依存
2016	79.5	2.4	58.6	4.3	750.3	2.79%	2.53%
2017	80.7	2.2	66.1	17.4	739.5	1.97%	——

我们发现，欧佩克国家与非欧佩克国家之间，石油产量平分秋色，欧佩克国家几乎要丧失其对国际能源市场的垄断地位。然而，国际油气供应格局所呈现的这种"多中心"态势是否是一种可靠稳定的发展趋势？或者说，这种"多中心"的态势还能持续多久？虽然，我们很难对瞬息万变的国际能源市场做出足够理性的预测，但可以肯定的是，目前美国采用非常规油气生产方式而致页岩油气产量激增，已基本具备了与采用常规油气生产方式的老牌生产国进行"叫板"的市场经济条件，并可能对其他新兴市场经济国家纷纷效仿而采用非常规能源生产方式起到示范性作用。

2. 全球能源消费重心加速东移

2014年在莫斯科举行的第21届世界石油大会上，卡迪尔哈斯大学教授沃肯·艾迪加曾指出能源转型的一个现象：能源第一消费大国将主导所在时代的世界事务，能源消费大国同时也是经济大国，政治大国。煤炭时代，英国是第一能源消费大国，"日不落帝国"主导着世界事务。石油时代，美国是第一大能源消费大国，美国"一强独大"主导世界。[①]从这一表述的

---

① 陈卫东：《谁是下一个'能源皇帝'》，《能源评论》2014年第10期。

趋势来看，如今21世纪，人类进入第三次能源转型期，位于能源消费中心的国家或地区也将可能对全球能源格局起重要影响，将成为全球能源消费的主要增长动力并一定程度上作用于本国或本地区的经济增长。

经合组织（OECD）国家的能源消费自2007年达到56.939亿吨油当量，基本上已经达到峰值，之后每年平均以0.2%左右的水平在下降，仅2017年较2016年短暂微涨1.6%，一次能源消费量为56.05亿吨油当量，而与之相对，非经合组织国家的能源消费在世界能源消费中的比重则日渐扩大，近十年来平均增长率为3.3%。①2017年全球主要地区的一次能源消费中，非经合组织的消费占比已远远高于经合组织国家17个百分点，石油消费领先经合组织国家4.6个百分点，天然气消费则超过8.6个百分点。其中，亚太地区的一次能源消费占比为42.5%，在全球各地区中遥遥领先，中东和非洲国家的一次能源消费也呈现较高增长，中东国家能源消费量占全球的比重为6.6%，非洲的比例为3.3%。亚太地区的石油消费占到全球石油消费量的35.2%（其中中国占比13%，印度占4.8%），中东国家占9.5%，非洲地区国家占4.2%。亚太地区的天然气占全球天然气消费量的21%（其中中国占比6.6%，印度的比例为1.5%），中东的比例为14.6%，非洲占比3.9%。2017年全球天然气消费的增量主要由亚洲主导，该年中国的天然气消费增速就超过了15%，约占全球天然气消费增长的三分之一。②整体上来看，亚洲主导了全球的煤炭消费，1965年尚只占全球煤炭消费的17%，一路稳定增长至2001年的50%，而2017年则已经占到全球消费的近四分之三（74.5%）。其中，中国一次能源消费总量为31.56亿吨油当量，占世界总消费量的23.2%，要高于美国（占比16.5%）6.7个百分点，首次成为世界能源消费第一大国，2017年中国原油进口量首次超过美国，成为全球最大的原油进口国，对全球原油贸易格局产生

---

① 参考刘强《全球能源安全新格局》，《中国石油报》2019年1月15日第6版；BP《2018世界能源统计年鉴》（2018年6月），https://www.bp.com/content/dam/bp-country/zh_cn/Publications/2018SRbook.pdf.

② 数据参考BP《2018世界能源统计年鉴》（2018年6月），https://www.bp.com/content/dam/bp-country/zh_cn/Publications/2018SRbook.pdf.

了深远影响,引领原油贸易重心加速东移,尤其是上海原油期货的上市,将推进中国跻身全球原油贸易基准价的行列,增强中国在国际油市的定价权和话语权。2017年全球能源需求增长了2.2%,而其中仅中国一个国家就贡献了该能源消费增量的三分之一。[①]印度的一次能源消费量为7.54亿吨油当量,占世界总比重的5.6%,世界排名第三位。

世界能源消费的重心正呈现由西向东移的倾向,逐渐转向中国、印度一直到西亚和非洲的广大新兴市场和发展中国家,[②]由原来发达国家主导转变为发达国家与发展中国家共同主导的格局。

表5—4　　　2017年全球主要地区一次能源消费及油气消费占比

地区	一次能源消费占比(%)	石油消费占比(%)	天然气消费占比(%)
经合组织	41.5	47.7	45.7
非经合组织	58.5	52.3	54.3
欧盟	12.5	14.0	12.7
亚太地区	42.5	35.6	21.0
独联体国家	7.2	4.4	15.7
中东国家	6.6	9.1	14.6
非洲地区	3.3	4.2	3.9
世界	100	100	100

表5—5　　　2007—2017年主要国家一次能源消费量对比

（单位：亿吨油当量）

年份\国家	中国	美国	印度	俄罗斯
2007	21.503	23.208	4.504	6.731
2008	22.312	22.679	4.763	6.766
2009	23.295	21.593	5.12	6.446

---

① 数据来源：BP《2018世界能源统计年鉴》（2018年6月）, https://www.bp.com/content/dam/bp-country/zh_cn/Publications/2018SRbook.pdf.
② 刘强：《全球能源安全新格局》,《中国石油报》2019年1月15日第6版。

续表

年份\国家		中国	美国	印度	俄罗斯
2010		24.913	22.356	5.38	6.682
2011		26.901	22.167	5.707	6.917
2012		27.991	21.61	6.003	6.947
2013		29.07	22.211	6.236	6.839
2014		29.735	22.462	6.668	6.896
2015		30.098	22.27	6.869	6.768
2016		30.472	22.28	7.223	6.896
2017		31.322	22.349	7.537	6.983
年均增长率	2006—2016	4.4%	-0.3%	5.7%	0.3%
	2017	3.1%	0.6%	4.6%	1.5%

二 新一轮能源革命与全球能源结构转型重塑的影响

全球已经经历了两次能源革命[①]，第一次是从1769年瓦特发明蒸汽机为契机造就了第一次工业革命，能源形式实现了由薪材到煤炭的转变，这是人类进入化石能源时代的第一个阶段；第二次是经历了从煤炭到油气的能源转型，人们发现"与煤炭相比，同质量、同体积的石油产生的能量是煤炭的2倍，直接使用效果达到3倍左右；而且石油极易气化，可以实现连续性燃烧。"[②]"油气时代"是人类社会进入化石能源时代的第二个阶段；同时，光、热和机械动能等转换成电能，通过电网实现远距离传送，电力作为二次能源被发明并得到广泛应用，而以1886年

---

① 也有将能源革命称之为能源转型（energy transition），然而从中国汉语的语境上来看，能源革命应该是指的能源开发和利用发生了重大技术革新，直至推动整个能源生产和消费出现了系统性的转变，对人类社会生产、生活和发展产生了深远影响，通常需要经历相当长的期间。而能源转型可能发生在能源技术应用的过程中，比如一次能源到二次能源的转化，看似是发生了能源型态的转变，但还称不上是能源革命。比如，2014年6月13日，习近平总书记表述中国能源革命的推进，需要系统推进"能源消费革命""能源供给革命""能源技术革命""能源体制革命"和"加强国际合作"五个方面。

② 朱彤：《能源革命的概念内涵、国际经验及应注意的问题》，《煤炭经济研究》2014年第11期。

戴勒姆发明内燃机为契机出现了第二次工业革命，该时期可并称为"电气时代"，人类至今仍处于这个时代。①而我们目前正在经历着第三次能源革命，即从油气到新能源的转型，而至于此次能源转型的划时代的标志是否可归于2004年安德烈·海姆等发现石墨烯，学术界尚存在争议。②但是可以确定的是，作为第三次工业革命标志的互联网通信技术，与正在酝酿的第四次工业革命中的清洁能源、可控核聚变、生物技术等相结合，形成能源互联网，将可能创造强大的新基础设施，而从根本上改变人们的生活和工作，其核心就是一场"能源革命"。③总体来说，三次能源革命体现的发展趋势是从高碳到低碳，进而从低碳逐渐向少碳或无碳发展。

新一轮能源革命大致包含两个方面，第一是化石能源由常规生产方式向非常规生产方式转变，比如以美国为代表的页岩油气的开发；第二是能源生产和消费的整体构成由传统化石能源向低碳化及新能源转变④。

（一）化石能源的非常规开发技术迅猛发展

据BP能源统计数据显示，目前世界上探明的石油储量的储产比为50.2年，天然气储量的储产比为52.6年。⑤尽管历史上多次出现一些有关

---

① 中国国际经济交流中心课题组：《中国能源生产与消费革命》，社会科学文献出版社2014年版，第5页；闫海、高宁：《中国能源革命的法制建构研究》，法律出版社2017年版，第3页。

② 谢克昌：《第三次能源转型的中国机遇》，http://news.cnpc.com.cn/epaper/sysb/20181108/0135928004.htm。

③ ［美］杰里米·里夫金著：《第三次工业革命——新经济模式如何改变世界》，张体伟译，中信出版社2012年版；转引自刘汉元、刘建生《能源革命改变21世纪》，中国言实出版社2010年版，修订前言。美国天然气专家罗伯特·海夫纳三世在其著作《能源大转型：气体能源的崛起与下一波经济大发展》中提出一种能源革命的全新观点，他认为，所有能源从型态上可分为固体、液体和气体三类，而其中液体是另两者之间的一种过渡状态。薪柴、煤炭等属于固体的能源，石油则是液体能源，而天然气、煤层气、可燃冰、页岩气及加工后的沼气、煤制天然气、液化气、氢气等都属于气体能源。见［美］罗伯特·海夫纳三世著《能源大转型：气体能源的崛起与下一波经济大发展》，马圆春、李博抒译，中信出版社2013年版，第4—10页。

④ 田慧芳：《新一轮全球能源革命态势与中国应对》，《中国发展观察》2018年第Z2期。

⑤ BP《2018世界能源统计年鉴》（2018年6月），https://www.bp.com/content/dam/bp-country/zh_cn/Publications/2018SRbook.pdf。

石油或天然气枯竭的论断最终被粉碎，但学界总是会乐此不疲地探究现有油气储量的峰值，学者们相信终究还是会有化石能源枯竭的一天，只是说在枯竭来临的那一天前，能源技术是否已经足够发达到发现新的能源形式构成替代。而非常规油气就是传统化石能源的一种极佳的替代和补充。非常规油气包括致密和超致密砂岩油气、页岩油气、超重（稠）油、沥青砂岩、煤层气、水溶气、天然气水合物等，①其特点是开发难度大，用传统技术无法获得自然工业产量、需用新技术改善储层渗透率或流体黏度等才能经济开采、连续或准连续型聚集的油气资源。②正因为非常规油气资源用传统技术无法商业生产，故多数国家并未将此统计入本国油气储量中。然而，美国页岩油气开发成功并大量增产的事例，点燃了各国致力于开发非常规油气资源的热情。

非常规能源中，页岩油气最得到人们的关注，原因之一在于美国页岩油气的开发成功。美国从1821年就一直致力于研究页岩油气的技术突破，直到2003年运用水力压裂技术与水平井技术相结合才有了起色，并在随后的几年里实现了规模化商业开采并掀起了"页岩气风暴"。世界页岩气资源量初步预估有457万亿立方米，其中页岩气技术可采资源量为187万亿立方米，同常规天然气资源量相当（2017年底全球天然气探明储量为193.5万亿立方米）。全球页岩气技术可采资源量排名前五位的国家依次为：中国（36万亿立方米，约占20%）、美国（24万亿立方米，约占13%）、阿根廷、墨西哥和南非。③据美国《油气》公布的统计数字，全世界页岩油储量约11万亿—13万亿吨，远远超过常规石油储量

---

① 李增学：《非常规天然气地质学》，中国矿业大学出版社2013年版。这些分类是从地质学上进行细分的，而我们目前常常将美国开采的页岩油气有时就称为致密油气，这两个概念有时互换使用。

② "非常规油气"，百度百科，https://baike.baidu.com/item/%E9%9D%9E%E5%B8%B8%E8%A7%84%E6%B2%B9%E6%B0%94/1023847?fr=aladdin。

③ 《中国页岩气储量可采资源量36万亿立方米约占全球20%》，http://www.sohu.com/a/198119165_789748。

（2017年全球石油探明储量为0.239万亿吨）。① 全球页岩油主要分布于美国、刚果、巴西、意大利、摩洛哥、约旦、澳大利亚、中国和加拿大等9个国家。美国率先实现了页岩油的规模化商业开采，有效地补给了美国常规石油的生产，美国页岩油年产量已达2.4亿吨，占其石油年总产量的42%，2017年美国石油产量相对于2007年的石油产量增加了87.15%。据美国能源署（EIA）预计，未来10年美国页岩油产量将会增加到超过600万桶/日的水平；到2035年，将会达到1100万桶/日，约占美国石油总产量的66%。② 因为页岩油气的开采技术系近年来的突破，故而在开发过程中已经充分考虑了对环境保护的要求，采用这种开采技术的整个开发生产过程比较低碳洁净、绿色低污染，而且页岩油属于轻质低硫原油，对环境的污染较小。

其他的非常规能源中，还有一种为油页岩，又称为油母页岩，以资源丰富和开发利用的可行性而被列为21世纪非常重要的接替能源。油页岩是由碳氢化合物组成的复杂混合物，包括气体、液体和固体等，其经低温干馏可得到类似原油的页岩油和类似天然气的煤气，可以从中生产一些诸如煤油、灯油、石蜡、燃料油、润滑油、油脂、石脑油、照明气和化学肥料、硫酸氨等产品，可成为石油的有效替代品，国际上将油页岩列为非常规油气资源，它与石油、天然、煤一样都是不可再生的化石能源。据美国能源信息署（EIA）统计，全球33个国家的油页岩储量折合页岩油可达4100亿吨。③ 美国拥有全球已经油页岩的2/3，据估计其中含有2万亿吨石油。中国的油页岩储量折合页岩油为476亿吨，居世界第四位。然而，油页岩中的矿物质常常与有机质均匀细密地混合，因此冶炼难度较大且会留下大量的残渣，几乎占到油页岩处理量的

---

① https://baike.baidu.com/item/%E9%A1%B5%E5%B2%A9%E6%B2%B9/9635103?fr=aladdin；http://dy.163.com/v2/article/detail/DK1N3NKR0517BT3G.html.

② 刘强：《全球能源安全新格局》，《中国石油报》2019年1月15日第6版。

③ 百度百科：油页岩，https://baike.baidu.com/item/%E6%B2%B9%E9%A1%B5%E5%B2%A9/3108450?fr=aladdin.

60%—80%。①而目前技术仍难以对油页岩渣妥善合理处置而致产生的环境污染问题较为严峻。

除此之外,开发煤层气最早、最成功、产业化规模最大的国家是美国,加拿大、澳大利亚也基本实现了产业化生产;同时美国还是致密气开发最成功的国家,其次是中国。②非常规能源的开发和迅猛发展,打消了人类对常规油气资源峰值的忧虑,有效补充了常规油气资源的不足或分布不均衡,更多的国家致力于勘探开发非常规能源,从一定程度上重构了全球常规油气资源的生产格局,美国页岩油气革命就是一个很好的例证。

(二)非化石能源的发展促进能源结构向低碳化转变

世界上主要经济体的能源结构均经历了煤炭替代传统薪柴、石油替代煤炭和目前的以油气等化石能源为主、多种能源互补等三个阶段的动态调整过程。③2017年全球能源结构大致呈现"四分天下"的格局:石油仍是世界的主导燃料,在所有能源消费中的占比刚刚超过三分之一。在实现连续两年增长后,2017年石油的全球市场份额有小幅下降。煤炭的市场份额比例却降至27.6%,为自2004年以来的最低水平。天然气在一次能源消费中占据了23.4%的份额,而核能、水电及可再生能源的消费占比将近15%,其中,可再生能源占比3.6%的份额再创新高。因此,能源结构整体上呈现化石能源与新能源"多能并存"的局面,核能、水电及可再生能源在能源消费结构中的比重逐年增加,能源消费结构逐渐向低碳化方向发展的趋势明显,由原来的化石能源为主、清洁能源为辅逐渐向清洁能源为主、化石能源为辅的结构转变。

---

① 《油页岩开发及其现状》,国家能源局官网,http://www.nea.gov.cn/2012-02/10/c_131402950.htm。

② 王淑玲、张炜、吴西顺、田黔宁:《全球非常规能源勘查开发现状及发展趋势》,《矿床地质》2014年第33卷。

③ 郑新业:《突破"不可能三角":中国能源革命的缘起、目标与实现路径》,科学出版社2016年版,第10页。

表5—6　　　　　　　世界一次能源分燃料消费占比　　　　　　单位：%

燃料	石油	天然气	煤炭	其他				共计
				核能	水电	可再生能源	小计	
2014年	32.72	25.31	28.76	4.28	6.55	2.38	13.21	100
2015年	33.04	25.65	27.79	4.30	6.50	2.72	13.52	100
2016年	34.37	23.18	27.95	4.46	6.89	3.15	14.50	100
2017年	34.21	23.36	27.62	4.41	6.80	3.6	14.81	100

能源结构向低碳化的发展，一个努力方向是改变现有化石能源的消费结构。总体上来讲，就是要增加化石能源中天然气的消费比重，减少石油和煤炭的消费比重（尤其是煤炭），并提高对化石能源"节能减排"技术的研发，如采用碳捕获和封存（CCS）技术，均可以有效地减少排放到大气中的二氧化碳。天然气是传统能源中较为清洁的能源形式，加大天然气在化石能源消费结构中的比重，将可能在一定程度上减少对大气的碳排放。2017年，全球一次能源消费的增量大约有60%来源于天然气和可再生能源，其中天然气消费增加了3%，成为消费增长最多的一次能源，而最主要的拉动影响即来自于中国天然气消费的大幅攀升影响，中国天然气消费增速为15.1%，约占全球天然气消费增长的三分之一，也创造了中国自2011年以来的最高增速。同时，煤炭消费量近几年来连续下降，全球煤炭市场多年呈现下滑趋势，全球能源消费的碳排放也出现了连续几年几乎零增长，对减少碳排放、促进能源结构转型发挥了重要作用。然而，2017年全球煤炭消费量却小幅复苏增长了1%，其中印度增速最为强劲，占到全球增量（2500万吨油当量）的72%（即1800万吨油当量）。因煤炭消费量的增长而导致2017年全球碳排放量小幅增长了1.6%，这不能不说前者对后者存在着不可忽视的影响，也彰显了低碳化发展的迫切性。遍查全球各地区的碳排放量，其中，经合组织国家、欧盟国家、北美洲地区、欧洲地区、独联体地区等均在连年实现负增长的情况下，2017年却出现了正增长或增长率提高。可见，2017年在碳排放指标上，全球出现了"后退一步"的表现。因而，能源结构转型仍将持续推进的大趋势不变，但不可避免在推进过程中会出现

短期的调整。

表5—7　　世界主要地区和前五名国家碳排放占比及增长率　　单位：%

地区或国家	2017年占比	2006—2016年年均增长率	2017年增长率
经合组织（OECD）	37.2	−0.8	0.7
非经合组织	62.8	2.9	2.1
欧盟	10.6	−2.0	1.5
亚太地区	48.8	3.1	2.3
北美洲地区	18.3	−0.9	−0.4
欧洲地区	12.4	−1.5	2.5
独联体地区	6.6	−0.3	0.3
中国	27.6	3.2	1.6
美国	15.2	−1.2	−0.5
印度	7.0	6.0	4.4
俄罗斯	4.6	−0.2	1.3
日本	3.5	−0.6	−0.1
世界	100	1.3	1.6

能源形式向低碳化发展的另一个努力方向是清洁、可再生能源的开发和利用。可再生能源的快速发展，大致受以下几个方面因素的驱动[①]：技术革新使得能源工业效率的提高及可再生能源某些领域的发展成为可能，如大数据、人工智能等；环境污染和气候变化驱使各国政府、商事主体、投资者以及公众开始意识到全球经济去碳化发展的必要性；可再生能源技术成本的降低吸引商事主体投资注意力的转移；各国为实现其有关可再生能源的目标[②]，开始采取提供补贴等措施为其电力领域降碳；银行金融业倾向

[①] "A New World: The Geopolitics of the Energy Transformation", January 2019, IRENA (*International Renewable Energy Agency*), https://www.irena.org/publications/2019/Jan/A-New-World-The-Geopolitics-of-the-Energy-Transformation.

[②] 2015年联合国可持续发展峰会在纽约总部召开，联合国193个成员国在峰会上正式通过17个可持续发展目标（Sustainable Development Goals，SDG），其中，SDG 7即"廉价和清洁能源"，旨在普及现代能源服务，提高可再生能源的效率和使用。

第五章　上海合作组织能源俱乐部法律机制重构的必要性和可行性

于对从事可再生能源的投资者提供资金支持，从而引导资金流向支持和发展可再生能源行业；全球范围内普通公众对节能的关注，如"地球一小时（Earth Hour）"全球性节能活动的开展，或者更愿意购买碳足迹更小的商品或服务，这也成为可再生能源快速发展的一个动力。

根据 REN21 发布的《推进全球可再生能源转型：2018 年全球可再生能源现状报告亮点聚焦》显示①，截至 2018 年初，全球已有超过 130 家领军企业加入了倡议百分百利用可再生能源电力的全球性行动"RE100"②，比 2016 年的 87 家有所提升。非洲、欧洲的一些国家和澳大利亚、中国、印度和美国等国的一些电力公司已经宣告将摆脱化石能源发电，转向大规模可再生能源发电。2017 年 11 月，《联合国气候变化框架公约》第 23 次缔约国大会在德国波恩举行，英国和加拿大倡导、包括 20 多个国家组成的全球"助力淘汰煤炭联盟"（Poweing Past Coal Alliance）成立，该联盟旨在加速发展清洁能源，淘汰传统煤炭的使用，并于 2030 年前关停燃煤发电。③ 欧洲电力工业联盟（Eurelectric）2017 年宣告，欧洲电力行业计划"2020 年以后不再投资新建燃煤电厂"，除波兰和希腊外，其余 26 个成员国④的国有电力公司均签署了协议。⑤ 根据彭博新能源财经数

---

① "RENEWABLES 2018 GLOBAL STATUS REPORT"，REN21，http://www.ren21.net/wp-content/uploads/2018/06/17-8652_GSR2018_FullReport_web_final_.pdf. REN21是"21世纪可再生能源政策网络"的简称，它是一家拥有众多利益相关方的国际社群网络，由900多位分别来自政府、政府间组织、行业协会、非政府组织、科研机构的专家组成。REN21的目标是促进知识交流，政策制定和联合行动，以实现全球向可再生能源的快速转型。
② 该行动由气候组织（the climate group）于2014年提出倡议。气候组织是一家独立的国际非营利机构，成立于2004年4月，致力于推动工商企业和政府部门发挥领导作用应对气候变化。总部设在英国，并在全球范围包括美国、澳大利亚、中国、印度等地展开运作。气候组织的成员分为三类：城市政府成员、区域政府成员和公司成员。
③ 《联合国气候变化大会波恩闭幕全球助力淘汰煤炭联盟成立》，联合国新闻网，https://news.un.org/zh/news/region/europe.
④ 截至目前，英国尚未完成退出欧盟的法定程序，故目前欧盟成员国仍有28个（包括英国）。
⑤ "欧洲将放弃使用燃煤？"，Energy BrainBlog，https://blog.energybrainpool.com/zh-hans/%E6%AC%A7%E6%B4%B2%E5%B0%86%E6%94%BE%E5%BC%83%E4%BD%BF%E7%94%A8%E7%87%83%E7%85%A4/.

据（Bloomberg NEF）显示[①]，2018年全球清洁能源的投资总额为3321亿美元，系连续第六年投资总额超过3000亿美元。风电投资增长了3%达到1286亿美元，而海上风能迎来其投资规模第二高的年份，吸引了257亿美元的投资，在前一年的基础上增长了14%；2018年全球陆上风能共吸引了1008亿美元的投资，较上一年上涨了2%。形成鲜明对比的是，2018年太阳能光伏发电领域的投资较2017年（1608亿美元）下降了24%，仅吸引了1308亿美元的投资。造成光伏领域投资下降的原因之一在于光伏组件成本价的急剧下降。由于2018年全球市场上光伏组件的供过于求，制造商们纷纷降价，彭博新能源财经数据的全球光伏装机成本基准价就下降了12%。除此以外，生物质能和废物发电技术的投资增长了18%，生物燃料投资增长了47%，地热投资上涨了10%，海洋能投资上涨了16%。从各国2018年的清洁能源投资数据来看，中国再次成为当仁不让的先锋。根据REN21发布的《2018年全球可再生能源现状报告》（GSR）[②]，2017年是光伏的又一个里程碑之年，全球新增的光伏装机容量超过任何其他类型的发电技术，也超过了化石燃料发电和核电净增容量的总和。截至2017年底，全球可再生能源总装机容量排名前五的国家依次为中国、美国、日本、印度和德国，中国正在引领全球可再生能源的发展。

风能、水能、太阳能和生物质能等非化石能源已成为很多国家当前和未来能源发展的重要方向，然而多数非化石能源的主要应用是发电，因而这些可再生能源的增长主要发生在电力行业，电气化水平提高也成为终端能源结构变化的主要趋势[③]。2017年全球一次能源消费的40%用于发电，使电力成为最大的用能行业。风能和太阳能在总发电量中占比虽

[①] "Clean Energy Investment Trends, 2018", *Bloomberg NEF*, January 16,2019.https://data.bloomberglp.com/professional/sites/24/BNEF-Clean-Energy-Investment-Trends-2018.pdf.Bloomberg NEF的全称是彭博新能源财经数据，是作为全球商业、金融信息和财经资讯领先提供商的彭博有限合伙企业，提供的新能源财经数据。而该趋势报告则系联合国环境署、法兰克福财经管理大学-联合国环境署合作中心与彭博新能源财经数据联合发布。

[②] "RENEWABLES 2018 GLOBAL STATUS REPORT", http://www.ren21.net/gsr-2018/.

[③] 田慧芳：《新一轮全球能源革命态势与中国应对》，《中国发展观察》2018年第Z2期。

仅为8%，但在发电增量中却占比几乎达到50%。由于风能和太阳能发电的快速提升，可再生能源领涨全球发电量，随着可再生能源占比提升和电气化在全球范围内加速，电力行业因此处在能源转型的前沿地带。① 英国BP预测，到2040年时，电力行业将会消耗全球一次能源增量的约四分之三，世界能源供应增量的一半将来自可再生能源，并届时可再生能源将会成为最大的电力来源。②

表5—8　　　　　　　　　　全球分燃料发电量及占比

单位：太瓦时

燃料	煤炭	天然气	水电	可再生能源	核能	石油	其他	总计
2017年发电量	9723.4	5915.3	4059.9	2151.5	2635.6	883.0	182.6	25551.3
2017年占比（%）	38.05	23.15	15.89	8.42	10.31	3.46	0.71	100
2016年占比（%）	37.91	23.46	16.19	7.4	10.48	3.84	0.71	100

英国BP公司预测，技术进步及环境问题正在改变主要能源需求的组合模式，③ 可再生能源是增长最快的能源来源，将占一次能源增长的40%，④ 可再生能源正成为全球能源转型的核心。⑤ 2018年10月，联合国政府间气候变化专门委员会（IPCC）在韩国仁川召开第48次会议审议通过的《全球1.5℃增暖特别报告》中强调，2030年之前全球面临的风险将增加，全球气温与工业革命以前的气温相比将上升1.5摄氏度以上，⑥ 就气

---

① 数据参考BP《2018世界能源统计年鉴》（2018年6月），https://www.bp.com/content/dam/bp-country/zh_cn/Publications/2018SRbook.pdf.

② 《BP世界能源展望（2019年版）》，见https://www.bp.com/content/dam/bp-country/zh_cn/Publications/19EOBook.pdf.

③ 《英国石油公司能源展望：世界能源格局正在转变中》，《天然气勘探与开发》2017年3月。

④ 《BP世界能源展望（2018年版）》，https://www.bp.com/content/dam/bp-country/zh_cn/Publications/EO18%E4%B8%AD%E6%96%87E7%89%88.pdf.

⑤ "GSR 2018 HIGHLIGHTS"，http://www.ren21.net/wp-content/uploads/2018/07/GSR2018_Highlights_CH_FINAL.pdf.

⑥ "IPCC第48次全会审议通过《全球1.5℃增暖特别报告》"，http://www.sohu.com/a/258910226_808781.

候增暖减缓采取果断行动，我们仅剩下十多年的时间，该报告还呼吁全球在可再生能源的基础上进行迅速而深远的能源转型。根据国际可再生能源机构的分析，要实现《巴黎气候变化协定》的目标，可再生能源的使用必须加快六倍。也就是说，全球向可再生能源转型的趋势还将可能继续加速。正如化石能源塑造了过去两个世纪的地缘政治版图一样，可再生能源的加速部署引发了全球能源转型，将改变全球的权力分配、重塑国家之间的关系。[①] 化石能源的蕴藏及生产较大程度上依赖能源资源的禀赋，而可再生能源则可能与一国（或地区）的技术投入、资金实力等综合国力因素有关。可再生能源一般转化为电能的形式提供给消费终端，而电力的传输和储存与油气资源大不相同，油气可运输至世界各地，也可用现有技术将多余油气储存起来，而电力的传输受限，现有技术尚不太能解决剩余电力储存的问题。因而，从可再生能源转型中产生的世界将与建立在化石能源基础上的世界也大不相同，权力将可能变得更加分散和扩散，一些国家的影响力将可能得到空前增加，而那些严重依赖化石能源出口且未及时实现能源转型的国家可能会逐渐失去影响力。

综合前述，伴随着经济全球化的推进，能源安全问题的国际化倾向越来越突出，每个国家都是全球能源安全共同体的一分子。当今，全球能源格局呈现"供给西进"和"需求东移"的变化势态，这将深刻影响着上海合作组织的区域能源合作。

在欧佩克和俄罗斯等非欧佩克国家实施油气减产计划的背景下，美国通过"页岩油气革命"实现了非常规油气产量激增从而一跃超越中东、独联体等传统的油气生产国，使得全球能源供应格局呈现"双中心"趋势。美国的石油对外依存度降低，天然气在实现自给自足的前提下时隔60年后重新成为净出口国。美国以非常规油气作为全球能源供应中心的一极，与俄罗斯中亚国家这些"老牌"的传统油气资源国之间形成了能

---

① "A New World: The Geopolitics of the Energy Transformation", January 2019, *IRENA* (*International Renewable Energy Agency*), https://www.irena.org/publications/2019/Jan/A-New-World-The-Geopolitics-of-the-Energy-Transformation.

源供应抗衡与竞争局面。美国虽曾一度作为全球最大的能源消费国,对包括中亚里海地区在内的全球各油气资源区有利益需求,但自1973年起美国就一直奉行"能源独立"政策[①],随着其国内油气自给程度的不断提高,美国已经从全球最大原油进口国的地位退出来,对从其他国家获得油气资源的迫切性将显著降低,则美国与俄罗斯、中亚国家、中国、印度等上海合作组织国家(或地区)之间的关系将可能发生微妙的变化。

中国、印度等新兴经济体和发展中国家成为全球能源消费新增量的主体,以至于全球能源消费重心呈现由西向东移的倾向且这一趋势正在加速进行,由原来发达国家主导转变为发达国家与发展中国家共同主导。能源消费重心的转移,可能引起能源资源国对其与能源消费国之间的国际关系重新进行审视,则可能对全球能源战略格局影响深远。上海合作组织内的部分国家成为全球能源消费重心转移的目的地,毫无疑问,这将对上海合作组织区域内开展能源合作、与区域外国家开展能源合作均可能起到重要影响。

新一轮能源革命将促使能源生产和消费向低碳化方向发展,具体表现为化石能源的非常规开发技术和清洁能源的迅猛发展。美国页岩油气的开发成功,为其他国家发展非常规能源起到了示范作用。核能、水电及可再生能源在能源消费结构中的比重逐年增加,目前能源结构整体上呈现化石能源与清洁能源"多能并存"的局面,能源消费结构也将逐渐向低碳化方向发展,由原来的化石能源为主、清洁能源为辅逐渐向清洁能源为主、化石能源为辅的结构转变。清洁、可再生能源正成为全球能源转型的核心,而这一能源转型的趋势将可能改变全球的权力分配、重塑全球能源战略格局。目前,中国可再生能源总装机容量居全球第一,可再生能源投资规模居全球第一,对光伏组件成本下降的贡献较大,中国将可能会在上海合作组织区域内主导开展可再生能源领域的合作,因

---

① 1973年11月,美国尼克松总统在《独立计划》能源政策演说中第一次提到"能源独立",之后的每一届总统均将"能源独立"计划作为一项主要目标。参见[美]丹尼尔·耶金著《能源重塑世界》(上),朱玉犇、阎志敏译,石油工业出版社2012年版,第235—236页。

而中国在可再生能源领域的发展潜力巨大，对正在进行的能源转型和新一轮能源革命发挥着"中国作用"。

第二节　上海合作组织能源俱乐部法律机制重构的可行性

上海合作组织区域内既有能源资源储量丰富的国家，同时也有能源消费的大国，有可能在区域内实现供需互补；油气田的开发是一个资本和技术密集的行业，而该区域内既有待勘探开发的大型油气区，又同时有较为领先的能源勘探开发技术和资金雄厚的油企；伴随着世界由化石能源时代向后化石能源时代的过渡趋势，该区域内不仅有丰富的传统化石能源，还有极富潜力的新能源开发优势。

上海合作组织所在区域是仅次于中东的世界第二大油气资源密集地区。[①]据统计，上海合作组织区域内的石油储量占世界总储量的21.9%，2017年石油年产量占世界总产量的25.3%，年石油消费量占世界石油消费总量的23.5%（详见表5-9）。该地区天然气储量占世界总储量的40.1%，2017年天然气产量占世界总产量的比重为31.4%，2017年天然气消费总量占世界总消费量的比重为28.1%（详见表5-10）。其中，石油和天然气的储量主要集中在俄罗斯、伊朗，而中国、印度则国内石油储量相对偏少、消费占比较高。中国不仅是煤炭的生产大国，更是煤炭的消费大国，中国2017年煤炭消费量占世界消费总量的过一半；相比较而言，印度虽煤炭年产量比俄罗斯稍高，但其年消费量却远远高于俄罗斯，在上海合作组织各国中排名在中国之后，位于第二；如包括上海合作组织的对话伙伴国等一些国家（这些国家虽消费量较小，但如累计起来，可能稍稍提高总比重），则上海合作组织各联系国家2017年煤炭消费量超过全世界煤炭消费总量的65.8%（详见表5-11）。

---

① 魏一鸣、吴刚、梁巧梅等：《中国能源报告（2012）：能源安全研究》，科学出版社2012年版，第41页。

表5—9　　2017年上海合作组织国家的石油储量、产量及消费量[①]

国家	储量（十亿吨）	占世界储量比重（%）	年产量（亿吨）	占世界产量比重（%）	年消费量（亿吨）	占世界总量比重（%）
中国	3.5	1.5	1.915	4.4	6.084	13.2
俄罗斯	14.5	6.3	5.544	12.6	1.53	3.3
哈萨克斯坦	3.9	1.8	0.87	2.0	0.146	0.3
乌兹别克斯坦	0.1	—	0.025	0.1	0.033	0.1
印度	0.6	0.3	0.404	0.9	2.221	4.8
伊朗	21.6	9.3	2.342	5.3	0.846	1.8
上海合作组织总计	44.2	21.9	11.1	25.3	10.86	23.5

表5—10　　2017年上海合作组织国家的天然气储量、产量及消费量[②]

国家	储量（万亿 m^3）	占世界储量比重（%）	年产量（亿 m^3）	占世界产量比重（%）	年消费量（亿 m^3）	占世界总量比重（%）
中国	5.5	2.8	1492	4.1	2404	6.6
俄罗斯	35.0	18.1	6356	17.3	4248	11.6
哈萨克斯坦	1.1	0.6	271	0.7	163	0.4
乌兹别克斯坦	1.2	0.6	534	1.5	418	1.1
印度	1.2	0.6	285	0.8	5242	1.5
巴基斯坦	0.4	0.2	347	0.9	407	1.1
伊朗	33.2	17.2	2239	6.1	2144	5.8

[①] 数据来源：BP《2018世界能源统计年鉴》（2018年6月），https://www.bp.com/content/dam/bp-country/zh_cn/Publications/2018SRbook.pdf. 成员国中巴基斯坦、吉尔吉斯斯坦、塔吉克斯坦三国无可靠数据资料；观察员国中蒙古、阿富汗、白俄罗斯等三国无可靠数据资料；而乌兹别克斯坦储量占世界储量比重低于0.05%，故未提供具体数据。其中，石油的探明储量通常是指，通过地质与工程信息以合理的确定性表明，在现有的经济与作业条件下，将来可从已知储藏采出的石油储量。

[②] 数据来源：BP《2018世界能源统计年鉴》（2018年6月），https://www.bp.com/content/dam/bp-country/zh_cn/Publications/2018SRbook.pdf. 成员国中吉尔吉斯斯坦、塔吉克斯坦两国无可靠数据资料；观察员国中蒙古、阿富汗、白俄罗斯等三国无可靠数据资料。其中，天然气的探明储量通常是指，通过地质与工程信息以合理的确定性表明，在现有的经济与作业条件下，将来可从已知储藏采出的天然气储量。

续表

国家	储量（万亿 m^3）	占世界储量比重 (%)	年产量（亿 m^3）	占世界产量比重 (%)	年消费量（亿 m^3）	占世界总量比重 (%)
上海合作组织总计	77.6	40.1	11524	31.4	15024	28.1

表5—11　2017年上海合作组织国家的煤炭储量、产量及消费量[①]

国家	储量（百万吨）	占世界储量比重 (%)	年产量（百万吨油当量）	占世界产量比重 (%)	年消费量（百万吨油当量）	占世界总量比重 (%)
中国	138819	13.4	1747.2	46.4	1892.6	50.7
俄罗斯	160364	15.5	206.3	5.5	92.3	2.5
哈萨克斯坦	25605	2.5	47.9	1.3	36.2	1.0
乌兹别克斯坦	1375	0.1	1.1	——	1.2	——
印度	97728	9.4	294.2	7.8	424	11.4
巴基斯坦	3064	0.3	1.8	——	7.1	0.2
伊朗					0.9	
蒙古	2520	0.2	30.3	0.8	——	——
白俄罗斯	——	——	——	——	0.9	——
上海合作组织总计	429475	41.4	2328.8	61.8	2455.2	65.8

上海合作组织各参与国之间资源禀赋互补，俄罗斯和中亚等国作为能源资源国，希望扩大能源出口并实现能源立国，而中印巴等国的能源需求大、对外依存度高，而其他一些能源资源较贫乏但却充当起能源过境通道的国家，共同实现了上海合作组织内能源自给自足的客观前提条件。假设在纯粹市场经济条件下，能源资源国对外开展能源贸易可以不受区域国家的限制，而任意选择市场主体进行交易。然而，能源就是地

---

① 数据来源：BP《2018世界能源统计年鉴》（2018年6月），https://www.bp.com/content/dam/bp-country/zh_cn/Publications/2018SRbook.pdf.成员国中吉尔吉斯斯坦、塔吉克斯坦两国无可靠数据资料；观察员国中阿富汗无可靠数据资料；表格中标横线的一些数据则低于0.05%，因受原始资料来源统计口径所限，无法准确显示。其中，煤炭的探明储量通常是指，通过地质与工程信息以合理的确定性表明，在现有的经济与作业条件下，将来可从已知储藏采出的煤炭储量。

缘政治的武器，它是牵动世界政治经济发展变化最重要、最敏感的一条神经。因此，能源合作同时受制于地缘政治和地缘经济的要求，上海合作组织区域内的能源资源国制定"能源出口多元化"的策略，以防范政治风险过于集中，同时也可以增强能源合作"议价"的能力和话语权。相对而言，就区域内每一个能源需求国单独而言，也有"能源进口多元化"以加强能源安全的考虑。

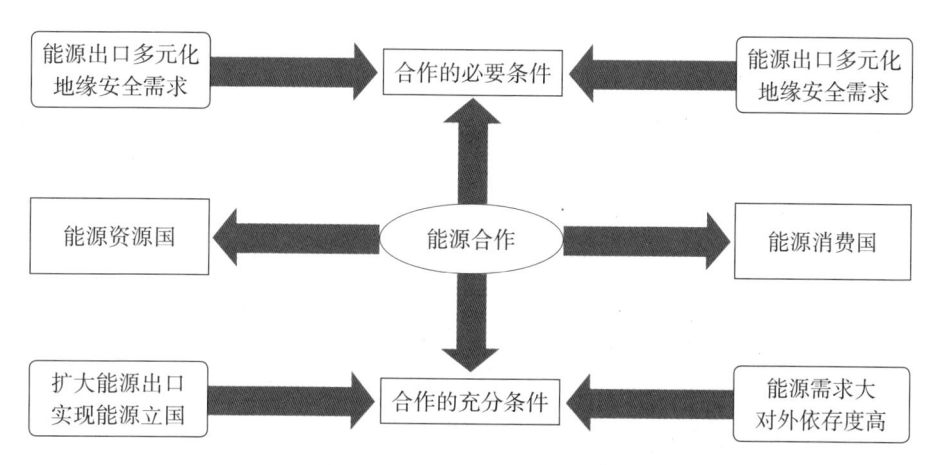

```
能源出口多元化          能源出口多元化
地缘安全需求 → 合作的必要条件 ← 地缘安全需求

能源资源国 ← 能源合作 → 能源消费国

扩大能源出口                能源需求大
实现能源立国 → 合作的充分条件 ← 对外依存度高
```

图5—1　上海合作组织区域内能源合作的充分必要条件示意

一　俄罗斯的能源资源禀赋及能源发展战略

（一）俄罗斯的能源资源禀赋

俄罗斯或称"俄罗斯联邦"，横跨欧亚大陆，其国土面积1709.82万平方公里[①]，占地球总陆地面积的11.47%，大陆架面积为620余万平方公里[②]，是世界上国土面积最大和大陆架面积最大的国家。俄罗斯面积辽阔，故相邻国家较多，西北面与挪威、芬兰，西面与爱沙尼亚、拉脱维亚、

---

① 本部分数据来源于：外交部https://www.fmprc.gov.cn/web/gjhdq_676201/gj_676203/oz_678770/1206_679110/1206x0_679112/，截至2019年1月。该面积包含了2014年通过公投加入的克里米亚联邦区的24730平方公里。

② ［俄］阿列克佩罗夫：《俄罗斯石油：过去、现在和未来》，石泽译审，人民出版社2012年版，第2页；另根据《梅德韦杰夫证实俄罗斯大陆架面积增5万平方公里》，http://news.163.com/15/0824/07/B1P1C26V00014JB5.html。两者相结合，数据应更新为625万平方公里，但因为该5万平方公里的大陆架面积并未得到国际上的承认，本课题暂不作更新。

立陶宛、波兰、白俄罗斯相邻,西南面是乌克兰,南面有格鲁吉亚、阿塞拜疆、哈萨克斯坦,东南面有中国、蒙古和朝鲜,东面与日本和美国隔海相望。俄罗斯是一个由 194 个民族构成的统一多民族联邦国家,人口总数为 1.46 亿①,人口密度仅为 8.5 人/平方公里。

俄罗斯是世界上自然资源最为丰富的国家,门捷列夫元素周期表中列出的所有自然界的元素均可以在俄罗斯境内找到。俄罗斯能源资源蕴藏量尤其丰富,截至 2017 年底,石油探明储量达 145 亿吨(合 1062 亿桶),占世界探明储量的 6.3%,屈居委内瑞拉、沙特阿拉伯、加拿大、伊朗、伊拉克之后而位居世界第六位(见图 5-2②)③;天然气已探明储量

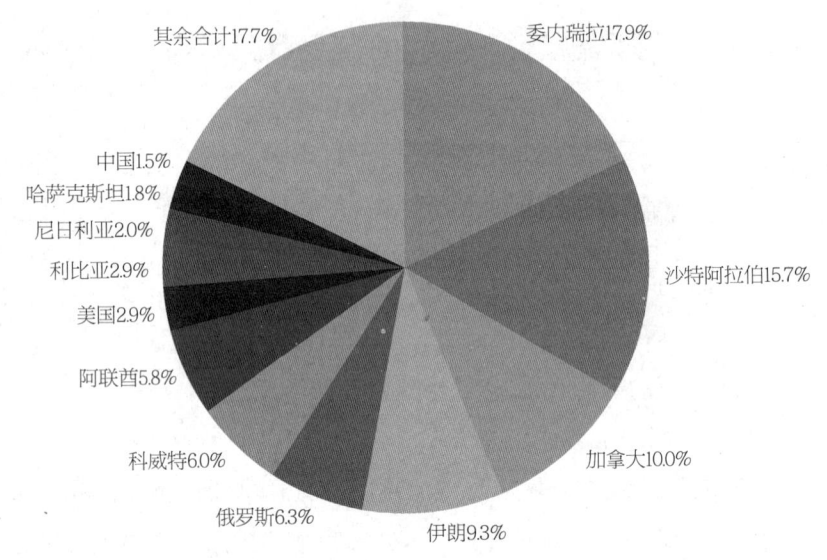

图 5—2 世界主要石油生产国储量占比

---

① 本部分数据来源于:外交部 https://www.fmprc.gov.cn/web/gjhdq_676201/gj_676203/oz_678770/1206_679110/1206x0_679112/,截至 2019 年 1 月。
② 该图由笔者整理绘制,数据来源:BP《2018 世界能源统计年鉴》(2018 年 6 月),https://www.bp.com/content/dam/bp-country/zh_cn/Publications/2018SRbook.pdf。
③ 2017 年,全球探明石油储量下降 5 亿桶(−0.03%)至 1.697 万亿桶,按照 2017 年产量水平,这足够满足世界 50.2 年的产量。欧佩克国家掌握 71.8% 的全球探明储量。数据来源:BP《2018 世界能源统计年鉴》(2018 年 6 月),https://www.bp.com/content/dam/bp-country/zh_cn/Publications/2018SRbook.pdf。

35万亿立方米,占世界天然气探明储量的18.1%,居世界第一位(见图5-3①)②;煤炭储量为16.04千亿吨,占全球全部探明储量的15.5%,居世界第二位(见图5-4③)④。综合石油、天然气和煤炭的储量来看,俄罗斯不愧"能源帝国"之称。

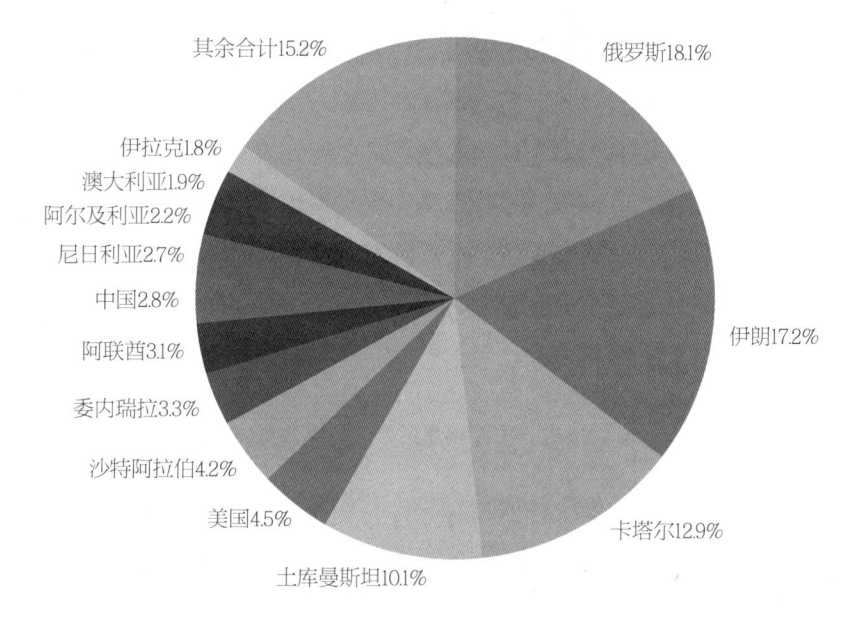

图5-3 世界主要天然气资源国探明储量占比

俄罗斯是非欧佩克国家最大的油气生产国,其石油储量虽不及沙特

---

① 该图由笔者整理绘制,数据来源:BP《2018世界能源统计年鉴》(2018年6月),https://www.bp.com/content/dam/bp-country/zh_cn/Publications/2018SRbook.pdf.

② 截至2017年底,全球天然气探明储量为193.5万亿立方米,轻微增加了0.4万亿立方米(0.2%)。按照2017年产量水平,这足够满足世界52.6年的产量。数据来源:BP《2018世界能源统计年鉴》(2018年6月),https://www.bp.com/content/dam/bp-country/zh_cn/Publications/2018SRbook.pdf.

③ 该图由笔者整理绘制,数据来源:BP《2018世界能源统计年鉴》(2018年6月),https://www.bp.com/content/dam/bp-country/zh_cn/Publications/2018SRbook.pdf.

④ 全世界目前煤炭探明储量足够满足134年的全球产量,远远高于石油和天然气的储产比。其中,亚太地区拥有最多的探明储量,占全球的41%,主要分布在澳大利亚、中国和印度。美国的煤炭探明储量居世界第一位,占全球全部探明储量的24.2%。数据来源:BP《2018世界能源统计年鉴》(2018年6月),https://www.bp.com/content/dam/bp-country/zh_cn/Publications/2018SRbook.pdf.

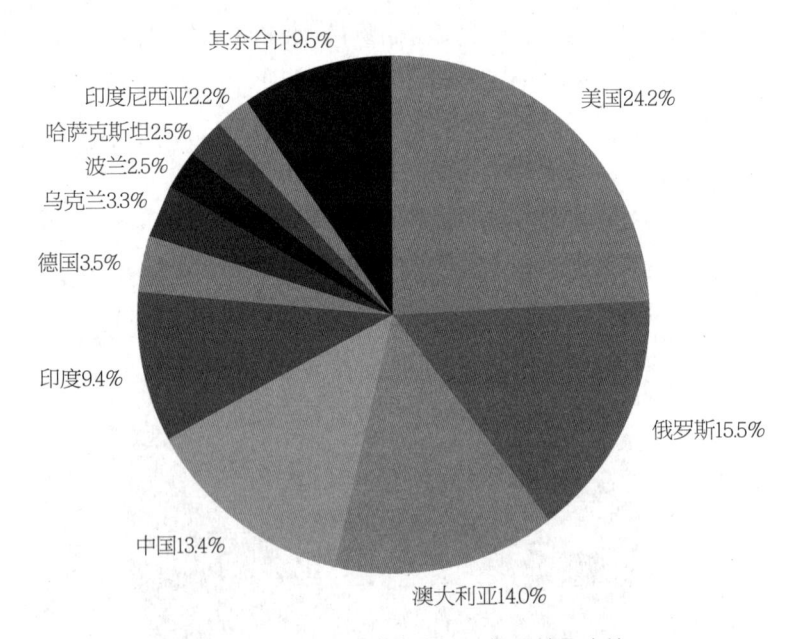

图5—4 世界主要煤炭资源国探明储量占比

阿拉伯,但石油生产量却与之不相上下、几乎持平（见表5-12），2017年俄罗斯的石油产量达到5.54亿吨,仅低于美国[①]、沙特阿拉伯。俄罗斯还是全球最大的石油和天然气输出国,其油气产业占GDP的比例高达17%[②],俄罗斯政府的财政收入约一半依赖石油和天然气出口。[③]

俄罗斯的油气资源分布较广,西西伯利亚、乌拉尔-伏尔加、蒂曼-博朝拉、北高加索等主要油气产区,集中了俄罗斯主要的已开发的油气田；东西伯利亚、远东、亚马尔半岛、北极海等近海大陆架,是俄罗斯最主要的油气接续产区。[④]其中,西西伯利亚是俄罗斯的油气主体产区,

---

[①] 美国的每年石油产量并不太高,但2017年却突增成为当年度生产量最高的国家。
[②] 《俄财长：2020年俄油气收入占GDP比例将减少》, https://www.russia-online.cn/News/000_1_0_1765.shtml.
[③] 《石油和天然气占俄罗斯政府财政收入一半》, http://energy.cngold.org/c/2016-02-14/c3899634.html. 另在一篇题为《北国风光：从产地到出口,一文分析俄罗斯油气产业现状》中称"2015年俄罗斯油气收入高达政府预算收入的43%", 见https://www.sohu.com/a/216853954_117959.
[④] 王龙：《俄罗斯与东北亚能源合作多样化进程》,上海人民出版社2014年版,第28页。

拥有世界已发现第二大石油和最富集的天然气蕴藏，出产俄罗斯三分之二的石油和近85%的天然气。①

表5—12　　俄罗斯与美国、沙特阿拉伯2007—2017年石油产量对比②

单位：百万吨

年份 国家	2007	2008	2009	2010	2011	2012	2013	2014	2015	2016	2017
美国	305.1	302.3	322.4	332.7	344.8	393.8	447.0	522.5	565.3	543.1	571.0
沙特阿拉伯	488.9	509.9	456.7	473.8	525.9	549.8	538.4	543.4	567.9	586.6	561.7
俄罗斯	497.5	494.4	501.5	512.5	519.6	526.9	532.7	535.1	541.9	555.9	554.4

（二）俄罗斯的能源发展战略

产能巨大的油气蕴藏、倚重能源产业拉动国内经济增长，俄罗斯希望借能源优势复兴欧亚强国之梦，其对内重视能源行业的战略规划，

---

① John D. Grace, *Russian Oil Supply: Performance and Prospect*, Oxford University Press, 2005, p.34.转引自王龙《俄罗斯与东北亚能源合作多样化进程》，上海人民出版社2014年版，第28页。

② 数据来源：.BP《2018世界能源统计年鉴》（2018年6月），https://www.bp.com/content/dam/bp-country/zh_cn/Publications/2018SRbook.pdf. 为解决全球原油产量过剩、促进石油市场价格的再平衡，2016年11月30日，欧佩克国家自2008年以来首次通过减产协议，将一共减产116.4万桶/日，其中14个成员国中印度尼西亚被暂停会员国身份，利比亚和尼日利亚可自由增产。伊朗石油产量可再增加9万桶/日，其余10个成员国各减产约4.6%。该协议于2017年元旦起生效，期限为6个月，如有必要还可延长。2016年12月10日，欧佩克国家与俄罗斯为首的11个非欧佩克产油国石油部长在维也纳达成联合减产协议（也称维也纳联盟），11个非欧佩克产油国承诺减产55.8万桶/日，其中俄罗斯减产30万桶/日（俄罗斯在历史上首次承诺实施减产），哈萨克斯坦同意力争减产2万桶/日，为期半年，此系15年来首次达成该等协议。2017年5月25日，欧佩克国家宣布延长9个月，减产量提升至180万桶/日。2017年11月30日，欧佩克与非欧佩克产油国将减产协议有效期延至2018年底。2017年全年减产协议的平均履约率达到了107%，俄罗斯减产量执行率为80%。但在减产协议基本达到油价反弹的作用后，俄罗斯2017年12月的产量有所提升，致使全年石油产量相比上一年并无太多减少。与之相对，美国原油产量却出现不小反弹，一定程度上抵消了减产协议的效果。2017年全球石油产量总体上升了38万桶/日，其中非欧佩克产油国贡献了73万桶/日的增量，而约86%的增量源于美国页岩油产量的攀升（增量为63万桶/日）。该些数据参考了中国社会科学院世界经济与政治研究所世界能源室《世界能源中国展望（2018—2019）》，中国社会科学出版社2018年版，第10—11页；及部分网络数据。

及时根据全球能源形势变化调整和完善国内的能源战略,以图掌握全球能源治理的话语权。俄罗斯意识到长期以来过于依赖能源经济对国内经济发展的拉动作用,希望推进能源创新实现转型;俄罗斯注意到亚太能源市场的巨大潜力,及时将出口市场向东移并实现多元化出口战略。

1. 俄罗斯对内重视能源行业战略规划并着力促进能源转型

俄罗斯高度重视能源行业战略规划,每隔5—10年就会出台能源行业的发展规划。2003年通过了《2020年前俄罗斯能源战略》。2009年俄罗斯联邦政府批准了《2030年前俄罗斯能源战略》,作为俄罗斯发展能源行业、维护能源安全、开展对外能源合作的纲领性文件,并配套出台了《2030年前天然气行业发展总体纲要》、《2030年前煤炭行业长期发展规划纲要》等行业具体规划。

2014年1月23日,俄罗斯注意到"一些能源进口大国逐渐转向能源自给,国际能源市场发生实质性的转变,俄罗斯国内经济增长速度减缓,具有首要意义的不再是生产规模的加大和数量的增长,而是实现现代化的能源",[①] 因而为了适应新的形势俄罗斯能源部公布了《2035年前俄罗斯能源战略》,结合内外部条件变化对能源战略进行了动态调整,指出2035年前俄罗斯能源战略的基本战略方针是,能源安全、能源效率、经济效率和能源可持续发展,并提出了包括降低对能源经济的依赖程度、调整能源结构、加大能源科技创新、拓展亚太市场等一系列措施。在能源战略环境恶化的背景下,俄罗斯逐步加快对能源战略的调整,表现为加强改革与创新、提高竞争力与国际地位、"能源东移"等特征。俄罗斯能源在经济中的地位从原来的拉动国民经济增长"火车头"[②]

---

① 周琳:《〈2035年前俄罗斯能源战略〉俄语文本汉译翻译报告》,硕士学位论文,黑龙江大学,2016年,第35页。

② 该战略中称,2009—2012年,能源出口额占俄罗斯出口总额的70%、联邦预算收入的50%和投资的40%。见周琳《〈2035年前俄罗斯能源战略〉俄语文本汉译翻译报告》,硕士学位论文,黑龙江大学,2016年,第34页。

转变为现在的"基础设施发展的催化剂",①强调经济发展多元化的重要性。欧洲能源消费增长空间不大,亚太地区将是最有前景的能源出口市场②,与此同时,全球液化天然气产能将大量增加,一些新的大型市场参与者的出现,会在全球市场特别是亚太地区与传统能源供应国形成激烈竞争。③

基于《2035年前俄罗斯能源战略》分析,俄罗斯将加大与亚太地区的能源合作比重,而其中中国就是俄罗斯潜在的重要合作方。而我国国务院办公厅于2014年6月7日公布的《能源发展战略行动计划(2014—2020年)》中也指出,要"加强五大重点能源合作区域建设",而五大重点区域之一便是"俄罗斯中亚"地区,"深化国际能源双边多边合作,建立区域性能源交易市场"。④故而,俄罗斯的能源战略与我国的能源发展规划恰恰吻合,其拟向亚太地区加大能源出口,而作为全球第一大能源消费国的中国也正对能源进口多元化布局加以考虑和规划。

2. 能源优势成为俄罗斯复兴大国梦的依傍

苏联解体、冷战结束,苏联的强国优势不复存在,然而继承了苏联80%的财产和大部分军事力量的俄罗斯,拥有世界上最大的核武器库,继承了苏联的联合国常任理事国席位。俄罗斯从来没有放弃重振大国雄风的大国梦。

俄罗斯是地跨欧亚大陆的油气资源大国,素有"能源帝国"之美誉。俄罗斯既是世界油气资源的生产大国,也是能源出口大国,长期依靠能源出口拉动国内经济增长,能源出口也成为俄罗斯主要的财政收入来源

---

① 周琳:《〈2035年前俄罗斯能源战略〉俄语文本汉译翻译报告》,硕士学位论文,黑龙江大学,2016年,第66页。

② 该战略称,在2035年之前,亚太地区市场在俄罗斯原油和成品油出口总量中的份额将从12%增长到23%(其中,原油增长到32%),天然气从6%增加到31%。见周琳《〈2035年前俄罗斯能源战略〉俄语文本汉译翻译报告》,硕士学位论文,黑龙江大学,2016年,第51页。

③ 周琳《〈2035年前俄罗斯能源战略〉俄语文本汉译翻译报告》,硕士学位论文,黑龙江大学,2016年,第35页。

④ 《国务院办公厅关于印发能源发展战略行动计划(2014—2020年)的通知》,国家能源局官网,http://www.nea.gov.cn/2014-12/03/c_133830458.htm。

和外汇收入来源。2019年1月10日,俄罗斯能源部长诺瓦克在向俄总统普京汇报2018年俄能源体系工作时说,2018年度俄罗斯能源体系创造了其国内生产总值的约25%,贡献了联邦财政收入的约45%。① 随着能源产业的带动,俄罗斯的国际地位不断上升,能源大国意识增强,把能源作为其维护地缘政治影响力、参与全球经济治理、改善国际环境的重要工具。普京政府每谈及外交政策时,能源问题占到了70%,② 能源成为其内政外交的核心。俄罗斯通过能源出口把稳相关进口国或地区的经济联系,充分利用从苏联时期继承而来的能源管道优势加强对中亚地区的控制和实现对天然气定价权的掌握,从而恢复其世界政治经济大国的地位。

综观俄罗斯不同时期出台的能源政策,均是以实现能源战略强国地位为主线,目标明确、主线清晰、实施坚定,③ 前后连贯、不断完善,并非后者否定前者。《2020年前俄罗斯能源战略》中,俄罗斯政府计划到2020年,通过国际合作以及对外投资等,提升俄罗斯在国际能源市场中的地位;在《2030年前俄罗斯能源战略》中,计划到2030年,俄罗斯全面融入国际能源市场,最大程度获得利润;而尤以《2035年前俄罗斯能源战略》为增强版的能源强国战略,俄罗斯计划到2035年,保持和巩固其作为国际能源市场领导者之一的地位。

3. 俄罗斯加强与中亚国家的能源联系

由于历史原因,俄罗斯与中亚国家之间有关独特的地缘优势和天然的经济联系,俄罗斯一直视中亚地区为其"后院",极力维护其传统势力范围。囿于已有的能源管道布局,中亚国家的油气输出以低价卖给俄罗斯,并经由俄罗斯主导的油气管道输往能源进口国。俄罗斯积极推动"天然气欧佩克"建立,2003年3月与哈萨克斯坦、土库曼斯坦、乌兹

---

① 《2018年俄罗斯石油天然气产量双增长》,新华社客户端,2019年1月11日,https://baijiahao.baidu.com/s?id=1622354232203933072&wfr=spider&for=pc。

② Press Conference with Political Analyst Alexei Arbatov and Vice President of the Academy of Geopolitical Problems Leonid Ivashov on Russian Foreign Policy", *RIA Novosti*, February 6, 2007. 转引自:[日]木村泛《普京的能源战略》,王炜译,社会科学文献出版社2013年版,第125页。

③ 鲁刚、郑宽、丁丹:《俄罗斯能源战略——国运之锚》,《中国能源报》2018年12月3日第7版。

别克斯坦四国成立独联体四国天然气联盟。近年来，俄罗斯还全面加大和推进油气公司对中亚国家的投资，与中亚国家签订双边或多边的协议。在上海合作组织框架内，俄罗斯积极推动成立上海合作组织能源俱乐部。

4. 俄罗斯实施出口多元化以抵消美欧制裁的影响

自 2014 年至今，西方国家对俄罗斯的制裁和围堵仍没有减弱，美国特朗普政府不敢采取一点"亲俄"的实际行动，甚至自 2011 年以来对俄罗斯的制裁达到 60 多次[①]。随着全球能源生产中心西进、消费中心东移，俄罗斯逐步意识到，美国因"页岩油气革命"正给传统的能源供应格局带来挑战，也注意到亚太地区巨大市场需求潜力。自 2003 年出台《2020 年前俄罗斯能源战略》以来，俄罗斯就已经在推进能源出口市场的多元化。欧洲和独联体国家仍是俄罗斯能源主要出口市场，但出口规模将会下降，2035 年俄罗斯出口到欧洲和独联体国家的能源将比 2010 年下降 5%。俄罗斯计划将远东和东西伯利亚两大能源产地建成对亚太能源出口的战略基地，到 2035 年，亚太地区石油和天然气出口比重分别达到 23% 和 31%。[②]

二 中亚地区的能源资源禀赋及能源发展战略

中亚各国能源储量丰富，在"能源立国"发展战略指引下，将能源产业确定为重点发展产业，大力发展能源出口。各国从能源储量上看，尤其是哈萨克斯坦、乌兹别克斯坦和土库曼斯坦，石油、天然气的储量相当丰富，被誉为"第二个波斯湾"和"21 世纪能源新大陆"。这三个国家是苏联时期的原材料供应国，独立后利用矿产资源丰富的优势大力发展能源经济，确立了"能源立国"的能源战略。这三个国家均将能源行业作为国家的主导产业，出台了能源行业发展的纲领性文件、制定了能源领域的开放政策，大力吸引外资进入能源和基础设施领域。

---

① 《俄外交部：2011年起美对俄制裁已达60次》，人民网，2018年9月22日，http://world.people.com.cn/n1/2018/0922/c1002-30309205.html。

② 周琳：《〈2035年前俄罗斯能源战略〉俄语文本汉译翻译报告》，硕士学位论文，黑龙江大学，2016年，第34页。

提及中亚能源问题，不得不提及里海这个重要却异常敏感的地区。里海位于西北亚的欧亚大陆接合处，被中亚国家、外高加索和伊朗包围，海岸线长达7000多公里，水域面积约37万平方公里。目前，环里海的五国为俄罗斯、阿塞拜疆、伊朗、土库曼斯坦、哈萨克斯坦，这五国中除了土库曼斯坦为中立国未加入上海合作组织外，伊朗是观察员国，阿塞拜疆是对话伙伴国，其他是上海合作组织的成员国。中亚国家及其毗邻的里海地区石油储量约占世界总储量的18%—25%。[①] 里海地区发现了超过250处蕴藏丰富的石油区块，据预测里海矿床所含石油资源高达2000亿桶，[②] 而美国国家能源部对里海石油的评价较为全面，认为里海石油探明储量为172亿桶，较高估计为497亿桶，可能的储量为1860亿桶；阿塞拜疆的石油储量估计为70亿桶，可能的储量为320亿桶；哈萨克斯坦较低的估计储量为90亿桶，较高的估计储量为400亿桶，可能的储量为920亿桶；土库曼斯坦较低的估计储量为5.5亿桶，较高的估计储量为17亿桶，可能的储量为380亿桶；俄罗斯里海的石油资源较低的估计为7亿桶，可能的储量为70亿桶；乌兹别克斯坦里海石油较低的估计为3亿桶，较高的估计为5.9亿桶，可能的估计储量为20亿桶。[③] 尽管对里海石油具体储量的各种说法并不一致，有的说法之间甚至差距还很大，但不管怎样，中亚里海地区蕴藏着丰富的石油和天然气，则是一个不争的事实。

（一）哈萨克斯坦

哈萨克斯坦素有"世界能源和矿产品原料基地"的美称[④]，油气资源丰富，其中石油储量居全球第11位，在独联体国家中仅次于俄罗斯，占

[①] 转引自于庚申：《冷战后美国的中亚里海能源战略与中国能源战略的选择》，《世界经济研究》2004年第4期。

[②] 傅崐成等编译：《弗吉尼亚大学海洋法论文三十年精选集1977—2007》，厦门大学出版社2010年版，第546页。

[③] www.eia.doe.gov/emeu/cabs/caspian/images/caspian-balances.xls. 转引自吴绩新："里海石油、天然气与中国能源安全"，博士学位论文，华东师范大学，2008年，第16页。

[④] 刘素霞：《"丝绸之路经济带"能源合作的法律进路研究》，《新疆大学学报》（哲学人文社会科学版）2015年第5期。

全球石油总储量的 1.8%。卡沙甘油田、卡拉恰干纳克油田和田吉兹油田是哈萨克斯坦境内的三大油田,这三大油田的产量就占到哈萨克斯坦全国产量的一半以上。2017 年,哈萨克斯坦石油产量为 183.5 万桶/日,较上年度增长 10.8%,居全球产油国第 15 位。[①] 哈萨克斯坦天然气的储量在独联体国家中仅次于俄罗斯和土库曼斯坦,占全球天然气总储量的 0.6%。与石油储量分布相似,哈萨克斯坦的三大天然气田也位于卡沙甘气田、卡拉恰干纳克气田和田吉兹气田,其中卡拉恰干纳克气田占全国储量的 46%,另两个气田各占全国储量的 12%[②]。哈萨克斯坦的煤炭资源也很丰富,煤炭储量居全球第 9 位,占全球煤炭探明储量的 2.5%,2017 年哈萨克斯坦的煤炭产量为 4790 万吨煤当量,排名居世界第 9 位。[③] 哈萨克斯坦的大部分煤田分布在中部的卡拉干达州和北部的巴甫洛达尔州,较为著名的煤田有卡拉干达煤田、埃斯基巴斯图兹煤田、舒巴尔科里煤田、图尔盖煤田等。哈萨克斯坦虽为能源的生产大国,但其消费能力有限,以 2017 年数据为例,哈萨克斯坦 2017 年石油产量为 8690 万吨,而其全年石油消费量仅为 1460 万吨,则哈萨克斯坦仅消费了本国石油产量的 16.8%,则剩余产量部分均不同程度用于出口。哈萨克斯坦 2017 年消费了本国天然气产量的 60%,剩余产量用于出口。依此计算,哈萨克斯坦每年可以向国际市场提供 7000 多万吨的石油和超过 100 亿立方米的天然气。哈萨克斯坦出口原油主要通过管道进入国际市场,占到原油出口

[①] 哈萨克斯坦的原油产量并未全面释放,因参与欧佩克国家于2016年12月达成的联合减产协议,承诺减产2万桶/日。哈萨克斯坦的卡沙甘大油田是自1968年在阿拉斯加发现普鲁德霍海湾海上油田之后,世界上最大的油气发现。该油田本计划于2005年投产,但因受各种不利因素影响,直到2016年10月才开始投产。卡沙甘油田的意大利生产商计划在2017年底即将进入爆发式增产期,以期回收前期投资成本。而恰逢此时,欧佩克国家与以俄罗斯为首的部分非欧佩克石油生产国协商达成联合减产协议,哈萨克斯坦勉强表示"力争"减产2万桶/日,最终也完成了该减产任务。

[②] 高国伟、马莉、徐杨:《中国与"一带一路"沿线国家能源合作研究》,人民日报出版社2017年版,第73页。

[③] 数据来源:BP《2018世界能源统计年鉴》(2018年6月),https://www.bp.com/content/dam/bp-country/zh_cn/Publications/2018SRbook.pdf。

运输量的 90%①，只有少部分出口通过港口和铁路进行。管道运输主要有三条管道：通往欧洲的里海管道财团（Caspian Pipeline Consortium，简称 CPC）和阿特劳—萨马拉原油管道、通往中国的中哈原油管道。里海管道财团始于田吉兹油田，终点在俄罗斯黑海沿岸的新罗西斯克港口，全长 1511 千米，年输送能力为 6700 万吨，哈萨克斯坦约 75% 的出口石油经该管道输送。2018 年，里海管道财团共输送原油 6110 万吨，较上年增长 11%。2019 年里海管道财团计划输送原油 6770 万吨。其中，输送田吉兹油田原油 3030 万吨，卡拉恰甘纳克油田原油 1130 万吨，卡沙甘油田原油 1460 万吨。②阿特劳—萨马拉原油管道连接哈萨克斯坦和俄罗斯，全长 1232 千米，设计运输能力为 1550 万吨/年。哈萨克斯坦原油通过该管道进入俄罗斯境内，再转运送至黑海和波罗的海沿岸。中哈原油管道则西起里海的阿特劳，途经阿克纠宾，终点为中哈边界阿拉山口，全长 2798 千米，总体规划年输油能力为 2000 万吨。哈萨克斯坦自 2014 年起不再进口俄罗斯原油，炼厂全部使用自产原油供应，而管道则成为哈国原油出口的主要运输方式。目前，哈萨克斯坦已基本形成"西向、北向、东向"三向管道与一港口（阿克套港）相结合的多元化原油出口格局③，此为在上海合作组织区域内开展能源合作准备了较为充分的基础设施条件。哈萨克斯坦能源出口以欧盟和俄罗斯为主，俄罗斯是其最大的天然气出口目的国（占 40.8%）和最大的煤炭出口目的国（占 80.9%），对中国的出口在哈国石油、天然气、煤炭出口总量中占比分别为 9.2%、2.1%

---

① 陈福来、高燕、陈相、卫庆远：《哈萨克斯坦原油出口管道发展现状与趋势》，《国际石油经济》2014年第12期。另曹斌、胡勇、岳小文、李金乘、徐舜华《石油规划设计》2015年7月，第26卷第4期，该文章中提及"管道出口量合计约占哈萨克斯坦出口总量的79%"，与上述引述的"90%"之间存在差异。但本课题考虑到陈福来等人工作单位为中国石油哈萨克斯坦公司，而曹斌等作者单位系中国石油天然气股份有限公司规划总院、规划计划部等，比较之后仍决定采纳陈福来等人文中的数据。

② 《2019年里海管道财团计划输油6770万吨》，来源：中国驻哈萨克斯坦经商参赞处，http://kz.mofcom.gov.cn/article/jmxw/201901/20190102826232.shtml。

③ 陈福来、高燕、陈相、卫庆远：《哈萨克斯坦原油出口管道发展现状与趋势》，《国际石油经济》2014年第12期；高国伟、马莉、徐杨：《中国与"一带一路"沿线国家能源合作研究》，人民日报出版社2017年版，第74页。

和0.2%，中国是哈萨克斯坦第三大石油出口目的国、第六大天然气出口目的国和第九大煤炭出口目的国①。

哈萨克斯坦在1997年发布《哈萨克斯坦—2030》战略，之后于2012年12月14日发布《哈萨克斯坦—2050》战略，作为国内经济发展的纲领性文件，其中提及全球各发达国家在加大投入开发可替代和"绿色"能源技术，并强调人类活动依靠的不仅仅是石油和天然气，更主要的是可再生能源，并决定将大力发展可再生能源作为哈萨克斯坦国家能源发展的主要方向之一。2009年7月4日，哈萨克斯坦颁布了《国家鼓励可再生能源利用法》作为该国新能源开发的基本法，该法把发展可再生能源作为国家能源发展主要方向之一，对实施可再生能源项目的企业提供一系列优惠政策。②2013年1月，哈萨克斯坦政府通过了《2013—2020年替代能源和可再生能源行动计划》，具体目标是要在2020年可再生能源发电量占总需求的3%，2030年将占5%左右，最终目标是要在2050年前替代能源和可再生能源消费达到能源消费总量的50%，该行动计划还提出了推进替代能源和可再生能源领域技术研发的具体措施。③

（二）土库曼斯坦

土库曼斯坦虽不是上海合作组织参与国，但其同属于里海五国之一，故上海合作组织各国于中亚地区的能源合作与土库曼斯坦紧密不可分割。土库曼斯坦以其天然气储量丰富而闻名世界，占世界已证实天然气储量的10.1%，居世界第四位（独联体地区仅次于俄罗斯位居第二位），其天然气产量居世界第13位。④俄罗斯宣布从2016年1月开始两年内不进口土库曼斯坦的天然气，2017年1月土库曼斯坦对伊朗暂停供气。从2009

---

① 高国伟、马莉、徐杨：《中国与"一带一路"沿线国家能源合作研究》，人民日报出版社2017年版，第74—75页。

② 王青松：《哈萨克斯坦新能源立法与政策研究》，《新疆大学学报》（哲学·人文社会科学版）2015年9月。

③ 《哈萨克斯坦积极发展可再生能源项目》，驻哈萨克经商参赞处，2013年3月4日，http://kz.mofcom.gov.cn/article/ztdy/201303/20130300042830.shtml。

④ 数据来源：BP《2018世界能源统计年鉴》（2018年6月），https://www.bp.com/content/dam/bp-country/zh_cn/Publications/2018SRbook.pdf。

年12月中土天然气管道项目竣工通气，土库曼斯坦就开始向中国出口天然气。土库曼斯坦对中国并无石油出口，但中国却是其最大的天然气出口目的国，向中国出口的天然气占其出口总量的97.6%[①]。土库曼斯坦向外出口天然气主要通过三条天然气管道，一条是北向的中亚—中央天然气管道，出口至哈萨克斯坦和俄罗斯等国；一条是南向通过土库曼斯坦与伊朗之间两条天然气管道，出口至伊朗；另一条东向的中国—中亚天然气管道，出口至中国。土库曼斯坦的石油主要由土库曼巴希、奥卡雷姆、阿拉特扎等三个里海沿岸的港口通过海运，出口至其他国家。

土库曼斯坦的电力资源也比较充裕，不仅可以满足本国经济和社会发展需要，还可向伊朗、土耳其、阿富汗等国出口。该国《2013—2020年土库曼斯坦电力领域发展方案》中明确，土库曼斯坦计划建设14座天然气电站，装机总量为3854兆瓦。[②]

土库曼斯坦每隔几年就会制定或调整一次能源领域的发展战略规划，《2020年前油气行业发展战略》中设定了21世纪前20年土库曼斯石油、天然气的具体产量和出口指标。天然气被确定为土库曼斯坦能源立国的重点产业，减少对俄罗斯境内输气管道的依赖是天然气发展的重要举措。[③]2006年编制了《2030年前油气工业发展纲要》，总目标是改变国家经济对油气产业的依赖，实现产业结构多元化。2016年初，土库曼斯坦总统颁布总统令，将油气工业和矿产资源部更名为土库曼斯坦石油和天然气部，负责制订与矿产资源开发有关的国家统一政策、技术政策和发展纲要；监督、管理行业运行和发展情况等。同年7月，为进一步完善石油天然气行业管理，优化行业结构、调整资金流向，土库曼斯坦总统下令撤销油气部，其主要职能被分配到内阁办公厅，部分机构和企业划

---

① 高国伟、马莉、徐杨：《中国与"一带一路"沿线国家能源合作研究》，人民日报出版社2017年版，第78页。

② 商务部国际贸易经济合作研究院、中国驻土库曼斯坦大使馆经济商务参赞处、商务部对外投资和经济合作司：《对外投资合作国别（地区）指南》系列丛书之《土库曼斯坦》（2017年版），"走出去"公共服务平台，http://fec.mofcom.gov.cn/article/gbdqzn/upload/tukumansitan.pdf。

③ 高国伟、马莉、徐杨：《中国与"一带一路"沿线国家能源合作研究》，人民日报出版社2017年版，第79页。

归土库曼天然气康采恩和土库曼石油康采恩。同时被撤销的还有国家油气资源管理和使用署,该署原本负责制定油气资源开发的统一法规并与外方商签油气区块产品分成协议,享有许可证发放、商签产品分成协议的特权,撤销后其基本职能划归土库曼天然气康采恩和土库曼石油康采恩行使。同时,土库曼斯坦还公布了根据总统令修订的《资源法》修正案,规定土库曼石油康采恩和土库曼天然气康采恩拥有全权管理和使用油气资源的权利。并将与包括中国在内的一些国家签订的产品分成协议均转移至康采恩负责。

(三) 乌兹别克斯坦

乌兹别克斯坦位于中亚的正中心,是中亚五国中唯一与其他四国均接壤的国家[1],除乌兹别克斯坦地处中亚内陆外,与之所临的中亚四国及阿富汗均没有出海口,因而乌兹别克斯坦是世界上仅有的两个双重内陆国之一[2]。同时,乌兹别克斯坦也是中亚地区人口最多的国家,还是一个有着134个民族的多民族、多文化融合的国家。乌兹别克斯坦素有"中亚四金之国"之称,即"黑金"(石油)、"蓝金"(天然气)、"白金"(棉花)和黄金,这也成为其国民收入的重要来源。据此可见,乌兹别克斯坦的矿产资源总体上相当丰富,储量总价值约为3.5万亿美元,现探明有近100种矿产品,其中黄金探明储量为3350吨,居世界第4位,黄金产量居世界第9位。自1997年至2017年底,其石油探明储量均保持在6亿桶左右,已探明的天然气储量为2.055万亿立方米,煤储量为19亿吨,铀储量为18.58万吨,居世界第7位,全部提供出口。[3] 但是,2017年乌兹别克斯坦的石油产量为250万吨,而其消费量则为330万吨,故其石油尚不足以满足国内需求;其煤炭也不能满足国内需求,产量与消费量

---

[1] 张宁:《中亚一体化新趋势及其对上海合作组织的影响》,《国际问题研究》2018年第3期。

[2] 双重内陆国,即本国是内陆国家,而周围邻国也是内陆国家的国家。世界上只有乌兹别克斯坦共和国和列支敦士登公国为双重内陆国。

[3] 商务部国际贸易经济合作研究院、中国驻乌兹别克斯坦大使馆经济商务参赞处、商务部对外投资和经济合作司:《对外投资合作国别(地区)指南》系列丛书之《乌兹别克斯坦》(2018版),"走出去"公共服务平台,http://fec.mofcom.gov.cn/article/gbdqzn/#.

之间的缺口为 10 万吨左右；每年大约有 100 多亿立方米的天然气供出口，随着开采力度的加大，乌兹别克斯坦的天然气出口潜力较大。在中国—中亚天然气管道建成通气后，乌兹别克斯坦成为该管道路线上天然气的重要出口国。乌兹别克斯坦的电力生产完全可以满足国内的国民经济和居民需求，是中亚地区电能的出口国。全年日照 300 多天，太阳能资源丰富，乌兹别克斯坦总统签署了关于发展可再生能源的总统令。

乌兹别克斯坦独立后把油气勘探和开采列为国家经济优先发展领域，通过制定《2010 年前油气工业发展总纲要》，实现了国有的石油天然气集团垄断国家油气资源的勘探、开发、运输、加工和销售及油气领域的招商引资对外合作等。该公司制定的《2005—2020 年油气增储战略纲要》，计划加大油气勘探和开发力度，力争 15 年内新增天然气探明储量 1 万亿立方米。

（四）吉尔吉斯斯坦

吉尔吉斯斯坦和塔吉克斯坦虽是中亚的贫油气国，但其作为中亚石油天然气外运的重要转运国，地位非常重要。吉尔吉斯斯坦的能源资源有煤炭、油页岩、泥炭、天然气、石油等，其中煤炭在中亚居重要位置，因此吉尔吉斯斯坦被誉为"中亚煤斗"，其煤炭地质储量为 296 亿吨[①]，有些煤不仅储量丰富、质量好，可作为优质的燃料，还可以成为煤化工的重要原料。煤炭主要位于吉国内的四个盆地和三个含煤的矿区，全国探明的煤田共有 70 处，且煤矿区与铀矿伴生，致使煤炭中常常含有放射性物质。除煤炭外，吉尔吉斯斯坦的石油天然气储量较其他中亚国家偏少，因开采成本高、难度大等原因，石油和天然气的产量远远不能满足国内需求，每年约 95% 的油气尚需依靠大量进口。吉尔吉斯斯坦的水力资源较为丰富，蕴藏量在独联体国家中居第 3 位，仅次于俄罗斯和塔吉克斯坦，但目前仅开发了 9%—10%，[②] 除满足国内消费外，还可有约 25 亿度水电供出口，主要出口目的国为塔吉克斯坦、哈萨克斯

---

① "中亚五国简介"，https://www.sohu.com/a/169582362_779967.

② 商务部国际贸易经济合作研究院、中国驻吉尔吉斯斯坦大使馆经济商务参赞处、商务部对外投资和经济合作司：《对外投资合作国别（地区）指南》系列丛书之《吉尔吉斯斯坦》（2018版），"走出去"公共服务平台，http://fec.mofcom.gov.cn/article/gbdqzn/#.

坦、乌兹别克斯坦和俄罗斯等独联体国家，近年来也开始向中国和南亚一些国家出口。①目前，吉尔吉斯斯坦国内电网与哈萨克斯坦、乌兹别克斯坦及中国相联通，吉尔吉斯斯坦每年从乌、哈进口部分电力，并向哈、中出口部分电力。吉尔吉斯斯坦电力领域项目的资金来源主要依靠贷款和吸引投资。目前，世界银行正探讨对 CASA-1000 项目（即中亚—南亚输变电线）提供资金支持，该项目拟将吉、塔的电力输送到阿富汗和巴基斯坦。②

吉尔吉斯斯坦与哈萨克斯坦于 2003 年 12 月 26 日签订《联盟关系条约》，两国于 2004 年 3 月 25 日组建吉哈天然气公司，共同管理吉尔吉斯斯坦北部的天然气管道。2001 年 7 月 31 日，吉尔吉斯斯坦颁布了总统令《增加石油和天然气产量及加工措施计划》，当年 12 月 5 日颁布了《2010 年前油气领域发展纲要》。但吉尔吉斯斯坦的能源战略重点是大力发展电力行业，降低油气消费比例，通过水电满足国内需求并扩大电力出口规模，力争成为中亚地区电力大国和电力出口国。③2012 年 12 月，吉尔吉斯斯坦通过了《2013—2017 年可持续发展战略》，2018 年初又制定了《2018—2040 年可持续发展战略》和第一阶段（2018—2023 年）的落实措施计划。④吉尔吉斯斯坦对小水电专门制定了上网电价补偿政策，但还需制定相应的法律法规。该地区小水电资源丰富，但开发却受到国内各种问题的影响。⑤

---

① 柴利：《中国与中亚国家能源合作对策研究》，社会科学文献出版社2013年版，第115页。
② 商务部国际贸易经济合作研究院、中国驻吉尔吉斯斯坦大使馆经济商务参赞处、商务部对外投资和经济合作司：《对外投资合作国别（地区）指南》系列丛书之《吉尔吉斯斯坦》（2018版），"走出去"公共服务平台，http://fec.mofcom.gov.cn/article/gbdqzn/#。
③ 高国伟、马莉、徐杨：《中国与"一带一路"沿线国家能源合作研究》，人民日报出版社2017年版，第81页。
④ 张宁：《中亚一体化新趋势及其对上海合作组织的影响》，《国际问题研究》2018年第3期。
⑤ 刘恒、Masera D.和Esser L.等：《〈世界小水电发展报告2013〉摘编：亚洲篇》，《中国能源报》2015年3月2日第9版。

(五) 塔吉克斯坦

塔吉克斯坦是位于中亚东南部的内陆国，地处山区，塔境内的山地和高原占到其面积的90%，其中约一半处在海拔3000米以上，故塔吉克斯坦素有"高山国"之称。塔吉克斯坦境内的石油远景储量基本能够满足本国需求，但因国内仅有的油气区多位于山地，勘探开采难度太大，也尚未发现有大气田，故塔吉克斯坦所需的油气95%以上尚需进口。目前，乌兹别克斯坦是塔吉克斯坦石油的主要供应国。塔吉克斯坦于1924年即发现了铀矿，境内铀储量居独联体首位，约占世界总储量的13%—14%[①]。塔吉克斯坦境内江河湖泊的水利资源极为丰富，总蕴藏量在6400万千瓦以上，其中有经济利用价值的达1250亿千瓦时[②]，水力资源在独联体国家中占第二位，世界第八位，但如果按每平方公里水能资源及人均拥有量的话，塔吉克斯坦排名全球第一位。目前，电力工业成为塔吉克斯坦的优势产业，[③]占其国内能源总储量的90%左右[④]，水力发电量占其发电量的99.6%[⑤]。即便如此，塔吉克斯坦国内丰富的水电资源潜力巨大，仍亟待大力开发利用。

2016年12月1日，塔吉克斯坦批准的《2030年前国家发展战略》，提出了未来经济发展的四大任务，即确保国家能源安全、加强交通领域建设、确保粮食安全和增加就业。[⑥]根据塔吉克斯坦2016—2020年国家出口发展纲要，重点是吸引国内财力和物力，大力发展轻工业、能源供

[①] 柴利：《中国与中亚国家能源合作对策研究》，社会科学文献出版社2013年7月版，第118页。

[②] "中亚五国简介"，https://www.sohu.com/a/169582362_779967.

[③] 刘素霞：《"丝绸之路经济带"能源合作的法律进路研究》，《新疆大学学报》（哲学人文社会科学版）2015年第5期。

[④] 柴利：《中国与中亚国家能源合作对策研究》，社会科学文献出版社2013年版，第117页。

[⑤] 高国伟、马莉、徐杨：《中国与"一带一路"沿线国家能源合作研究》，人民日报出版社2017年版，第82页。

[⑥] 商务部国际贸易经济合作研究院、中国驻塔吉克斯坦大使馆经济商务参赞处、商务部对外投资和经济合作司：《对外投资合作国别（地区）指南》系列丛书之《塔吉克斯坦》（2018版），"走出去"公共服务平台，http://fec.mofcom.gov.cn/article/gbdqzn/#.

应的所有生产部门，挖掘国家出口潜力。塔吉克斯坦原是中亚电网的一部分，后由于乌兹别克斯坦于2009年底退出中亚电网后，与乌兹别克斯坦的电力合作中断。目前，塔吉克斯坦正全力推动CASA-1000高压输变电项目，连接吉尔吉斯斯坦、塔吉克斯坦、阿富汗、巴基斯坦四国电力网，有助于塔吉克斯坦夏季向阿富汗和巴基斯坦出口过剩水电。因而，"水电兴国"是塔吉克斯坦的基本国策，依托丰富的水力资源，塔吉克斯坦政府把大力建设水电站作为国民经济发展的优先领域，力争将塔吉克斯坦打造成为地区电力出口大国。①

三 中国的能源储需状况与能源政策演变

（一）中国的能源储需状况

1.能源资源总量较丰富，人均拥有量少且资源赋存分布不均

我国的能源资源储存总量比较丰富，但结构上呈现"富煤、贫油、少气"的分布现状，且资源分布不均，人均拥有资源量很少。

我国煤炭资源的评估方法与目前世界普遍采用的评估体系及标准有所不同，②按照英国BP公司的统计，截至2017年底，我国煤炭探明储量为1388.19亿吨，占世界总探明储量的13.4%，居全球第四位，居于美国、俄罗斯、澳大利亚之后。③但从储采比来看，美国为357年，俄罗斯为391年，澳大利亚为301年，我国煤炭的储采比仅为39年，远

---

① 商务部国际贸易经济合作研究院、中国驻塔吉克斯坦大使馆经济商务参赞处、商务部对外投资和经济合作司：《对外投资合作国别（地区）指南》系列丛书之《塔吉克斯坦》（2018版），"走出去"公共服务平台，http://fec.mofcom.gov.cn/article/gbdqzn/#。

② 刘汉元、刘建生：《能源革命：改变21世纪》，中国言实出版社2010年版，第115页。

③ 数据来源：BP《2018世界能源统计年鉴》（2018年6月），https://www.bp.com/content/dam/bp-country/zh_cn/Publications/2018SRbook.pdf.然而根据中国自然资源部公布的数据显示，截至2017年我国查明资源储量为16666.73亿吨，比上一年增长4.3%。这一数据远远高于BP公司公布的煤炭储量，其原因在本段开篇有交代，即中国煤炭资源的评估方法与目前世界普遍采用的评估体系不尽一致，才出现如此统计口径的不一致。但为进行各国间的对比，本课题采用了BP公司的统计数据。见中华人民共和国自然资源部《中国矿产资源报告（2018）》，地质出版社2018年版，第2页，见http://www.cgs.gov.cn/xwl/ddyw/201810/W020181024398566047711.pdf。

远低于全球前三的国家。美国人均煤炭储量为760.35吨①，俄罗斯人均为1098.38吨②，而我国人均煤炭储量则为99.86吨③，远远低于美国和俄罗斯的人均水平。因此，我国煤炭的储采比和人均煤炭储量均远远低于其他排名在前的国家。2017年，我国煤炭产量为17.47亿吨，占全球煤炭产量的46.4%；该年我国煤炭的消费量为18.93亿吨，占全球煤炭消费量的50.7%。可见，我国的煤炭产量虽几乎占到全球煤炭产量的一半，而消费量却超过全球煤炭消费量的一半，即我国煤炭产量仍不能满足国内煤炭需求，还需依赖进口，当然这也与我国设置煤炭产量的"天花板"④有密切关系。而且，随着我国能源革命的推进和建设低碳绿色的现代能源体系，减少煤炭消费在能源消费中的比重实乃题中之义和努力方向。我国煤炭资源分布极不均衡，地理分布上的总格局是西多东少、北富南贫，集中分布于目前经济还不太发达的我国西北部地区，山西、内蒙古、新疆、陕西、贵州为煤炭基础储量规模前五的省份。⑤

我国的石油资源总量并无明确的定论。⑥目前我国以居于全球第12位并占全球1.5%的石油探明储量，维持占全球4.2%的产量，我国石油

---

① "美国国家概况"（最近更新时间：2019年1月），截至2019年1月美国人口约3.30亿，见外交部官网，https://www.fmprc.gov.cn/web/gjhdq_676201/gj_676203/bmz_679954/1206_680528/1206x0_680530/。

② 截至2019年1月，俄罗斯人口约1.46亿。数据来源于：外交部官网，https://www.fmprc.gov.cn/web/gjhdq_676201/gj_676203/oz_678770/1206_679110/1206x0_679112/。

③ 根据国家统计局公布数据，我国2017年底大陆人口为139008万人。见国家统计局《中国统计年鉴（2018）》，中国统计出版社2018年版，http://www.stats.gov.cn/tjsj/ndsj/2018/indexch.htm。

④ 王旭辉：《煤炭产量须设"天花板"》，《中国能源报》2010年11月29日第四版；李克强：《综合施策标本兼治以结构性改革促进困难行业脱困发展》，中央政府门户网站，2016年1月7日，http://www.gov.cn/guowuyuan/2016-01/07/content_5031323.htm。

⑤ 参考国家统计局网站：http://data.stats.gov.cn。

⑥ 参见刘汉元、刘建生《能源革命：改变21世纪》，中国言实出版社2010年版，第113页。但我国自然资源部公布的数据显示，截至2017年石油查明储量为35.42亿吨，较上一年增长了1.2%（见中华人民共和国自然资源部《中国矿产资源报告（2018）》，地质出版社2018年版，第2页，见http://www.cgs.gov.cn/xwl/ddyw/201810/W020181024398566047711.pdf），但该数据也远远低于其他评估数据。

资源的储产比为18.3年。①虽然相比于一些贫油国家,我国石油资源储量也还可以,然而,我国的石油消费量庞大到占全球石油消费量的13.2%,居全球第二位②,因此国内石油产量根本不能满足国内石油消费,致使我国石油对外依存度相当高。我国陆上石油老区综合含水程度高,后续开采难度较大,地质条件复杂,埋藏深,勘探开发技术要求较高,因此近年来我国石油产量的增长点主要依靠海洋石油,即便如此,我国海洋油气资源的开发过程中还面临着严峻复杂的国际形势,这也影响了我国海洋油气资源的稳定开采。

我国天然气资源探明储量居全球第九位③,占全球天然气资源总量的2.8%,储产比为36.7年。人均天然气资源量仅为3956.61立方米,而天然气储量居全球第一位的俄罗斯人均天然气资源量为23972.60立方米,是中国的6倍多,故作为一个人口大国,我国天然气资源人均拥有量在世界上还处于一个较低的水平。2017年,我国天然气产量较上一年增长了110亿立方米,增长率为8.5%,该增长水平居世界前列。

2017年,我国可再生能源发电增长了2500万吨油当量,打破了此前的增长纪录,不仅如此,我国水电、可再生能源发电均居世界第一,远远高于其他国家。④我国可再生能源发电主要来源于太阳能发电、陆上风电和水电,其发展速度明显超过其他国家。中国可再生能源开发建设规模也在逐步扩大当中。截至2017年底,中国的可再生能源总装机容量全球排名第一,水电、风电、光伏以及生物质能装机容量,也

---

① 数据来源:BP《2018世界能源统计年鉴》(2018年6月),https://www.bp.com/content/dam/bp-country/zh_cn/Publications/2018SRbook.pdf.

② 尽管中国一次能源消费量居全球第一位,但石油消费量则居全球第二位,居于美国之后(占19.8%)。

③ BP公司的统计数据显示,我国天然气探明储量为55000亿立方米,而我国自然资源部的统计数据为55220.96亿立方米(2017年),二者相差不太大。见中华人民共和国自然资源部《中国矿产资源报告(2018)》,地质出版社2018年版,第2页,http://www.cgs.gov.cn/xwl/ddyw/201810/W020181024398566047711.pdf.

④ 具体数据可参见BP《2018世界能源统计年鉴》(2018年6月),https://www.bp.com/content/dam/bp-country/zh_cn/Publications/2018SRbook.pdf.

都排名全球第一。① 中国是迄今全球最大的可再生能源投资国，已经连续五年成为可再生能源的最大投资国②。2018年，我国非化石能源发电装机容量已占全国发电总装机容量的40.8%，非化石能源发电量也比上年增长11.1%，对全国发电量增长的贡献率为40%，新能源发电量增长28.5%，对全国发电量增长的贡献率达到22.2%，则我国的发电装机结构正进一步趋于优化。③ 2017年我国在可再生能源领域的投资额达到1266亿美元，2018年投资额也超过了1000亿美元。不仅如此，我国在海外的可再生能源投资规模也高达320亿美元，高于其他任何国家。而美国作为可再生能源领域的第二大投资国，2018年的投资额仅为642亿美元。④ 能源转型的具体指标就是考察在可再生能源领域的资金投入，而中国正引领全球可再生能源的发展，在能源转型时代扮演了主要角色⑤。

2. 能源消费需求持续旺盛，对外依存度高

改革开放40年来，我国经济高速增长成为世界经济增长的引擎，为支撑国内经济快速发展而对石油化工产品需求的增速也不断提升。石油化工产品是全球石油需求增长的关键驱动。⑥ 而且，能源需求增速的提升还要更快于经济增速的变化，直观表现为近两年虽然经济由高速进入中

---

① "RENEWABLES 2018 GLOBAL STATUS REPORT", REN21, http://www.ren21.net/wp-content/uploads/2018/06/17-8652_GSR2018_FullReport_web_final_.pdf.

② 田慧芳：《新一轮全球能源革命态势与中国应对》，《中国发展观察》2018年第Z2期。

③ 《〈中国电力行业年度发展报告2019〉显示——新能源新增装机容量占比超五成》，《经济日报》2019年6月17日第七版。

④ "Clean Energy Investment Trends, 2018", *Bloomberg NEF*, January 16,2019.https://data.bloomberglp.com/professional/sites/24/BNEF-Clean-Energy-Investment-Trends-2018.pdf.

⑤ 此系彭博社首席执行官乔恩·摩尔的评价，见"Clean Energy Investment Exceeded $300 Billion Once Again in 2018", Bloomberg NEF, https://about.bnef.com/blog/clean-energy-investment-exceeded-300-billion-2018/.

⑥ 中国社会科学院世界经济与政治研究所世界能源室：《世界能源中国展望（2018—2019）》，中国社会科学出版社2018年版，第20页。

高速阶段（详见图5-5①），但对能源的需求持续旺盛，根据这种趋势可以预见，能源需求的增速还将持续一定时间。

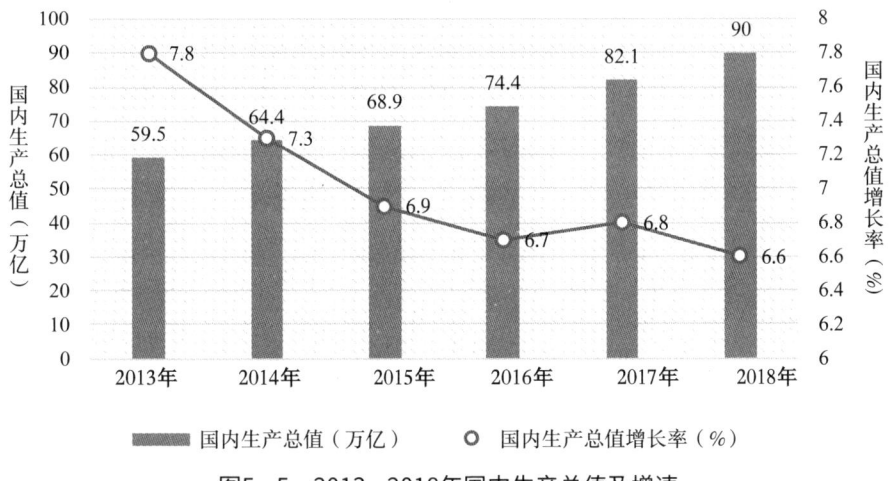

图5—5 2013—2018年国内生产总值及增速

我国能源资源蕴藏总量及油气产量均居世界前列，但仍无法满足快速增长的资源需求量。2017年，我国一次能源消费②总量为31.56亿吨油当量，占世界总消费量的23.2%，要高于美国（占比16.5%）6.7个百分点，首次成为世界能源消费第一大国。除中美两国外，其他国家的能源消费占比均相对较低，排名第三、第四的为印度和俄罗斯，分别占比5.6%、5.2%。③自2006年至2016年我国的一次能源消费量年均增长率为4.4%，2017年年均增长率为3.1%，均居世界各国前列。2017年全球能

---

① 资源来源：中华人民共和国统计局，http://data.stats.gov.cn/swf.htm?m=turnto&id=562. 其中，2019年年初国家统计局公布了2017年GDP的最终核实数为820754亿元，比初步核算数减少了6367亿元，并将2017年的增长率下调为6.8%（见http://www.stats.gov.cn/tjsj/zxfb/201901/t20190118_1645555.html）。2018年GDP数值及增长率来源于国家统计局新闻办制作的"2018年中国经济增量视频"（GDP增量为79555亿元）（见http://www.stats.gov.cn/tjzs/spdb/tjxcycb/201902/t20190228_1651358.html），但最终核实数仍可能有所调整。

② 此中的"一次能源"包括进行商业交易的燃料和用于发电的现代可再生能源。

③ 数据来源：BP《2018世界能源统计年鉴》（2018年6月），https://www.bp.com/content/dam/bp-country/zh_cn/Publications/2018SRbook.pdf.

源需求增长了 2.2%，而其中仅我国一个国家就贡献了该能源消费增量的三分之一。① 根据 BP 对世界能源的展望，到 2040 年我国将占世界能源消费总量的 24%，占全球净增长量的 27%。②

表5—13　　　　　2007—2017年主要国家一次能源消费量对比

单位：亿吨油当量

年份	国家	中国	美国	印度	俄罗斯
2007		21.503	23.208	4.504	6.731
2008		22.312	22.679	4.763	6.766
2009		23.295	21.593	5.12	6.446
2010		24.913	22.356	5.38	6.682
2011		26.901	22.167	5.707	6.917
2012		27.991	21.61	6.003	6.947
2013		29.07	22.211	6.236	6.839
2014		29.735	22.462	6.668	6.896
2015		30.098	22.27	6.869	6.768
2016		30.472	22.28	7.223	6.896
2017		31.322	22.349	7.537	6.983
年均增长率	2006—2016	4.4%	-0.3%	5.7%	0.3%
	2017	3.1%	0.6%	4.6%	1.5%

根据美国能源信息署（EIA）公布的报告，我国 2017 年原油进口总量为 840 万桶/日，超过美国的 790 万桶/日，成为全球最大原油进口国。③ 2018 年，我国原油净进口量为 4.619 亿吨（相当于 924 万桶/日），同比增长了 10.9%，④ 这是我国在 2017 年首次超过美国后，连续第二年成为最

---

① 数据来源：BP《2018世界能源统计年鉴》（2018年6月），https://www.bp.com/content/dam/bp-country/zh_cn/Publications/2018SRbook.pdf.

② 《BP世界能源展望（2018年版）》，https://www.bp.com/content/dam/bp-country/zh_cn/Publications/EO18%E4%B8%AD%E6%96%87%E7%89%88.pdf.

③ http://baijiahao.baidu.com/s?id=1596260437071984910&wfr=spider&for=pc.

④ https://www.sohu.com/a/288917802_100110525.

大的原油进口国。2017年，我国天然气消费增速为15.1%，约占全球天然气消费增长的三分之一，也创造了我国自2011年以来的最高增速。这种快速扩张源自2013年国务院发布的《大气污染防治行动计划》，该计划确定了未来五年空气质量改善的具体目标。伴随着"煤改气"措施的实质推进，2018年作为该计划的大限之年，我国天然气消费量为2766亿立方米，年增量超过390亿立方米，增幅达16.6%，占一次能源总消费量比重的近8%。[1]可以肯定的是，2019年以后天然气消费增速还将延续并保持相对稳定。2017年，我国天然气进口总量为920亿立方米，同比增长27.6%，其中通过管道进口天然气394亿立方米，主要以土库曼斯坦为主，占比31.7%，还包括乌兹别克斯坦、缅甸、哈萨克斯坦等国家的天然气资源；进口液化天然气为526亿立方米，以从澳大利亚、卡塔尔等国进口液化天然气量居多。[2]根据中国石油集团经济技术研究院发布的《2018年国内外油气行业发展报告》显示，2018年我国超过日本成为全球第一大天然气进口国，天然气进口量为1254亿立方米，进口增量超过300亿立方米。[3]进口天然气成为国内天然气供应增长的主要来源。

自1993年我国石油首次出现净进口起，2009年原油对外依存度超过50%，2011年对外依存度首次超过美国，2015年首次突破60%，2018年我国原油对外依存度上升至69.8%。继2017年超过美国成为世界最大原油进口国之后，我国2018年又超过日本成为世界最大的天然气进口国，则2018年我国原油、天然气均已经成为世界最大的进口国。2018年我国天然气对外依存度大幅攀升至45.3%。预计2019年油气对外依存度还将继续攀升，分别达到71.7%和46.4%。[4]石油对外依存度反映一个国家石油年净进口量在年消费量中所占比重，即一国某年石油

---

[1] http://www.100ppi.com/news/detail-20190122-1376973.html.

[2] 数据来源：BP《2018世界能源统计年鉴》（2018年6月），https://www.bp.com/content/dam/bp-country/zh_cn/Publications/2018SRbook.pdf.

[3] http://news.cnpc.com.cn/system/2019/01/18/001717430.shtml；https://baijiahao.baidu.com/s?id=1622800946750051895&wfr=spider&for=pc.

[4] 澎湃新闻：《2018年中国油气对外依存度分别攀升至69.8%和45.3%》，中国矿业网，http://www.chinamining.org.cn.

进口依存度＝该国当年石油净进口量/该国当年石油消费量，体现了该国石油消费对国外石油的依赖程度，天然气对外依存度亦然。虽然油气对外依存度与能源供应安全并非必然因果联系，油气供应安全总体受进口来源地的稳定性、通道的安全性、储备水平等因素影响。目前我国与大多数资源国建立了互利共赢的合作关系，在较长一段时期内，遭受资源国禁运的可能性不大。但油气对外依存度与能源供应安全的紧密关系则不容忽视，需确保进口来源和通道的多元化，提高储备能力，提高保障通道安全的能力，加大国内油气勘探开发或提高可再生能源开发技术，提高能源独立水平，只有这样，才不致因过高的对外依存度而引发能源供应危机。

（二）中国能源安全观及能源政策的演变

自建国以来，我国能源安全政策的转变具体经历了一系列演变过程，国内外学者将其划分为四个阶段，从"自给自足"、"保障供应"、"开源节流"到"全球能源安全"。[①] 如果结合我国历次重大能源体制改革的进程，总体上来看，最为显著也最为根本的转变则发生在我国"十一五"时期，从能源政策上实现了从传统的单纯强调供给侧安全转向兼顾能源利用方式的节能减排上来，能源结构上更加多元，能源发展上抓好"国内"和"国外"全面兼顾。[②]

这一转变发生的标志是2003年"科学发展观"理念的提出，在此之前，我国能源政策比较强调供应安全，以1993年为节点，具体可划分为"自给自足"阶段与"保障供应"阶段。2003年之后，我国为贯彻落实科

[①] 黄进：《中国能源安全若干法律与政策问题研究》，经济科学出版社2013年版，第1—5页；柴利：《中国与中亚国家能源合作对策研究》，社会科学文献出版社2013年版，第159—163页；杨泽伟：《中国能源安全问题：挑战与应对》，《世界经济与政治》2008年第8期。Caye Christofferwen, The Dilemmas of China's Energy Governance: Recentralization and Regional Cooperation, *The China and Eurasia Forum Quarterly*, Vol.3, No.3, 2005,P.64; Christian Constantin, *China's Conception of Energy Security: Sources and International Impacts*, Working Paper, No.43, March 2005, pp.6-7.

[②] 参见肖新建（国家发展改革委能源研究所能源经济与发展战略研究中心副主任）：《改革开放40年能源发展：从跟随到引领》，《能源情报研究》2018年8月，转引自http://www.jyteg.com/zixun/5142.html。

学发展观,能源领域在保障供应安全实现"开源"的基础上,同时兼顾保护生态环境、节约能源资源,注重全面、协调、可持续的发展。

1."自给自足"能源安全观阶段(1949—1992年)

我国自1993年起首次成为油品的净进口国,而在此之前,即自1949年建国至1992年,我国均奉行"自给自足"的能源安全观,尤其是在石油领域。这一阶段后半期,适逢我国实行改革开放,能源行业开始由计划经济向有计划的商品经济、再向社会主义市场经济转变,逐渐实施政企分工,不断释放改革红利。

按照西方的"海相成油"理论,中国是一个贫油国家。从1863年我国第一次进口煤油,掀开了长达一个世纪依赖"洋油"的时代。[1]1939年,我国建立了第一个石油工业基地——甘肃玉门油田,由此现代石油工业才在中国有了发展,但直到1949年建国时,我国年产原油仅有12万吨,1959年全国原油产量增长了近12倍达到373万吨,但是依然根本无法满足国民经济快速发展的需求,当时我国主要油品的自给率仅为40%。中苏关系走向破裂后,我国更加注重自力更生的发展方针,逐步实施"自给自足"的能源安全战略,在全国范围内开展石油普查。1959年9月,我国最大的油田、世界上为数不多的特大型陆相砂岩油田之一的大庆油田的发现,1962年9月23日[2],被誉为"石油地质大观园"的胜利油田的发现,都是这一时期全面石油普查的成果。尤其是1963年,大庆油田结束试验性开发并顺利进入全面开发建设阶段,标志着我国彻底摘掉了"贫油"的帽子。1963年,周恩来总理在第二届全国人民代表大会第四次会议上庄严宣布:"我国需要的石油,现在可以基本自给了",[3]这意

---

[1] 鸦片战争后,列强用炮舰打开中国的门户,同治二年(1863年)开始,美、俄两国先后向中国输入煤油。到光绪十五年(1889年),煤油年输入量已经达到2065万加仑(约66910吨),占领了中国许多地区的灯用油市场,当时人们称其为"火油",又称"美孚油",因为后来所用煤油主要是美国的石油巨头美孚公司(Mobil)产品。所用的灯也被称为"美孚灯"。该资料参见张叔岩《翁文灏的石油业绩》,石油工业出版社2006年版;《海岛从油灯到灯塔史话》,哈尔滨工程大学"三海一核"科普网,http://uzone.univs.cn/news2_2008_496014.html.

[2] 基于该发现日期,胜利油田早期被称为"九二三厂"。

[3] 《1963年石油基本自给》,《经营管理者》2009年第10期。

味着我国长期依赖"洋油"时代的终结。1972年尼克松总统访华,陆续取消了西方资本主义国家对中国的经济封锁和贸易禁运,次年我国开始对外出口原油、煤炭等初级产品,远销日本、菲律宾、泰国、罗马尼亚等国和香港地区,从这一年开始我国不仅能够实现国内的石油自给自足,还成为原油的净出口国。一直持续到1985年,我国原油出口量达到历史最高水平,外贸统计的出口量为3003万吨,实际出口量为3115万吨,①之后由于国内经济快速发展对石油需求的大幅增加,我国原油出口量开始不断下滑。

20世纪80年代,我国油气行业采取"引进来"的方针,实行能源资源的对外合作,海上大陆架实行对外公开招标,允许引进国外先进技术和设备,可以向国外进行贷款发展能源产业。1982年制定了《中华人民共和国对外合作开采海洋石油资源条例》,扩大国际经济技术合作。当时,相继重组设立了"三桶油"的前身公司,即1982年成立了中国海洋石油总公司(CNOOC),全面负责开采海洋石油对外合作业务,1983年成立了中国石油化工总公司(SINOPEC),1988年我国撤销石油工业部并成立了中国石油天然气总公司(CNPC)。这个时期的煤炭行业市场化改革,成为我国向市场经济过渡的先行领域。国家出台鼓励政策,积极促进乡镇小煤矿的发展,调动企业生产积极性,煤炭产量稳步增长,加大煤炭产品出口换取外汇以支持其他部门的经济建设,到1991年我国煤炭出口首次超过2000万吨,为经济社会的快速发展提供了有力支持。20世纪80年代后,为解决我国"电力短缺"制约经济发展、电力建设资金长期不足的难题,政府出台政策鼓励地方、部门和企业投资建设电厂,打破单一电价模式,进一步促进了电力行业的发展。

这一时期,能源行业的市场化改革为相关能源部门的发展提供了政策支持,但是国内能源生产技术落后以至于能源产品并不能有效地实现国内"自给自足"的能源需求,实施外资"引进来"的对外开放政策也

---

① 王家枢:《石油与国家安全》,地震出版社2001年版,第157页。转引自黄进《中国能源安全若干法律与政策问题研究》,经济科学出版社2013年版,第2页。

仅限于有限领域，还不能满足能源行业发展的根本性要求。随着1993年我国成为油品的净进口国，如何保障我国经济快速增长带来的不断上升的能源需求量，则成了我国政府能源政策关注的重点。

表5—14　　　　　　　　中国能源工业发展大事年表

年份	大事年表
1939年	我国建立了第一个现代石油工业基地——甘肃玉门
1949年	我国年产原油仅12万吨，无法满足经济正常发展的需求
1959年	全国年产原油达到373万吨，较1949年增长了近12倍，但仍无法满足国民经济快速发展的需要，主要油品的自给率仅为40%
1963年	大庆油田顺利投产，我国实现原油和成品油的基本自给，彻底摘掉"贫油"的帽子
1972年	美国尼克松总统访华，逐步取消了对我国的经济封锁和贸易禁运
1973年	我国开始出口原油、煤炭等初级产品，成为石油净出口国
1993年	我国经济快速增长且能源消费量不断上升，开始成为油品净进口国
1996年	我国开始成为原油净进口国
2005年	我国颁布《可再生能源法》，大力发展可再生能源
2006年	我国开始成为天然气净进口国
2007年	我国修改《节约能源法》，为实施节能降耗提供法律保障
2009年	我国开始成为煤炭净进口国，自此我国化石能源全部净进口

2. "保障供应"的能源安全观阶段（1993—2002年）

这一时期值1992年邓小平发表"南方谈话"后掀起了新一轮的改革开放大潮，党的十四大第一次明确提出了建立社会主义市场经济体制的目标，能源领域以政企分开和建设现代企业制度为主线推进改革，直至2001年我国加入世界贸易组织，我国能源领域发展逐渐融入经济全球化之列。

1998年，国家对"三桶油"实现上、中、下游的公司重大重组整合，建立实行现代企业制度管理的中国石油、中国石化、中国海油的股份有限公司，并于2000年和2001年相继在纽约、伦敦、香港成功实现上市，步入国际资本市场。这一阶段，我国能源行业实行"引进来"与"走出去"相结合的发展战略。1993年10月，我国颁布了《中华人民共和国对外合作开采陆上石油资源条例》，继续加大力度吸引外资开发国内石油资源。而在此前后，同年的3月，中国石油天然气总公司在泰国的邦亚区获得石油开发作业权，这是我国石油公司第一次在海外获得油田开采权，也拉开了我国能源企业进军国际能源市场的大幕。同年7月，中国石油天然气总公司又在加拿大获得油田的部分股权，并生产出历史上第一桶海外石油。① 1997年后，我国海外能源业务逐渐进入稳步发展阶段，相继同中亚的哈萨克斯坦、非洲的苏丹和南美洲的委内瑞拉等国签订了油气开发协议，并与中亚地区的土库曼斯坦、阿塞拜疆、中东的阿曼、伊拉克，亚太地区的泰国、缅甸，加拿大等国签署了能源领域的产品分成、合资及租让制协议。② 1998年6月1日，我国国内石油价格水平正式与国际油价接轨，开始实行新的价格机制和流通机制，使我国的石油生产开始走向国际化。

这一阶段的煤炭行业发展进入了加速改革时期。1993年底国务院决定"三年放开煤价，三年收回补贴"政策，将煤炭价格推向市场化，1995年放开非发电用煤价格，逐步放开煤炭价格管制。同时，行业管理体制进行改革，下放煤炭管理权限，转变政府职能，全面推行政企分开。电力行业于1993年组建成立了中国华北、东北、华东、华中、西北五大电力集团，并于1996年和1997年，相继组建成立了国家电网建设有限公司和中国国家电力公司，依现代企业制度运营，标志着我国电力工业管理体制由计划经济向社会主义市场经济的历史性转折。

这一阶段的能源政策着重在全面实行改革开放、实现能源企业的市场化改革上，伴随着能源企业"走出去"的步伐不断加大，我国能源企业逐渐熟悉国际能源合作的技巧，积累了宝贵的参与国际化合作的经验。但总体上来看，该阶段的能源政策制定、鼓励对外能源开发、能源投资等，还是以保障国内能源供给为宗旨，有效地服务我国国民经济快速发展。

---

① 赵志敏、殷建平：《三大集团稳健拓展国际化经营》，《中国石油和化工》2007年第15期。

② 查道炯：《中国石油安全的国际政治经济学分析》，当代世界出版社2005年版，第18页。

3. "开源节流"的能源安全观阶段（2003—2007年）

这一时期的中央政策、国家立法、政府决策中都强调了转变能源发展方式和优化能源结构的发展方向，能源体制改革持续推进。2003年中共十六届三中全会完整阐述了"树立全面、协调、可持续的发展观，促进经济社会和人的全面发展"，因此，我国能源安全与发展战略的制定及其实施必须以科学发展观为指导。为了促进可再生能源的开发利用，增加能源供应，改善能源结构，保障能源安全，保护环境，实现经济社会的可持续发展，2005年2月28日我国颁布了《可再生能源法》，为风电、核电等可再生能源的迅速发展带来了机遇。2005年3月12日召开的中央人口资源环境工作座谈会上，胡锦涛强调"大力推进循环经济，建立资源节约型、环境友好型社会"。2005年10月党的十六届五中全会召开，审议通过的《中共中央关于制定国民经济和社会发展第十一个五年规划的建议》中指出："全面贯彻落实科学发展观"，"资源利用效率显著提高，单位国内生产总值能源消耗比'十五'期末降低20%左右，生态环境恶化趋势基本遏制"，"发展循环经济，是建设资源节约型、环境友好型社会和实现可持续发展的重要途径"，"坚持开发节约并重、节约优先"，"形成健康文明、节约资源的消费模式"。2006年3月，全国人大会议通过的《中华人民共和国国民经济和社会发展第十一个五年规划纲要》中设立了"优化发展能源"一章，明确了"坚持节约优先、立足国内、煤为基础、多元发展，优化生产和消费结构，构筑稳定、经济、清洁、安全的能源供应体系"的目标，进一步强调了"落实节约资源和保护环境基本国策，建设低投入、高产出，低消耗、少排放，能循环、可持续的国民经济体系和资源节约型、环境友好型社会"。

2007年10月，中共十七大报告提出"深入贯彻落实科学发展观""建设生态文明，基本形成保护生态环境和节约能源资源的增长方式、产业结构、消费模式"，"坚持全面协调可持续发展"，"建设环境友好型、资源节约型社会"，"加强能源资源节约和生态环境保护，增强可持续发展能力"。同月，我国修改了《节约能源法》，扩大了调整范围，健全了节能标准体系和监管制度，设专章规定了激励措施，为实现节能降耗提供必要的法律保障，促使我国的经济增长建立在节约能源资源和保护环境的基础上。

这一阶段政府加强对能源行业的宏观管理，2001年我国组建国家安全生产监督管理局和国家煤矿安全监察局，一个机构、两块牌子，这是国务院主管安全生产综合监督管理和煤矿安全监察的直属机构。2003年我国成立了国务院国有资产监管管理委员会，对包括油气行业在内的国有资产加强管理。同年，我国撤销国家经贸委，能源行业管理转到新成立的国家发展改革委能源局。同期组建国家电监会，履行电力行业监管者的职责，实行"政监分开"。

这一阶段，能源体制改革为石油、天然气、煤炭等能源的发展铺平了道路，继续推动能源行业的市场化运行，进一步释放了市场活力。在引进外国先进技术提高国内能源资源开采率的基础上，我国同时还鼓励"走出去"参与国际能源开发，"内外并举"，实现保障国内能源供应。除了开展国际能源合作保障"开源"外，这一阶段我国政府更加倡导"节流"，多次强调在能源行业坚持"全面、协调、可持续的发展观"，降低能耗和提高能源效率，发展清洁能源和可再生能源，努力建设资源节约型、环境友好型的社会。

表5—15　　　　　　　　　我国能源行业管理机构变迁

年份	机构变迁
1949年—1955年	国家设立燃料工业部，下设煤炭管理总局、电业管理总局、水力发电工程局、石油管理总局
1955年	撤销燃料工业部，分别成立煤炭部、石油工业部和电力工业部
1958年	撤销各大区煤炭管理局，撤销地质部石油地质局；将水利部与电力工业部合并，成立水利电力部
1970年	撤销石油部、煤炭工业部、化学工业部，合并为燃料化学工业部
1975年	撤销燃料化学工业部，重新成立煤炭工业部，并组建石油化学工业部
1978年	撤销石油化学工业部，分别设立化学工业部和石油工业部
1980年	成立国家能源委员会，负责管理石油、煤炭、电力三个部门
1982年	取消能源委员会，由国务院直接领导石油、煤炭、电力三个部门；中国海洋石油总公司设立，由石油部归口管理

续表

年份	机构变迁
1983 年	组建设立中国石油化工总公司，直属国务院领导
1988 年	撤销煤炭部、石油部、水利电力部、核工业部，组建能源部；中国石油天然气总公司设立
1993 年	撤销能源部，重新组建煤炭工业部和电力部
1996 年	组建国家电力公司
1998 年	撤销电力部，撤销煤炭部改组为国家煤炭工业局，在国家经贸委下组建国家石油和化学工业局，重组国有石油天然气企业，组建中石油、中石化、中海油三大集团
2001 年	撤销煤炭工业局、国家石油和化学工业局，煤炭、油气工业由国家经贸委和国家计委管理，成立中国石油和化学工业协会
2002 年	撤销国家电力公司
2003 年	撤销国家经贸委，能源行业管理转由国家发改委内设的能源局，同期组建国家电监会
2005 年	国务院成立国家能源领导小组，作为能源工作最高层议事协调机构
2008 年	成立国家能源局
2010 年	国务院成立国家能源委员会
2013 年	整合国家能源局、电监会的职责，重新组建国家能源局，仍由发改委管理，不再保留国家电监会

4."全球能源安全观"的阶段（2008—2012 年）

2008 年 6 月 22 日，时任国家副主席的习近平在沙特阿拉伯召开的国际能源会议上，首次全面阐述了"全球能源安全观"[①]，即"互利合作、多元发展、协同保障的新能源安全观"，并指出"能源问题是全球性问题。促进世界能源供求平衡、维护世界能源安全，是世界各国共同面临的紧迫任务。全面把握和合理解决当前国际能源问题，需要包括石油生产国和消费国在内的国际社会共同努力，加强对话和合作，综合采取措施"，"中国是国际能源合作负责任的积极参与者，努力为促进世界能源可持续发展、维护世界能源安全作出积极贡献"。同年 7 月，时任国家主席胡锦涛在八

---

① 习近平：《在沙特吉达举行的国际能源会议上的讲话》，《人民日报》2008 年 6 月 23 日第 3 版。

国集团与发展中国家领导人对话会上,再次重申了"全球能源安全观"。

在这一时期之前,我国能源发展一直较为强调"立足国内",即便同时鼓励对外能源合作,归根结底也是从我国的立场出发制定相应的能源政策。而 2008 年之前,我国已经成为石油、天然气的净进口国,从 2009 年起我国又开始成为煤炭的净进口国,自此我国化石能源全部净进口,则从这一时期开始,我国的能源安全与能源出口国之间具有了更强的依存关系。因此,我国政府在仍坚持"能源开发和节约并举、节约优先"发展战略的基础上,高屋建瓴地指出能源问题是全球性的问题,哪一个国家也不可能独善其身、置身于外,各国应携手维护国际能源市场的安全与稳定。

这一时期,我国国内围绕和践行"全球能源安全观",继续深化能源体制改革。2008 年,我国专门成立了国家能源局,作为国家发展与改革委员会的直属机构,从国家层面加强政府对能源行业的宏观管理。但是国家能源局作为一个副部级机构,在协调能源发展的重大问题上仍不尽如人意,2010 年,为加强能源战略决策和统筹协调,国务院决定成立国家能源委员会,这是我国最高规格的能源机构。基于入世的承诺,我国取消了石油贸易专营权,由一家石油进出口公司变成 5 家国营贸易公司和 20 多家非国营贸易公司。参与能源行业的市场主体更趋于多元化,除"三桶油"公司之外,还包括央企、地方国有企业、民营企业及中外合资企业、外资投资企业等主体,初步形成了以国有经济为主导、多种经济成分共存的市场结构。

5. "综合能源安全观"的阶段(2013 年至今)

2013 年前,我国能源行业经历了快速发展的"黄金十年",之后随着经济进入新常态,面临经济增速的换挡期、结构调整的震痛期、前期刺激政策的集中消化期等"三期叠加",而能源行业的产能过剩、成本居高不下、管理机制老化等供给侧的问题暴露出来,亟须落实"去产能、去库存、去杠杆、降成本、补短板"五个方面供给侧结构性改革的要求。2013 年党的十八届三中全会对包括能源领域在内的重点领域关键环节的全面深化改革进行了总体部署。2014 年 6 月中央财经领导小组第 6 次会议专题研究我国能源安全战略，习近平总书记鲜明提出了能源领域"四个革命、一个合作"的重大战略思想，为我国能源发展改革进一步指明了方向。"四个革命、一个合作"具体指：第一，推动能源消费革命，抑制不合理能源消费，把节能贯穿于经济社会发展全过程和各领域；第二，推动能源供给革命，建立多元供应体系。形成煤、油、气、核、新能源、可再生能源多轮驱动的能源供应体系。第三，推动能源技术革命，带动产业升级。以绿色低碳为方向，把能源技术及其关联产业培育成带动我国产业升级的新增长点。第四，推动能源体制革命，打通能源发展快车道。形成主要由市场决定能源价格的机制，转变政府对能源的监管方式，建立健全能源法治体系。第五，全方位加强国际合作，实现开放条件下能源安全。在主要立足国内的前提条件下，在各个方面加强国际合作，有效利用国际资源。

能源革命的重大战略思想，不仅从能源的消费、生产、技术、体制、国际合作等方面加以部署，更是明确提出了能源革命的具体要求；不仅强调了推动技术创新、提高能源效率，在能源生产和能源消费涉及的各个方面均加强国际合作，仍进一步强调了树立勤俭节约的消费观，加快形成节约型社会，因而这个阶段我国政府的能源战略思想较之前几个阶段更为全面，更为"综合"，这也是我国能源安全观与全球综合能源安全观的接轨。我国作为世界上最大的能源生产国和能源消费国、全球最大的碳排放国及最大的清洁能源市场和清洁能源生产国，已经处在本轮全球能源革命的核心位置。①

2016年，国家能源局相继出台了《可再生能源发展"十三五"规划》、《能源发展"十三五"规划》和《能源生产和能源消费革命战略（2016—2030年）》等文件。《可再生能源发展"十三五"规划》明确了我国可再生能源发展的指导思想、基本原则、发展目标、主要任务、优化资源配置、创新发展方式、完善产业体系及保障措施，是"十三五"时期我国可再生能源发展的重要指南。《能源发展"十三五"规划》主要阐明了我国能源发展的指导思想、基本原则、发展目标、

---

① 田慧芳：《新一轮全球能源革命态势与中国应对》，《中国发展观察》2018年第Z2期。

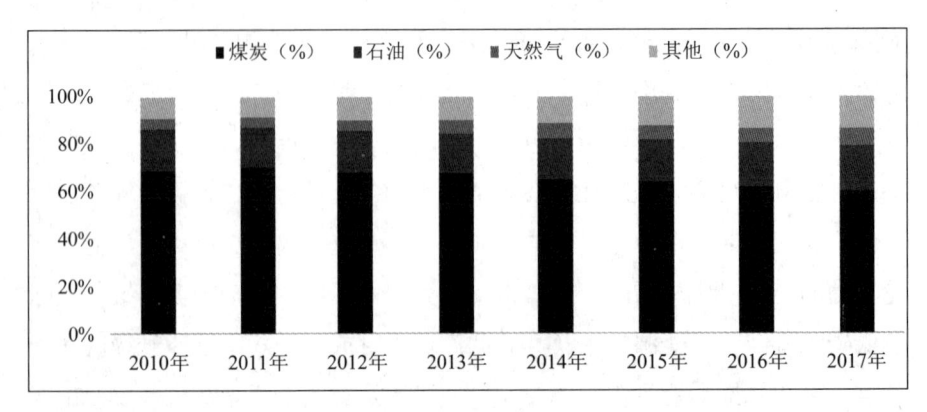

图5—6 我国近年来各种能源消费占消费总量的比重

重点任务和政策措施,作为"十三五"时期我国能源发展的总体蓝图和行动纲领。而《能源生产和能源消费革命战略(2016—2030年)》则成为指导我国中长期能源发展的纲领性文件。这一阶段,为贯彻落实全面深化改革的总体部署,我国国务院相继出台了《关于进一步深化电力体制改革的若干意见》《国务院关于煤炭行业化解过剩产能实现脱困发展的意见》《关于深化石油天然气体制改革的若干意见》。2016年在杭州召开的G20峰会上,我国政府签署了《巴黎协定》,承诺在2030年左右实现碳排放达到峰值。走绿色清洁低碳的能源发展道路,不仅是我国经济社会可持续发展的有力保障,也是我国作为最大发展中国家对世界庄严承诺的践行。[1]

四 印度的能源需求状况及能源发展战略

根据印度最新人口数据显示,2018年印度人口总数为13.53亿人,大约占世界总人口数的17.74%,[2]位列世界第二名,排在中国之后。2017年印度GDP占全球GDP之比为3.011%,根据IMF的预测,2018年全球

---

[1] 国家能源局石油天然气司、国务院发展研究中心资源与环境政策研究所、国土资源部油气资源战略研究中心:《中国天然气发展报告(2016)》,石油工业出版社2016年版。转引自《中国能源报》,http://www.sohu.com/a/121191866_468637.

[2] http://www.chyxx.com/industry/201801/607080.html.

GDP 为 84.84 万亿美元，而印度约占比 3.17%①，GDP 增速达到 7.3%，目前位列全球第七大经济体。人口居全球第二名的国家，但 2017 年印度对一次能源的消费量仅为 7.537 亿吨油当量，仅占全球的 5.6%，②虽全球排名第三，但与排名前二的中美两国的一次能源消费量还差距甚大。印度经济虽高速增长，但能源短缺问题成为重要制约并持续存在。目前，印度仍有 2.4 亿人用不上电，世界银行报告显示，2017 年电力短缺给印度经济带来的损失接近其 GDP 的 7%。③多年来，印度政府为解决能源短缺问题制定了一系列的能源政策。印度前总统卡拉姆提出，到 2020 年时印度要全面实现能源安全，到 2030 年时彻底实现印度的能源独立。印度政府 2017 年公布的印度能源结构十年蓝图显示，印度政府要在 2027 年前将非化石燃料发电占比提高到 57%，为此将投资 1270 亿卢比（18 亿美元）建设专用输电线路。④印度总理莫迪上台后承诺"人人享有全天候电力"，任期内让全国家家户户都"至少亮起一盏灯"。可见印度未来对能源资源的消费需求潜力巨大。据 IEA 预测，未来 25 年印度的能源需求预计将增长一倍以上，其对全球能源需求增长的贡献将超过其他任何国家，⑤至 2040 年时印度将成为世界能源最大的增长市场⑥。

印度能源资源禀赋具有"富煤、贫油气"的特点，国内的石油和天然气供不应求，还存在巨大的需求缺口（见表 5—16），具体表现为：2017 年底，印度煤炭探明储量为 977.28 亿吨，占全球煤炭探明储量的 9.4%，居世界第五位；印度探明石油储量为 45 亿桶，占全球探明储量的 0.3%；2017 年石油产量仅为 4040 万吨，占全球石油产量的 0.9%；2017

---

① https://baijiahao.baidu.com/s?id=1623282985406743914&wfr=spider&for=pc.
② 数据来源：BP《2018 世界能源统计年鉴》（2018 年 6 月），https://www.bp.com/content/dam/bp-country/zh_cn/Publications/2018SRbook.pdf.
③ 闫晓卿、杨捷、王晓培：《印度能源战略——全球买家（世界能源风向）》，《中国能源报》2019 年 1 月 7 日第 7 版。
④ 王能：《印度能源结构十年蓝图发布》，《能源研究与利用》2017 年第 1 期。
⑤ 洪飞：《世界第三大能源消费国印度加入 IEA》，《能源研究与利用》2017 年第 3 期。
⑥ 《BP 世界能源展望（2018 年版）》，见 https://www.bp.com/content/dam/bp-country/zh_cn/Publications/EO18%E4%B8%AD%E6%96%87%E7%89%88.pdf.

年石油消费量为 2.221 亿吨，占全球石油消费量的 4.8%；2017 年底，印度天然气探明储量为 1.2 万亿立方米，占全球天然气探明储量的 0.6%；天然气产量为 285 亿立方米，占全球天然气产量的 0.8%；但 2017 年天然气消费量为 542 亿立方米，占全球天然气总消费量的 1.5%；煤炭产量为 2.942 亿吨，占全球煤炭产量的 7.8%，但煤炭消费量为 4.24 亿吨，占全球煤炭消费量的 11.4%。印度一次能源的消费结构为：煤炭 56.27%，石油 29.47%，天然气占 6.18%。① 可见，煤炭消费仍占印度一次能源消费结构中的"半壁江山"。

表5—16　　2012—2017年印度石油、天然气产量及消费量②

项目	2012 年	2013 年	2014 年	2015 年	2016 年	2017 年
石油产量（万吨）	4250	4250	4160	4120	4020	4040
石油消费量（万吨）	17670	17790	18300	19780	21710	22210
天然气产量（亿立方米）	382	319	302	292	273	285
天然气消费量（亿立方米）	567	498	496	464	508	542
煤炭产量（万吨）	25500	25570	26950	28100	28490	29420
煤炭消费量（万吨）	33000	35280	38750	39530	40560	42400

由于国内资源禀赋不良，印度能源资源的对外依存度较高，2003 年原油对外依存度就已经接近 70%，2012 年的原油对外依存度更是超过了 75%，2015 年达到 82.6%，2016 年的原油对外依存度约为 98.57%，2017 年印度的原油进口量为 2.111 亿吨，而其全部消费量为 2.221 亿吨，故其原油对外依存度大致为 95%，相比于 2016 年略微下降，但总体仍高企不下。除原油之外，天然气的对外依存度也近 50%。③

---

① 数据参考来源：BP《2018世界能源统计年鉴》（2018年6月），https://www.bp.com/content/dam/bp-country/zh_cn/Publications/2018SRbook.pdf。一些数据系笔者根据数据来源计算而得。

② 数据来源：BP《2018世界能源统计年鉴》（2018年6月），https://www.bp.com/content/dam/bp-country/zh_cn/Publications/2018SRbook.pdf。

③ 此段数据根据BP《2018世界能源统计年鉴》（2018年6月）中的数据概算而得。

印度油气进口的最大来源为中东,从伊朗、沙特阿拉伯等中东国家出口至印度的原油占其原油进口量的 51.54%,2017 年单从卡塔尔出口到印度的液化天然气就达到 132 亿立方米,占其全年进口液化天然气总量的 51.36%,卡塔尔成为印度进口天然气的最大来源国。除此之外,印度从中南非洲、西非进口的油气也占有相当比重,印度从其他亚太国家进口的油气比重目前不是太大。有学者称,从印度油气进口量来看,其能源外交呈现出"以中东为内核,以非洲(西非、北非)为中层,以周边和其他能源行为体为外层"的"同心圆能源外交"特点,而印度近年在油气进口来源地方面采取"稳住中东、发展非洲、携手近邻、北望中亚里海、翘首俄罗斯"的多元化能源外交方针。① 由此看来,为发展多元化能源外交,印度也有意愿与中亚、俄罗斯等开展能源合作,以减轻对中东油气的过度依赖。

五 巴基斯坦的能源需求状况及能源发展战略

巴基斯坦一直是一个能源短缺的国家,油气资源现状表现为"少油多气有煤"。能源短缺问题自 2006 年以来一直成为制约巴基斯坦经济发展的重大难题,② 巴基斯坦能源部长哈瓦贾·阿西夫曾表示:"对巴基斯坦的国家安全和经济来说,能源危机比恐怖主义带来的威胁还要大。在过去十多年里,能源短缺已经拖垮了巴基斯坦的经济。"③ 根据 BP 世界能源统计年鉴数据显示,2017 年巴基斯坦原油加工量为 26.1 万桶/日,占当年全球原油加工量的 0.3%;截至 2017 年底,天然气的探明储量为 0.4 万亿立方米,占全球天然气探明储量的 0.2%;2017 年天然气产量为 347 亿立方米,占全球天然气产量的 0.9%;煤炭储量为 30.64 亿万吨,占全球

---

① 张帅、任欣霖:《印度能源外交的现状与特点》,《国际石油经济》2018 年第 3 期。
② 巴基斯坦投资部是联邦政府负责投资事务的部门,其下属的投资局(Board of Investment,BOI)的主要职能之一就是建立投资对接数据库,其中有关巴基斯坦能源概况的资料详见官方网站信息http://boi.gov.pk/Sector/SectorDetail.aspx?sid=2.
③ 《巴基斯坦能源部长:能源危机猛于恐怖主义》,《中国能源报》2013 年 8 月 12 日第 9 版。

全部探明储量的 0.3%。[①]

表5—17　　巴基斯坦2007—2017年能源产量表[②]

年份	天然气产量（亿立方米）	煤炭产量（百万吨油当量）
2007	338	1.7
2008	346	1.8
2009	347	1.6
2010	353	1.5
2011	353	1.4
2012	366	1.4
2013	356	1.3
2014	350	1.5
2015	350	1.5
2016	347	1.8
2017	347	1.8

巴基斯坦是世界上最依赖天然气的国家之一，2017年天然气消费占其一次能源总消费量的43.26%，石油占其一次能源消费量的36.09%，[③]石油几乎全部依赖进口，巴基斯坦国内的天然气也难以满足占消费比重较大的天然气供应，故对外依存度较高。据数据显示，巴基斯坦当前能源整体对外依存度达38%。[④]

[①] 数据来源：BP《2018世界能源统计年鉴》（2018年6月），https://www.bp.com/content/dam/bp-country/zh_cn/Publications/2018SRbook.pdf. 但巴基斯坦投资局官网上称其国内预测塔尔煤（Thar Coal）的总储量为1750亿吨，相当于500亿吨油当量，比沙特阿拉伯和伊朗的石油储量还要多。

[②] 数据来源：BP《2018世界能源统计年鉴》（2018年6月），https://www.bp.com/content/dam/bp-country/zh_cn/Publications/2018SRbook.pdf.

[③] 数据参考来源BP《2018世界能源统计年鉴》（2018年6月），https://www.bp.com/content/dam/bp-country/zh_cn/Publications/2018SRbook.pdf.

[④] 梁桐：《中巴经济合作助巴降低能源对外依赖》，《经济日报》2018年8月31日第15版。

表5—18　　　　巴基斯坦2016—2017年一次能源分燃料消费量[①]

（单位：百万吨油当量）

项目	石油	天然气	煤炭	核能	水电	可再生能源	总计
2016 年	28.3	32.9	5.6	1.3	7.8	0.6	76.5
世界总计	4557.3	3073.2	3706.0	591.2	913.3	417.4	13258.5
占比（%）	0.62	1.07	0.15	0.22	0.85	0.14	0.58
2017 年	29.2	35.0	7.1	1.8	7.0	0.8	80.9
世界总计	4621.9	3156.0	3731.5	596.4	918.6	486.8	13511.2
占比（%）	0.63	1.11	0.19	0.30	0.76	0.16	0.60

据《全球油气发展回顾》显示，2017年第四季度，巴基斯坦在靠近伊朗边界处发现3处蕴藏着大量石油资源的油田，位列当年油气资源发现数量的第五位，如果这些能源资源储量的估计被证明确凿的话，可能超过科威特的石油储量，而巴基斯坦将可能跨进全球石油生产国的前十名。[②]据美国能源信息署（EIA）估计，巴基斯坦拥有586万亿立方英尺的天然气，其中105万亿立方英尺在技术上是可开采的，其拥有2270亿桶石油的储量，其中可开采量为91亿桶。[③]虽然看起来巴基斯坦的油气蕴藏量潜力巨大，但可以预见这些油气的开发技术难度较大，很可能在短期内并不能有效缓解巴基斯坦的油气对外依存现状。巴基斯坦的石油勘探技术不怎么令人满意，因而2014年下半年，巴基斯坦七年来首次出口石油22万吨，则是因为该部分石油系从天然气田析出，而本地的炼油厂没有足够的处理能力，才对外出口。[④]

巴基斯坦后期能源发展潜力较大。能源领域已经成为巴基斯坦联邦公共领域发展计划（PSDP）最主要部分之一，自2013年中巴经济走廊

[①] 数据参考来源：BP《2018世界能源统计年鉴》（2018年6月），https://www.bp.com/content/dam/bp-country/zh_cn/Publications/2018SRbook.pdf.具体比例系笔者根据数据来源计算而得。

[②] http://finance.ifeng.com/a/20180623/16351102_0.shtml；https://baijiahao.baidu.com/s?id=1608304556773114878&wfr=spider&for=pc.

[③] http://finance.ifeng.com/a/20180623/16351102_0.shtml.

[④] http://finance.ifeng.com/a/20180623/16351102_0.shtml.

(CPEC)项目发起以来,"能源需求"作为该多维度项目的四大支柱之一,其中74%的项目都有关能源类,包括煤炭、水力和风能,这些能源及基础设施类项目的总支出约为460亿美元。①

六 观察员国和对话伙伴国的能源资源状况及能源发展战略

上海合作组织的观察员国和对话伙伴国参与区域经济合作的愿望与要求较为迫切,这些国家也是上海合作组织区域发展的重要组成部分,因此有必要研究区域各国如何进一步提升合作水平,探讨和规划在能源领域的合作。

(一)蒙古国

在上海合作组织的观察员国中,蒙古国的地下资源蕴藏丰富,其能源矿产资源的蕴藏量居世界前二十位。该国已发现和确定了煤、铜、钨、莹石、金、银、铝、锡、铁、铅、锌、石油等80多种能源矿产,其中石油、天然气、黄金、铜的储量居世界前列。目前,有800多个矿区和8000多个采矿点。蒙古国素有"煤矿业的沙特阿拉伯"之称,据蒙古国能源局统计,其地质预测煤炭储量1733亿吨,勘探储量235亿吨,可开采总储量约210亿吨。②但据BP数据显示,2017年底蒙古国的煤炭全部探明储量仅为30.64亿吨,占全球煤炭探明储量的0.2%,储产比仅为51年。据此判断,蒙古国的煤炭开发潜力巨大,还有大量的煤炭资源尚待开发。就煤种分布而言,蒙古国的煤炭以次烟煤和褐煤居多,且褐煤多分布在蒙古国的东部,而中部地区则为褐煤转化焦煤阶段,焦煤和烟煤多分布在蒙古国的西部和戈壁地区,其中,80%的焦煤位于南戈壁地区,而南戈壁地区的塔本陶勒盖矿区就集中了该地区一半的煤炭。塔本陶勒盖矿区是当今世界上最大的未开采整装焦煤煤田,矿区煤炭储藏面积达400平方公里,煤层厚度190米,共16层,该煤矿属于优质炼焦用煤,

---

① 参见巴基斯坦投资局官方网站:http://boi.gov.pk/Sector/SectorDetail.aspx?sid=2.
② 王赵宾:《2015—2020年蒙古国的能源投资研究报告》,《能源》2014年第12期。

原煤出焦率60%以上，是世界上较为紧俏的煤种。①

目前蒙古国初步探明的石油储量约为60亿—80亿桶，仅与中国接壤的东、南、西部地区储量就达到30亿桶以上。蒙古国也在努力提升原油生产能力，根据《蒙古国21世纪可持续发展纲要》，蒙古计划在2000—2020年间将原油产量从450万桶提升至6200万桶。②凭借丰富的煤炭资源，蒙古国大力发展煤制天然气项目。另，据蒙古国EAGLE网报道，塔温陶勒盖矿发现了新的大型天然气田。据预测，塔温陶勒盖的天然气储量预计在510亿立方米或4000万吨。而蒙古国天然气消费量大约为2.8万吨，依此计算该天然气田的储量就足够蒙古国使用1700年。③

蒙古国内的电力供给严重短缺，蒙古国每年能源消费总量为68.65亿千瓦时，本国能源生产总量占80%，从中俄两国进口20%。蒙古国2017年从邻国进口电力近1600兆千瓦时，约占蒙古国当年电力总量比重的20%；④蒙古国政府2019年预算中计划用1.5亿美金建设十座火电厂。⑤

蒙古国的可再生能源发展潜力巨大，但目前利用率较低，国内的发电格局以煤电为主，以2016年为例，根据蒙古国能源部公布的信息显示，可再生能源装机量占全国装机总量的7%，发电量占国内发电总量的4.2%。⑥根据国际可再生能源署（IRENA）在2016年《蒙古国可再生能源准备情况评估》中预测，蒙古国拥有可再生能源的开发潜力，约达2.6太瓦（2017年蒙古国电力装机容量约为1130兆瓦，1太瓦=106兆瓦）。⑦蒙古国的风力资源、太阳能均是较为富集且潜力巨大的可再生资源。据美国可再生能源实验室（NREL）对蒙古国的评估，该国风力资源年均可

---

① 王赵宾：《2015—2020年蒙古国的能源投资研究报告》，《能源》2014年第12期，第86页。

② 闫世刚：《"一带一路"下中国能源合作新战略：打造能源合作共同体》，对外经济贸易大学出版社2018年4月版，第93页。

③ http://blog.sina.com.cn/s/blog_149ec0d060102vm3q.html.

④ http://www.sohu.com/a/260073710_618422.

⑤ http://news.bjx.com.cn/html/20181024/936526.shtml.

⑥ http://www.sohu.com/a/260073710_618422.

⑦ IRENA (International Renewable Energy Agency), Mongolia renewables readiness assessment, March 2016, https://doc.mbalib.com/view/f945b5c5995d7b4428e5eca9ed6c63f6.html.

发电量几乎相当于 2017 年中国全口径发电量的三分之一。[①] 蒙古国全国年均日照时间为 2250—3300 小时，根据美国可再生能源实验室的测算，预计蒙古国戈壁沙漠地区的发电潜能，在世界同类地区中位列第三。[②]

为充分挖掘本国可再生能源的潜力，推进绿色能源的使用，蒙古国已将发展可再生能源列为能源领域的优先发展方向。2007 年，蒙古国政府颁布《可再生能源法》，该法明确了国家机关对于可再生能源利用的权力与义务，建立了可再生能源的许可证制度以及电价标准等，在整体上规范了蒙古国国内对可再生能源的开发和使用行为。2014 年，蒙古国国家大呼拉尔（议会）通过"绿色发展政策"，该政策的实施分为 2014—2020 年和 2020—2030 年两个阶段，"政策"指出蒙古国能源产业应降低温室气体排放，通过可再生能源和工业技术、减少能源过度消耗与浪费以及优化能源价格政策等手段，在 2030 年将本国的能源利用率提高 20%，同时"政策"还规定，可再生能源在 2020 年和 2030 年占能源供应的比例，应分别达到 20% 和 30%。2016 年，蒙古国国家大呼拉尔通过"蒙古国可持续发展构想 2030"，对可再生能源占国家能源消费的比例又制定出目标，即在 2016 至 2030 年的 15 年间，分三阶段使可再生能源占国家能源消费中的比例分别达到 20%、25% 和 30%。

中蒙煤电 1500 公里特高压直流输电项目的可行性研究已经完成，建设工作将在近期开始。如果该项目如期竣工，蒙古国将首次实现电力对外输出，中蒙能源合作也将愈加紧密。在这一基础上，中蒙两国应及时启动锡伯敖包煤电输一体化项目汇聚可再生能源输电的可行性研究，未来，中国应重视中蒙两国在可再生能源领域的合作潜力，利用蒙古国大力发展可再生能源的趋势以及与蒙古国风能、太阳能最为富集的南部地区相邻的优势，通过联合资源调研、制定具体合作路线图以及提供贷款等路径，加强同蒙古国在可再生能源领域的合作，共同探索构建"东北

[①] 李超：《蒙古国能否成为可再生能源电力输出国？》http://www.sohu.com/a/260073710_618422.
[②] 同上。

第五章　上海合作组织能源俱乐部法律机制重构的必要性和可行性

亚超级电网"。①

(二) 伊朗

伊朗是环里海五国之一，也是世界上唯一一个横跨里海和波斯湾两大富含油气区域的国家，扼守着世界上最为重要的能源运输通道霍尔木兹海峡，地缘地位特殊。②伊朗的石油、天然气、煤炭资源蕴藏丰富，仅仅占世界人口总量1%的伊朗，却拥有占全球储备7%的自然资源。据BP世界能源统计数据显示，2017年底伊朗石油探明储量为216亿吨，占全球石油探明储量的9.3%，居于全球第四位，仅次于委内瑞拉、沙特阿拉伯、加拿大三国，其产量为2.342亿吨，占全球产量的5.3%。20世纪末在伊朗境内发现的阿扎德甘油田是其最大的油田。而天然气的探明储量为33.2万亿立方米，占全球天然气探明储量的17.2%，居全球第二位，仅次于俄罗斯，2017年其产量为2239亿立方米，占全球的6.1%，仅居于美国和俄罗斯之后。③然而伊朗的天然气大部分供国内消费，2017年伊朗天然气消费量为2144亿立方米，占全球天然气消费的5.8%，该消费量占其国内天然气产量的95.76%，只有较少的天然气量对外出口，主要管道天然气销往土耳其，极少量的销往部分独联体国家和中东国家。同时，伊朗还从土库曼斯坦、阿塞拜疆等国进口少量的天然气。伊朗的天然气产量自2007年至2017年增长了45%，但与此同时其天然气的消费量也增长了42%，由此看来，伊朗天然气的产量与消费量呈现双高增长的局面。伊朗为欧佩克国家第二大石油生产国（沙特阿拉伯居第一位），拥有丰富的能源资源，但因长期受国际制裁，其国内资金严重短缺，迫切需要引入外资开发国内能源资源。伊朗的发电能力在全球排第14位，其发电能力及电力进出口均居中东地区之首，向亚美尼亚、巴基斯坦、土耳

---

① 李超：《蒙古国能否成为可再生能源电力输出国？》http://www.sohu.com/a/260073710_618422.

② 朱雄关：《"一带一路"背景下中国与沿线国家能源合作问题研究》，云南大学博士研究生学位论文，2016年，第92页。

③ 数据参考来源BP《2018世界能源统计年鉴》（2018年6月），见https://www.bp.com/content/dam/bp-country/zh_cn/Publications/2018SRbook.pdf.

其、伊拉克和阿富汗输出电力。①

自 2008 年世界经济危机及 2012 年西方国家对伊朗实施石油禁运和金融制裁以来，伊朗的原油出口限制在 100 万桶/日左右，减少近一半。2016 年 1 月制裁解除后，伊朗利用有限的伊核协议红利，大力提升原油生产量，2017 年原油峰值产量接近 400 万桶/日，日均出口 220 万桶。伊朗石化产品出口约占其非油贸易出口的三分之一，已成为其国内支柱产业之一。伊朗政府通过制定"社会、经济发展五年计划"，对国民经济的发展进行规划和调控，而其第六个"五个计划"（2016 年 3 月—2021 年 3 月）的年均经济增速目标为 8%，计划将石油产量提升至 470 万桶/日，计划吸引 300 亿—500 亿美元的外国投资，继续推动私有化进程等。伊朗为发展"抵抗型经济"出台了"20 年发展愿景规划"，其核心内容是减少对石油的依赖和创造更多的就业岗位，重要举措包括完善石油和天然气工业价值链，增加石油产品的附加值，提高电力、石化和石油产品的产量及出口等，其中，2025 年伊朗能源领域的目标为，产能将在 10 年内增加 5 万兆瓦，届时伊朗能源总产能将达到 12 万兆瓦。②

（三）白俄罗斯

白俄罗斯已经确定有超过 1 万种矿产，其中最重要的是石油、伴生天然气、泥炭、褐煤等。但是其国内的油气、煤炭储量并不能自给自足，高质量的石油储量较少，还需大量进口其他国家的石油、天然气和煤炭。白俄罗斯每年开采原油约 170 万吨，即国内需求量的 20% 左右，褐煤储量约为 13 亿吨，但实际上还未开采。白俄罗斯主要使用天然气发电和制热，本国的天然气主要在开采石油过程中获得，估计储量为 84 亿立方米。③ 2017 年，白俄罗斯一次能源消费量为 2320 万吨油当量，其中天然

---

① 中国石油新闻中心：《伊朗与亚美尼亚扩大天然气及电力合作》，http://news.cnpc.com.cn/system/2015/08/05/001553461.shtml.

② 商务部国际贸易经济合作研究院、中国驻伊朗大使馆经济商务参赞处、商务部对外投资和经济合作司：《对外投资合作国别（地区）指南》系列丛书之《伊朗》（2018版），"走出去"公共服务平台，http://fec.mofcom.gov.cn/article/gbdqzn/#.

③ 参考中华人民共和国驻白俄罗斯共和国大使馆经济商务参赞处《白俄罗斯的矿产和能源资源概况》，http://by.mofcom.gov.cn/article/ddgk/zwdili/201012/20101207278794.shtml.

气消费占全部消费量的66.81%，石油消费量占28.88%，煤炭消费量占比3.88%。2017年全年的天然气消费量为180亿立方米，约占全球天然气消费量的0.5%，其中，从俄罗斯进口管道天然气178亿立方米，几乎占白俄罗斯全年天然气消费量的98.89%。2017年全年的石油消费量为670万吨油当量，占全球石油消费量的0.1%；煤炭的消费量为90万吨油当量，不足全球煤炭消费量的0.05%。① 电力是白俄罗斯燃料能源工业的核心，也是其国民经济主要支柱领域之一。尽管苏联解体后该领域机构划归独立后的白俄罗斯所有，但由于其自身燃料资源、水资源和核能发电站储备严重匮乏，故白俄罗斯所需大量电力仍需进口，其电力能源中进口的天然气份额高达90%，② 主要从俄罗斯、乌克兰和其他非独联体的国家获得。为加强能源安全，减少进口能源需求量，白俄罗斯逐步开始在电力能源领域进行现代化改造，政府也颁布了一系列国家级纲领性文件以优先发展本国能源产业，同时确定走"燃料能源平衡多样化"道路，最大限度地合理利用各类原产地燃料。③

2015年2月10日，白俄罗斯部长会议批准了《2030年前白俄罗斯社会经济稳定发展战略》，该战略规划中的三个优先方向包括：人、经济、生态。2016年6月22—23日，第五届白俄罗斯国民大会讨论了《2016—2020年白俄罗斯经济社会发展规划草案》，并于年末该草案获得批准。该规划提出，白俄罗斯五年计划的主要目标是提高人民生活水平、增强白俄罗斯经济竞争力、吸引投资和创新性发展，而政府认为提高经济竞争力的基础是创新性发展、实体经济的健康发展、降低各类消耗、提高中小企业比重等。该规划中有80个大型投资项目，总金额超过270

---

① 数据参考来源BP《2018世界能源统计年鉴》（2018年6月），https://www.bp.com/content/dam/bp-country/zh_cn/Publications/2018SRbook.pdf.
② 商务部国际贸易经济合作研究院、中国驻白俄罗斯大使馆经济商务参赞处、商务部对外投资和经济合作司：《对外投资合作国别（地区）指南》系列丛书之《白俄罗斯》（2018版），"走出去"公共服务平台，http://fec.mofcom.gov.cn/article/gbdqzn/#.
③ 同上。

亿美元，其中有关能源领域的项目包括核电站建设等。①

（四）阿塞拜疆

阿塞拜疆国名意为"火的国家"，是东欧和西亚的"十字路口"。阿塞拜疆的石油和天然气资源丰富，主要分布在阿普歇伦半岛和里海大陆架。阿塞拜疆里海区域的石油探明储量为 20 亿吨，地质储量约 40 亿吨，石油具有埋藏浅、杂质少的特征。② 2017 年的石油产量为 3920 万吨，占全球石油产量的 0.9%。天然气的探明储量为 2.55 万亿立方米，约占全球天然气探明储量的 0.7%，远景储量 6 万亿立方米。2017 年阿塞拜疆天然气产量为 177 亿立方米，占全球天然气产量的 0.5%，比前几年的产量略少。③ 据美国能源信息署（EIA）的报告称，阿塞拜疆是里海地区（尤其是欧洲市场）原油和天然气的重要供应国。阿塞拜疆的天然气出口成为该国经济中重要的一部分。④

阿塞拜疆地处欧亚交界处并拥有里海最大港口，南北方向位于俄罗斯和伊朗中间，东西方向处在中亚和外高加索之间，拥有较便捷的公路、铁路、能源管道和外高加索地区最大的民用机场，为其提供了发展跨国运输业的良好条件。但除了里海港口之外，阿塞拜疆没有出海口，其石油运输主要通过管道方式，目前共有三条原油运输管道，包括巴库—新罗西斯克管道、巴库—苏普萨管道和巴库—第比利斯—杰伊汉管道，可将里海及沿岸地区生产的石油直接输往黑海和地中海港口。但三条管道

---

① 商务部国际贸易经济合作研究院、中国驻白俄罗斯大使馆经济商务参赞处、商务部对外投资和经济合作司：《对外投资合作国别（地区）指南》系列丛书之《白俄罗斯》（2018版），"走出去"公共服务平台，http://fec.mofcom.gov.cn/article/gbdqzn/#.

② 商务部国际贸易经济合作研究院、中国驻阿塞拜疆大使馆经济商务参赞处、商务部对外投资和经济合作司：《对外投资合作国别（地区）指南》系列丛书之《阿塞拜疆》（2018版），"走出去"公共服务平台，http://fec.mofcom.gov.cn/article/gbdqzn/#.也有说法称，阿塞拜疆的大部分陆地石油资源在20世纪已被开采殆尽，而里海海底的一些石油资源实际上是阿塞拜疆的经济潜力和生存的唯一基础。见［俄］C.3.日兹宁：《俄罗斯能源外交》，王海运、石泽译审，人民出版社2006年版，第242页。

③ 参考：BP《2018世界能源统计年鉴》（2018年6月），https://www.bp.com/content/dam/bp-country/zh_cn/Publications/2018SRbook.pdf；https://baike.baidu.com/item/%E9%98%BF%E5%A1%9E%E6%8B%9C%E7%96%86/129306?fr=aladdin#3.

④ http://news.cnpc.com.cn/system/2019/02/26/001721057.shtml.

的输送能力总和超过阿塞拜疆国内现阶段的原油产能，故其还在与哈萨克斯坦、土库曼斯坦等里海地区的其他产油国之间开展石油过境运输合作。

阿塞拜疆里海"沙赫德尼兹气田"是该国最大的天然气田，也是目前世界上最大的天然气田之一。该气田的名称意为"国王海"，其位于里海南端的海底，距巴库海岸约70公里，深约600米。从"沙赫德尼兹气田"出产的天然气，经格鲁吉亚向土耳其方向输送。这条天然气管线的启动，标志着由跨里海—黑海地区向南欧方向的"南方天然气走廊"的正式开通。①"南方天然气走廊"项目用以向欧盟各国提供可供替代俄罗斯气源的额外天然气，是目前欧洲实施的最大基础设施项目之一，预示着欧洲能源供应市场将出现多元化新格局。"南方天然气走廊"项目，主要由南高加索天然气管道扩建项目、"跨安纳托利亚天然气管道"（Trans-Anatolian natural gas pipeline 或 TANAP）（或称塔纳普天然气管线）、"跨亚得里亚海天然气管道"(TAP) 等多条管线组成，沙赫德尼兹气田是该走廊项目的起点，该项目总成本约400亿美元。目前有7个国家参与这个项目，包括阿塞拜疆、格鲁吉亚、土耳其、希腊、意大利、保加利亚和阿尔巴尼亚等，预计下一步克罗地亚、黑山和波斯尼亚和黑塞哥维那也会加入合作。②据阿塞拜疆能源部长 Parviz Shahbazov 在第七届国际里海能源论坛2018年会议上表示，"南方天然气走廊"项目将能够提供巴尔干国家天然气约40%—50%的需求。③

阿塞拜疆是现代石油开采工业的发祥地，石油开采也是其国内最重要的产业部门，但阿塞拜疆将石油开采完全垄断在国有公司手里。阿塞拜疆国家石油公司（SOCAR）是其国内唯一的石油产品生产企业，同时肩负着政府对石油行业的管理职责，管理和掌控石油区块的开发权，收取石油税收、管理和使用国家石油基金等。阿塞拜疆作为一个拥有丰富

---

① 《"南方天然气走廊"正式开通——阿塞拜疆参与构建欧洲能源新格局》，《中国青年报》2018年6月6日第6版。

② 同上。

③ http://www.nengyuanjie.net/article/18842.html。

油气资源的内陆小国,必须加强与周边邻国的合作,坚持多元平衡、扩大区域合作的外交政策,才能在合作中凸显自身的资源优势。阿塞拜疆需加强与格鲁吉亚、土耳其之间的合作,也需发展与俄罗斯、伊朗和中亚国家的友好关系。2012年底,阿塞拜疆总统批准了《阿塞拜疆2020年·展望未来》的发展纲领,确定本国发展目标是要形成多元化的、高效的和具有竞争力的国民经济,确保社会经济领域和精神领域的可持续发展,加快各领域发展进程。近年来,受国际油价长期低迷的影响,阿塞拜疆政府对本国经济发展战略作出了重要调整,把发展非油气经济作为重要发展方向,优先吸引外资投向非油气领域。2014年12月26日批准的《阿塞拜疆共和国2015—2020年工业发展纲要》的部分主要任务就体现了这一调整方向,即促进非油气工业引进国内外投资,发展出口导向型非油气产业等,这一发展纲要将阿塞拜疆的工业化进程推进全新发展阶段。与此同时,阿塞拜疆还注重加快新能源领域的发展,政府计划在阿里海所属海域的比拉拉赫岛和陆地之间的石油开采区建设里海比拉拉赫岛风电园,建成后将成为全球第一座海上石油开采区风电站。[①] 2016年12月6日,阿塞拜疆政府批准了《阿塞拜疆国家经济发展战略线路图》,该路线图将阿塞拜疆未来的经济发展划分为三个时期:即《2016—2020年经济发展战略及措施计划》《2025年远景》和《2025年后发展目标》。

(五) 斯里兰卡

斯里兰卡的国名全称为斯里兰卡民主社会主义共和国,国土面积仅有65610平方公里,据2017年统计的人口约为2144万。斯里兰卡的主要矿藏有石墨、宝石、钛铁、锆石、云母等,渔业、林业和水力资源比较丰富。[②] 从能源结构来看,斯里兰卡的油气、煤炭资源较为贫瘠,可再

[①] 商务部国际贸易经济合作研究院、中国驻阿塞拜疆大使馆经济商务参赞处、商务部对外投资和经济合作司:《对外投资合作国别(地区)指南》系列丛书之《阿塞拜疆》(2018版),"走出去"公共服务平台, http://fec.mofcom.gov.cn/article/gbdqzn/#.

[②] 外交部:"斯里兰卡国家概况(更新时间:2019年1月)", https://www.fmprc.gov.cn/web/gjhdq_676201/gj_676203/yz_676205/1206_676884/1206x0_676886/.

生能源潜力巨大。其中，风能条件较好，风电的理论潜能达到35吉瓦；斯里兰卡的河流众多（主要的河流就有16条）且水流量丰富，水利资源的理论蕴藏量为8250吉瓦/小时；[①]从1986年起斯里兰卡政府即大力推行太阳能工业，并将之作为国内电力能源结构的重要组成部分。然而，利用石油制品运行的热电站目前仍是斯里兰卡最大的发电来源，水电资源蕴藏丰富但目前实际开发程度较低，且水力发电还采用的是最为原始的技术，太阳能光伏发电受成本与技术所限，发展远未达到预期，政府大力通过提供贷款和补贴等形式推进对燃煤电力消费的设施替代但收效颇微。总之，斯里兰卡的可再生能源工业尚处于起步阶段，发展速度还较为缓慢。根据斯里兰卡锡兰电力局的发电规划，到2020年，可再生能源将占其发电结构比例的20%；到2025年，所占比例将达到21.4%；到2034年将实现100%可再生能源供电，并且以风电为主，其次是小型水电，生物质能和太阳能。[②]

2017年，斯里兰卡的一次能源消费量770万吨油当量，约占全球一次能源消费量的0.1%。受其岛国的地理位置和资源状况所限，目前斯里兰卡的石油消费较多，占其全部一次能源消费量的68.83%，[③]石油消费完全依赖进口并主要由政府控制，其他主体均无权自由进口，其次消费就是煤炭、水电、可再生能源等，而斯里兰卡全年几乎无天然气消费。

在过去20年里，斯里兰卡的电力需求年增长率约为5%—6%，目前主要依赖于火力发电。2017年，斯里兰卡公共事业委员会批准了CEB未来20年长期发电规划，包括大水电、小水电、太阳能发电、风力发电、生物质能发电、液化天然气发电、高炉燃油发电及蒸汽轮机发电等的装机容量增长计划，旨在确保斯里兰卡能源安全，并兼顾发电成本。由中国提供贷款建设的普特拉姆煤电站是斯里兰卡目前唯一一个燃煤电站项目，该电站装机容量占其全国装机容量的约23%，年发电量占其全

---

① http://www.oeeee.com/mp/a/BAAFRD00002017060940030.html.
② http://www.oeeee.com/mp/a/BAAFRD00002017060940030.html.
③ 数据参考来源BP《2018世界能源统计年鉴》（2018年6月），https://www.bp.com/content/dam/bp-country/zh_cn/Publications/2018SRbook.pdf.

国用电量的约37%。斯里兰卡电力局制定了"最低成本长期电力扩张计划2018—2037",旨在利用最可持续的技术确定最低成本的电站供应,以满足预期增长的电力需求,避免国家电力短缺。2017年6月。斯里兰卡电力与可再生能源部表示,今后太阳能将成为斯里兰卡发电的主要能源之一。①

斯里兰卡是位于南亚次大陆以南印度洋上的一个岛国,西北隔保克海峡与印度相望,素有"印度洋上的明珠"之称。②这颗印度洋上的明珠位于北印度洋的战略水道之上,同时地处红海与马六甲海峡之间,成为连接东西方贸易上的天然中间站。由于斯里兰卡紧邻亚欧国际主航线,在货物转运、船舶中转和补给等方面地缘优势比较明显,因此利用其港口发展运输业、贸易等服务业便成为其主要经济来源。2017年斯里兰卡的服务业产值占其GDP的比重约为56.8%。斯里兰卡的主要港口有科伦坡、汉班托塔、高尔和亭可马里。其中,汉班托塔港位于斯里兰卡的最南端,是孟加拉湾的门户,以不足10海里的距离扼守全球最繁忙的航线,全球50%以上的集装箱货运和60%以上的石油运输都要经过该港口。该港口不仅可以辐射到印度和南亚各国,还可以辐射东南亚及非洲地区。2017年年底,斯里兰卡以债转股的方式将其汉班托塔港的经营权移交中国,中国公司总占股70%,并且拥有该港口区域内约12平方公里土地的租赁和开发权,特许经营期限为99年。

一直以来,斯里兰卡与印度之间有着悠久的历史和地缘关系。斯印两国间的保克海峡和马纳尔湾最窄处仅仅30公里,在印度东南海岸与斯里兰卡本岛的锡兰岛西北的海平面下,有一种水下"桥梁"将两国连接到一起,即"亚当桥"(Adam's Bridge),亦称拉马桥(Rama's Bridge),

---

① 商务部国际贸易经济合作研究院、中国驻斯里兰卡大使馆经济商务参赞处、商务部对外投资和经济合作司:《对外投资合作国别(地区)指南》系列丛书之《斯里兰卡》(2018版),"走出去"公共服务平台,http://fec.mofcom.gov.cn/article/gbdqzn/#.

② 外交部:"斯里兰卡国家概况"(更新时间:2019年1月),https://www.fmprc.gov.cn/web/gjhdq_676201/gj_676203/yz_676205/1206_676884/1206x0_676886/.

最深处也不过 10 米。①

（六）柬埔寨

柬埔寨是东南亚国家联盟的成员国，国土面积约 18 万平方公里，全国人口约 1480 万，而贫困人口就约占到总人口的 14%，②是世界上最不发达的国家之一。柬埔寨位于中南半岛，西部及西北部与泰国接壤，东北部与老挝交界，东部及东南部与越南毗邻，南部则面向泰国湾。泰国湾被马来西亚、泰国、越南和柬埔寨四个国家瓜分，但除了柬埔寨外的其他三国都在泰国湾有为数不少的油气田且油气产量颇丰，可以推测柬埔寨也应富含油气，仅仅是因为该国并未勘测开发而已。

长期以来，柬埔寨的石油消费完全依赖进口，2017 年才与克里斯能源公司签订油田开采协议，预计 2020 年自产出第一滴石油，从而实现"自产石油梦"。③截至 2018 年年中，柬埔寨在陆地和海域发现了 25 块油田，可年产 500 万吨石油。陆地油气田分为 19 个区块，目前只有一家越南公司申请取得了一个区块油气区的勘探权，其余尚未确定。海域油气田被划分为六个区块，其中 A 区块的油气储量最高，水深约为 50 米至 80 米，A 区和 B 区块油气田预计 2019 年底可生产石油。由中国公司投资的柬埔寨首家炼油厂将于 2019 年年底开始建设，该炼油厂初步年产量 200 万吨石油，并于 2023 年年底完成第二阶段炼油厂施工工程，届时炼油能力将增至年产量 500 万吨。④显而易见，柬埔寨意欲实现"自产石油梦"，而本国又欠缺资金与技术，则未来油气对外合作的潜力巨大，外资进入柬埔寨进行能源合作的市场广阔。

柬埔寨工业矿产能源部数据显示，2017 年柬埔寨全国电力供应为 81.5 亿度，而国内发电 65 亿度，其余则从泰国、越南、老挝进口。在

---

① https://baike.baidu.com/tashuo/browse/content?id=7d03a8b899cd04beecd7a838&lemmaId=213964&lemmaId=213964&fr=qingtian.

② 外交部："柬埔寨国家概况"（最近更新时间：2019年1月）https://www.fmprc.gov.cn/web/gjhdq_676201/gj_676203/yz_676205/1206_676572/1206x0_676574/.

③ 《2020年，柬埔寨将实现"自产石油梦"？》http://www.sohu.com/a/164036185_413350.

④ 《柬埔寨25块油田可年产500万吨石油》，《高棉日报》2018年7月20日，http://wemedia.ifeng.com/70152871/wemedia.shtml.

柬埔寨部分城市和大部分农村地区,电力供应质量仍不稳定,无法保证24小时供电,供电的价格也偏高。柬埔寨正在制定电力中期规划,通过建设大型火电厂及天然气厂实现能源供应多元化,减少对石油的依赖性,降低发电成本,计划开发所有具备潜力的水电站。并计划在全国范围内建设三大主电网以降低供电成本,完成"2020年将电力覆盖到全国,2030年使全国70%的家庭有电用"的目标。①

（七）亚美尼亚

亚美尼亚是位于亚洲与欧洲交界处的外高加索南部的内陆国,西接土耳其、南接伊朗、北临格鲁吉亚、东临阿塞拜疆。该国以山地地形为主,小高加索山脉贯穿亚美尼亚北部和南部,西部的阿拉加茨山脉是其境内海拔最高的山脉,东部地区是塞凡洼地,西南部地区是亚拉腊大平原。亚美尼亚的总面积2.97万平方公里,山区占了国土面积的80%,截至2019年1月的人口为296.92万。②2015年1月,正式加入俄罗斯主导并由白俄罗斯、哈萨克斯坦、吉尔吉斯斯坦作为成员国的欧亚经济联盟。

亚美尼亚的石油、天然气、煤炭等资源都比较匮乏,国内83%的天然气从俄罗斯进口③。俄罗斯目前已经完全控制了亚美尼亚的能源、电力部门,并试图进一步控制亚美尼亚的大型企业和能源。亚美尼亚电力资源较为丰富,电力生产是亚美尼亚的支柱产业和重点产业,也是政府重点扶持和发展的项目,其中火力发电占36.8%,水力发电占29.1%,核能发电占33.6%。④尽管欧盟一直坚持要求亚美尼亚关闭核电站,但亚美尼亚与俄罗斯签署了延长核电站使用寿命的双边协议,将一直使用到2026

---

① 商务部国际贸易经济合作研究院、中国驻柬埔寨大使馆经济商务参赞处、商务部对外投资和经济合作司:《对外投资合作国别（地区）指南》系列丛书之《柬埔寨》（2018版）,"走出去"公共服务平台,http://fec.mofcom.gov.cn/article/gbdqzn/#.

② 外交部:"亚美尼亚国家概况"（最近更新时间:2019年1月）,https://www.fmprc.gov.cn/web/gjhdq_676201/gj_676203/yz_676205/1206_677028/1206x0_677030/.

③ http://guangfu.bjx.com.cn/news/20180125/876827.shtml.

④ 商务部国际贸易经济合作研究院、中国驻亚美尼亚大使馆经济商务参赞处、商务部对外投资和经济合作司:《对外投资合作国别（地区）指南》系列丛书之《亚美尼亚》（2018版）,"走出去"公共服务平台,http://fec.mofcom.gov.cn/article/gbdqzn/#.

年，同时亚美尼亚还计划新建一座全部使用欧洲安全标准的核电站。亚美尼亚是外高加索三国（格鲁吉亚、亚美尼亚、阿塞拜疆）唯一的电力出口国，其向伊朗、格鲁吉亚的两条高压架空输电线路建设预计于2019年底完工，这两条架空输电线路的建设将有利于发展互惠互利的俄罗斯—格鲁吉亚—亚美尼亚—伊朗区域合作，[①]并正在与伊朗实施"气换电"项目。但目前，由于输配电网线路陈旧老化，常有断电情况发生。亚美尼亚的日照资源优于大半欧洲国家，近年来该国政府致力于调整本国的能源结构，积极推动绿色能源的发展以降低对俄罗斯能源进口的依赖。

---

① http://www.sohu.com/a/153591757_249929.

第六章　上海合作组织能源俱乐部法律机制重构借鉴与主要模式比较

第一节　几种主要的国际能源合作法律机制及比较分析

能源已经成为牵动世界政治经济发展最重要、最敏感的一条神经，深深地影响并重塑着21世纪的世界。能源安全也已经成为国家综合安全、经济繁荣发展与全球秩序稳定的重要基础。目前，各国为寻求能源安全，通过多种方式实现能源合作与对话。总体上，国际能源治理的法律机制各自为政，呈现高度"碎片化"和"交叠化"态势，能源治理的效果不彰。[①]从全球层面来看，大致有如下方式：

（1）各国通过正式或非正式的多边会议论坛开展能源对话，如八国集团会议、国际能源论坛、天然气输出国论坛以及上海合作组织域内国家参与的东亚峰会能源合作机制、大湄公河次区域经济合作机制等。

（2）常设的能源合作平台机制，中国—东盟能源合作对话机制、中国—海合会战略对话能源部长级会议、中国—阿拉伯国家合作论坛等。

（3）统一的国际能源组织，提供某一类国家或某一类能源的治理机制，侧重于技术性治理规则，可称之为能源治理之"术"。如国际能源

[①] 王新萍：《构建绿色低碳的全球能源治理格局》，《人民日报》2016年9月30日；于宏源：《迈向新时代的全球能源治理》，鲁刚、毛吉康：《全球能源治理：理论、趋势与中国路径》，社会科学文献出版社2018年版，序。

署、能源宪章条约组织、阿拉伯石油输出国组织、欧佩克、国际可再生能源机构等。

除此之外，还有一类如 G20 峰会、金砖国家等，提供全球能源发展趋势引导的治理机制，侧重于提供方向性引导，可称之为能源治理之"道"，并不太涉及具体的能源合作法律机构设置、运行机制等。

一 多边能源合作论坛或对话机制

（一）天然气输出国论坛

天然气输出国论坛（Gas Exporting Countries Forum，GECF）是一个集聚世界上领先天然气生产国的政府间组织。成立初期，天然气输出国论坛的组织结构十分松散，是个典型的论坛式组织，对成员国及国际能源格局的影响较为有限。2001 年 5 月，在伊朗时任石油部长赞加内的召集下，来自 11 个天然气生产国的代表在伊朗首都德黑兰召开了第一届部长级会议，除俄罗斯、伊朗、卡塔尔三个天然气储量最大的生产国外，参会的还有其他 8 个天然气生产国的代表，该次会议在国际上普遍被认为是天然气输出国论坛的创立大会。其意致力于建立一个生产者之间、生产者与消费者之间、政府与天然气工业之间的对话平台，为各天然气生产国协调利益、化解歧见提供帮助，并推动建立一个更加稳定与透明的国际天然气市场。[①] 此时的天然气输出国论坛并未确立章程，也没有固定的组织机构，仅仅是天然气生产国之间进行对话和信息交流的国际论坛。

2002 年，刚就任总统才两年的普京就向土库曼斯坦总统尼亚佐夫建议，由俄罗斯和中亚国家成立一个"欧亚天然气联盟"，以协调彼此的天然气生产。2007 年 1 月，伊朗向俄罗斯建议成立一个类似欧佩克的天然气输出国组织。2008 年 10 月 21 日，俄罗斯联合伊朗、卡塔尔在德黑兰宣布将组建天然气输出国组织，并着手起草组织协定。2008 年 12 月 23 日，天然气输出国论坛第七届部长级会议于莫斯科举行，在俄罗斯总统

[①] 王涛、曹峰毓：《天然气出口国论坛的缘起发展及困境》，《国际石油经济》2015年第4期。

普京的推动下，通过了该组织的条约和组织机构，该论坛决定成立行政办公室和秘书处，秘书处就设在卡塔尔的首都多哈。在此之前，该组织一直没有章程和固定的成员结构。根据天然气输出国论坛的条约规定，秘书处有五个功能性部门，即天然气市场分析部、数据信息服务部、能源经济预测部、公共管理及财政部、秘书长办公室。另外，受秘书处直接管理的有法律顾问、内部审计师、公关人员。

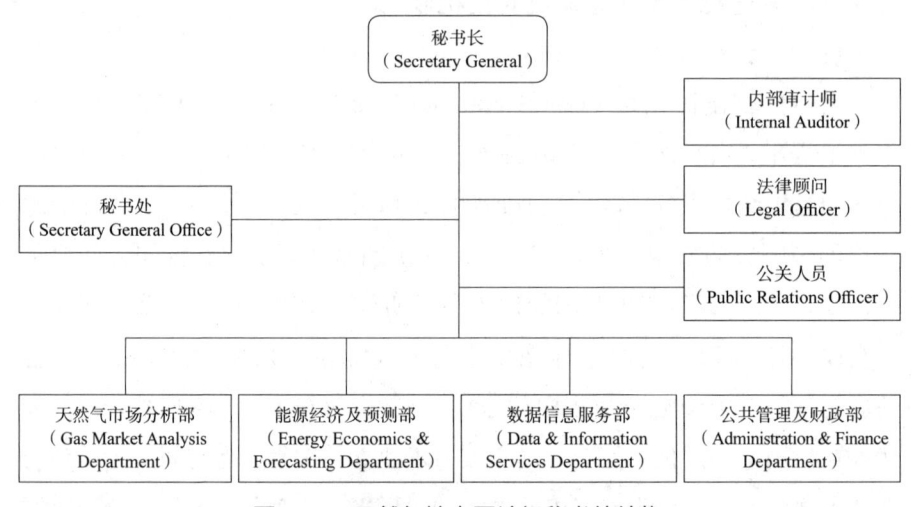

图6—1　天然气输出国论坛秘书处结构

天然气输出国论坛的成员国一共有12个，包括：阿尔及利亚、玻利维亚、埃及、赤道几内亚、伊朗、利比亚、尼日利亚、卡塔尔、俄罗斯、特里尼达和多巴哥、阿拉伯联合酋长国和委内瑞拉。该组织的观察员国有阿塞拜疆、伊拉克、挪威、哈萨克斯坦、阿曼、秘鲁和安哥拉。该组织的成员共同控制世界天然气探明储量的70%以上，管道贸易的38%和85%液化天然气（LNG）的生产，其中该论坛的三个创始成员国——俄罗斯、伊朗、卡塔尔合计控制世界天然气储量的57%，是该组织储量最大的成员。[①]

天然气输出国论坛一直被国际上冠以"天然气欧佩克"之称，俄罗

---

① GECF Overview, https://www.gecf.org/about/overview.aspx；罗英杰：《国际能源安全与能源外交》，时事出版社2013年版，第60页。

斯也希望联合全球主要的天然气生产国实现类似欧佩克对原油价格的控制那样，对天然气的定价权实施影响。但实际上其距离该目标尚远。天然气不同于石油，目前天然气的输送方式仍主要依赖管道，因此在还未形成全球贯通的天然气管道的情况下，天然气的输送就受制于现有的管道网络。目前的天然气输出国论坛尚未囊括全部的天然气储量及产量大国，尚有美国、加拿大、荷兰、挪威、土库曼斯坦、沙特阿拉伯等重要的天然气生产国并未加入该组织，该组织中现有成员国的天然气储量、产量、出口均较为分散，全球统一的天然气市场短期内尚难以形成，形成全球统一的天然气价格也还任重道远。

(二) 国际能源论坛

国际能源论坛（International Energy Forum，简称IEF），2000年前称为"国际能源会议"，是在全球范围内能源生产国与消费国定期举办的一个重要的能源对话会，为各国在非正式场合讨论能源问题提供平台，以便在各主要能源生产国和消费国间建立信任、信息交流和加深对潜在的、具有世界性影响的能源问题的理解，旨在促进其成员之间对共同能源利益的相互理解和认识。近年来，国际能源论坛越来越多地探讨石油天然气发展中全球共同面对的问题。根据会议制定的程序，国际能源论坛每年召开一次，每次持续2—3天，会议地点设在同意主办论坛的国家，东道国应在上一次会议上表达主办的愿望，并为来自世界不同地区的能源工业领袖们提供就预先选择的三个现实问题发表意见的机会。

论坛的70个成员国是《国际能源论坛宪章》的签署国，该宪章概述了通过这一政府间安排开展全球能源对话的框架。成员涵盖六大洲，其能源资源占全球供应量的90%左右。国际能源论坛合作的独特之处在于，它不仅包括消费国的国际能源机构和生产国的石油输出国组织，而且主要参与者以外的会员，包括阿根廷、中国、印度、墨西哥、俄罗斯和南非。这些主要国家与其他重要的发达国家和发展中国家共同组成了31个强有力的国际能源论坛执行委员会，积极支持通过国际能源论坛开展全球能源对话。

国际能源论坛是非正式、公开、知情和持续的全球能源对话的中立推动者。国际能源论坛成员国认识到它们在能源领域的相互依存关系，在论坛的中立框架下进行合作，以增进相互了解和对共同能源利益的认识，确保全球能源安全。论坛每两年举行一次的部长级会议是世界上最大的能源部长会议。这种接触的规模和多样性证明了国际金融论坛作为一个中立的促进者和真诚的解决方案协调者的地位。通过论坛及其相关活动，国际能源论坛的部长、官员、能源行业高管和其他专家参与了对全球能源安全日益重要的对话。

(三) 亚太经济合作组织能源合作机制

1989年1月31日，澳大利亚总理霍克在访问韩国的一次发言中公开倡议召开"亚洲及太平洋国家部长级会议"。十个月之后，包括东盟六国（文莱、印度尼西亚、马来西亚、菲律宾、新加坡、泰国）及澳大利亚、美国、日本、韩国、新西兰、加拿大等在内的共计12个亚太经济体相聚在澳大利亚首都堪培拉，决定设立亚太经济合作组织（Asia-Pacific Economic Cooperation，APEC）。除了上述创始成员国外，后来加入亚太经济合作组织的成员国还包括中国、中国香港、中国台北、墨西哥、巴布亚新几内亚、智利、秘鲁、俄罗斯、越南等，成员国达到21个。1989年至1992年期间，亚太经济合作组织仅作为一个非正式高官会议和部长级对话平台，1993年后才开始每年召开亚太经济合作组织领导人非正式会议。目前，该组织已成为亚太地区重要的经济合作论坛。

该组织拥有全球五大能源需求国中的四个，拥有占全球60%左右的能源需求。因此，能源合作问题是亚太经济合作组织中的一个重要议程。该组织的各个成员自组织成立之初就表达了能源合作的诉求，1989年该组织召开的第一届部长级会议上，各方就将能源确定为合作领域，认为应就基本的能源供需前景、能源政策、优先发展领域、能源使用对环境的影响等情况加强地区交流。1990年召开的第二届部长级会议，确定了地区能源合作的宗旨，设立了该组织的能源工作组（Energy Working Group，EWG）。能源工作组每年召开两次会议，是一个基于自愿、协商一致原则而设立的区域性能源论坛，在部长级会议的指导下开展工作，其工作目标是通过信息和数据交流、联合研发、开放贸易和投资，增强国内和本地区的能源安全，并降低本地区能源供应和使用的碳强度。亚太经济合作组织的能源合作，主要根据2000年由能源工作组首先提出并经2001年第九次亚太经济合作组织领导人非正式会议通过的"亚太经济合作组织能源安全倡议"（Energy Security Initiative，ESI）机制开展，加强地区能源安全，研究本地区能源供应面临的短期问题和长远挑战的应对之策。亚太经济合作组织设两个子研究机构即亚太能源研究中心（Asia Pacific Energy Research Centre，APERC）和亚太经济合作组织可持续能源中心（APEC Sustainable Energy Centre，APSEC）。[①] 亚太经济合作组织的能源合作有两个明确的目标，即"到2030年将可再生能源包括电力在该组织能源结构中的比重提高一倍"，"到2035年将该组织的总能源强度在2005年的基础上降低45%"。

中国于1991年就加入了亚太经济合作组织能源工作组，之后，中国积极参加能源工作组举行的每次会议，积极参与该组织成员在能源政策、信息、技术、投资、标准标识、核安全及环境保护等方面的合作事宜。[②] 中国还积极参加亚太经济合作组织建立的能源部长会议机制。2014年9月2日，亚太经济合作组织第十一届能源部长会议在北京召开，中国提出必须加快转变经济发展方式，探索多元、节约、绿色、低碳的可持续发展之路。要深入开展能源开发领域的协商和合作，大力促进能源投资和贸易，全面加强先进能源技术的研发推广，提高能源利用效率，强化能源安全保障，携手共建面向未来的亚太能源伙伴关系。[③]

（四）中国—阿拉伯国家合作论坛

2004年1月30日，时任国家主席胡锦涛访问了设在埃及开罗的阿拉伯国家联盟总部，会见结束后，李肇星外长与联盟秘书长穆萨共同宣

[①] APEC, https://www.apec.org/Groups/SOM-Steering-Committee-on-Economic-and-Technical-Cooperation/Working-Groups/Energy.

[②] 中华人民共和国国家计划委员会交通能源司：《中国能源97白皮书》，中国物价出版社1997年版，第114页，转引自伍福佐、沈丁立《东亚能源开发与能源安全保障合作——中国的法律与政策视野》，《复旦国际关系评论》2007年第1期。

[③] 《张高丽会见亚太经合组织能源部长会议与会代表并致辞》，《人民日报》2014年9月3日第一版。

布成立"中国—阿拉伯国家合作论坛"(China-Arab States Cooperation Forum),并发表了成立公报。阿拉伯国家联盟目前有 22 个成员国,包括约旦、阿拉伯联合酋长国、巴林、突尼斯、阿尔及利亚、吉布提、沙特阿拉伯、苏丹、叙利亚、索马里、伊拉克、阿曼、巴勒斯坦、卡塔尔、科摩罗、科威特、黎巴嫩、利比亚、埃及、摩洛哥、毛里塔尼亚、也门。

该论坛的组织机构包括:(1)部长级会议:是论坛的长期机制,由各国外长和阿拉伯国家联盟秘书长组成,每两年在中国或阿拉伯国家联盟总部或任何一个阿拉伯国家轮流举行 1 次部长级例会,必要时可以召开非常会议。会议主要讨论加强中国和阿拉伯国家在政治、经济、安全等领域的合作,就共同关心的地区和国际问题、联合国及其专门机构会议所讨论的热点问题交换意见。(2)高官委员会:每年召开例会,由中阿双方轮流承办,必要时经双方同意也可随时开会。负责筹备部长级会议并落实部长级会议的决议和决定,并举行中阿高官级战略政治对话。(3)其他机制:除部长级会议和高官会外,论坛框架下逐步形成了各种合作机制,尤其是其中的中阿能源合作大会,是中国与阿拉伯国家联盟成员国在能源领域最高级别和最具影响力的多边、双边国际合作盛会。①(4)联络组:中国驻埃及大使馆为中方联络组,阿拉伯驻华使节委员会和阿盟驻华代表处为阿方联络方,负责双方的联络并落实部长会和高官会的决议和决定。论坛中方秘书处办公室设在中国外交部西亚北非司。②

2014 年 6 月,习近平主席出席中国—阿拉伯国家合作论坛第六届部长级会议时发表了"弘扬丝路精神深化中阿合作"的重要讲话,其中提到构建"1+2+3"的合作格局,即以能源合作为主轴,以基础设施建设、贸易和投资便利化为两翼,以核能、航天卫星、新能源三大高新领域为新的突破口,未来 10 年,争取把中阿贸易额从 2013 年的 2400 亿美元增

---

① 《第六届中阿能源合作大会在开罗开幕》,中阿合作论坛官网,http://www.chinaarabcf.org/chn/jzjs/nyhzdhs/t1611027.htm.
② 中阿合作论坛官网,http://www.chinaarabcf.org/chn/gylt/t540745.htm.

第六章 上海合作组织能源俱乐部法律机制重构借鉴与主要模式比较

至6000亿美元。①国家主席习近平在2016年1月21日出访阿拉伯国家联盟总部时发表讲话称，中国是阿拉伯国家第二大贸易伙伴，倡议共建"一带一路"，探索"石油、贷款、工程"一揽子合作模式，延伸传统油气合作链条，合作开发新能源、可再生能源，构建互惠互利、安全可靠、长期友好的中阿能源战略合作关系。②2018年11月6日，第六届中阿能源合作大会在开罗举行，中方希望与阿拉伯联盟国家致力于建立"油气和低碳能源"双轮驱动、"金融与高新技术"两翼齐飞的中阿能源命运共同体，将中阿能源合作提升到新的高度。③

二 常设的能源合作平台机制

（一）中国—东盟能源合作对话机制

东南亚国家联盟，简称"东盟"，1967年8月7日、8日，印度尼西亚、泰国、新加坡、菲律宾四国外长和马来西亚副总理在曼谷举行会议，发表了《曼谷宣言》，正式宣告东南亚国家联盟成立。至今，东盟有10个成员国，即马来西亚、印度尼西亚、泰国、菲律宾、新加坡、文莱、越南、老挝、缅甸和柬埔寨。除此之外，东盟成立30周年时即1997年发起与中国、日本、韩国三个国家的领导人会议，在马来西亚首都吉隆坡举行，各国主要就21世纪东亚地区的前景、发展和合作问题坦诚、深入地交换了意见，取得了广泛共识，这是首届东盟—中日韩"10+3"领导人会议，此后每年举行非正式会晤。

能源合作是中国与东盟合作机制下的一个重要领域。2002年中国与东盟签署了《中国与东盟全面经济合作框架协议》，将环境和能源列入双方合作领域，自2003年起，中国、日本、韩国与东盟之间开始了能源对

---

① 习近平：《弘扬丝路精神深化中阿合作》，习近平出席中阿合作论坛第六届部长级会议的重要讲话，http://politics.people.com.cn/n/2014/0605/c1024-25109531.html。
② 习近平：《共同开创中阿关系的美好未来——在阿拉伯国家联盟总部的演讲》，2016年1月21日，http://politics.people.com.cn/n1/2016/0122/c1024-28074930.html。
③ 《第六届中阿能源合作大会在开罗开幕》，中阿合作论坛官网，http://www.chinaarabcf.org/chn/jzjs/nyhzdhs/t1611027.htm。

213

话与合作,并在东盟—中日韩"10+3"框架内设立了"亚洲能源合作工作组"。2004年6月,第一届东盟和中日韩能源部长正式会议在马尼拉举行,会议就本地区能源供应安全和加强能源领域合作进行了商讨,以减少国际油价波动给本地区发展带来不利影响。同年11月,温家宝总理在第八次中国—东盟领导人会议上的发言,提议建立中国—东盟能源部长对话机制,充分利用东盟—中日韩能源部长会议,就稳定能源供应、确保运输安全等进行对话与合作。自此之后,东盟—中日韩"10+3"能源部长会议每年召开一次,由东盟成员国轮流主办。能源合作的具体运作机构是能源高官会,在高官会下设有能源安全、石油市场、石油储备、天然气、可再生能源与能效5个论坛,每年召开若干次会议就相关问题展开交流与讨论。① 2010年1月,中国—东盟自由贸易区全面建成,中国与东盟之间能源领域合作正迎来新的契机,尤其是可再生能源和清洁型替代能源的发展和合作成为重要议题。当年4月初,中国—东盟环境保护合作中心成立,搭建了中国与东盟绿色合作平台。2015年6月,中国与东盟能源中心签署合作协议,共同推动设立中国—东盟清洁能源能力建设中心,帮助东盟进行相关能力建设和核电人才培训。2017年11月底,中国发起举办了东盟"10+3"能源合作论坛,将东亚能源合作与"一带一路"倡议对接,推动东亚共同能源安全和可持续发展。

(二)东亚峰会能源合作机制

1990年12月,关贸总协定乌拉圭回合谈判破裂,时任马来西亚总理的马哈蒂尔提出建立包括东盟和中、日、韩在内的"东亚经济共同体"构想,后改成"东亚经济论坛",但因美国反对、日本消极,终未能启动。2000年,马哈蒂尔又最早提出东亚峰会(East Asia Summit,EAS)的概念。2002年,东盟"10+3"领导人会议通过了东亚研究小组(East Asian Studies Group,EASG)的最终报告,该报告中提出的九项中长期措施之一,就是"推动10+3领导人会议向东亚峰会演变"。在东盟的大

---

① 《东盟与中日韩能源部长会议:加强能源领域的合作》,中央政府门户网站,2009年7月30日,http://www.gov.cn/jrzg/2009-07/30/content_1379058.htm.

力推动下，首届东亚峰会于 2005 年 12 月 14 日在马来西亚吉隆坡举行，东亚峰会由此启动。之后，东亚峰会将与东盟峰会同期举行年会，由东盟轮值主席国主办，峰会的模式由东盟和东亚峰会其他所有参加国共同审议，尚未建立正式的各领域和各层级支撑机制，主要通过外长及高官会晤推进峰会合作，就未来发展方向交换意见。目前，东亚峰会共有 18 个参与国，包括东盟 10 国（文莱、柬埔寨、印尼、老挝、马来西亚、缅甸、菲律宾、新加坡、泰国、越南）、中国、日本、韩国、印度、澳大利亚、新西兰、俄罗斯和美国。

东亚峰会对能源合作的论题始于 2007 年在菲律宾宿务召开的第二届峰会，该次会议通过了《东亚能源安全宿务宣言》，提出了东亚地区能源合作的具体目标和措施。该宣言强调，可靠、充足和可承受的能源供应是本地区国家的基本需求，对保持地区经济强劲和可持续发展，以及增强竞争力至关重要，并强调"有必要制订适合各国国情的能源政策和战略"，实现可持续发展。该次会议上，在东亚峰会框架下建立了能源部长会议机制，并成立了能源合作工作组。目前，能源合作工作组确定的 3 个研究领域包括能效与节能、能源市场一体化、在交通及其他领域应用的生物燃料。同年 1 月，在新加坡召开的第三届东亚峰会上，与会领导人签署并发表了《气候变化、能源和环境新加坡宣言》，各国承诺将加强在气候变化、能源和环境等领域的合作。2009 年 7 月 29 日在缅甸曼德勒举行了第三届东亚峰会能源部长会议，会上各能源部长签署了《第三届东亚峰会能源部长会议联合声明》，强调能源生产和消费双方加强对话与合作，国际合作对于保证能源安全和可持续供应尤为重要，各国应加强地区能源市场的一体化建设。东亚峰会能源部长会议截至目前已举行了十二届，除此之外，东亚峰会的能源部长会议框架下还举办过清洁能源论坛、新能源论坛、核电论坛、光伏论坛、生物质能论坛、电力论坛、清洁煤论坛、智慧能源城镇论坛等活动。

（三）中国—海合会战略对话能源部长级会议

海湾阿拉伯国家合作委员会（Cooperation Council for the Arab States of the Gulf，GCC）简称"海湾合作委员会"或"海合会"，成立于 1981

年5月25日,由阿拉伯联合酋长国、阿曼、巴林、卡塔尔、科威特、沙特阿拉伯等六个海湾阿拉伯国家元首在阿拉伯联合酋长国开会,宣布成立海合会并签署了宪章。2001年12月,也门正式加入海合会,被批准加入海合会卫生、教育、劳工和社会事务部长理事会等机构,参与海合会的部分工作。2012年11月,海合会分别与约旦、摩洛哥就建立"战略伙伴关系"达成为期5年的"共同行动计划"。海合会成立的基础是:伊斯兰宗教信仰下相似的政治体制(均为君主制国家)、地理上的相近性、命运上的关联性以及各国共同追求的目标,[①]已经成为中东地区一个重要的政治经济组织。海合会成立的目的是仿照欧盟建立一个海湾国家联盟,共享有关经济、法律法规等方面的成果,共同制定贸易规则,降低贸易成本。

海合会的组织机构包括:(1)最高理事会(Supreme Council):是海合会的最高权力机构,由成员国元首组成。主席由各国元首按阿拉伯文的国名字母顺序轮流担任,任期1年。每年定期召开一次会议,任一成员国经另一成员国附议的情况下,可提议召开特别会议。最高理事会的召开只有当参加成员国数达到三分之二时,方才有效。实质性事项决议由参与投票的海合会成员国协商一致同意,程序性事项决议则由绝大多数票决。(2)部长理事会:由成员国外交部部长或代表他们的其他官员组成。主席由各国按字母顺序轮流担任,任期1年。部长理事会每三个月召开一次,同样也可在某一成员国得到另一成员国附议时提议召开特别会议。(3)秘书处:海合会设秘书长和分别负责政治、经济、军事、安全、文化等领域事务的9名助理秘书长。秘书长按国名字母顺序轮流担任并由最高理事会在海合会首脑会议期间任命,任期3年。(4)争端解决委员会(Commission for the Settlement of Disputes):海合会的争端解决委员会并不是一个独立的组织机构,而是附随于最高理事会,其争端解决的程序规则须经最高理事会同意,且委员由最高理事会任命。通常根据具体争端的性质,由最高理事

---

① 王琼:《海湾国家合作委员会将何去何从?——探析卡塔尔断交风波对其影响》,《当代世界》2017第10期。

会"一事一议"为每一案件争端确定争端解决委员会的委员组成。如果在解释或执行海合会宪章方面发生争端,而这种争端没有在部长理事会或最高理事会层面上得到解决,最高理事会可将这种争端提交争端解决委员会解决。同时,争端解决委员会视情况向最高理事会提出建议或意见,以便最高理事会采取其认为适当的行动。[1]

海合会成员国所在的中东地区是中国主要的能源来源。目前,沙特阿拉伯是中国最大的原油供应国,中国还与沙特阿拉伯、阿曼、也门、卡塔尔、阿拉伯联合酋长国等国签订了长期进口原油的合同。2010年6月4日,中国—海合会战略对话机制之首届部长级会议在北京举行,签署了《中华人民共和国和海湾阿拉伯国家合作委员会成员国关于战略对话的谅解备忘录》。近年来,中国与海合会各国经贸、能源合作发展迅速。2018年双方贸易额达1626亿美元,其中中国出口569亿美元,进口1057亿美元,分别同比增长27.4%、3.5%和45.4%。中国自海合会成员国进口原油1.26亿吨,同比增长12.3%。自2004年起,我国就同海合会启动自贸区谈判,迄今已举行了9轮。中国—海合会能源小组对话也已举行了4轮。[2] 2012年1月14日至19日,时任国家总理温家宝访问了海湾三国沙特阿拉伯、阿拉伯联合酋长国和卡塔尔。在与沙特阿拉伯国王会面时,双方一致同意发展全方位的能源伙伴关系,扩大贸易、投资、基础设施、高科技、金融的合作。其间,两国政府签署了和平利用核能合作协定,中国石化也与当地公司签订了能源合作协议。中国与阿拉伯联合酋长国推动了一系列合作项目,包括两国在清洁能源技术研发合作备忘录和涉及总金额350亿元人民币的本币互换协议。中国与卡塔尔在推进石油下游产品合作方面,与中国石油公司签署了能源合作协议。[3] 习近平主席在2014年6月出席中国—阿拉伯国家合作论坛第六届部长级会议时,提出加快协商和推进中国—海

---

[1] The Charter, GCC, http://www.gcc-sg.org/en-us/AboutGCC/Pages/Primarylaw.aspx.
[2] 《中国同海湾阿拉伯国家合作委员会关系》(最近更新时间:2019年4月),https://www.fmprc.gov.cn/web/wjb_673085/zzjg_673183/xybfs_673327/dqzzhzjz_673331/hwalb_673375/gx_673379/.
[3] 闫世刚:《"一带一路"下中国能源合作新战略:打造能源合作共同体》,对外经济贸易大学出版社2018年版,第164页。

湾阿拉伯国家合作委员会自由贸易区。①

（四）大湄公河次区域经济合作机制

大湄公河次区域是连接中国和东南亚、南亚地区的陆路桥梁，地理位置十分重要。该区域内蕴藏着丰富的水资源、生物资源、矿产资源，具有极大的经济潜能和开发前景。该区域的经济和社会发展相对落后，其中柬埔寨、老挝和缅甸被联合国列入最不发达国家之列。1992年，亚洲开发银行（Asian Development Bank，ADB）发起成立了大湄公河次区域经济合作机制（Greater Mekong Subregion Economic Cooperation，简称GMS），成员国包括流域内的中国、柬埔寨、老挝、缅甸、泰国和越南6个国家。大湄公河次区域经济合作机制的宗旨是通过加强各成员间的经济联系，消除贫困，促进次区域的经济和社会发展。亚洲开发银行系大湄公河次区域经济合作机制的发起者、协调者和主要筹资方。该合作机制已形成部长级会议和各领域司局长级高官会议、各领域（交通、能源、电信）论坛、工作组会议（环境、旅游、贸易与投资）等务实合作的总体合作架构，每年均分别举行一次。

大湄公河次区域经济合作机制下的能源合作项目主要是电力领域的合作。因为湄公河流域的6国同属于发展中国家，共同享有该流域水资源，但是水电资源分布不均衡，各国的资金和技术实力也较为悬殊，造成电力产业发展不平衡。自1992年启动以来，在亚洲开发银行的主持下，在交通、能源、电信、环境、农业、人力资源开发、旅游、贸易便利化与投资九大重点合作领域开展了180个合作项目，共投入资金100亿美元，有力地推动了次区域各国的经济社会发展。2001年第十次部长级会议通过了《大湄公河次区域经济合作未来10年战略框架》，提出了建设重要交通走廊、电信骨干网、电力联网与投资、贸易、旅游等11大标志性项目。2002年11月3日，各成员国在柬埔寨金边签订了《大湄公河次

---

① 习近平：《弘扬丝路精神深化中阿合作》，习近平出席中阿合作论坛第六届部长级会议的重要讲话，http://politics.people.com.cn/n/2014/0605/c1024-25109531.html。

区域电力贸易政府间协议》。①

大湄公河次区域合作机制的能源合作基本框架包括：（1）领导人会议，是大湄公河次区域经济合作的最高决策机构，每三年召开一次，各成员国按照国名字母顺序轮流主办。（2）电力论坛（Sub-regional Electric Power Forum，EPF），该论坛于1995年成立，主要目标是为大湄公河次区域电力部门的经济合作拓展空间，推动该区域电力合作的优先开展，提供相关技术、经济、金融及制度支持。（3）电力联网与贸易专家小组，成立于1998年，主要讨论工作程序的细节问题并向电力论坛提出建议。主要任务是促进次区域电力联网和推动电力跨国贸易。（4）部长级会议：大湄公河次区域合作机制成员国每年举行一次部长级会议，该会议是大湄公河次区域合作机制计划的组成部分，以协调次区域合作和提供总的指导和支持。（5）电力贸易协调委员会，主要任务是解决调度、输电价格等问题，制定或调整区域间输电计划，确定跨境输电线容量，推动跨境输电系统尤其是跨多国输电线建设的总体标准。

（五）亚洲相互信任与协作措施会议

亚洲相互信任与协作措施会议（Conference on Interaction and Confidence-Building Measures in Asia，CICA），简称"亚信会议"。最早是在苏联解体后的第二年，哈萨克斯坦总统纳扎尔巴耶夫在第47届联合国大会上提出来，希望建立亚洲安全合作机制。但因亚洲各国对此认识并不一致，筹建工作经历了长达十年之久。直到2002年6月，亚信会议第一次峰会才在哈萨克斯坦的阿拉木图市召开，亚信会议才正式成立。亚信会议虽建立了若干常设机构，但尚未机制化，仍属于论坛性质，所做出的决议对各成员国并无法律约束力。

截至目前，亚信会议的成员国有27个，观察员国有13个，是亚洲

---

① 《大湄公河次区域电力贸易政府间协议》，北大法宝，http://v5.pkulaw.cn/fulltext_form.aspx?Db=eagn&Gid=100667545；百度百科，https://baike.baidu.com/item/%E5%A4%A7%E6%B9%84%E5%85%AC%E6%B2%B3%E6%AC%A1%E5%8C%BA%E5%9F%9F%E7%94%B5%E5%8A%9B%E8%B4%B8%E6%98%93%E6%94%BF%E5%BA%9C%E9%97%B4%E5%8D%8F%E8%AE%AE/22283804.

覆盖范围最大、成员数量最多、代表性最广的地区安全论坛①。其中，上海合作组织的全部成员国都加入了亚信会议并成为其成员国，亚信会议还与上海合作组织签署了谅解备忘录，可见亚信会议与上海合作组织及其成员国之间的关系较为紧密，同样是一个维护亚洲区域和平、安全与合作、发展的一个重要机制和平台。

亚信会议的最高决策机构是国家元首和政府首脑会议，每四年举行一次；外交部部长会议每两年举行一次，部长级会议是磋商和审议各项活动相关问题的中心论坛。高官会每年举行一次以上的定期会议，落实亚信会议作出的各项决议，就面临的问题进行磋商，监督专门工作组的各项工作等。特别工作组具体研究各种问题，执行所赋予它的任务，并向高官会提出报告。亚信会议的秘书处常设在哈萨克斯坦的阿拉木图。

亚信会议的主席国在 2010 年 6 月前一直由哈萨克斯坦担任，之后即亚信会议的第三次峰会后，由其他国家轮值担任，任期一般为两年，土耳其接替哈萨克斯坦担任 2010—2012 年的主席国，并于期满后续任了一期。2014 年，中国首次正式接任并担任 2014—2016 年的主席国，但仍旧续任了一期。2018 年，中国将亚信会议主席国职责交予塔吉克斯坦。在中国担任亚信会议主席国期间，为亚洲安全和合作发挥了积极的作用。2014 年的亚信会议第四次峰会上，中俄签署了长达 30 年、合同总额达 4000 亿美元的中俄东线供气购销合同；中哈签订了原油管道出口原油统一管输费等协议；中塔之间签署了中亚天然气管道 D 线的塔吉克斯坦段的有关合同；中吉也签署了有关天然气管道建设运营合作协议协调委员会的谅解备忘录等。因此，亚信会议对促进区域内的能源合作与维护能源安全发挥了重要作用。

---

① 《积极树立亚洲安全观共创安全合作新局面》，习近平在亚洲相互协作与信任措施会议第四次峰会上的讲话，2014年5月21日，http://politics.people.com.cn/n/2014/0522/c1024-25048258.html.

（六）中亚区域经济合作计划

"中亚区域经济合作计划"（Central Asia Regional Economic Cooperation，CAREC）并非是一个国际组织，而是由多个中亚国家所组成的合作关系。最早由亚洲开发银行1997年提出并于2001年建立《中亚区域经济合作综合行动计划》，为促进亚洲地区经济发展而制定的一项长期扶持参与国经济发展的机制。该计划旨在积极推动实施务实、注重实效的区域性项目，并提出对本区域可持续经济增长和共同繁荣至关重要的政策倡议。长期愿景是要促使成员国成为"好邻居、好伙伴、拥有好前景"（Good Neighbors, Good Partners, and Good Prospects）。重要战略目标是促进中亚地区向周边和世界市场的出口，降低交易成本，促进区域内交通和运输，为可持续发展改善能源供应状况，加速区域内经济增长、提高生活水平、减少贫困现象。[①] 亚洲开发银行提出支持该计划的"四根支柱"和"两个结构层次"[②]，其中"四根支柱"之一就指的是：区域基础设施网络支柱，即对交通、能源和与贸易相关的基础设施项目建设的支持，促进本地区一体化。而"两个结构层次"之一指的是解决与运输、贸易和能源等核心领域相关的问题。

在2017年召开的第16次部长级会议上，各部长批准了"2030年中亚区域经济合作计划"（CAREC 2030），该计划设定了五项指导运行的规则：（1）根据国家战略，支持体现在可持续发展目标（SDGs）和《联合国气候变化框架公约》（COP21）第21次缔约方会议上的国际发展新议程；采取双轨思路，深化在交通、能源、贸易、经济走廊等传统领域的合作，

[①] 陈维：《论"中亚区域经济合作计划"的地位与作用》，《西部学刊》2014年第6期。

[②] "四根支柱"指的是：（1）知识、能力建设支柱，即对整合本地区的研究分析力量，加强对高中级官员的培训、外宣活动和举办商业论坛，建立研究机构等；（2）区域基础设施网络支柱，即对交通、能源和与贸易相关的基础设施项目建设的支持，促进本地区一体化；（3）贸易、投资和商业发展支柱，即改善本地区投资环境，促使商业团体加入全球价值链并获得其他贸易机遇；（4）区域公共产品支柱，即以具体项目为基础，解决跨边境的环境保护和自然资源管理等问题。而"两个结构层次"指的是解决与运输、贸易和能源等核心领域相关的问题；解决与人力发展、农业、环境和旅游等相关的问题。参见赵常庆《中国与中亚国家合作析论》，社会科学文献出版社2012年版，第203页；赵常庆："亚洲开发银行《中亚区域经济合作综合行动计划》与中国和上海合作组织的关系"，《俄罗斯中亚东欧市场》2009年第5期。

同时根据成员国的优先性有选择地拓展新的合作领域；基于中亚区域经济合作计划的地位和提供优质知识服务的能力，深化政策对话；通过促进成员国之间的民间和企业对企业的接触，整合私营部门和民间社会的作用；建立开放包容的平台，加强与其他国际性的和区域性的合作机制构建协同效应，最大限度地发掘合作伙伴的资源和专长，为区域合作提供支持。2030年中亚区域经济合作计划将五个业务集群列为优先领域：经济及金融稳定；贸易、旅游和经济走廊；基础设施和连接；农业和水资源；人类发展。①

目前，中亚区域经济合作计划的参与国有11个，包括阿富汗、阿塞拜疆、中国、格鲁吉亚、哈萨克斯坦、吉尔吉斯斯坦、蒙古、巴基斯坦、塔吉克斯坦、土库曼斯坦、乌兹别克斯坦。截至2018年9月，中亚区域经济合作计划共动用投资超过329亿美元，帮助建立了多式联运网络，促进能源贸易和安全，为人员和货物的自由流动提供便利，为经济走廊建设奠定了基础。②中亚区域经济合作计划与上海合作组织在重点合作领域和项目选择方面，均将能源、交通和贸易作为合作的优先方向，存在重合和交叉，也存在相互协调和配合。③

三 统一的国际能源组织

（一）能源生产国主导的国际能源组织

由能源生产国主导的国际能源组织主要包括阿拉伯石油输出国组织（OAPEC）、石油输出国组织（OPEC）和天然气输出国论坛（GECF）等。这类国际能源组织主要是能源的生产国联合起来争取相关领域的话语权，发出能源生产国的声音，推动与能源消费国的统一对话和交流，

---

① CAREC 2030 Stategic Framework，https://www.carecprogram.org/?page_id=32.
② CAREC Program，https://www.carecprogram.org/?page_id=31.
③ 如中亚区域经济合作计划原打算将发展跨国公路运输作为成员国重点合作项目，鉴于上海合作组织已经在此领域深耕，后协助上海合作组织《国际道路运输便利化协定》于2008年签署。参见赵常庆《亚洲开发银行〈中亚区域经济合作综合行动计划〉与中国和上海合作组织的关系》，《俄罗斯中亚东欧市场》2009年第5期。

第六章 上海合作组织能源俱乐部法律机制重构借鉴与主要模式比较

对国际能源市场和能源战略格局形成了重要的影响。

1. 阿拉伯石油输出国组织

二战后，中东地区阿拉伯国家的石油资源得到大规模开发，但却不断落入西方发达国家的大型石油公司袋中，也因而控制了阿拉伯产油国石油资源的勘探开发、生产销售的全过程。1959年西方石油公司单方面压低原油标价，使各产油国的收入大幅度减少。1959年4月，阿拉伯联盟常设石油委员会在埃及首都开罗召开了首次阿拉伯石油会议，会上阿拉伯国家代表首次提出建立欧佩克的倡议，会议通过的决议中要求提高产油国在石油开采中的利润分成比例，分享石油提炼、运输和销售方面的利润，稳定原油标价等。[1] 1960年7月，美国埃克森公司单方面决定再次降低油价，成为欧佩克成立的直接导火索。

1968年1月9日，由利比亚、沙特阿拉伯、科威特三国在贝鲁特创建了阿拉伯石油输出国组织（Organization of Arab Petroleum Exporting Countries，OAPEC）。该组织的总部设在科威特城，其宗旨为加强和密切成员国在石油工业方面的关系与合作，维护其在石油领域的个体和整体权益，协调各成员国的行动以公平、合理的份额向消费市场供油，为石油工业吸引资金和技术创造良好环境。目前阿拉伯石油输出国组织共有11个成员国，分别为阿尔及利亚、巴林、埃及、伊拉克、科威特、利比亚、卡塔尔、沙特阿拉伯、叙利亚、阿拉伯联合酋长国、突尼斯。据阿拉伯石油输出国组织官网公布的2017年年度报告显示，2016年，该组织成员国已探明原油蕴藏量约为7160亿桶，占全球已探明原油储量的56%；天然气探明储量54.1万亿立方米，占全球已探明储量的27.6%。阿拉伯国家的原油生产约占到全球原油生产的31.2%，天然气产量约占到全球总产量的16%。[2]

---

[1] 王能全：《阿拉伯石油输出国组织》，《国际研究参考》1990年第9期。
[2] *Annual Statistical Report 2017*，OAPEC，http://www.oapecorg.org/Home/Publications/Reports/Annual-Statistical-report.

阿拉伯石油输出国组织的机构设置[①]包括：（1）部长理事会（Council of Ministers）：这是阿拉伯石油输出国组织的最高权力机构，负责制定该组织的宏观政策，指导各项工作并制定该组织的管理规章。部长理事会由各成员国的石油部长或负责石油事务相应职位的官员组成，各国按照国名字母顺序轮流担任主席，每年至少召开两次会议，应某成员国或秘书长要求可召开特别会议。（2）执行局（Executive Bureau）：协助部长理事会管理该组织的活动，预审年度预算草案，处理有关协议的执行及其相关事务，拟订部长理事会会议的议程安排。执行局由各成员国任命一名代表组成，执行局的主席也每年由各国轮值。（3）秘书处（Secretary General's Office）：秘书处按理事会和执行局制定的政策处理日常事务。设秘书长（General Secretariat）一职，每三年改选一次，可连选连任。下设能源研究中心、经济部、技术事务部、信息与资料部、财政与公共管理事务部等部门。（4）裁判法庭（Judicial Tribunal）：裁判法庭根据1978年5月9日在科威特签订的特别协定而设立，该协定作为该组织条约的附件同于1980年4月20日生效。依据该协定，裁判法庭须由不少于7位且不多于11位的奇数位阿拉伯国籍的法官组成。裁判法庭有权管辖的争端包括：因协议解释或适用及因此而导致的义务承担而产生的纠纷；在未侵犯任何相关国的主权下，管辖两个或两个以上的成员国之间有关石油作业而产生的纠纷；部长理事会决定属于裁判法庭职责范围内的纠纷；在取得争议方同意的情况下，裁判法庭还对成员国与其领域内的石油公司、成员国与另一成员国的国有石油公司、两个或两个以上的成员国之间的纠纷。裁判法庭的裁决经作出后，一裁终局并对争议方具有约束力，须在成员国境内得到强制执行。该法庭亦负责提供咨询，有权对部长理事会指定其处理的事务发表咨询意见。此外，该组织还下辖有阿拉伯海洋石油运输公司、阿拉伯船舶建造及维修公司、阿拉伯石油投资公司、阿拉伯石油服务公司、阿拉

[①] OAPEC, www.oapecorg.org；参考王能全《阿拉伯石油输出国组织》，《国际研究参考》1990年第9期。

伯油井钻探与维修公司、阿拉伯地球物理勘探服务公司、阿拉伯石油培训学院等企业。

```
                    部长理事会
                (Council of Ministers)
                    /        \
                   /          \
              执行局          裁判法庭
         (Executive Bureau)  (Judicial Tribunal)
                   |
                秘书长
            (Secretary General)
              /        \
           秘书处      阿拉伯能源研究中心
    (Secretary General  (Arab Center for Energy
         Office)              Studies)
      /         |            |           \
财政与公共      信息与资料部    经济部      技术事务部
管理事务部   (Information and (Economics  (Technical Affairs
(Finance and  Library         Department)  Department)
Administrative Department)
Affairs
Department)
```

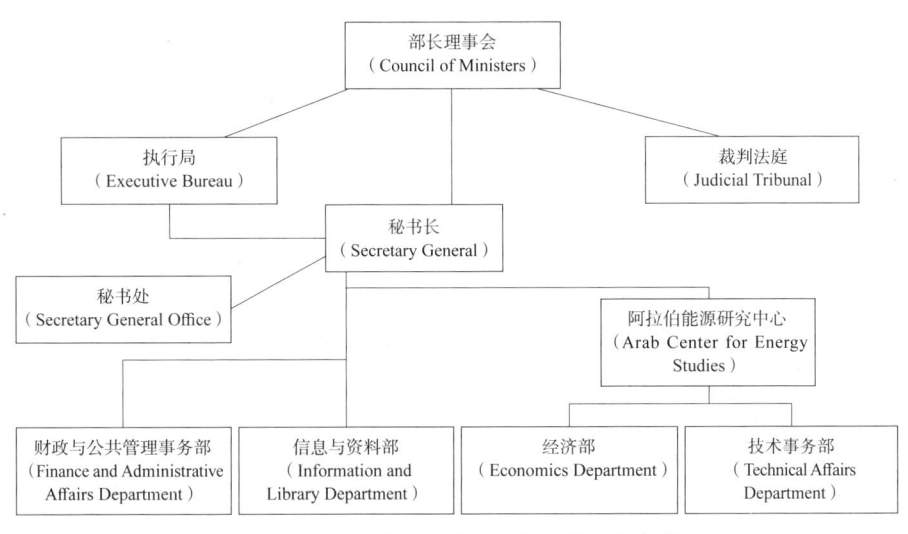

图6—2 阿拉伯石油输出国组织的组织机构

2. 石油输出国组织（欧佩克）

1960年9月14日，沙特阿拉伯、科威特、伊朗、伊拉克及拉美的委内瑞拉五个石油资源国在巴格达召开会议，决定联合起来成立石油输出国组织（Organization of the Petroleum Exporting Countries，OPEC），中文简称"欧佩克"。1962年11月，欧佩克在联合国秘书处备案，成为正式的政府间国际组织。1965年9月，总部迁至奥地利维也纳。欧佩克的宗旨是协调和统一成员国石油政策，确保国际石油市场价格的稳定，保障石油生产国的稳定收入，为石油消费国提供足够、经济、长期的石油供应，并给予石油工业投资者合理的收益。[①] 目前，欧佩克有14个成员国，分别为伊拉克、伊朗、科威特、沙特阿拉伯、委内瑞拉、阿尔及利亚、

[①] 中华人民共和国常驻维也纳联合国和其他国际组织代表团，"石油输出国组织基本情况（更新至2017年3月）"，https://www.fmprc.gov.cn/ce/cgvienna/chn/nyhz/t1238506.htm；OPEC，https://www.opec.org/opec_web/en/index.htm.

厄瓜多尔、加蓬、印度尼西亚、利比亚、尼日利亚、卡塔尔、阿拉伯联合酋长国、突尼斯。①欧佩克官方网站公布数据显示，2017年，欧佩克国家已探明原油储量为12142.1亿桶，占全球已探明原油储量的81.89%，单单中东地区的原油储量就占到欧佩克全部储量的65.36%，非欧佩克国家的原油储量仅为2685.6亿桶，占比为18.11%。②

  欧佩克的组织机构包括大会、理事会和秘书处。其中：（1）大会（Conference）是欧佩克的最高权力机构，由各成员国派出石油、矿产和能源部长为首的代表团，每年召开两次定期会议和不定期的特别会议，大会决议事项奉行全体成员国"协商一致"原则。每年的欧佩克大会已经成为当今世界能源领域的重要事件之一。（2）理事会（Board of Governors）负责管理欧佩克的日常事务、执行大会决议、起草年度预算报告、审议由秘书长向大会提交的日常事务报告等。理事由各成员国提名一名代表并经大会通过而产生，任期两年。理事会每年召开不少于两次的定期会议，应理事会主席、秘书长或三分之二的理事要求，可以召开特别会议。出席理事会的人数达到三分之二的法定人数时，方能召开。理事每人一票，理事会的决议须经出席会议的理事简单多数通过。（3）秘书处（Secretariat）是欧佩克处理日常工作的常设机构，设在维也纳，在理事会的领导下开展工作。秘书处由秘书长、研究司、服务司、法律办公室、秘书长办公室和内部审计办公室组成。秘书长是欧佩克的法定授权代表，经成员国提名并对提名者资格进行比较研究后，大会协商一

---

① 这些成员国中，厄瓜多尔在1992年12月成员国资格被暂停，后于2007年10月再次加入；印度尼西亚于2009年1月暂停成员资格，于2016年1月再次激活，但其却于2016年10月30日欧佩克第171次会议上再次决定暂停成员资格；加蓬共和国于1995年终止成员资格，后于2016年8月再次加入该组织；卡塔尔于2019年1月1日终止成员资格。故目前，欧佩克共有14个成员国。OPEC官方网站，https://www.opec.org/opec_web/en/index.htm。

② OPEC，https://www.opec.org/opec_web/en/data_graphs/330.htm。该数据与BP数据不太一致，根据BP统计资料显示，2017年，欧佩克国家已探明石油储量为12188亿桶，占全球总探明储量的71.8%，石油产量占全球产量的42.6%。BP《2018世界能源统计年鉴》（2018年6月），见https://www.bp.com/content/dam/bp-country/zh_cn/Publications/2018SRbook.pdf。

致任命，任期三年。① 其中研究司下设数据服务部、能源形势研究部、石油市场分析部和环境问题研究处。服务司下设行政与技术部、财务与人事部和公共关系与信息部。② 各部门领导在经理事会同意的情况下由秘书长任命。

另外，欧佩克还于 1976 年成立了国际发展基金（OPEC FUND for International Development，OFID），通过向其他发展中国家的社会经济发展项目提供开发援助贷款，促进成员国与受援国之间的合作。

欧佩克石油政策是其实现自身目标的手段。为服务于欧佩克要保护产油国并确保产油国获得稳定石油收入的根本目标，欧佩克利用石油输出国的联合优势，时而实施"提价保值"，时而又采用"限产保价"的石油政策，其考虑的核心问题均是石油收入的真实购买力和石油的竞争力。经过多年的发展，欧佩克形成两个主要机制——配额机制和价格机制。在 20 世纪 80 年代初之前，欧佩克内部实行的是两种石油基准价格，沙特阿拉伯采用较低的每桶 32 美元的基准价，其他国家则采用的是 36 美元的基准价。而在当时国际石油市场出现需求过剩，油价回落厉害，为阻止油价下跌，欧佩克推行了"限产保价"的政策。在 1981 年 10 月召开的欧佩克第 61 次会议上，欧佩克结束了双重价格，而将基准价格统一为每桶 34 美元。但是这种基准价格与欧佩克执行限产保价政策之间存在难以协调的困难，直到 1985 年 9 月沙特阿拉伯率先宣布放弃基准油价。欧佩克于 1987 年起引入的一揽子原油参考价格机制，即"一揽子油价"，这是七种原油的综合油价，只是一个指数而非实际原油交易价。目前，欧佩克一揽子油价由 12 种市场原油组成，根据不同原油品质及其市场占有份额加权计算得出平均市场油价。1982 年 3 月召开的第 63 次会议上，欧佩克以各成员国的产量实行配额，通过调节石油产量来控制油价，油

---

① The Statute of the Organization of the Petroleum Exporting Countries, https://www.opec.org/opec_web/static_files_project/media/downloads/publications/OPEC_Statute.pdf.

② 中华人民共和国常驻维也纳联合国和其他国际组织代表团，"石油输出组织基本情况"（更新至2017年3月），https://www.fmprc.gov.cn/ce/cgvienna/chn/nyhz/t1238506.htm；OPEC，https://www.opec.org/opec_web/en/index.htm.

价过高时提高产量取得更多的收入,油价过低时削减产量缩紧供应提高价格。而产量配额的分配比例,则是由欧佩克根据各成员国生产能力和其他条件进行制定的。[①]

如果对比欧佩克和阿拉伯石油输出国组织(OAPEC),两者都是从1959年首次阿拉伯石油会议上的提议之后而建立的,都主要包含了中东地区的石油资源国,更为关键的是,两者均为石油生产国主导的国际能源组织。从成员国来看,阿拉伯石油输出国组织的11个成员国中有7个都是欧佩克的成员国。但欧佩克的建立要早于阿拉伯石油输出国组织,且欧佩克在国际上的影响也较大。

(二)能源消费国主导的国际能源组织

国际能源署

国际能源署(International Energy Agency,IEA)是经济合作与发展组织(OECD)框架下为实施国际能源计划而于1974年设立的一个独立机构,由西方消费国主导的最为主要的国际能源组织。该组织诞生于1973—1974年第一次石油危机期间,阿拉伯产油国对以美国为首的西方石油消费国实行石油禁运,引起石油价格暴涨。为对付可能出现的新的石油危机,1974年2月11日,在美国的倡议下,13个西方发达国家在美国华盛顿召开了石油消费国会议,决定成立能源协调小组来指导和协调各国的能源工作。同年11月15日,经济合作与发展组织的成员国在法国巴黎开会,通过了建立国际能源署的决定,国际能源署应时而生。其初始作用是负责协调应对石油供应紧急情况的措施。随着能源市场的变迁,国际能源署的使命也随之改变并扩大,纳入了基于提高能源安全(Energy Security)、经济发展(Economic Development)、环境保护(Environmental Awareness)和全球参与(Engagement Worldwide)的"4个E"的均衡能源决策概念。[②]

---

① 详细内容可参见罗英杰《国际能源安全与能源外交》,时事出版社2013年版,第54—59页。

② IEA, https://www.iea.org/chinese/; https://www.iea.org/about/ourmission/.

第六章 上海合作组织能源俱乐部法律机制重构借鉴与主要模式比较

国际能源署的宗旨在于协调成员的能源政策，发展石油供应方面的自给能力，共同采取节约石油需求的措施，加强长期合作以减少对石油进口的依赖，提供石油市场情报，拟订石油消费计划，石油发生短缺时按计划分享石油，以及促进它与石油生产国和其他石油消费国的关系等。国际能源署现有 30 个成员国，其中创始成员国有 16 个，分别为：爱尔兰、奥地利、比利时、丹麦、德国、荷兰、加拿大、卢森堡、美国、日本、瑞典、瑞士、土耳其、西班牙、意大利、英国；之后加入的 14 个成员国分别为：挪威、希腊、新西兰、澳大利亚、葡萄牙、法国、芬兰、匈牙利、捷克、韩国、斯洛伐克、波兰、爱沙尼亚、南非。[①]

国际能源署的组织机构包括理事会、管理委员会、常设小组和秘书处。（1）理事会（Governing Board）：是国际能源署的决策机构，由各成员国的能源部长或高级代表所组成。负责制定国际能源署的政策，确立成员国的义务，协调该组织内部各机关的工作，批准新成员的加入和发展对外关系；任命国际能源署的执行主任，通过年度工作计划和机构预算等。理事会每年在总干事层面或相当的层次召开三到四次会议，理事会的会议决议有效约束所有成员国。理事会也对国际能源署的管理事项承担最终责任。理事会设立三个常设委员会即非成员国委员会、能源研究和技术委员会（Committee on Energy Research and Technology，CERT）、预算和支出委员会（Committee on Budget and Expenditure，CBE）。理事会还设有"国际能源机构争端解决中心"，负责以仲裁方式解决石油买卖双方的争端，特别是在执行紧急石油分享计划期间因石油供应交易而引起的石油买卖双方的争端。其管辖权来源于有关当事方提交的明确接受其管辖的声明，争端解决中心的仲裁程序规则，与联合国国际贸易法委员会和国际投资争端解决中心（ICSID）的相关规则类似。（2）管理委员会：是理事会的执行机构，根据《国际能源纲领协议》所赋予的职责和由理事会所委派的其他职责开展工作，可以就协议范围内的任何事项进行检查并向理事会提出建议，还可以应任何会员国

[①] IEA membership，https://www.iea.org/countries/members/.

的请示召开会议。国际能源署设四个常设小组，包括紧急情况常设小组（Standing Group on Emergency Questions，SEQ）、石油市场常设小组（Standing Group on the Oil Market，SOM）、长期合作常设小组（Standing Group on Long-Term Co-operation，SLT）、与石油生产国和其他石油消费国关系常设小组（Standing Group on Global Energy Dialogue，SGD）等，其主要职权是为理事会准备报告、提出建议，就其职权范围内的任何事项同石油公司进行协商。（3）秘书处：主要根据理事会多数决所作出的决议开展工作，负责业务管理，信息收集和分析，成员国的能源政策评估，编制预测报告，并就能源领域的特别问题向成员国政府提供建议。

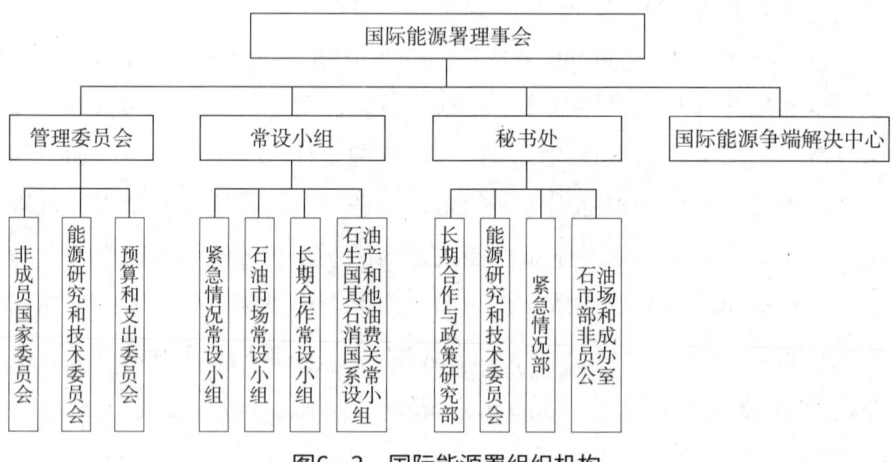

图6—3 国际能源署组织机构

国际能源署建立了集体能源安全体系，规定了各成员国必须共同实行的能源安全原则。具体包括：（1）建立应急机制。国际能源署建立应急机制的目的是降低成员国能源安全在石油供应短缺时的脆弱性，减轻成员国的损失。国际能源署要求各成员国履行"紧急储备义务"，即各成员国须保持不低于其90天石油进口量的战略石油储备；当一个或几个成员国的石油供应短缺，并且供给不足达到7%或以上时，理事会有权决定启动石油储备再分配体系。根据约定，现有的石油储备按照一定的方案在承受损失的国家间重新分配；除此之外，还规定要降低石油消费水平，并定量分配石油消费。如果出现更大规模供应中断的威胁，石油再分配应由国际能源署执行总裁加以管制,执行总裁在国际能源署秘书处和工业供应协商部门的配合下开展活动。国际能源署的每一个成员国都有专门的国家主管部门,负责对石油储备再分配进行内部调节。(2)设立国际石油市场情报系统,其是对前述应急机制的补充。按照《国际能源纲领协议》的规定,成员国应定期向秘书处报告各自管辖范围内石油公司的所有情况,而"石油市场常设小组"在集中各成员国的报告后与石油公司协商,有关建议交由管理委员会并送交理事会做出相应的决定。(3)建立与石油公司的协商机制。由"石油市场常设小组"通过与石油公司的个别协商,获取上述情报系统所不能获得的信息,再向理事会报告,并提出合作行动的建议。(4)实施长期能源合作计划。即采取加强能源供应安全、促进全球能源市场稳定、强化能源储备合作、加速代替能源发展、推动新能源技术研发、改革各国能源供应立法及消除障碍等措施。[①]

中国尚未加入国际能源署,但该组织与中国的合作伙伴关系始于1996年,当时的国家计划委员会(后改为国家发展与改革委员会)与国际能源署签署了合作谅解备忘录,双方同意在节能和能源效率、能源与环境、能源供应安全等众多领域开展合作。[②]国际能源署自2000年后特别在出版物中关注了中国,有许多出版物全部或以部分章节对中国的能源情况进行了阐述分析。中国政府还派驻借调人员前往国际能源署工作,截至目前,到国际能源署工作的中国人员数量最多,国际能源署也成为中国政府首批派驻借调人员的国际能源组织之一。从2015年起,国际能源署开始从中国的大型能源企业接收交流工作人员。2015年1月,国际能源署首次在中国举行能源中断应急演习,也是为数不多的在巴黎以外举行的演习之一。[③]2015年11月,中国正式成为国际能源署的联盟国。

[①] IEA, https://www.iea.org/.

[②] 《中国参与全球能源治理之路》,IEA, https://www.iea.org/publications/freepublications/publication/ChinasEngagementinGlobalEnergyGovernance_Chinese.pdf.

[③] 《中国参与全球能源治理之路》,IEA, https://www.iea.org/publications/freepublications/publication/ChinasEngagementinGlobalEnergyGovernance_Chinese.pdf.

2017年，中国国家能源局和国际能源署签订了3年合作方案；同年2月，国际能源署与中国国家能源局正式在北京成立了国际能源署中国合作办公室，归于中国科学技术部的管理之下。该办公室建立了能源技术信息网，作为通向国际能源署能源技术的平台，旨在向中国介绍国际能源署及先进的能源技术和信息。[①]2018年10月12日，国家发改委与国际能源署在法国巴黎签署了《能源效率合作谅解备忘录》，为中国和世界各地加快提高能源效率的活动和项目合作制定了一个强有力的框架。[②]国际能源署署长法提赫·比罗尔博士于2015年9月上任后的第一次正式访问就选择中国作为目的地，一改之前国际能源署署长首访均到达成员国的传统，可见中国作为最大的能源消费国，之于国际能源署工作开展的重要性和重视程度。2019年1月末，比罗尔署长在接受中国新华社记者专访时表示，"中国是能源技术发展的重要推动力，没有中国参与，任何国际能源领域的努力都不可能有结果"，并热切邀请中国加入国际能源署。在世界经济论坛2019年年会期间，比罗尔曾强调，能源领域正面临三重挑战：一是能源安全挑战，包括石油、天然气等在内的很多能源都来自冲突和危险地区；二是气候变化挑战；三是目前全球还有上亿人居住在没有通电的地区，尤其是在撒哈拉以南非洲地区。而有些挑战可以在一个国家层面予以应对，有些则不是一国可以独自解决的，需要国际合作协调。比罗尔署长肯定了中国在能源领域取得的很多成就，如在可再生能源领域，中国在风能、太阳能、水力、核能发电以及电动汽车领域都已走在世界前列。[③]据国际能源署发布的《世界能源投资报告2019》显示，2018年全球能源投资总额超过1.8万亿美元，其中中国的能源投资额居全球首位。

[①] IEA, https://www.iea.org/chinese/.

[②] 《国际能源署与中国国家发改委签署能效合作谅解备忘录》，中国新能源网，http://www.china-nengyuan.com/news/130175.html.

[③] 《国际能源署：中国是能源技术发展的重要推动力》，新华社客户端，https://baijiahao.baidu.com/s?id=1623803280347918471&wfr=spider&for=pc.

（三）多方参与的国际能源组织

1. 能源宪章条约组织

能源宪章条约是一整套连贯的相关文件的一部分，这些文件的形成和完善经历了一个不断持续发展和更新的进程，被称作能源宪章进程（The Energy Charter Process）。①而该进程的基础和核心则是源于一个政治宣言，可以追溯到 20 世纪 90 年代初欧洲发起的《欧洲能源宪章》。冷战结束、苏联解体，使得苏联一度集中控制的、从中亚延伸至东欧的能源过境体系破裂，在能源领域加强互利合作的前景比任何领域都更加明朗和迫切，有必要为确保欧亚各国开展能源合作而建立一个普遍可以接受的规范。荷兰政府首相吕德·吕贝尔斯（Ruud Lubbers）于 1990 年 6 月在都柏林召开的欧洲理事会议上首次提出了建立欧洲能源共同体的提议。1991 年 12 月 17 日，欧洲能源宪章大会在海牙召开，56 个国家正式签署了《欧洲能源宪章》（European Energy Charter，EEC）。欧洲能源宪章实质上是一项政治性宣言，为给其中达成一致的合作原则赋予法律效力，谈判持续多轮至 1994 年 12 月 17 日《能源宪章条约》（Energy Charter Treaty，ECT）签订，因为当时签订该宪章的国家远不止欧洲国家，所以名称中去掉了"欧洲"字眼。与之同时签署的还有《能源效率及相关环境问题议定书》（Energy Charter Protocol on Energy Efficiency and Related Environmental Aspects）。该组织以《能源宪章条约》为核心，指导、规范各成员国和观察员之间妥善处理有关能源问题，致力于加强能源生产国与消费国之间、国家与企业之间、企业与企业之间多维度对话，推动能源多边合作并借此促进一个真正开放、平等且相对稳定的国际能源市场的形成。该组织的合作领域涵盖了整个能源产业链，涉及能源投资促进与保护、能源贸易、能源过境运输、争端解决以及能源效率等方面，尤其是其中有关能源争端解决的机制，使得能源宪章条约成为第一个将具有法律约束力的解决国际争端的方案作为总则的多边条约，除此以外，能源宪章条约还是第一个具有法律约束力的多边投资保护协

---

① The Energy Charter Process，ECT，https://energycharter.org/process/overview/.

定,第一个同时覆盖投资保护和贸易的多边协定,首次将过境运输条例应用于能源网络的协议,因此能源宪章条约在国际能源领域占有极其重要的地位。①

《能源宪章条约》规定其最高领导和决策机构为能源宪章大会。所有缔约方均应派一名代表参加,宪章大会每年召开两次例会,其职能包括:执行条约及任何协议指派的职责,不时审查并促进宪章原则及条约和协定规定的实施,审查并通过秘书处将要进行的工作的方案和年度决算预算,鼓励旨在促进和推动处于经济转型国家的市场化改革和能源部门现代化的合作,授权和批准协议谈判的职权范围,审议并通过其文本及修正案。能源宪章大会常设秘书处位于比利时首都布鲁塞尔,由宪章大会任命秘书长,秘书长在履行其职责时应对宪章大会负责并向其报告工作。为了解决条约效力的实现受国内批准、接受条约程序影响而延迟的问题,《能源宪章条约》在第45条中专门做出了关于对条约进行暂时适用的规定,明确了暂时适用的期间、对象、效力和排除适用情形。这一制度将使得签约国在条约未经国内程序对本国生效之前,对条约的全部或部分条款进行适用,从而避免条约的目的和效力因国内法对条约缔结程序的规定而无法实现。②

2010年11月,能源宪章条约组织的成员方通过了"能源宪章进程现代化路线图",启动全球化战略,力图扩大成员国的地理覆盖范围,并重塑以能源贸易、能源投资和能源运输为核心的制度优势。2015年5月20日,能源宪章条约组织正式通过了《国际能源宪章》,将该组织的关注范围扩大至能源减贫等新的领域,但该宪章只包含一些原则性的声明,任何接受这些原则的国家都可以签署,签约国不承担任何具有法律约束力的义务和财务承诺,所以表现出来该国际能源宪章仅是一项政治意图的宣言,旨在加强签约国间的能源合作关系,加速推进该组织的全球化

---

① 《能源宪章条约》(条约、贸易修正案及相关文件),中国电力出版社2000年版,第1—2页。

② 贾孟奇:《〈能源宪章条约〉暂时适用条款分析及对我国的启示》,硕士学位论文,中国政法大学,2011年。

第六章　上海合作组织能源俱乐部法律机制重构借鉴与主要模式比较

进程。

据能源宪章条约组织官网显示，截至目前，该组织是一个由西欧、东欧和苏联地区国家等52个成员国组成，并包括55个观察员国在内的致力于区域能源合作的国际组织。[①]俄罗斯于1994年12月17日签署了《能源宪章条约》及《能源效率及相关环境问题议定书》，但临时适用期仅至2009年10月18日。俄罗斯一直不打算批准能源宪章条约，及于2018年4月17日，俄罗斯官方确认其不再是能源宪章条约及其议定书的签字国。上海合作组织的参与国中，阿富汗、亚美尼亚、阿塞拜疆、白俄罗斯、哈萨克斯坦、吉尔吉斯斯坦、蒙古、塔吉克斯坦、土耳其、乌兹别克斯坦是能源宪章条约的成员国，而中国、伊朗、柬埔寨、巴基斯坦等国是能源宪章条约的观察员国。中亚的土库曼斯坦也是其成员国，签署了1994年的能源宪章条约及议定书和2015年的国际能源宪章宣言。

中国从2001年起成为能源宪章条约组织的受邀观察员国（observers to the energy charter conference by invitation），并于2002年派观察员到能源宪章条约组织秘书处工作。2015年5月，中国签署了《国际能源宪章》政治性宣言，标志着中国由受邀观察员国而变为签约观察员国，中国与能源宪章条约组织的合作进一步强化。2017年，在国家能源局指导下，中国电力企业联合会—国际能源宪章联合研究中心成立，该中心与国际能源宪章秘书处密切沟通，建立健全了组织机构和运行机制，开展了信息交换、人员派驻、项目联合研究等多方面的合作。[②]能源宪章条约的全球化战略和我国的"一带一路"建设在地理范围上重叠，在政策议题上兼容，两者殊途同归，不谋而合。能源宪章条约组织现有成员的地理版图刚好和我国"丝绸之路经济带"倡议的疆域规划基本吻合，而该组织

---

① 《能源宪章——区域能源合作组织的典范》，中国石油，http://www.cnpc.com.cn/syzs/cyg/201410/901fd0724beb4ec094f37bd49f019cfb.shtml. 能源宪章条约组织虽然覆盖范围较广，超越了传统意义上的某个地理区域，但因相对于全球来讲，其成员国尚有限，故称其为"区域性"能源组织。

② 《中国电力企业联合会—国际能源宪章联合研究中心在京成立》，中电联国际合作部，http://intl.cec.org.cn/dongtai/2017-09-27/173623.html.

扩大的方向以亚洲、非洲和拉美等新兴国家为重点,恰与我国"21世纪海上丝绸之路"的方向大体一致。在这个意义上,二者合力,完全有望成功打造一个有全球影响的"丝绸之路能源带"。①

2. 国际可再生能源机构

国际可再生能源机构(International Renewable Energy Agency,IRENA)是为了在全球范围内,积极推动所有形式的可再生能源向广泛普及和可持续利用的快速转变而成立的政府间国际组织,以实现可持续发展、能源获取、能源安全和低碳经济增长与繁荣。国际可再生能源机构于2009年1月26日在德国波恩成立,总部设在阿拉伯联合酋长国首都阿布扎比。随着加拿大在国际可再生能源机构2019年1月9日召开的第九届大会上正式加入该组织成为其成员国,目前该组织拥有160个成员国,几乎拥有全球最普遍的成员。另外,尚有23个国家正在履行成为该组织成员国的程序。② 中国于2013年加入该组织。

国际可再生能源机构的组织机构包括:(1)大会(Assembly),是该组织的最终决策机构,由各成员委派一名代表组成,每年召开一次,讨论和决定工作计划、预算、报告修改、成员国申请和该组织的其他职能。(2)理事会(Council),由21个成员国组成,任期两年,理事会向该组织的大会负责。理事会的成员轮流产生,以确保发达国家和发展中国家均有效参与以及公平公正的地域分布。理事会的责任即为促进成员国间的磋商与合作,审查工作方案草案、预算草案和年度报告草案。(3)秘书处(Secretariat):为大会、理事会和其他子机构提供管理和技术支持,负责起草该组织的工作方案草案、预算草案和年度报告草案,并在工作方案通过后加以执行。③

---

① Shan W, Wang P., Report on the Compatibility of Chinese Laws and Regulations with the Energy Charter Treaty, *Social Science Electronic Publishing*, 2015; https://energycharter.org/what-we-do/publications/report-on-the-compatibility-of-chinese-laws-and-regulations-with-the-energy-charter-treaty/;《单文华教授撰写国际政策报告助力能源宪章组织全球化改革》,西安交通大学,http://news.xjtu.edu.cn/info/1050/59962.htm.

② IRENA,https://www.irena.org/irenamembership。

③ IRENA,https://www.irena.org/irenamembership。

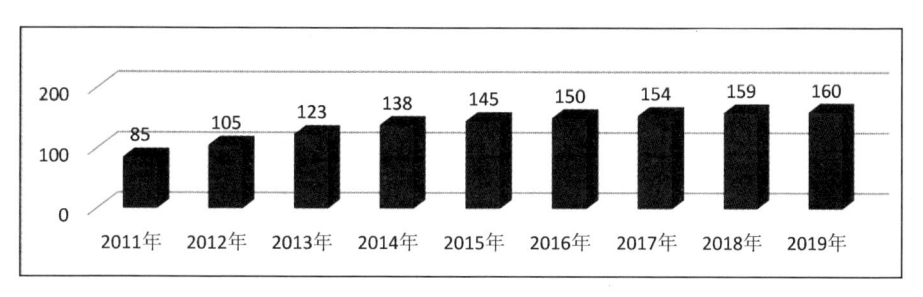

```
200 |
    | 85   105  123  138  145  150  154  159  160
100 | ▇    ▇    ▇    ▇    ▇    ▇    ▇    ▇    ▇
  0 |2011年 2012年 2013年 2014年 2015年 2016年 2017年 2018年 2019年
```

图6—4　国际可再生能源机构成员国增长

第二节　"一带一路"对上海合作组织能源俱乐部法律机制重构的影响

一　上海合作组织是共建"一带一路"的重要平台

2013年9月7日，习近平主席在哈萨克斯坦的纳扎尔巴耶夫大学发表《弘扬人民友谊 共创美好未来》的演讲，第一次提出"用创新的合作模式，共同建设'丝绸之路经济带'"的倡议，并细致阐述了加强政策沟通、道路联通、贸易畅通、货币流通、民心相通的"五通"指标体系，建议"以点带面，从线到片，逐步形成区域大合作"。[①] 在几天后举行的上海合作组织比什凯克峰会上，习近平主席发表讲话称，"上海合作组织6个成员国和5个观察员国都位于古丝绸之路沿线。作为上海合作组织成员国和观察员国，我们有责任把丝绸之路精神传承下去，发扬光大。"[②] 同年11月召开的上海合作组织总理理事会上，李克强总理提出"各成员国都在'丝绸之路经济带'上。各方深化务实合作，互联互通是基础"。[③] 这是中国最早在国际舞台尤其是上海合作组织的平台上，提出共建"丝绸之路经济带"的倡议及其主要内涵。同年10月，习近平主席在访问印

[①] 习近平：《弘扬人民友谊 共创美好未来——在纳扎尔巴耶夫大学的演讲》，《人民日报》2013年9月7日。
[②] 习近平：《弘扬"上海精神"促进共同发展——在上海合作组织成员国元首理事会第十三次会议上的讲话》，《人民日报》2013年9月14日。
[③] 李克强：《在上海合作组织成员国总理第十二次会议上的讲话》，《人民日报》2013年11月30日。

度尼西亚时提出，与东盟国家共建"21世纪海上丝绸之路"，合起来称为"一带一路"倡议。

2014年9月，习近平主席在上海合作组织元首理事会杜尚别峰会上指出，"目前，丝绸之路经济带建设正进入务实合作新阶段，中方制定的规划基本成形。欢迎上海合作组织成员国、观察员国、对话伙伴积极参与，共商大计、共建项目、共享收益，共同创新区域合作和南南合作模式，促进上海合作组织地区互联互通和新型工业化进程。"①这是中国第一次公开邀请上海合作组织各参与国参与丝绸之路经济带建设。当年举行的总理理事会上，李克强总理也强调了"中方提出的丝绸之路经济带与上海合作组织有关国家的发展战略是相衔接的。中方愿同各方加强磋商与合作，共同促进产业转型升级"。②会后发表的总理理事会第十三次会议联合公报中，也对"总理们对中华人民共和国关于建设'丝绸之路经济带'的倡议表示欢迎，认为上海合作组织成员国就此进行协商与合作具有重要意义，"③这在上海合作组织的公开会议文件中第一次对中国提出的共建"丝绸之路经济带"进行认可并表现出积极参与的热情。

上海合作组织明确表示"支持中华人民共和国关于建设丝绸之路经济带的倡议"，则首见于2015年7月发表的元首理事会联合公报和各国元首共同发表的《乌法宣言》，这是中国自2013年提出共建丝绸之路经济带倡议后近两年时间，上海合作组织作为建设丝绸之路经济带的核心区域第一次明确对此倡议公开表示支持。是年，习近平在俄罗斯乌法召开的上海合作组织元首理事会上的发言中，提出"在各方支持和响应下，中方提出的共建丝绸之路经济带倡议得以顺利实施"，而且"丝绸之路经济带建设同上海合作组织各国发展规划相辅相成"，该次会议上，习近平主席进一步

---

① 习近平：《凝心聚力 精诚协作 推动上海合作组织再上新台阶——在上海合作组织成员国元首理事会第十四次会议上的讲话》，《人民日报》2014年9月13日。

② 李克强：《在上海合作组织成员国总理第十三次会议上的讲话》，《人民日报》2014年12月16日。

③ 《上海合作组织成员国政府首脑（总理）理事会第十三次会议联合公报》，上海合作组织官网，http://chn.sectsco.org/documents/.

第六章　上海合作组织能源俱乐部法律机制重构借鉴与主要模式比较

提出并希望"同有关国家一道，实施好丝绸之路经济带同欧亚经济联盟对接，促进欧亚地区平衡发展"。①同年在郑州召开的总理理事会上，李克强总理再次强调了将推动丝绸之路经济带同上海合作组织各国发展战略及欧亚经济联盟等机制进行对接的指导思想，并建议上海合作组织在"关注安全、经济、人文三大传统领域基础上"，重点强化将上海合作组织打造成丝绸之路经济带建设的六大合作平台，即"安全合作平台、产能合作平台、互联互通平台、金融合作平台、区域贸易合作平台、社会民生合作平台"。该次会议所通过的各领域合作新举措，均是"在建设丝绸之路经济带等倡议背景下制定"的，并在支持该倡议的前提下，发表了《上海合作组织成员国政府首脑（总理）关于区域经济合作的声明》，在该声明中表达了丝绸之路经济带倡议契合上海合作组织发展目标。②

2016年发表的上海合作组织元首理事会塔什干宣言和联合公报中，都强调了"成员国重申支持中华人民共和国关于建设丝绸之路经济带的倡议，将继续就落实这一倡议开展工作，将其作为创造有利条件推动区域经济合作的手段之一"。③当年发表的总理理事会第十五次会议联合公报中，特别指出"中华人民共和国提出的丝绸之路经济带倡议，作为'一带一路'倡议的组成部分，有利于寻求开展国际合作的新模式，加强各国间伙伴关系，扩大投资规模，增加居民就业"。④

2017年5月，在北京召开了第一届"一带一路"国际合作高峰论坛，几乎所有的上海合作组织参与国均参加了这次高峰论坛，达成了一系列合作共识、重要举措及务实成果，有效地实现了上海合作组织与"一带一

---

① 习近平：《团结互助 共迎挑战 推动上海合作组织实现新跨越——在上海合作组织成员国元首理事会第十五次会议上的讲话》，《人民日报》2015年7月11日。
② 李克强：《在上海合作组织成员国总理第十四次会议上的讲话》，《人民日报》2015年12月16日；《上海合作组织成员国政府首脑（总理）理事会第十四次会议联合公报》，《上海合作组织成员国政府首脑（总理）关于区域经济合作的声明》，上海合作组织官网，http://chn.sectsco.org/documents/.
③ 《上海合作组织成立十五周年塔什干宣言》，《上海合作组织成员国元首理事会会议新闻公报》，上海合作组织官网，http://chn.sectsco.org/documents/.
④ 《上海合作组织成员国政府首脑（总理）理事会第十五次会议联合公报》，上海合作组织官网，http://chn.sectsco.org/documents/.

路"建设的重要战略对接。当年6月召开的上海合作组织阿斯塔纳峰会,是正式接纳印巴加入上海合作组织的峰会,该次会议发表的阿斯塔纳宣言及新闻公报中,再次强调"成员国欢迎'一带一路'倡议,高度评价2017年5月14日至15日在北京举行的'一带一路'国际合作高峰论坛成果并愿共同落实,支持在相互尊重、平等互利原则基础上促进可持续发展的各项国际、地区和国别倡议对接合作"。① 是年11月召开的总理理事会也特别提出,俄、哈、吉、塔、乌、巴等国总理重申支持"一带一路"倡议。② 2018年的上海合作组织青岛峰会上,俄、哈、吉、塔、乌、巴等国再次重申对"一带一路"倡议的支持,肯定了各方为共同实施"一带一路"倡议包括为促进"一带一路"和欧亚经济联盟对接所做的工作。

2019年4月25日—27日,在北京召开的第二届"一带一路"国际合作高峰论坛,各方达成了共6大类283项务实成果,签署了总额640多亿美元的项目合作协议,强调加强全方位互联互通,构建互联互通伙伴关系,推动绿色和可持续发展,把共建"一带一路"同各国发展战略、区域和国际发展议程有效对接、协同增效,这其中就包括上海合作组织的区域合作机制,继而通过双边合作、三方合作、多边合作等各种形式,为各领域务实合作提供坚实保障。上海合作组织大部分参与国的元首或政府首脑均参加了该次高峰论坛,达成了一系列能源领域及能源基础设施建设领域的合作成果。2019年6月,上海合作组织峰会再次在吉尔吉斯斯坦的比什凯克举行,习近平主席强调,要认真落实第二届"一带一路"国际合作高峰论坛成果,充分利用本地区国家独特优势,推动共建"一带一路"倡议同各国发展战略及欧亚经济联盟等区域合作倡议深入对接。③

---

① 《上海合作组织成员国元首阿斯塔纳宣言》《上海合作组织成员国元首理事会会议新闻公报》,上海合作组织官网,http://chn.sectsco.org/documents/.
② 《上海合作组织成员国政府首脑(总理)理事会第十六次会议联合公报》,上海合作组织官网,http://chn.sectsco.org/documents/.
③ 习近平:《凝心聚力 务实笃行 共创上海合作组织美好明天——在上海合作组织成员国元首理事会第十九次会议上的讲话》,《人民日报》2019年6月15日。

二 "一带一路"建设契合上海合作组织的发展目标

(一)"丝路精神"与"上海精神"均体现了中国参与全球治理的立场

党的十九大报告中对中国的外交观进行了阐述,"中国秉持共商共建共享的全球治理观,倡导国际关系民主化,坚持国家不分大小、强弱、贫富一律平等,支持联合国发挥积极作用,支持扩大发展中国家在国际事务中的代表性和发言权。中国将继续发挥负责任大国作用,积极参与全球治理体系改革和建设,不断贡献中国智慧和力量"。上海合作组织与"一带一路"建设均由中国倡议成立,均建立在和平共处五项原则的基础之上,两个机制的发展目标、基本原则、发展方向等均体现了中国政府在参与全球治理中的"中国方案"和"中国立场"。

上海合作组织在成立之初,就明确该组织的基本原则为"相互尊重国家主权、独立、领土完整及国家边界不可破坏,互不侵犯,不干涉内政,在国际关系中不使用武力或以武力相威胁,不谋求在毗邻地区的单方面军事优势;所有成员国一律平等,在相互理解及尊重每一个成员国意见的基础上寻求共识;在利益一致的领域逐步采取联合行动;和平解决成员国间分歧",[①] "建立民主、公正、合理的国际政治经济新秩序"[②]。"互信、互利、平等、协商、尊重多样文明、谋求共同发展"为基本内容的"上海精神",是上海合作组织成员国之间处理相互关系的准则。中国希望各参与国共同将上海合作组织打造成"团结互信的典范,安危共担的典范,互利共赢的典范,包容互鉴的典范"。[③]

"一带一路"倡议奉行"和平合作、开放包容、互学互鉴、互利共赢"的丝绸之路精神,坚持共商、共建、共享原则,积极推进沿线国家发展战略的相互对接。共建"一带一路"顺应世界多极化、经济全球化、

---

① 《上海合作组织宪章》,上海合作组织官网,http://chn.sectsco.org/documents/.
② 《上海合作组织成立宣言》,上海合作组织官网,http://chn.sectsco.org/documents/.
③ 习近平:《凝心聚力 务实笃行 共创上海合作组织美好明天——在上海合作组织成员国元首理事会第十九次会议上的讲话》,《人民日报》2019年6月15日。

文化多样化、社会信息化的潮流，秉持开放的区域合作精神，致力于维护全球自由贸易体系和开放型世界经济。中国强调，共建"一带一路"的途径是以目标协调、政策沟通为主，不刻意追求一致性，可高度灵活，富有弹性，是多元开放的合作进程。①

（二）"一带一路"建设与上海合作组织经济合作的基本目标一致

《上海合作组织宪章》中提出，本组织在经济领域合作的基本方向是"支持和鼓励各种形式的区域经济合作，推动贸易和投资便利化，以逐步实现商品、资本、服务和技术的自由流通；有效使用交通运输领域内的现有基础设施，完善成员国的过境潜力，发展能源体系"。根据《上海合作组织成员国政府间关于区域经济合作的基本目标和方向及启动贸易和投资便利化进程的备忘录》，能源、交通运输、电信、农业、旅游、银行信贷领域、水利和环境保护领域，以及促进中小企业实体间的直接交流是上海合作组织区域经济合作的主要方向。②上海合作组织一直以繁荣地区经济、加强互联互通为区域间开展合作的优先方向，在贸易投资便利化、能源基础设施建设、能源管网建设等领域取得了一系列的成果。

同样地，共建"一带一路"也关注这些领域的发展，其合作目标主要凝结为"五通"的内涵，包括"政策沟通、设施联通、贸易畅通、资金融通、民心相通"。截至目前，"一带一路"沿线国家贸易与投资自由化便利化水平不断提升，中国发起《推进"一带一路"贸易畅通合作倡议》得到83个国家和国际组织的积极参与，设立了面向全球开放12个自由贸易试验区并探索建设自由贸易港，与欧亚经济联盟签署经贸合作协定。设施联通、构建全球互联互通伙伴关系是共建"一带一路"的优先方向，各国注意到基础设施互联互通是沿线许多国家发展面临的瓶颈，建设高质量、可持续、抗风险、价格合理、包容可及的基础设施，有利

---

① 国务院授权国家发展改革委员会、外交部、商务部发布《推动共建丝绸之路经济带和21世纪海上丝绸之路的愿景与行动》（2015年3月），人民网，http://ydyl.people.com.cn/n1/2017/0425/c411837-29235511.html.

② 《上海合作组织成员国多边经贸合作纲要》，上海合作组织官网，http://chn.sectsco.org/documents/.

于各国充分发挥资源禀赋,更好融入全球供应链、产业链、价值链,实现联动发展。①"一带一路"沿线"六廊六路多国多港"的互联互通架构已基本形成,其中的"六廊"指的是新亚欧大陆桥、中蒙俄、中国—中亚—西亚、中国—中南半岛、中巴和孟中印缅等六大国际经济合作走廊,将亚洲经济圈与欧洲经济圈联系在一起,为建立和加强各国互联互通伙伴关系,构建高效畅通的亚欧大市场发挥了重要作用。同时,所谓的"六路"指铁路、公路、航运、航空、管道、空间综合信息网络等,以此为核心的全方位、多层次、复合型基础设施网络正在加快形成,区域间商品、资金、信息、技术等交易成本大大降低。②相比于上海合作组织区域的经济合作,"一带一路"建设除将上海合作组织区域国家的合作囊括其中外,还关注更大范围、更高水平、更深层次的区域合作。

(三)"一带一路"建设和上海合作组织经济合作均以提高民生福祉为追求

《上海合作组织宪章》中强调,本组织的基本宗旨和任务之一是"在平等伙伴关系基础上,通过联合行动,促进地区经济、社会、文化的全面均衡发展,不断提高各成员国人民的生活水平,改善生活条件"。一直以来,无论是开展安全领域的合作,致力于维护和保障地区的和平、安全与稳定,还是开展经济领域的合作,发展本地区经济和互联互通,上海合作组织均以提高区域内人民的"幸福指数"、关注民生发展作为本组织开展合作的目标和追求。

而共建"一带一路"倡议,以沿线国家人民的福祉为出发点,促进沿线国家的经济要素有序自由流动、资源高效配置和市场深度融合,推动沿线各国实现经济政策协调,开展更大范围、更高水平、更深层次的

---

① 习近平:《高质量共建"一带一路"——在第二届"一带一路"国际合作高峰论坛圆桌峰会上的开幕辞》,2019年4月27日,中国共产党新闻网,http://cpc.people.com.cn/n1/2019/0428/c64094-31053841.html.
② 推进"一带一路"建设工作领导小组办公室:《共建"一带一路"倡议:进展、贡献与展望》,国务院新闻办公室网站,http://www.scio.gov.cn/xwfbh/xwbfbh/wqfbh/39595/40298/xgzc40304/Document/1652493/1652493.htm.

区域合作，共同打造开放、包容、均衡、普惠的区域经济合作架构。"一带一路"注重全方位推进务实合作，发展互联互通体系，兼顾沿线各国各方的利益和关切，寻求利益契合点和合作最大公约数，体现各方智慧和创意，各施所长，各尽所能，把各方优势和潜力充分发挥出来，打造政治互信、经济融合、文化包容的利益共同体、命运共同体和责任共同体，促进共同发展、实现共同繁荣。习近平主席在第二届"一带一路"国际合作高峰论坛上提出，要坚持以人民为中心的发展思想，聚焦消除贫困、增加就业、改善民生，让共建"一带一路"成果更好惠及全体人民，为当地经济社会发展作出实实在在的贡献。①

三 "一带一路"能源合作与上海合作组织能源合作的战略对接

中国倡议的"一带一路"建设是一项系统工程，在坚持共商、共建、共享原则的基础上，积极推进与沿线国家发展战略的相互对接。习近平主席在2017年5月14日举行的第一届"一带一路"国际合作高峰论坛开幕式上的演讲中提出，"我多次说过，'一带一路'建设不是另起炉灶、推倒重来，而是实现战略对接、优势互补。"②其中，还提到了"一带一路"建设同上海合作组织区域内的有关合作机制协调对接，包括俄罗斯提出的欧亚经济联盟、哈萨克斯坦提出的"光明之路"、土耳其提出的"中间走廊"、蒙古提出的"发展之路"等。

继2015年3月国家发展和改革委员会、外交部和商务部联合发布了《推动共建丝绸之路经济带和21世纪海上丝绸之路的愿景与行动》之后，国家发展和改革委员会、国家能源局联合发布了《推动丝绸之路经济带和21世纪海上丝绸之路能源合作愿景与行动》。其中，强调坚持开放包容、互利共赢、市场运作、安全发展、绿色发展和和谐发展的原则，在加强政策沟通、贸易畅通、能源投资合作、能源产能合作、能源基础设

---

① 习近平：《高质量共建"一带一路"——在第二届"一带一路"国际合作高峰论坛圆桌峰会上的开幕辞》，2019年4月27日，中国共产党新闻网，http://cpc.people.com.cn/n1/2019/0428/c64094-31053841.html。

② 《习近平"一带一路"国际合作高峰论坛重要讲话》，外文出版社2017年版，第5页。

第六章　上海合作组织能源俱乐部法律机制重构借鉴与主要模式比较

施互联互通，推动人人享有可持续能源和完善全球能源治理结构等七个领域加强合作，共建"一带一路"能源合作俱乐部，积极参与包括上海合作组织等在内的各多边框架下的能源合作，共同打造开放包容、普惠共享的能源利益共同体、责任共同体和命运共同体。①

能源合作是共建"一带一路"的重点领域。2018年10月18日，在江苏省苏州市举行了"一带一路"能源部长会议和国际能源变革论坛，中国与17个国家②共同发布《建立"一带一路"能源合作伙伴关系部长联合宣言》。2019年4月25日，"一带一路"能源合作伙伴关系在北京成立，包括30个伙伴关系国和5个观察员国。这是各参与国为解决能源发展面临的问题，更好地保护生态环境，应对气候变化，保障能源安全，促进可持续发展，建立的国际能源合作平台。中国与29个伙伴关系成员国③共同对外发布了《"一带一路"能源合作伙伴关系合作原则与务实行动》，根据该文件，"一带一路"能源合作伙伴关系的宗旨是坚持共商、共建、共享，推动能源互利合作，促进各参与国在能源领域的共同发展、共同繁荣。伙伴关系将每两年举办一次"一带一路"能源部长会议，邀请各国能源部长、国际组织负责人以及商业领袖参加，共商国际能源合作的路线图和务实行动。并按照需要开展部长研修班和能源合作领军人才培养项目。伙伴关系还将致力于推动政府间政策交流与合作意向沟通，搭建双、多边项目合作与技术交流平台，联络其他国际组织，推动能源领域务实合作。④此

---

① 国家发展和改革委员会、国家能源局：《推动丝绸之路经济带和21世纪海上丝绸之路能源合作的愿景与行动》（2017年5月），国家能源局网站，http://www.nea.gov.cn/2017-05/12/c_136277473.htm.

② 这17个国家包括：阿尔及利亚、阿塞拜疆、阿富汗、玻利维亚、赤道几内亚、伊拉克、科威特、老挝、马耳他、缅甸、尼泊尔、尼日尔、巴基斯坦、苏丹、塔吉克斯坦、土耳其、委内瑞拉。《中国与17国发布建立"一带一路"能源合作伙伴关系部长联合宣言》，中国一带一路网，https://www.yidaiyilu.gov.cn/xwzx/gnxw/69155.htm

③ 目前，"一带一路"能源合作伙伴关系国有30个，包括：中国、阿尔及利亚、阿塞拜疆、阿富汗、玻利维亚、赤道几内亚、伊拉克、科威特、老挝、马耳他、缅甸、尼泊尔、尼日尔、巴基斯坦、苏丹、塔吉克斯坦、土耳其、委内瑞拉、冈比亚、佛得角、刚果(布)、蒙古国、苏里南、汤加、柬埔寨、乍得、塞尔维亚、吉尔吉斯斯坦、匈牙利。

④ 《"一带一路"能源合作伙伴关系合作原则与务实行动》，国家能源局网，http://www.nea.gov.cn/2019-04/25/c_138008739.htm.

次伙伴关系的正式成立，是"一带一路"从"大写意"到"工笔画"的重要举措。上海合作组织的参与国中有部分国家加入了"一带一路"能源合作伙伴关系，包括中国、塔吉克斯坦、吉尔吉斯斯坦、巴基斯坦、蒙古、阿富汗、阿塞拜疆、土耳其、柬埔寨、尼泊尔。

上海合作组织区域的重要能源合作项目对深化"一带一路"能源合作起到示范作用。中国国际经济交流中心景春梅在2018年夏季达沃斯论坛"一带一路"能源合作示范项目研讨会上指出，截至2018年9月，我国对"一带一路"沿线国家的电力投资超过1700亿美元，油气等领域投资超过900亿美元，直接投资涉及19个沿线国家的40余个重大能源项目，其中，中俄亚马尔天然气合作项目、中巴经济走廊火电项目等都是"一带一路"能源合作的典型案例。[①] 巴基斯坦配电系统正面临线路老化、高线损和窃电等问题，中国国家电网倡议发起的"巴基斯坦智能电表"能源合作项目，对解决能源贫困、促进能源转型、提高能源效率有重要作用，也将对继续共建"一带一路"起示范作用。

上海合作组织区域能源合作渐与"一带一路"能源合作相融合。中俄原油管道、中国—中亚天然气管道保持稳定运营，中俄天然气管道东线将于2019年12月部分实现通气，2024年全线通气。在中国提出"一带一路"倡议后，中俄之间达成了首个特大型能源合作项目——中俄亚马尔液化天然气项目，该项目有三条生产线，全部建成后每年可生产液化天然气1650万吨，54%的产量出售到亚洲市场，其中一半提供给中国市场，而剩余产量的46%出售给欧洲市场。中俄亚马尔液化天然气项目是目前全球在北极地区开展的最大型液化天然气工程，属于世界特大型天然气勘探开发、液化、运输、销售一体化项目，被誉为"镶嵌在北极圈上的一颗能源明珠"。[②] 由俄罗斯诺瓦泰克股份公司（占股50.1%）、中国石油天然气集团有限公司（占股20%）、法国道达尔公司（占股20%）和中国丝路基金（占股9.9%）

---

① 景春梅：《对"一带一路"能源合作示范项目的几点看法》，中国国际经济交流中心官网，http://www.cciee.org.cn/Detail.aspx?newsId=15644&TId=231.

② 《中俄合作亚马尔液化天然气项目投产》，《石油化工建设》2018年第1期。

共同合作开发。中国与"一带一路"沿线国家签署了一系列合作框架协议和谅解备忘录，在电力、油气、核电、新能源、煤炭等领域开展了广泛合作，与相关国家共同维护油气管网安全运营，促进国家和地区之间的能源资源优化配置。中国与哈萨克斯坦、乌兹别克斯坦、土耳其等国的双边国际道路运输协定，以及中巴哈吉、中哈俄、中吉乌等多边国际道路运输协议或协定相继签署，中亚、西亚地区基础设施建设不断完善。中国与伊朗发挥在各领域的独特优势，加强涵盖道路、基础设施、能源等领域的对接合作。中国与这些国家在能源合作、设施互联互通、经贸与产能合作等领域的合作不断加深，这些项目成为"中国—中亚—西亚经济走廊"的重要推进。中巴经济走廊以能源、交通基础设施、产业园区合作、瓜达尔港为重点的合作布局确定实施。中国与巴基斯坦组建了中巴经济走廊联合合作委员会，建立了定期会晤机制，并正在向"一带一路"沿线国家及其他国家开启第三方合作，更多国家已经或有意愿参与其中。中蒙俄经济走廊的建设，就是要将丝绸之路经济带同俄罗斯跨欧亚大铁路、蒙古国草原之路倡议进行对接，加强铁路、公路等互联互通建设，推进通关和运输便利化，促进过境运输合作，研究三方跨境输电网建设。中蒙俄三方可以深化在上海合作组织框架内的合作，共同维护地区安全，实现共同发展。①

---

① 《习近平出席中俄蒙三国元首会晤》，新华网2014年9月11日，http://www.xinhuanet.com//world/2014-09/11/c_1112448718.htm。

第七章 上海合作组织能源俱乐部法律机制重构设计

上海合作组织的合作领域从安全合作外溢至经济合作领域,而各成员国能源资源禀赋优势互补,受国际能源格局形势影响,有条件也有能力开展区域能源合作。但因各方国情不一、发展阶段不一,目前区域内的能源合作多以双边合作为主,小多边合作为辅,而作为上海合作组织多边化能源合作载体的能源俱乐部自2013年成立后,目前仅有12个成员国,各成员国签订了《上海合作组织能源俱乐部宪章》,该组织组建了高官委员会,每年举行一次会议,截至目前已召开四次高官委员会,会议期间,各成员国对各方存在的能源问题进行讨论、交换信息,形成会议纪要。上海合作组织区域内的各成员国、观察员国、对话伙伴国对能源俱乐部的多边化机制建设普遍兴趣不大,或者仅仅将能源俱乐部的存在与运行作为与中国这样一个区域内大国开展双边、小多边能源合作的配合机制,其结果则表现为能源俱乐部成为一个"徒有形而无其实"的"鸡肋"机制。然而,上海合作组织的"新安全观"已经发展成为全球开展安全合作的重要典范,结合全球能源格局的发展趋势和现有国际能源合作机制的现状来看,上海合作组织框架下构建和完善区域能源多边合作机制,将对发展中国家参与和丰富全球能源治理体系有重要的贡献。

第七章 上海合作组织能源俱乐部法律机制重构设计

第一节 上海合作组织能源俱乐部法律机制重构的总体构想

一 上海合作组织能源俱乐部的发展前景分析及运行原则

如前所述,机制的核心内容是"原则、准则、规则和决策程序",而上海合作组织能源俱乐部的机制完善也应根据新一轮能源革命的发展、全球能源格局的变迁设定一些应遵循的原则,而这恰恰也是处于目前困局下的能源俱乐部的发展前景和展望。

(一)提供能源普遍服务,区域大国有责任供给公共产品

根据国际能源机构(IEA)、国际可再生能源机构(IRENA)、联合国统计司(UNSD)、世界银行(WB)和世界卫生组织(WHO)联合发布的2019年能源发展报告显示,目前全球电气化率达到89%,世界上无电人口虽有下降,但仍还是有8.4亿人无法通电,而其中的5.73亿人生活在撒哈拉以南非洲。目前,柬埔寨、阿富汗和尼泊尔是电气化发展最快的部分国家。估计到2030年,仍将有6.5亿无电人口。[①] 上海合作组织的一些参与国也面临严重的电力短缺和能源匮乏,这些国家尚不能实现人人享有能源,更不可能人人享有可再生能源。

2011年,联合国秘书长潘基文发起"人人享有可持续能源"(Sustainable Energy For All, SEforALL)倡议。该倡议提出三大战略目标:到2030年确保全球普及现代能源服务;能源利用效率翻番;可再生能源在能源消费结构中占比翻番。联合国大会在第65/151号决议中将2012年确定为"人人享有可持续能源国际年"。2013年,联合国任命倡议特别代表一职(副秘书长级)并在维也纳设立办公室,负责在全球范围内推动倡议实施。中国已加入该倡议,并成为联合国纽约总部常驻团"倡议之友"小组成员。第68届联合国大会主席阿什在仪式上宣布正式启动2014年至2024年"联合国人人享有可持续能源十年"行动

---

① Tracking SDG7: The Energy Progress Report (2019), https://www.irena.org/publications/2019/May/Tracking-SDG7-The-Energy-Progress-Report-2019.

计划。联合国于 2016 年 1 月 1 日正式启动了《2030 年可持续发展议程》（*Transforming our World: The 2030 Agenda for Sustainable Development*），呼吁各国采取行动，为今后 15 年里实现 17 项可持续发展目标而努力，联合国 193 个成员国一致通过了该议程。其中，第 7 项可持续发展目标（Sustainable Development Goal 7，SDG7）与能源发展有关，即"确保人人获得负担得起的、可靠和可持续的现代能源"（Ensure access to affordable, reliable, sustainable and modern energy for all）。[①] 这一目标可细化为三项核心指标，获得电力和清洁烹饪的燃料、可再生能源、能源效率。

中国已加入联合国"人人享有可持续能源"的倡议，作为一个负责任的大国，有能力采取积极行动并为全球提供能源普遍服务，中国首先从其所参与的国际组织做起。2016 年 12 月，我国公布的能源发展"十三五"规划确定的能源发展主要目标之一就是"能源普遍服务"。[②] 2017 年 5 月，国家发展和改革委员会、国家能源局共同发布的《推动丝绸之路经济带和 21 世纪海上丝绸之路能源合作愿景与行动》中，强调的合作重点之一就是"推动人人享有可持续能源"，即要落实 2030 年可持续发展议程和气候变化《巴黎协定》，推动实现各国人人能够享有负担得起、可靠和可持续的现代能源服务，促进各国清洁能源投资和开发利用，积极开展能效领域的国际合作。[③] 中国作为"一带一路"倡议的提出国，希望将推动沿线各国人人享有可持续能源作为"一带一路"能源合作的工作重点之一。上海合作组织的参与国几乎都已经签署了共建"一带一路"协议，也不乏存在一些能源匮乏的国家，因此"一带一路"框架下的"推动人人享有可持续能源"行动，尤其是人人享有可持续的现

---

① Sustainable Development Goal 7: Ensure access to affordable, reliable, sustainable and modern energy for all, https://www.iea.org/sdg/.

② 国家发展和改革委员会、国家能源局：《能源发展"十三五"规划》，2016年12月，http://www.ndrc.gov.cn/zcfb/zcfbtz/201701/W020170117335278192779.pdf.

③ 国家发展和改革委员会、国家能源局：《推动丝绸之路经济带和21世纪海上丝绸之路能源合作的愿景与行动》（2017年5月），国家能源局网站，http://www.nea.gov.cn/2017-05/12/c_136277473.htm.

代能源,将会惠及到上海合作组织的参与国。要实现"人人享有可持续能源",其根本途径就是区域内的大国利用自身的资金实力、技术实力等为本区域提供"区域性公共产品"。

早在英国古典经济学家亚当·斯密的《国富论》中就提及了"公共产品"的性质与供给问题,"公共产品对于一个社会当然是有很大利益的,但就其性质说,设由个人或少数人办理,那所得利益绝不能偿其所费。所以这种事业,不能指望个人或少数人出钱来创办或维持。"① 从理论上给公共产品做出严谨定义的先行者则是美国经济学家保罗·萨缪尔森,他于1954年11月发表的一篇文章中提出,公共产品是相对私人产品而言的,是指所有社会成员可以同时消费且每个成员的消费都不会减少其他社会成员消费的集体产品。换言之,所谓公共产品是指那些按照私人市场观点来看待的集体产品,是与私人产品相对应用于满足公共消费需要的物品或劳务。②

从经济学意义上,公共产品应具备两个基本特征:消费的非排他性与非竞争性。其中"非排他性"指的是,一旦公共产品被提供出来,其效用在不同消费者之间不能分割,无法排除任何人对它的不付代价的消费。而"非竞争性"指的是,公共产品一旦被提供出来,任何消费者对公共产品的消费都不会影响到其他消费者的受益,也不会增加社会成本,即新增消费者使用该产品的边际成本为零。进而,根据公共产品的这两个基本特征,可将其分为纯公共产品、俱乐部产品、共同资源三类。③ 其中纯公共产品则兼具非排他性和非竞争性两个特征,但俱乐部产品却显然具有排他性,而共同资源类公共产品则在消费上具有竞争性。

到20世纪六七十年代,公共产品理论研究开始向国际层次转移。比

---

① [英]亚当·斯密:《国民财富的性质和原因的研究》(下),商务印书馆1974年版,第284页。

② Paul Samuelson, "The Pure Theory of Public Expenditure", *Review of Economics and Statistics*, 1954(ⅩⅩⅩⅥ): p.p.387-389.转引自王健《上海合作组织发展进程研究:地区公共产品的视角》,上海世纪出版集团2014年版,第22页。

③ 王健:《上海合作组织发展进程研究:地区公共产品的视角》,上海世纪出版集团2014年版,第26—27页。

较有代表性的是,1970年美国哈佛大学的科诺利发表文章指出,一些国内居民享用的公共产品,如电视广播节目等,有时会产生一种跨越国界的外部性,有些是正外部效应,有些则是负外部效应。为了克服这种影响,有必要进行相关的国际合作。① 1971年,美国普林斯顿大学的奥尔森在对美国耶鲁大学研究员鲁塞特等人发表的"Collective Goods and International Organization"② 进行评论时,首次使用了"国际集体产品"(International Collective Goods)这个概念。区域公共产品(或称"地区公共产品")理论是国际公共产品理论的重要分支,西方学者对此有多项研究。2000年,瑞典外交部发展问题专家小组发表了《区域性公共产品与国际发展合作的未来》的工作报告,被学界称为是最早将传统的国际公共产品分析聚集于区域层次,从而开创区域公共产品理论的研究新视域。③ 近年来,国内也对区域公共产品理论及其实践,尤其是结合该理论探讨上海合作组织、"一带一路"的相关论著日渐兴盛。④ 从某种程度上,衡量地区主义建设成效的一个主要标准就是地区公共产品供给的有效程度。⑤ 上海合作组织的主要功能就是促进地区合作,共同为本地区提供充足的区域性公共产品,促进地区稳定、和谐发展,使该组织成员对本组织产生向心力和归属感。

---

① Michael Connolly , "Public Goods, Externalities and International relations", *The Journal of Political Economy*, 1970(2), p.p.279-290.

② Brece Russet, John Sullivan, "Collective Goods and International Organization", *International Organization*, 1971(4), p.p.845-865.

③ Patrik Stalgren, "Regional Public Goods and the Future of International Development Cooperation: A Review of the Literature on Regional Public Goods," Working Paper, 2000: 2, Expert Group on Development Issues, Ministry for Foreign Affairs of Sweden , Stockholm.

④ 如上海人民出版社出版的一系列相关书籍:[西]安东尼·埃斯特瓦多道尔、[美]布莱恩·弗朗兹、[美]谭·罗伯特·阮:《区域性公共产品:从理论到实践》,上海人民出版社2010年版;樊思明、薄思胜:《区域公共产品理论与实践:解读区域合作新视点》,上海人民出版社2011年版;樊思明、钱亚平、饶芸燕:《区域国际公共产品与东亚合作》,上海人民出版社2014年版;《"一带一路"与区域性公共产品》(复旦国际关系评论),上海人民出版社2018年版;以及王健《上海合作组织发展进程研究:地区公共产品的视角》,上海世纪出版集团2014年版。

⑤ 李巍:《区域霸权与地区公共产品——对北美地区主义的一种解释》,张建新:《国际公共产品与地区合作》,上海人民出版社2009年版,第151页。

上海合作组织区域性公共产品尚存在供应不足及供给水平较低的问题，就改善和提高上海合作组织区域内的公共产品供给水平而言，还需从以下几个方面努力：

1. 上海合作组织区域性公共产品融资主要由中国提供，需进一步提升其他国家的供给能力

目前，中国成为上海合作组织区域性公共产品的主要融资方，通过贷款、与国际金融组织、上海合作组织银联体合作等形式提供发展资金。但中国仍是一个发展中国家，国内经济发展水平尚有限。俄罗斯作为上海合作组织的一个重要的主导方，但其对该组织区域性公共产品的需求偏好主要集中在安全领域，希望在反恐、禁毒、防止跨国犯罪等方面提高公共产品质量、扩大公共产品种类。而俄罗斯在经济上过多将精力放在欧亚经济联盟、俄白哈关税同盟等组织上，以期建立完全由自身主导的中亚地区统一经济体，虽然俄罗斯也积极倡议建立上海合作组织能源俱乐部和地区交通互联互通网络等区域性公共产品，但因缺乏对上海合作组织的集体身份认同，因而对这些区域性公共产品的运行机制建设投入较为有限，对将贸易便利化提升至自由贸易区、将能源俱乐部提升至统一能源合作空间等，并不愿意提升供给水平。因而，除中国与俄罗斯之间达成双边经贸合作外，还应提升两国间的协作水平，进一步发挥俄罗斯在上海合作组织框架下提供区域性公共产品的作用，两国比肩承担地区大国的责任。2019年6月召开的上海合作组织比什凯克元首理事会上，各成员国签署了《上海合作组织秘书处同阿斯塔纳国际金融中心谅解备忘录》。该金融中心是2015年12月在哈萨克斯坦获准设立，以税收优惠制度和独立的金融法庭为基础，辐射中亚、欧亚经济联盟、中东、中国西部、蒙古和欧洲等广阔地域，提供金融服务的大型综合性金融平台。[①] 在2019年5月底召开的欧亚经济委员会最高理事会扩大会议上，哈

[①] 《走进哈萨克斯坦——带你了解阿斯塔纳国际金融中心（AIFC）》，http://mini.eastday.com/bdmip/180531232550717.html#；"哈萨克斯坦总统大力推介阿斯塔纳国际金融中心"，http://www.xinhuanet.com/world/2018-07/06/c_1123089649.htm.

萨克斯坦总统就表示，该金融中心可以为参与者提供进入全球资本和金融服务集群的机会，欧亚经济联盟各成员国可以为自身的经济发展吸引外国投资而有效利用阿斯塔纳国际金融中心（AIFC）的潜力。[①]因此，上海合作组织区域内也要充分发挥其他成员国的作用，提高供给区域性公共产品的能力。

2. 对区域性公共产品的供给，不但授之以"鱼"，更要授之以"渔"

上海合作组织区域内的中亚国家对获得中国的投资和援助存在较明显的投机倾向，他们认为中国理所应当对上海合作组织的发展承担主要责任[②]。正如英吉·考尔曾说过，发展中国家更加倾向于为自身目的而进行国家私人产品和公共产品的供应。它们也可能寻求与外界的合作，但在这种情况下他们一般是要求获得更多的开发援助，而不是为工业化国家感兴趣的全球公共产品的供给提供协助。[③]这种惯性认知使得中亚一些国家与中国保持"政冷经热"，在面对西方国家附条件提供的援助或投资时，认识不够清醒而致一度出现了美国"颜色革命"在中亚的植入，抑或面对中亚地区存在的多重合作机制的竞争，中亚国家将上海合作组织区域一体化抛之脑后，而对这些区域性公共产品"挑挑拣拣"。早期，中国对上海合作组织国家提供的能源类公共产品偏向于"石油换贷款"中的低息或无息贷款、能源基础设施投资或建设等，这样的公共产品仅只是对公共产品接受方的"输血"，而未能提高接受方的"造血功能"。而近些年来，中国在帮助上海合作组织国家建设能源基础设施时，注重将其纳入到能源交通网络体系中，打通上海合作组织国家与外界的互联互通，促使这些国家逐步参与全球能源治理，更希望发展区域内的能源俱乐部合作机制，发出发展中国家在全球能源治理规则制定上的"声音"。

---

① 《哈萨克斯坦总统：欧亚经济联盟成员国可利用阿斯塔纳金融中心的潜力》，哈萨克斯坦国际通讯社，2019年5月29日，https://www.inform.kz/cn/article_a3531903.

② Martin C.Spechler, "Regional Cooperation in Central Asia", *Problem of Post-communism*, 2002(11/12), p.45.

③ ［美］英吉·考尔等编：《全球化之道——全球公共产品的提供与管理》，张春波、高静译，人民出版社2006年版，第296—297页。

3. 深化与域外大国和国际合作机制的战略对接与合作

由于上海合作组织区域各参与国在能源合作中的利益和定位各异，有能源生产国、能源需求国，还有能源过境国，因而上海合作组织能源俱乐部的运行不可能是孤立的，所要建立的能源利益共同体也是实现全球能源综合安全体系下的重要组成部分。而中国倡议共建的"一带一路"，就是要实现与其他国际合作机制及沿线国家的战略对接，"一带一路"能源合作的目标也是要打造开放包容、普惠共享的能源利益共同体、责任共同体和命运共同体。因而，在遇及上海合作组织能源俱乐部机制化建设受阻时，中国将上海合作组织区域的能源合作战略对接到共建"一带一路"，打造更大范围、更高水平、更深层次的区域能源合作。除此之外，上海合作组织一直希望与欧亚经济联盟、中亚区域经济合作、大湄公河次区域、东亚峰会等其他多边框架下的能源合作机制实现战略对接，提供更多更优质的区域性公共产品，为更大范围内实现人人享有可持续能源。

（二）构建能源运输网络，形成互联互通自由发展的能源市场

能源运输基础设施建设是能源安全保障的重要环节，是连接能源生产和能源消费的中间环节，其对于能源安全的重要性，无论在传统化石能源领域，还是可再生能源领域，均承担着不可替代的作用。在传统化石能源合作框架下，跨国油气管网的走向、过境国的选择、能源运输港口的布局等都影响着全球能源格局，也关系着参与国的能源安全供应。因此，构建以自身为核心的全方位、多层次、复合型的互联互通能源网络，是世界上几乎所有国家的不懈追求。

我国能源运输领域与上海合作组织其他成员国的合作较为紧密。目前，我国已经初步形成了"两大体系四大通道"的多元化运输格局，"两大体系"是指海上能源运输体系和陆路能源运输体系，而"四大通道"指的是除了海运通道外，我国还形成了东北方向中国与俄罗斯、西北方向中国与中亚国家、西南方向中国与缅甸三条油气进口的陆路通道。我国大约80%的油气进口是通过海上能源通道，但是从中东、非洲、拉美和东南亚进口的油气途经狭窄的马六甲海峡和霍尔木兹海峡，运输距

离遥远、运输时间较长、通道容量有限,再加上路途中经常遭遇频繁发生的海盗和恐怖活动,更平增了海上通道的运输风险,不得已常常要海军护航完成能源进口的海上运输。为了破解海上能源运输的"马六甲困局",我国陆续从三个方向与其他国家开展陆路油气管道的合作。中缅油气管道是中国在印度洋方向唯一陆路能源进口通道,2013 年 9 月 30 日中缅天然气管道全线贯通,开始输气,2015 年 1 月 30 日中缅石油管道全线贯通,开始输油,该油气管道设计每年可以向中国输送 2200 万吨原油和 120 亿立方米天然气。但因缅甸政治局势复杂多变,该管道曾在 2017 年 3 月之前闲置了两年之久。鉴于与巴基斯坦之间具有"全天候"全面伙伴关系,中国获得巴基斯坦瓜达尔港 40 年的经营权,成为在印度洋方向开辟的新出海口,并与巴基斯坦达成在瓜达尔港与新疆喀什之间以修建铁路、公路等运输通道的形式建立"中巴经济走廊"。作为中国与俄罗斯通过"贷款换石油"的原油贸易与金融融资方式的配套措施,两国间铺设的中俄原油管道已投产,中俄天然气管道东线工程尚待完工,预计于 2019 年底将实现部分通气。中国与中亚国家的能源运输管道建设合作是西北战略通道的核心组成,中哈原油管道是我国第一条陆路能源管道,目前运行成效显著;中国—中亚天然气管道途经上海合作组织的哈萨克斯坦、乌兹别克斯坦两国,是中国西北方向进口中亚天然气的重要通道。中国油气进口的东北、西北通道,均是中国与上海合作组织成员国之间的能源合作举措。

自 2013 年起,李克强总理提出建设中蒙俄经济走廊、孟中印缅经济走廊等区域交通基础设施建设的倡议,其中能源合作不仅是这些经济走廊建设的先导产业合作项目,还将对相关产业合作项目的建设和开展形成辐射和拉动效应。虽然这些经济走廊建设的倡议是共建"一带一路"倡议的重要组成部分,但因为涉及上海合作组织的部分参与国,也将与上海合作组织区域的能源合作进行战略对接,对推动上海合作组织框架下的能源产业链建设和能源俱乐部的机制建设有重要影响。

(三)发展可再生能源,以可持续发展目标为优先事项

全球正在经历着新一轮的能源革命,而最为根本的趋势是"去碳

化",即减少传统化石能源在能源结构中的比例,提高可再生能源在能源生产和消费中的整体构成。从"去碳化"趋势中延伸出来的,还有数字化、分销和分散化。① 化石能源的蕴藏及生产较大程度上依赖能源资源的禀赋,而可再生能源则可能与一国(或地区)的技术投入、资金实力等综合国力因素有关。可再生能源常常转化为电力能源的方式向终端消费者提供,但受电力传输线路所限,可再生能源转化为电力的生产和运输将呈现出"去中心化"趋势,以及依赖数字远程操控的智能电网"分配"系统更加深了这一趋势。

现有能源合作机制多针对传统能源而设,中国在此方面并无明显比较优势,在上海合作组织区域内还可能与俄罗斯、哈萨克斯坦等国产生冲突和竞争。然而,就发展可再生能源而言,中国的资金、技术等先发优势明显优于上海合作组织的其他参与国。目前,中国可再生能源总装机容量居全球第一,可再生能源投资规模居全球第一,对光伏组件成本下降的贡献较大,中国将可能会在上海合作组织区域内主导开展可再生能源领域的合作,因而中国在可再生能源领域的发展潜力巨大,对正在进行的能源转型和新一轮能源革命发挥着"中国作用"。基于可再生能源布设上海合作组织能源俱乐部的未来发展方向,则可能引发区域内各国能源利益的重新布局和与区域外各大经济体之间的关系。从可再生能源转型中产生的世界将与建立在化石能源基础上的世界大不相同,权力将可能变得更加分散和扩散。

联合国于2015年制定的《2030年可持续发展议程》中,宣布了17项可持续发展目标和169项具体目标,其中第7项可持续发展目标(SDG7)特别强调了全球能源发展的未来方向,即确保人人都能获得负担得起的、可靠、可持续的现代能源。2017年8月,我国外交部公布了《中国落实2030年可持续发展议程进展报告》,其中对第7项可持续发展目标的具体落实步骤包括:中国政府制定《能源生产和消费革命战略

---

① [巴基斯坦] Sohail Butt:《全球能源转型战略述评——挑战与前进之路》,刘强:《"一带一路"倡议与全球能源互联(2018)》,社会科学文献出版社2019年版,第158页。

（2016—2030）》，进一步明确到2030年能源领域的总体目标和任务，与联合国2030年可持续发展议程确定的能源领域可持续发展目标高度契合。能源结构调整和清洁化步伐加快，节能减排成效显著，国际能源合作进一步加强。中国加大对全球其他发展中国家，特别是最不发达国家、小岛屿发展中国家和内陆发展中国家能源领域援助力度，通过援建能源类基础设施、提供清洁能源设备等方式进一步帮助其他发展中国家提高现代能源及清洁能源的普及率，通过经验分享、技术交流、项目对接等形式帮助其发展可持续的现代能源服务。① 就上海合作组织框架下而言，中巴经济走廊、大湄公河次区域等合作机制不断完善，油气、电力、可再生能源等领域合作取得实质性进展。中俄原油管道、中国—中亚天然气管道保持稳定运营，中俄天然气管道东线开工建设即将通气，中巴经济走廊框架下的多项能源领域优先实施项目已开工建设。吉尔吉斯斯坦达特卡—克明输变电、巴基斯坦萨希瓦尔燃煤电站和卡洛特水电站等项目将有助于缓解当地电力不足的矛盾。今后，中国还应充分发挥自身在技术、资金方面的优势，在上海合作组织区域内大力推进可再生能源发展，以实现可持续性、可获得性和稳定性的能源供应，保障地区能源安全。

（四）继续发扬"上海精神"，打造区域能源安全共同体

"互信、互利、平等、协商、尊重多样文明、谋求共同发展"的"上海精神"，其理论渊源和基础就是和平共处五项原则。② "上海精神"是和平共处五项原则的继承和发扬，同时也吻合了党的十九大报告中有关共商共建共享的全球治理观和构建人类命运共同体的提法。"和平共处五项原则"、"上海精神"、"构建人类命运共同体"，是一脉相承的中国特色外交思想。20世纪50年代提出的"和平共处五项原则"，是在四"互"（互相尊重主权和领土完整、互不侵犯、互不干涉内政、平等互利）基础上

---

① 外交部：《中国落实2030年可持续发展议程进展报告》（2017年8月），https://www.fmprc.gov.cn/web/ziliao_674904/zt_674979/dnzt_674981/qtzt/2030kcxfzyc_686343/P020170824649973281209.pdf.

② 潘光、周国建：《和平共处五项原则的成功实践和创新发展：上海合作组织及"上海精神"》，《毛泽东邓小平理论研究》2004年第12期。

的"和平共处",不仅是我国一贯奉行的独立自主和平外交政策的基础,同时也被世界上绝大多数国家所接受,成为规范和发展国际关系的重要遵循。但和平共处五项原则因提出时的特定历史条件所限,并未特别强调合作与共同发展。而对于有意愿"国之相交""民之相亲"的国家之间,因时因地制宜进一步表达合作发展的期望,如上海合作组织各国就在和平共处五项原则之上发展形成了"上海精神"。[①]

党的十九大报告提出,中国将"恪守维护世界和平、促进共同发展的外交政策宗旨,坚定不移在和平共处五项原则基础上发展同各国的友好合作,推动建设相互尊重、公平正义、合作共赢的新型国际关系"。[②] 2013 年上海合作组织比什凯克峰会上,中国领导人就曾强调把上海合作组织"打造成成员国命运共同体和利益共同体,使其成为成员国共谋稳定、共同发展的可靠保障和战略依托"。2018 年上海合作组织的青岛峰会上,习近平主席再次强调,我们要坚持共商共建共享的全球治理观,不断改革完善全球治理体系,推动各国携手建设人类命运共同体。

上海合作组织的成功实践为大国特色外交提供了"中国智慧"和"上合方案"。上海合作组织秘书长阿利莫夫曾说过,上海合作组织合作机制堪称不同国力、不同政治制度、不同文化的国家和谐共处的典范。[③] 目前,上海合作组织成为世界上幅员最广、人口最多,也是唯一一个以中国城市命名的综合性区域合作组织。上海合作组织既需统筹与俄罗斯、印度等大国之间的关系,也需发展与中亚小国之间的关系;既需加强成员国之间的务实合作,又需强化同观察员国和对话伙伴等地区国家、联合国及其他国际组织之间的交流合作;上海合作组织是协调不同发展水平和发展阶段国家之间开展合作的有益实践,更是妥善驾驭安全合作与

[①] 参见刘素霞《"上海精神"促进人类命运共同体建设》,《人民日报》2018年9月4日第七版。

[②] 习近平:《决胜全面建成小康社会 夺取新时代中国特色社会主义伟大胜利——在中国共产党第十九次全国代表大会上的报告》,2017年10月18日。

[③] 《〈上海合作组织创建、发展和前景〉中文版首发式暨上海合作组织发展研讨会在中国人民大学举行》,中国人民大学—圣彼得堡国立大学俄罗斯研究中心网,http://rus.ruc.edu.cn/displaynews.php?id=1238.

经济合作"两驾马车"的典范。中国所坚定奉行的独立自主和平外交政策在上海合作组织实践中充分得以体现，各成员间相互尊重、互信互利，对话而不对抗、结伴而不结盟；平等协商、和平解决争端，坚持国家不分大小、强弱、贫富一律平等，反对一切形式的恐怖主义，统筹应对传统和非传统安全威胁；尊重多样文明，促进和而不同、兼收并蓄的文明交流；秉持共商共建共享的全球治理观，谋求共同发展，促进贸易和投资自由便利化，不断推进区域一体化和经济全球化发展。

打造上海合作组织能源安全共同体，必须继续弘扬"上海精神"。上海合作组织成立伊始，为解决苏联遗留下来的历史问题，首倡"以相互信任、裁军与合作安全为内涵的新型安全观"，坚决打击三股势力，维护地区安全与稳定，反对霸权主义、强权政治，反对任何形式的"新干涉主义"。通过多年努力，上海合作组织已逐渐发展成为各成员之间"命运共同体"的重要机制。十九大报告强调"坚持总体国家安全观"，要"统筹发展和安全"，就是要统筹"外部安全和内部安全""传统安全和非传统安全""自身安全和共同安全"。能源安全是一个国家非传统安全领域的重要部分。上海合作组织青岛峰会强调继续弘扬"上海精神"，开展各领域对话和合作，为维护地区安全稳定和共谋地区发展"把脉问诊"。

上海合作组织能源俱乐部的机制化建设，仍应坚定不移坚持和发扬"上海精神"。"上海精神"的二十个字是关于新型国家安全观、新型国际关系、区域合作新模式等理论和实践问题的重大创新，是上海合作组织发展进程丰富实践的理论结晶和精神财富。"上海精神"为上海合作组织的发展提供了理论支撑，成为上海合作组织内部集体认同、高度互信的情感纽带和合作准则，也是上海合作组织框架下能源俱乐部机制化建设的重要遵循。其中，"互信"是前提，"互利"是根本，"平等"是保障，"协商"是途径，"尊重多样文明"是要求，"谋求共同发展"是目标。上海合作组织能源俱乐部以提高区域能源合作水平为出发点，以实现区域内人人享有可持续能源为目标，以能源合作为契机，实现区域内各国繁荣发展、地区和谐稳定。

二 上海合作组织能源俱乐部法律机制重构设计

就各国的具体能源发展战略而言，存在差异是必然的。比如，传统化石能源的生产国重点考虑本国的能源出口安全、能源价格等因素，而能源的需求国则更多考虑能源供应安全和能源可获得性，能源的过境运输国则希望通过施加对过境能源各方的影响而成为能源的战略利益方。上海合作组织能源俱乐部既有能源生产国，又有能源需求国和过境国，与现有的其他国际能源合作机制均不太相同。如果过分强调上海合作组织能源俱乐部与其他国际能源合作机制之间的这些差异，或以其他国际能源合作机制的模式为标准，则在上海合作组织区域内将无法建立起行之有效的能源多边合作机制。所以，上海合作组织能源俱乐部的机制设计应求同存异，并契合国际能源发展趋势。

（一）方案一：更为密切的"多边能源论坛"

"能源论坛"如单纯作为上海合作组织区域内的信息共享平台，会与各国能源政策关系较为松散，无法协调各参与国政府的能源发展战略，从长期发展来看，可能还会继续倚重现有的双边合作，对于区域能源安全的保障作用发挥有限。这方面可以借鉴天然气输出国论坛，其在建立之初也是一个较为松散的能源论坛，而目前则通过加深合作而致力于建立一个生产者之间、生产者与消费者之间、政府与天然气工业之间的对话平台，为各天然气生产国协调利益、化解歧见提供帮助，并推动建立一个更加稳定与透明的国际天然气市场。[①] 因此，上海合作组织能源俱乐部在现阶段应逐步加强"多边能源论坛"的常设机制化建设，加强沟通、加深共识。从目前仅设置的定期高官会，还要筹办"专家论坛"、"能源企业发展论坛"、"工作组磋商"、"政府首脑能源议题会谈"及"元首会晤"等一系列步骤的设置和丰富，进而利用"论坛"扩大共识，形成推动多边能源合作项目落实的带动机制。

[①] 王海、曹峰毓：《天然气出口国论坛的缘起发展及困境》，《国际石油经济》2015年第4期。

（二）方案二："多边能源合作协定 + 能源一体化组织"

对于上海合作组织能源俱乐部法律机制设计，较为激进的方案是"多边能源合作协定 + 能源一体化组织"，即通过签订多边能源合作协定，成立地区性的统一能源空间。这是区域能源合作一体化的顶层设计方案。2008 年前，俄罗斯和哈萨克斯坦曾就上海合作组织能源俱乐部的法律机制构建持这种立场。

多边能源合作协定的内容涵盖一系列意义重大的议题，除此之外，还应制定并不断完善能源一体化组织的章程，建立理事会和秘书处，制定共同的能源战略和区域发展目标。比如，欧佩克集中了大的石油输出国，其宗旨是协调和统一成员国石油政策，确保国际石油市场价格的稳定，保障石油生产国的稳定收入，为石油消费国提供足够、经济、长期的石油供应，并给予石油工业投资者合理的收益。① 国际能源署主要由能源需求国组成，其宗旨在于协调成员的能源政策，发展石油供应方面的自给能力，共同采取节约石油需求的措施，加强长期合作以减少对石油进口的依赖，提供石油市场情报，拟订石油消费计划，石油发生短缺时按计划分享石油，以及促进它与石油生产国和其他石油消费国的关系等。

依此种方案的设计，上海合作组织能源俱乐部的成员国包含了能源生产国、能源消费国及能源过境国，相应的机制设计需体现到各种利益群体的诉求，在目前能源俱乐部发展尚不够顺利的情况下，直接采纳这种比较激进的方案设计，显然还不够务实。

（三）方案三："双边和多边磋商 + 对话与协调机构"

较为折中的方案是"双边和多边磋商 + 对话与协调机构"，在已有双边能源合作的基础上，逐步推进多边磋商，完善能源俱乐部在多边基础上的对话与协调机构，该机构的成员除了目前各国政府外，还欢迎各大企业和各科研机构加入，形成专家级、企业级，直到政府级和元首级的

---

① 中华人民共和国常驻维也纳联合国和其他国际组织代表团，"石油输出国组织基本情况"（更新至2017年3月），https://www.fmprc.gov.cn/ce/cgvienna/chn/nyhz/t1238506.htm；OPEC, https://www.opec.org/opec_web/en/index.htm.

包括宏观和微观在内的分步骤对话和决策机制。这是上海合作组织能源俱乐部法律机制设计的中层方案。

（四）渐进推进："更务实、更有效、更具包容性"

上海合作组织各国对区域能源合作模式及能源俱乐部的机制完善意见并不一致，因此建议设置一定的过渡期，从目前的"能源论坛"性质的机制设计到"对话与协调机构"再到"能源一体化组织"，渐进推进，即秉持"更务实、更有效、更具包容性"的方针。

1."更务实"的考虑

虽然，目前上海合作组织能源俱乐部也有一定的成员国，但因其机制更新乏力，使得其对区域能源多边合作的推进作用发挥不够显著。想要一蹴而就、"一揽子"建立一体化的能源合作法律机制，是不切实际的，也注定短期内不能取得效果的。从"能源论坛"过渡到"对话与协调机构"，再在条件成熟时逐步建立一体化的统一能源空间，可能是目前较为务实的完善路径，可将能源俱乐部打造成切实推进区域能源合作的平台，建立常设对话平台，打造有特色的区域能源合作法律机制，在该平台上有效实现与"一带一路"能源伙伴关系、国际能源署、欧佩克、国际可再生能源机构等国际能源合作机制的有效对接，吸引区域内更多的国家、实体等参与，将上海合作组织区域内多边能源合作做实做大，待发展到一定规模后，再将能源俱乐部构建成为相对独立于上海合作组织的一个次区域组织。因此，上海合作组织能源俱乐部的法律机制重构必须从区域内各参与国的实际出发，从区域内能源合作的现状着手，遵循循序渐进、务实推进的方针，逐步提升上海合作组织能源俱乐部的能源治理水平和治理能力。

2."更有效"的要求

一直以来，各国对上海合作组织能源俱乐部法律机制的构建观点不一、立场不同，还有的成员国对加强能源俱乐部法律机制建设存有戒备心。因而，目前的"能源论坛"式的法律机制，也是对各国不同立场的一种妥协和权宜之计，关注各国发展双边或多边能源合作的潜在需求，合作信息共享，但同时又保持一种松散的合作模式，定期召开高官会，商议相关能源政策和发展战略，而对各国能源战略的制定、能源政策的协调、能源合作的多边一体化、能源定价机制、能源投资与金融协作等机制建立并没有落实或推进。

如欲更为有效地推进上海合作组织能源俱乐部法律机制的重构和完善，须分步骤、有重点地就能源领域各参与国重点关注的问题或亟待解决的难题，争取在多边范围内达成一致意见，逐项确立能源俱乐部的各种法律机制。就后述的各项法律机制，"能源政策沟通与信息共享机制"是目前各参与国已经开展并在部分参与国范围内取得显著成效的一种机制，但需在增加参与国的数量、建立更为稳定且常态化的政策沟通与信息共享机制等方面加强努力，该机制应是诸种机制中已经取得成效并需进一步完善的首要机制。其次，再在设施互联互通、贸易畅通与能源定价、能源投资金融合作、民生工程建设与共同发展等机制上逐步推进，发展成熟后再推进构建区域内能源争端解决的机制。

3. "更具包容性"的做法

上海合作组织内包括能源的生产国、消费国和过境运输国，自成一体，目前已经形成了纵横交错的双边、小多边能源合作网络。但完全依赖双边和小多边的能源合作将无法协调和统一区域内各国能源战略和政策，无法形成区域能源组织的合力。上海合作组织自成立以来经历了十六年才迎来了第一次成员国扩员，观察员国和对话伙伴国的扩员也仅仅局限于区域内，故较长一段时间内，上海合作组织的参与国范围不会出现较突破性的扩张。而能源俱乐部能否突破上海合作组织的参与国范围而邀请其他区域的国家参与，将会是个争议较大的问题。初步来看，可能既有利也有弊，但利应该大于弊。

吸收区域外国家参与能源俱乐部的主要好处是，可以有效地提升能源俱乐部的能源资源潜力和消费市场的广度，提高能源俱乐部的国际影响力，改变目前不瘟不火的发展状态。可以考虑参照中国—东盟能源合作对话机制、中国—海合会战略对话能源部长级会议、中国—阿拉伯国家合作论坛等机制，上海合作组织能源俱乐部也可以与区域外的一些能源生产国、能源消费国之间达成如此能源合作对话机制，有一定数量的参与国,才能倒逼能源俱乐部更加完善能源合作法律机制,增强能源俱乐部的凝聚力。当然,换个角度看,上海合作组织能源俱乐部也必须能够提供切实发挥作用且又与现行国际能源组织相异的运行机制,才能真正吸引更多的国家参与进来。

同时,也应当看到吸收区域外国家参与能源俱乐部将带来一些问题,可能因为来自不同区域而缺乏对该区域组织的认同感,或与能源俱乐部现有的会员之间存在能源利益争端,也可能将一些敏感的国际问题带入能源俱乐部内,而将能源俱乐部变成为能源地缘政治的角斗场;当然,最直接的一个问题是可能导致决策效率低下,因此,必须努力探索完善能源俱乐部的法律机制,在上海合作组织能源俱乐部建立区域内独特的能源政策沟通信息共享机制、能源基础设施互联互通合作机制、能源贸易畅通与定价机制、能源投资金融合作机制、能源民生工程建设与共同发展机制、多边能源合作争端解决机制,当然还应包括与能源合作有关的其他机制,才可能"开门"接收更多的参与国。

第二节 能源政策沟通与信息共享机制

上海合作组织能源俱乐部各参与国信息统计发布机制不完善,信息共享不充分,导致区域内多边能源合作效率低下。建立上海合作组织能源俱乐部的信息及时沟通机制,提高能源信息共享效率,是加强区域内能源合作的基础。

一 建立上海合作组织能源俱乐部框架下的能源政策沟通协调机制

罗伯特·基欧汉曾指出,合作并不意味着没有冲突,相反,它显然是与冲突混合在一起。合作需要通过谈判的过程(即我们常说的政策协调)将各个独立的个体或组织的行动变得互相一致起来。通过政策协调过程,当行为者将它们的行为调整到适应其他行为者现行的或可预料的偏好上时,合作就会出现。作为政策协调过程的结果,当一国政府遵从的政策被另外国家的政府视为能够促进它们自己目标的相互认识时，政府间的合作就会发生。①

上海合作组织的其他参与国均已将可再生能源的发展作为其能源发展战略的目标之一，即便如俄罗斯、哈萨克斯坦等传统化石能源大国也不例外，因而无论是出于对化石能源向可再生能源的转型，还是如中国一样缺乏足够的化石能源储量而另辟蹊径发展可再生能源，总之，上海合作组织区域国家在发展可再生能源方面战略政策较为一致，也有可能在可再生能源领域协调政策和保持一致行动，实现多边合作。故建议，上海合作组织能源俱乐部的能源战略政策沟通机制应以可再生能源的政策及合作信息沟通为主，传统化石能源为辅。

能源政策沟通协调机制可考虑从下列层次上分级设计：（1）秘书处。秘书处是上海合作组织能源俱乐部的常设机构，负责能源俱乐部运行的日常事务。在秘书处下设若干个专业工作组（专家小组），分别对可再生能源技术创新研发、能源产能合作、能源贸易投资、能源基础设施、能源运输等领域的政策沟通协调专项领域负责。（2）高官委员会。上海合作组织能源俱乐部框架下已设立了高官委员会，由各成员国的能源部长定期会晤，沟通各国能源政策及合作信息、能源战略政策部署、重大能源合作议题及合作项目等事项。（3）领导人会议。能源俱乐部的法律机制完善集中体现在各国领导人会议的级别上，如果仅保留在各国的能源部长会晤层面，则很难进一步提升能源俱乐部的机制水平。

二　构建区域内能源生产国与能源消费国之间的能源信息共享机制

经验表明，运行良好的市场和未来投资都离不开准确的信息和数据。可靠、及时的信息在石油危机中显得尤为重要，②真实的信息对于减少价

---

① ［美］罗伯特·基欧汉：《霸权之后：世界政治经济中的合作与纷争》，苏长和、信强、何曜译，上海人民出版社2012年版，第51—53页。
② ［美］丹尼尔·耶金：《能源重塑世界》（上），朱玉犇、阎志敏译，石油工业出版社2012年版，第242页。

格非理性波动，稳定交易主体信心非常重要。[①]能源俱乐部的参与国要共享彼此的供求情况、生产和运输能力、生产成本、定价机制等经济信息，保障各国的法律规定、政策信息、法律稳定性机制、税收结构等符合透明度要求，才能在区域内建立良好的能源交易平台。数据发布是能源信息沟通的重要抓手，然而，"当前主要国家存在严重的统计信息缺口"已成为全世界的普遍共识，增强各国数据的透明度是这些年来全球能源治理改革中的重点问题和主要难题。其中最具代表性的是G20能源会议和峰会公报中多次提及"能源数据透明度"的问题，国际货币基金组织和金融稳定理事会于2009年联合提出《G20应对数据缺口倡议》，该倡议已由G20各国财政部长和央行行长会议审议通过，成为各国共同应对统计信息缺口的行动指南。上海合作组织能源俱乐部可以参照国际能源机构的标准，全面、准确、及时地公布各类能源的生产、消费、炼化、库存数据，形成能源交易数据库，加强对能源数据的情报分析，以期引导区域内能源消费需求的预测，保障能源市场的供应稳定，从而实现能源综合安全。

上海合作组织区域内各国的语言、文字、文化存在极大差异，导致各国信息采集标准很不一致，能源统计体系还很不健全、不完善，无法与其他发达国家的能源数据体系相比。因此，在上海合作组织能源俱乐部范围内建立一个良好的信息沟通机制，以互联网络为基础，收集、处理、分析并动态发布有关能源信息，导入西方发达国家的能源公布信息并结合区情加以分析，采用中、俄、英文三种语言版本公布。同时，各国、各大能源企业应建立分网站进行链接，及时传输并提供信息支持，形成并完善上海合作组织区域范围内的能源信息共享机制。

信息共享工作机制确立后，还要促进该机制的落地和启动，这就要充分发挥区域内大国的引领作用，并将之作为能源俱乐部框架下区域公共产品的典范，惠及其他成员并吸引更多的国家加入能源俱乐部。中国

[①] 中国国际经济交流中心课题组：《加强能源国际合作研究》，中国经济出版社2018年版，第180页。

是包括 G20 在内的各个国际能源合作机制的参与国,一直以来也有志于为加强区域内能源合作而发挥中国作用。2014 年的 G20 领导人峰会上,习近平主席就宣布根据二十国集团在数据透明度方面的共识,中方将定期发布石油库存数据。这种信息共享机制下,一国(即便是大国)孤掌难鸣,需要更多的国家参与进来,形成能源生产国信息与能源需求国信息之间的互动、互享,提供国际能源合作机会并提高合作效率。

三 形成上海合作组织能源俱乐部框架下的能源政策定期审查机制

各国在制定能源政策时,多从自身的能源基础条件、能源投资方向、执政者的能源发展战略等方面加以考虑,一般不太会考虑周边国家或区域内其他国家的能源政策,甚至有时候为了发展本国经济只顾眼前利益而过度开发传统能源,或者仅仅提出了发展新能源的战略,而缺乏践行该战略的国家间合作行动。而国际能源组织的能源信息沟通和共享机制,则可通过组织内的协作,细化能源发展政策和协调能源发展行动,并根据国际能源组织的能源发展战略定期审查各相关国家的能源政策,及时磋商和修正。上海合作组织能源俱乐部框架下应建立能源政策审议机制,由专业工作组(专家小组)定期评估各国的能源政策和实践,分析彼此间政策与能源俱乐部发展目标之间的协调程度,督促各国修改不符的措施和法律。同时,在对能源政策定期审查的基础上,将审查结果加以充分运用,定期对区域内的重要能源问题进行磋商,如各国的能源政策、大型基础设施项目的评估与投融资,新能源市场的前景预测、能源环境标准、能源定价机制等,推进多边磋商,通畅在多边基础上的对话与协调路径。

第三节 能源基础设施互联互通合作机制

在 2019 年比什凯克峰会发表的元首理事会宣言中强调,成员国特别关注观察员国和对话伙伴国参与能够提高地区互联互通水平的项目,强调应继续进行《上海合作组织成员国政府间建立和运行交通运输一体化系统协定》和《上海合作组织成员国铁路部门领导人会议构想》草案商谈工作。上海合作组织一直以来比较重视能源基础设施建设合作，并已取得较为显著的成效，仍应继续以能源基础设施互联互通为纽带，加大能源基础设施合作力度，形成互联互通大网络格局。根据上海合作组织的组织宗旨和目标，其拟建立的能源互联互通网络应是不仅面向本区域国家，更向全球其他国家开放的；也并非一蹴而就就能实现的目标，需要各参与国（尤其是各大国）持续不断提供区域公共产品加强能源基础设施建设，目前尤以并入"一带一路"互联互通建设中为发展契机，与欧亚经济联盟建设对接框架下研究能源交通基础设施议题；所要建立的能源互联互通大网络格局，将包括铁路、公路、能源管道、电力设施等各种渠道在内的立体网络，甚至联通包括能源勘探开发、能源衍生品转化、能源运输、能源销售等过程于一体的上中下游完整的产业链，协调运输法律和标准，提高能源运输便利化。

一 建立开放而非封闭的能源互联互通合作机制

能源基础设施建设对开展区域内多边能源合作的牵动效应极大，上海合作组织能源俱乐部以能源基础设施建设合作为抓手，吸引所联通的所有国家支持或加入能源俱乐部机制。能源互联互通网络不仅针对上海合作组织能源俱乐部成员国，也不仅包括上海合作组织区域内各参与国，而应首先放大到"一带一路"沿线国家，更为理想的目标是形成全球能源互联互通的大网络格局。只有这样，油气定价、电力定价才不会被小部分国家垄断，也才真正能够为全球提供能源普遍性服务，才能实现全球综合能源安全和能源命运共同体。

上海合作组织能源俱乐部能源互联互通合作机制，仅仅是我国参与全球能源治理初步目标，以该区域内的能源基础设施互联互通为纽带，甚至在推进乏力时，以"一带一路"能源基础设施互联互通网络为重点，倒逼和带动上海合作组织能源俱乐部区域内的能源联通机制，加大合作力度，形成更广范围内的能源互联互通大网络格局。

二 构建分步骤而非一揽子实施的能源互联互通合作机制

（一）从化石能源逐步向以清洁电能为主

目前，上海合作组织区域内的能源互联互通机制还主要以传统化石能源为主，如原油管道、天然气管道，虽然该区域内的水能、光伏、风能等能源资源潜力巨大，但因为前期基础设施建设匮乏，所以还没有在清洁电能互通方面达成充分有效的合作。

化石能源的大规模开发使得人类将可能面临资源紧张、环境污染、气候变化等"资源诅咒"的困境，结合全球能源渐渐转型的大浪潮，上海合作组织能源俱乐部在区域内应分步骤构建两张基础设施互联互通网络：一是建设区域内油气主动脉，开拓油气运输多元化通道；二是建设和完善跨境输电通道，开展区域电网升级改造合作。① 目前，传统化石能源仍占据全球能源消费结构的主要部分，上海合作组织各参与国的能源消费仍主要以传统化石能源为主，因此，区域内能源互联互通网络的短期目标是要打破一些国家对能源运输管道的垄断，建立油气多元化运输网络，解决区域内一些能源贫乏国家对能源不可获得的难题。其次，能源俱乐部打造能源互联互通网络的长远目标是建设跨境输电网络。跨境输电网络不仅能将煤、油、气等传统化石能源转化为电能，也能将水能、风能、光伏等发电并网，且能在跨境输电网络上长距离运输，使能源资源实现最大范围内的优化配置，也可以利用时区差、季节差、电价差等地区差异，实现不同地区清洁电能的互补互济，最大限度地提高能源效率和经济性。②

随着能源生产和消费革命持续推进，生产侧清洁化和消费侧电气化已经成为当前我国能源体系重要的趋势和特点。2019年，我国国家电网公司提出了到2050年实现"两个50%"的重要判断，即"2050年我国能源清洁化率（非化石能源占一次能源的比重）达到50%和终端电气化率

---

① 高世宪、朱跃中：《依托"一带一路"深化国际能源合作》，中国经济出版社2016年版，第8页。

② 闫世刚：《"一带一路"下中国能源合作新战略：打造能源合作共同体》，对外经济贸易大学出版社2018年版，第204页。

(电能占终端能源消费的比重)达到50%"。[①]因此,我国将矢志不渝地推进能源革命和能源转型,中国参与或主导的上海合作组织能源俱乐部能源互联互通网络将以建设和完善跨境输电通道为远期主要目标。

(二)从主要国家开始推进跨境输电网络的建造

就能源俱乐部区域内跨境输电网络的建造,也应循序渐进、逐步推进。从上海合作组织各参与国对电力需求的状况来看,中亚一些缺电国家对跨境输电网络建设更加急需和迫切,与中国达成合作意向也会更容易,希望转变能源生产和消费结构,充分利用中国的技术和投资发掘国内的可再生能源,会更为支持建设跨境电力联网设施。从另一方面看,俄罗斯等国已经与中国开展了跨境电网合作,基础设施建设已经领先。故而建议,先与中俄、中蒙之间开展输电通道建设合作,为形成东北亚互联互通电网而奠定基础。自1992年7月1日起中俄开展电力合作建成我国第一条跨境输电线路(即自俄罗斯布拉戈维申斯克市至中国黑河市的110千伏布黑线)以来,目前两国间已经基本形成了"一直流,三交流"四条线路的跨境输电格局。跨国联网线路源源不断地将俄罗斯电力资源输入中国,不仅提高了俄罗斯远东地区能源利用率,也支持了中国东北地区的经济发展,推动了我国"北电南送"工程的实施。中俄电力能源合作层次逐步深入,合作范围从电能交易扩展到输配电网投资等。截至2019年底,中国累计对俄罗斯购电304.62亿千瓦时,减少我国煤耗约1018万吨。[②]

其次,从中亚国家开始推进跨境输电网络建设的合作,从我国新疆向西与哈萨克斯坦、乌兹别克斯坦、吉尔吉斯斯坦、塔吉克斯坦等国开展合作升级改造现有电网设施,建设布局联网设施。

其次,力争与印度达成跨境输电网络建设的合作。实际上,中巴经济走廊的立体网络已经包含了中巴之间的电网建设,印度对中巴经济走廊的建设一直持有异议。如在中印之间推进电网建设合作,将可能有效

[①] 北极星智能电网:《国家电网2050:"两个50%"的尝试解析》,http://www.chinasmartgrid.com.cn/news/20191224/634549.shtml.

[②] 中电新闻网:《中俄电力累计交易电量超300亿千瓦时》,http://www.cec.org.cn/zdlhuiyuandongtai/dianwang/2019-12-25/196532.html.

缓解印度国内缺电的状态，也借此机会将刚加入的印度逐渐融入上海合作组织双边或多边能源合作中，增加在能源领域与印度的接触，提高印度对上海合作组织的合作黏性和归属感。

三　打造立体而非单一的能源互联互通合作机制

近年来，中国自与上海合作组织区域内国家在能源通道建设方面开展合作，已经取得了显著成效。中国向西方向的能源通道建设，与中亚国家已经开通了原油、天然气管道，向北方面与俄罗斯以"贷款换石油"为契机已经建成原油管道，天然气管道也已于2019年底建成通气，中俄之间的"能源大动脉"已经初具规模。这两个方向能源通道的建设，对于中国分解"海上能源通道"压力而形成四条"陆上能源通道"的"1+4"能源运输格局，具有重要的战略意义。

该区域内实施的中哈原油管道、中国—中亚天然气管道、中俄原油管道和东线天然气管道，主要是油气运输管道，而正着力打造的中巴经济走廊、中蒙俄经济走廊、孟中印缅经济走廊等则是立体的能源互联互通网络。不仅包括铁路、公路、能源管道、电力设施等各种渠道在内的立体网络，甚至联通包括能源勘探开发、能源衍生品转化、能源运输、能源销售等过程于一体的上中下游完整的产业链。这种互联互通的多边协调机制，需要涉及跨国电力网络的共建、电力统一市场的运行、油气管网的跨境铺设及过境布局、能源产品和设备的贸易投资便利化等方方面面的问题，各方就这些问题达成多边合作协议，实现参与方的利益共享、风险共担、有序竞争。

第四节　能源贸易畅通与定价机制

从理论上来看，石油可以在世界范围内实现自由交易，运载石油的油轮可以在海洋上临时更改路线，驶向出价更高的买家进行销售。故而石油是生产国与消费国之间基于市场价格双向自由选择交易对象的商品。而实际上，长期以来，由美国主导的石油金融体系下，中国对原价定价权拥有极为有限的影响。目前的成品油定价机制,并非鼓励市场竞争而是在限制市场竞争。人民币尚未实现自由兑换,无法在石油贸易中自由流通结算,也不能对石油期货市场形成有力的影响,只能坐而承受石油成本加大、油价飙升的压力。

上海合作组织区域内缺乏统一的石油天然气现货和期货集中交易平台,因而缺乏对国际原油和天然气市场价格的影响力。目前,国际上有十多家期货交易所拥有各自的原油期货产品,实现对全球原油基准价格的控制性影响。上海合作组织区域虽然拥有世界领先的原油储量,拥有全球最大的原油消费市场,但却只能被动接受欧洲国家对原油的定价权,并同时承担着"亚洲溢价"部分。由于西方石油巨头在中东产油国的捷足先登且缺乏稳定有效的长期供应机制,中东产油国往往对亚洲国家采取歧视政策,向亚洲客户出口原油的价格,往往要比向欧美客户出口原油时的价格高很多,这被称之为"亚洲溢价"。

相比于石油,天然气更为不同,除了转化为液化天然气后用货轮进行运输之外,通常只能采用管道运输。受技术条件所限制,天然气的生产国可以控制输送天然气管道的开关,但是却无法全程控制天然气管道途经的国家。故而,天然气管道不仅由生产国管理,在某种程度上还受到管道过境国的控制,不仅受到生产国、过境国和消费国之间经济关系的影响,还必然受到其间政治关系的影响。[①] 因此,国际上管道天然气的价格确定机制极为复杂且不透明,同一国家销往不同地区的天然气价格可能存在极大差异,比如俄罗斯销往欧洲的天然气价格与出口中国的天然气价格就差异很大。

上海合作组织区域内各国多为新兴的能源供应国和能源消费国,而原本倾向于西方发达能源消费国利益的市场规则、法律和标准并不能完全适用于新兴国家,由发达国家主导的国际能源定价权和交易也不能完

---

① "Nervous energy", Economist, 2006.1.7, pp.63, 65; Stern, *Natural Gas Security Problems*, p. 19. 转引自〔日〕木村泛《普京的能源战略》,王炜译,社会科学文献出版社2013年版,第125页。

全为新兴国家所接受。①中国虽为世界上最大的能源消费国，拥有最有潜力的能源消费市场，但却是现有国际油气价格机制的受害者。2013年11月，上海国际能源交易中心在中国（上海）自由贸易试验区注册设立，2018年3月26日，人民币计价的中质含硫原油期货在上海国际能源交易中心正式挂牌交易，并要求采用人民币计价和结算。上海国际能源交易中心地处上海，其可较好地辐射东北亚地区和我国东部城市，在此基础上，上海国际能源交易中心还可以在西北地区的西安市设置交易分中心以联系中亚地区和我国的北方城市。西安着力将西咸新区打造为丝绸之路经济带能源金融贸易区，并将之作为大西安新中心新轴线的核心承载区，其作为丝绸之路经济带起点的区位优势明显，既与中亚油气进口处相距较近，便利来自中亚地区的原油期货的实物交割，又能兼顾连接国内消费市场。作为一个负责任的大国，中国勇于承担区域能源贸易畅通与增强能源定价权的责任，在国内建立国际能源交易中心的基础上，将之建设成为上海合作组织区域各国集中能源交易的平台和场所，逐渐对部分能源产品的定价机制施加"人民币影响"，提高话语权，为形成更加宽容的全球能源治理体系而发出"中国声音"。

第五节 能源投资金融合作机制

2019年上海合作组织比什凯克峰会上，各成员国肯定了就建立上海合作组织开发银行和发展基金（专门账户）问题所做的研究并支持继续相关协商工作。各成员国认为在相互贸易中扩大本币结算规模十分重要，并基于此继续进行《上海合作组织成员国扩大本币结算份额路线图》的制定工作。②从上海合作组织各国元首达成的共识来看，上海合作组织区域内的能源投资金融合作还任重而道远。能源投资金融合作机制在上海

---

① 高世宪、朱跃中：《依托"一带一路"深化国际能源合作》，中国经济出版社2016年版，第21页。

② 《上海合作组织元首理事会比什凯克宣言》，2019年6月14日，上海合作组织官网，http://chn.sectsco.org/documents/.

合作组织能源俱乐部法律机制构建中,它对引导资源配置和优化投资策略发挥重要支柱作用。

一　推动区域内跨境本币结算是能源金融合作机制的首要问题

上海合作组织各成员国金融机构之间的双边合作较为密切,主要是在金融体系较为相似的独联体国家之间进行,尤其是俄罗斯在其他的独联体国家设有一些金融机构的分支机构,开展投融资业务并参与当地的一些大型能源项目建设。相应地,俄罗斯的卢布在这些双边金融合作中凸显出重要作用,区域范围内的地位和受欢迎度可与美元、欧元相媲美。近些年来,随着中俄之间的贸易往来频繁和金融合作联系增多,中俄之间的金融合作取得了一些成效。

除中俄两国金融机构互设分支机构外,中俄两国总理定期会晤机制下设了投资合作委员会、金融合作委员会、能源合作委员会,为开展两国政府部门和金融监管部门的合作,扩大和深化两国能源金融领域合作方面发挥了统筹规划和指导推动作用。两国央行定期举办中俄经济工商界高峰论坛金融分论坛,中国金融学会与俄罗斯银行协会共同举办中俄金融合作论坛,两个论坛成为中俄两国加强金融领域合作的重要机制安排。中俄总理定期会晤时,两国强调,加强金融领域合作,为扩大两国银行、支付系统、保险机构和其他金融机构合作创造有利条件,扩大本币结算及其使用范围,双方将就在两国央行合作谅解备忘录框架下扩大央行间本币互换使用、合作开发人民币/卢布金融工具市场、中俄投资者相互参与两国货币和金融市场活动、支持俄罗斯发展人民币离岸市场、开展支付系统领域合作等保持积极对话。[①] 中国与其他的上海合作组织国家,如哈、乌、吉、塔等国,也分别设立了金融机构的分支机构或与之建立代理行关系、授信关系。

尽管上海合作组织区域内的金融合作不断加深,但一些金融项目还

---

① 《中俄总理第二十次定期会晤联合公报(全文)》,http://www.xinhuanet.com/politics/2015-12/18/c_1117499329.htm.

主要有赖于中国一方的投入。如该组织内的"两优"贷款,即优惠援外贷款和优惠出口买方信贷,主要用于支持成员国的一些重大项目和基础设施建设,但其信贷资金目前还主要由中国提供,中国已经成为继世界银行和亚洲开发银行之后的第三大债权方[①]。国际金融合作与货币结算问题紧密相关。中俄两国的本币结算自2003年起[②]就已经开始试点工作,而中国与哈萨克斯坦、吉尔吉斯斯坦虽签订了边境贸易本币结算协定,但因贸易量小、结算金额少、形式单一,目前仍停留在边境贸易的结算中,还尚未扩大到一般贸易水平。

推广和扩大区域内贸易本币结算规模,既是促进上海合作组织区域经济进一步发展的需要,也是能源俱乐部各参与国能源金融合作向深层次发展的客观要求,具有重要意义:第一,跨国能源巨擘都有自己合作的离岸金融结算体系,因而采用美元结算将导致区域内能源贸易出现巨额利益流失,因此使用本币结算可以为各参与国的能源企业扩大贸易规模,有效降低交易成本;第二,鉴于中国经济的高质量发展和人民币的国际地位,推动在上海合作组织能源俱乐部参与国间的能源贸易采用本币结算,将有利于以人民币对涵盖原油、天然气等能源和能源类衍生品进行能源计价、交易和结算,逐渐脱离美元结算的霸权,夯实能源人民币基础,挤占能源结算的美元份额,减少对美元的依赖,动摇美元作为国际主要储备货币的地位,促进人民币理性国际化进程。第三,能源贸易采用本币结算可以有效降低汇率风险,最大限度地采用本币结算、采用其他国家的地区储备货币结算,以刺激双边贸易和多边贸易关系的发展,以便减少因只依赖一种外汇造成的损失,而最终目的是拒绝使用第三国货币,其中包括使用美元和欧元在双边贸易中作为结算工具并向本

---

① 李进峰、吴宏伟、李伟:《上海合作组织发展报告(2014)》,社会科学文献出版社2014年版,第239页。

② 2003年3月起,中国银行黑龙江省黑河分行与俄罗斯布拉戈维申斯克远东外贸股份商业银行之间开展了本币结算试点工作。从2005年1月起,边贸本币结算试点工作在中俄两国边境地区的商业银行全面推广。见李进峰、吴宏伟、李伟《上海合作组织发展报告(2014)》,社会科学文献出版社2014年版,第242页。

币结算转变。上海合作组织区域内国家加强能源本币结算，可以联手抵御国际金融风险，推动并参与国际金融治理体系完善。

二 扩大本币双边互换合作是能源金融合作机制的基础

2018 年，中国人民银行先后与澳大利亚、阿尔巴尼亚、南非、白俄罗斯、巴基斯坦、智利、哈萨克斯坦、马来西亚、英国、泰国、印度尼西亚、乌克兰等国的央行续签了双边本币互换协议，还分别与尼日利亚、日本央行新签署了两个双边货币互换协议。2019 年，中国人民银行与欧洲央行、新加坡金融管理局续签双边本币互换协议，又与澳门金融管理局签署双边本币互换协议。截至 2019 年底，中国人民银行已与 39 个国家和地区的中央银行或货币当局签署了双边本币互换协议，协议总规模达 37087 亿元人民币。① 其中，与中国人民银行达成双边本币互换协议的上海合作组织国家有 9 个，协议总规模达 2227 亿元人民币。

表7—1　　中国与上海合作组织国家签订本币双边互换协议

协议签约方		签约时间	额度
成员国	乌兹别克斯坦	2011.4.19	7 亿元
	哈萨克斯坦	2011.6.13	70 亿元
	俄罗斯	2014.10.13	1500 亿元
	巴基斯坦	2018.5.24（续签）	200 亿元
观察员国	白俄罗斯	2015.5.10	70 亿元
	蒙古	2017.7.6	150 亿元
对话伙伴国	斯里兰卡	2014.9.16	100 亿元
	亚美尼亚	2015.3.25	10 亿元
	土耳其	2015.11.16	120 亿元

---

① 根据以下数据计算：《中国人民大学国际货币研究所：2019人民币国际化报告》，http://www.199it.com/archives/910061.html；中国人民银行官网，http://wzdig.pbc.gov.cn:8080/search/pcRender?pageId=fa445f64514c40c68b1c8ffe859c649e. 2019年新增了中国人民银行与澳门金融管理局签署的双边本币互换协议，协议规模为300亿人民币。

2009年是人民币国际化的起步之年,2019年是人民币国际化的十周年。过去的十年,人民币国际化从无到有、从贸易项下向资本金融项下发展,从小币种晋升为全球第五大储备货币,取得了辉煌的成就。环球同业银行金融电讯协会(SWIFT)官方数据显示,人民币位列全球第五大支付货币。[①] 2019年,贸易仍然是人民币跨境使用的基础项目,但其份额呈现持续下滑态势;资本金融项下,特别是非直接投资的资本金融项目快速攀升,占比超过六成,成为跨境人民币结算的主体部分。[②] 人民币国际化体现了中国提供全球公共物品的良好意愿和历史担当。

三 建立区域内投融资平台是能源金融合作机制的重要内容

上海合作组织区域国家多为发展中国家,经济发展、区域基础设施项目建设都需要大量的资金支持,为改善资金短缺问题,更好地落实区域内经济协作项目,上海合作组织成立了银联体。银联体的基本合作方向就是为成员国政府支持的项目提供融资和金融服务,支持的重点领域是基础设施、基础产业、扩大出口及其他区域性合作项目。中国积极参与上海合作组织框架下银行联合体的融资合作,为区域内能源项目及其他项目的落实投入了大量资金,但区域内其他国家的参与度不够高。中亚国家的金融管理模式一般较为封闭,有的中亚国家还未形成完善的金融市场,开放程度较低,普遍存在进入壁垒。如,哈萨克斯坦限制外资银行进入本国银行业,对外资参股银行的持股比例和员工结构还有严格限制;其合资人寿保险公司的总资本份额不得超过人寿保险市场总资本的50%,其合资非人寿保险公司的总资本份额不得超过哈国内非人寿保险市场总资本的25%。这种封闭的金融管理模式也阻碍了中国与之进行深入的金融合作。因此,有必要构建多渠道、多模式的低成本融资机制,加强与亚洲基础设施投资银行、丝路基金、金砖国家新开发银行等投融

---

① 中国人民大学国际货币研究所:《2019人民币国际化报告》,http://www.199it.com/archives/910061.html.

② 中国人民大学国际货币研究所:《2019人民币国际化报告》,http://www.199it.com/archives/910061.html.

资平台的密切合作，推动人民币国际化进程，进而带动区域内金融市场的开放，探索共同出资、共同受益的资本运作模式，逐步建立统一协调的国际投融资平台，保障区域内能源合作的长效资金投入，加强国际金融治理和监管，实现区域内国际金融政策协调。

加强区域金融合作的一个重要问题，是要形成区域金融中心。它可以承担金融中介和纽带的功能，促进其他国家金融机构与金融中心之间达成金融合作，开展集中交易，可以高效配置金融资源。中国是该区域内金融开放程度较高的国家，也已经在推进区域金融合作方面做出了较大贡献。除在上海国际能源交易中心的原油期货结算中采用人民币结算外，逐步推进在上海合作组织能源俱乐部框架下，不断提高油气贸易和投资中的本币结算比例，或在双边能源贸易中用双边货币互换建立互换资金池，再将资金池中的货币提供用作能源基础设施建设投资资金，或用于支持油气等大宗商品交易，在区域内形成对美元结算的隔离。人民币国际化的进程，将有效影响上海合作组织区域金融合作，有望在能源俱乐部框架下建立起能源金融合作机制，对能源贸易、能源基础设施建设提供投融资便利。

第六节 能源民生工程建设与共同发展机制

全球经济复苏乏力，不稳定和不确定性进一步凸显，全球经济结构调整和治理体系重构等国际经济环境的新变化，为上海合作组织带了新的机遇，也带了更大的挑战，区域发展格局正在重塑优化。近几年来，上海合作组织区域能源合作成果丰硕，能源基础设施互联互通合作局面不断扩大，务实合作不断推进，给各国人民带来实实在在的获得感和幸福感。然而，上海合作组织区域内有一些国家的常规油气资源并不丰富，但拥有可观的可再生能源，但苦于缺资金、缺技术、缺装备，而有的国家则能源资源贫乏且经济发展水平较低，亟待以国际能源合作、能源扶贫提升能源利用水平，带动本国经济发展。

中国政府对内正在实施能源供给侧改革，推进能源革命，愿借国内改革之东风，为上海合作组织区域国家提供更加种类丰富的区域公共产品，注重能源民生工程建设，促进能源发展成果更多更好地惠及区域内各国人民。为区域内各国提供能源普遍服务，保障区域内能源供应，帮助落后国家提高能源治理水平，加强能源规划，培育相关人才。构建能源民生工程建设与共同发展机制，是上海合作组织区域内各国的国际社会责任，更是区域内大国的责任和担当。

一　能源民生工程建设与共同发展机制应以保障能源安全为出发点

任何一国均不能在能源安全方面独善其身，也不可能跳出全球综合能源安全的框架之外，习近平同志曾阐述过："能源问题是全球性问题。促进世界能源供求平衡、维护世界能源安全，是世界各国共同面临的紧迫任务。为保障全球能源安全，国际社会应该树立和落实互利合作、多元发展、协同保障的新能源安全观。"[①]因此，上海合作组织区域内各国应坚持互利合作、协同保障的原则，寻求区域能源综合安全。国际能源署对"能源安全"的界定是：可获得的、买得起的、持续的能源供应，而能源民生工程也应参照这三个标准，即用得上、买得起、可持续的能源供应。

上海合作组织区域内有的国家能源资源丰富，还有的国家能源资源潜力巨大，但仍有一些国家能源匮乏，如何保障区域内能源综合安全，需要各国倾力合作、共同参与。发展能源民生工程，是保障能源贫乏国家解决能源供应问题，加强能源基础设施建设，加大能源普及率的重要表现。同时，还要做好能源生产和消费的合理布局，在保障传统化石能源供应的基础上，还要因地制宜发展其他能源类型，如风能、水能、太阳能、核能等，对传统化石能源起到有益补充，防止因油价、气价的大幅上涨而给区域内国家带来能源风险，同时这也是全球能源转型的大势所趋。

中国国内能源安全问题是当前的重要议题，但同时推动区域能源安

---

① 习近平：《在沙特吉达举行的国际能源会议上的讲话》，《人民日报》2008年6月23日第3版。

全将更加有利于中国国内能源安全问题的解决。如中国与中亚之间油气管道的合作、中国与俄罗斯之间开展油气合作、中巴经济走廊的建设，这些战略措施一方面是强化中国国内能源安全之举，另一方面在开展合作建设的能源基础设施，也将惠及沿线其他国家，为相关国家的能源供应稳定打好基础并承担重要保障作用。

二 能源民生工程建设与共同发展机制须因地制宜和普惠为原则

能源民生工程需坚持因地制宜、多能互补、高效清洁的原则，帮助一些缺电国家或城市电网改造升级、建设绿色能源示范区、解决无电地区用电问题为重点，扩大电网覆盖面，引进新技术、新材料、新设备、新工艺，保证供电的可靠性，提高电网运行管理水平。

结合能源欠发达地区或国家的资源条件和用能习惯，因地制宜推进小水电、太阳能、风能等可再生能源的开发利用。发展常规电网工程基础投资大，工程造价高，故针对雨量充沛、河流陡峻、水力资源丰富的地区，以开发小水电作为重点项目；在水力资源丰富的山区建设微型水力发电站和微水能利用站，这种方式具有增加和改善山区农村电力供应、保护生态环境等多种社会经济效益，是解决生产、生活用电的花钱少、收效快的良好途径；针对远离大电网、人烟稀少、用电负荷低且交通不便的地区，建立小型风光互补电站，利用太阳能电池方阵、风力发电机共同发电，将发出的电能存储到蓄电池组中，这是利用当地充裕的风能、太阳能建设的一种经济实用型的电站。2017 年，中国与吉尔吉斯斯坦之间最大的能源合作项目——比什凯克 2×150 兆瓦热电厂改造项目竣工投产，就是该国重大的民生工程。对上海合作组织区域内一些缺电国家，应积极达成合作，启动智能电表工程、能源基础设施建设等，提高民用能源普及率，加强能源基础服务体系，增强能源基本公共服务能力。

三 能源民生工程建设与共同发展机制应以加大人才培训为发展动力

上海合作组织能源俱乐部未来应将发展目标转型到可再生能源上来，

但可再生能源是技术密集型行业，需要投入大量的高素质、高水平人才。中国作为区域内可再生能源发展较快的国家，有责任也有义务加大区域内人才培训力度，提升区域内各国能源行业从业人员的能力，也将有利于中国能源企业"走出去"后应东道国要求实现雇员本地化。我国能源企业的中高层管理人员还缺乏系统的国际商业规则培训，对投资经营项目所在国的法律法规、国际条约了解不足，专业技术人员还缺乏与本地员工的有效沟通。懂外语、懂商业、懂能源技术的国际型人才还较为缺乏，无法有效地把控合作谈判，不能提前预见合作风险，也不能提供风险预案，故可能导致一些跨国能源合作项目遭致商业损失，影响区域内能源合作项目的有序进展。

另外，中国与其他国家开展可再生能源合作时，将培训从业人员作为合作附带的服务条件，有利于将合作落地的能源机器设备、能源行业标准和能源企业运营等顺利实施下去，从根本上来讲有利于达成和开展能源合作，有利于更有效地实现能源命运共同体。

第七节 多边能源合作争端解决机制

能源合作过程中产生争端是不可避免的，如何解决能源争端就成了上海合作组织能源俱乐部法律机制构建和完善中的重要问题。从广义上来说，能源争端的种类一般包括国家之间、投资者—东道国之间和投资者之间的争端。而如果根据能源合作的具体类别及交易的基础属性来看，又可细分为能源贸易争端、能源投资争端、跨境能源管道合作争端、能源价格争端等。

据能源宪章条约组织官网显示，截至2019年2月25日，《能源宪章条约》下争端解决机制已经公开的案件有122件，以上海合作组织参与国为当事方的案件有25件，占到20.49%。可见，上海合作组织参与国在国际上因能源投资争端而引发纠纷进入仲裁的案件数量不少，但因区域内缺乏统一明确的争端解决机制，也没有有效的能源危机预警机制、能源争端应对机制，则难以形成抱团取暖的局面，共同应对国际能源争端风险。未来,随着可再生能源合作的推进,还将产生更多数量、更新类型的能源争端。随着区域内能源合作的不断加深,在上海合作组织区域内的各国之间也可能发生能源争端。因此,有必要在上海合作组织能源俱乐部框架下完善能源争端解决机制,加大争端解决方面的合作。

一　能源合作争端的主要类型

上海合作组织区域内的能源合作关系可能因不同领域、主体多元、内容复杂、关系综合等因素所致而分为不同的类型,不同的能源争端类型则应选择不同的争端解决方式。现以能源合作所涉主体多元性而分为以下几种类型。

（一）国家与国家之间因能源合作而产生的争端

国家与国家之间因能源合作而产生的争端类型可能包括因条约解释与适用争端、能源过境争端、环境争端、竞争争端等。国家与国家之间的纠纷常常通过外交磋商途径解决,如俄欧乌三方天然气会谈,即通过部长级磋商解决俄罗斯天然气的供应与过境运输问题。

《能源宪章条约》首次规定"能源过境运输"及其争端解决,该条约的第7条规定"过境运输"指的是从一个国家起运,目的地为另一个国家的能源原料和产品的运输;该运输通过某个缔约国的区域,或抵或从其港口进行装卸。[①]从这条可以看出,如果能源原料或能源产品在某一成员国境内生产,而从该国起运并以另一缔约国为目的地,如途经其他缔约国,则该能源过境运输当然适用于能源宪章条约管辖;但是如果能源原料或能源产品不在某一成员国境内生产,但能源原料或产品的运输目的地是缔约国,即只要起运国或目的国之一为能源宪章条约组织的成员国,就可以适用该条约的争端解决机制。当然,能源过境争端通常发生在国家与国家之间,既可能包括两个缔约国之间的争端,如欧盟与能源宪章条约组织的成员国之间的争端,也可能包括非缔约国与缔约国之间

---

① 《能源宪章条约》（条约、贸易修正案及相关文件）,中国电力出版社2000年版,第32页。

的争端，如俄乌天然气过境争端。但是，能源过境争端还可能发生在国家与投资者之间，甚至可能发生在私人投资者之间。

（二）一个国家与另一国的投资者之间因能源合作产生的争端

从 20 世纪 60 年代创设的"投资者—东道国争端解决"机制（Investor-State Dispute Settlement，ISDS），仅允许投资者对东道国提起仲裁解决双方之间存在的国际投资争端，意在加强对投资者的保护。适用于国际能源领域，投资者与东道国之间因能源合作而生的能源投资争端，可以提交国际仲裁解决。当东道国政府显著变更投资时的合作条件或对投资者的投资进行征收时，易生纠纷。投资者往往根据两国签订的双边投资条约提请国际仲裁，又往往可能同时根据东道国国内法律规定而提交东道国国内法院诉讼，进而常常争议国际仲裁庭对该类纠纷的管辖权问题。

能源宪章条约（ECT）是第一个专门解决能源投资争端的多边条约，该条约中规定的投资仲裁机制，规定投资者与缔约国之间的能源投资争端主要通过国际投资仲裁方式解决。ECT 规定，投资者与缔约国发生争端时，应尽可能选择和平方式解决，如在三个月之内没有通过和平方式解决相互之间的争端，则投资者可以选择直接提起国际投资仲裁，这样可以避免投资者的救济权受到东道国的不当干预。可以选择的国际仲裁机构如：解决投资争端国际中心（ICSID）、该中心的附属机构、联合国国际贸易法委员会（UNICITRAL）仲裁示范法建立的单独或非正式的仲裁机构、瑞典斯德哥尔摩商会仲裁院（SCC）。

（三）分属于两个或两个以上国家的投资者之间因能源合作产生的争端

国际能源合作协议多以参与国的公司为主体，而且多为国有能源公司，其合作带有很强的政治色彩。比如中俄原油管道的合作方就是中国石油天然气股份有限公司与俄罗斯尤科斯石油公司，而中哈原油管道的当事方是中国石油天然气股份有限公司与哈萨克斯坦国家油气公司。因所进行的能源合作类型、签订协议不同，分属于不同国家的投资者之间产生的能源合作争端大致有能源贸易争端、能源投资争端、合作勘探开发能源合同争端、能源管道建设争端等。

二 能源合作争端解决途径

1. 磋商。磋商是冲突各方解决争端的最常用的方法之一，也是协调争端各方当事人利益、求得争端解决的一种和平方法。当发生能源贸易、能源运输、投资保护及环境保护等能源争端时，主要通过投资者之间或投资者所属国与东道国之间通过外交途径进行磋商。磋商可通过书面方式、会谈等方式进行。磋商的优点是，完全由当事人内部解决争端，其目的是争端当事人希望就相互冲突的问题达成一致，最终双方都能从磋商中获益，或继续合作，或和平解除合作。但是磋商并不利于彻底弄清事实，常常会"公说公有理，婆说婆有理"，难以分辨出高下，或者当特定案件涉及法律适用上的争议时，磋商往往难以真正解决。而磋商的另一个不利后果，可能是双方争执不下时，很容易陷入谈判僵局，一旦磋商破裂，很可能引发诉讼或提交仲裁方式解决。

2. 调解。该争端解决方式主要涉及第三方参与谈判，各方出于自愿，但调解人的意见或建议并不具有法律约束力。当争端双方在调解过程中达成调解协议的，则该调解协议便具有了相应的法律约束力，争端各方均应共同遵守。相比于磋商，调解方式因为有第三方的参与，他可以对争议双方陈述的事实作较为理性中肯的判断，并说服双方当事人重新审视谈判立场，作出合理让步，推进争端问题的有效解决。

3. 诉讼。这种争端解决方式一般适用于相关协议中并未明确选择适用仲裁方式解决能源争端，或者相关协议中明确选择将争端提交一方所在地有管辖权的法院管辖。但是往往因为管辖法院常常被限定为东道国有管辖权的法院，会引发投资者对管辖法院公正性的疑虑，故而常常在国际能源投资争端解决方式的选择上，除非东道国强制性规定，大多数外国投资者并不倾向于选择东道国法院诉讼管辖。

4. 仲裁。仲裁方式选择的前提，是争端双方基于在相关协议中明确选择或事后达成一致意见且对仲裁机构、仲裁规则、仲裁地等要素有明确的约定，或者基于双边投资条约（BIT）的约定等选择适用仲裁解决。

结合《能源宪章条约》第五部分"解决争端"的规定，仲裁机构可以选择提交世界银行下的国际投资争端解决中心（ICSID）[①]、联合国国际贸易法委员会（UNCITRAL）、瑞典斯德哥尔摩商会仲裁院。这种仲裁受理的争端多为投资者与东道国之间的投资纠纷，体现了一种"去政治化"（depolitical）倾向。区域内的能源争端尽量通过磋商、调解、和解、斡旋等非仲裁诉讼的方式加以解决，而对于上海合作组织区域内的国家或投资者与区域外国家或投资者之间发生能源争端时，则可通过由区域内大国进行斡旋、调解或提供专家论证等方式寻求区域内的合作。

三 上海合作组织能源俱乐部多边能源合作争端解决机制建议

上海合作组织能源俱乐部框架下拟建立的多边能源合作争端解决机制，可以参照在该领域较为成熟的《能源宪章条约》中的争端解决机制设计。

首先，应区分针对哪些能源争端予以受理，如能源投资、能源贸易、能源过境和能源环境是《能源宪章条约》大厦的四根"支柱"，适用范围比较全面广泛，而目前能源合作领域的纠纷无非于此四种。故能源俱乐部能源争端解决机制也应针对此四种纠纷分别加以规定，但是，如何界定能源俱乐部争端解决机制所要受理的上述四种纠纷，则需根据区域特色加以限定。

其次，确定可以提起能源争端程序的主体，也就是针对不同的争端主体设计不同的争端解决程序。一般来讲，应区分投资者与东道国关于能源投资争端的仲裁程序、缔约国之间的能源争端解决程序。目前，《能源宪章条约》中第 26 条的投资仲裁程序备受关注且备受争议，据此条款成员国的投资者无须与东道国达成协议即可将其间发生的能源争端提交国际仲裁机构。从制定初衷来看，此条是充分保护投资者的条款。针对上海合作组织区域国家在能源合作领域承担的角色来说，这种自动管辖机制是否适用，还有待各方充分研判。也可以设定时间表，允许过渡期

[①] 根据《解决国家与其他国家国民之间投资争端公约》而建立。

内由投资者与东道国的投资协议中约定适用国际投资仲裁,发生争端时投资者才可依据此协议条款而提起国际仲裁。而另一种纠纷即缔约国之间的能源争端,一般采用"软法"性、非正式性的争端解决程序。

再次,考虑到中国近年来在环境发展、绿色能源等方面的努力,能源俱乐部框架下的能源争端解决机制,应为与能源有关的环境争端设置相应的规范,并为其规定相应的争端解决程序。然而,目前《能源宪章条约》对环境争端的解决程序带有天然的软法性缺陷,使得其争端解决程序作用的发挥还比较有限。能源俱乐部是否考虑设计具有约束力的环境规范,并据此设计强制性的争端解决程序,这一判断可能还为时尚早。毕竟,能源争端解决法律机制的完善还有赖于该俱乐部其他法律机制的充分发展和自成体系。

第八章　中国深度参与上海合作组织能源俱乐部法律机制重构

中国和世界能源相互依存程度日益加深、中国外交和全球治理理论与实践逐步发展、全球能源治理环境持续演进，这三个关键驱动因素促使中国进入全球能源治理是这一重要国际舞台。[①] 几十年来，中国逐渐从全球能源治理的局外走向局内，从被动跟随到施加主动影响。中国国内经济的高质量发展，对周边区域国家的影响力逐渐扩大，作为一个能源消费大国，其对区域能源治理的影响力逐渐在增大。

一　中国是区域能源治理体系的塑造者、建设者和贡献者

中国是全球能源治理体系的重要参与者、建设者和贡献者，也是区域能源治理的塑造者和领导者。中国已与26个国际能源机制建立合作关系或成为其成员，其中包括专业性国际能源组织（如国际能源署、国际能源论坛、石油输出国组织和国际可再生能源机构等），以及主要国际性和区域性综合性国际合作机制中下设能源合作机制（如二十国集团、金砖国家、亚太经济合作组织等）。中国参与全球能源治理的进程大致分为三个阶段：从历史上看，中国参与全球能源治理始于1983年加入世界能源理事会，当时主要以学习了解国际规则为主；在20世纪90年代，随

---

① 《中国参与全球能源治理之路》，IEA，https://www.iea.org/publications/freepublications/publication/ChinasEngagementinGlobalEnergyGovernance_Chinese.pdf.

着逐步适应全球化、参与国际事务的自信心不断增强，中国开始进行更加主动深入的参与；进入21世纪，中国开始在众多相关论坛体制中发挥自身影响力，为治理体系健康发展作出切实贡献。

"治理"一词源自1932年美国学者贝利和米恩斯提出的"公司治理"的概念，而对其进行系统性的研究则是到20世纪80年代。1989年世界银行在概括当时非洲的情形时，首次使用了"治理危机"（crisis of governance）一词，并于1992年发布了《治理与发展年度报告》。联合国于1992年成立了全球治理委员会，并于1995年联合国50周年之际，该委员会发表了题为"天涯成比邻"的报告，该报告指出，"治理是各种各样的个人、团体（公共的或个人的）处理其共同事务的总和。这是一个持续的过程，通过这一过程，各种相互冲突和不同的利益可望得到调和，并采取合作行动。这个过程包括授予公认的团体或权力机关强制执行的权力，以及达到得到人民或团体同意或者认为符合他们的利益的协议。"①

"能源治理"是"治理"理念在能源领域的拓展与运用，有的学者认为这是能源领域公共事务的管理方式，也有的学者认为是一种管理机制或制度规范，但本课题认为，无论区域能源治理还是全球能源治理，能源治理更应该指不同参与主体之间的合作，并在合作过程中达成共识形成具有约束力的制度和规范，指导进一步的合作和能源发展，共同保障区域或全球的能源安全。近些年来，中国通过自身的努力，在促进区域能源合作、引导区域能源治理发展和参与全球能源治理方面贡献了中国智慧和中国力量。

二　中国深度参与上海合作组织能源俱乐部法律机制重构

上海合作组织能源俱乐部的各会员国大多无法承担起该区域内能源治理体系的领导者角色，俄罗斯的能源资源储量和贡献度虽可堪承担该

---

① ［瑞典］英瓦尔·卡尔松、［圭亚那］什里达特·兰法尔主编：《天涯成比邻——全球治理委员会的报告》，赵仲强、李正凌译，中国对外翻译出版社1995年版，第2页；转引自杨丽、丁开杰《全球治理与国际组织》，中央编译出版社2017年版，第6页。

角色，然而其对中国主导成立的上海合作组织投入不多，更多的精力放在打理其主导成立的欧亚经济联盟，并曾意图在独联体国家间成立天然气联盟。

第一，中国积极引导、推动上海合作组织区域能源治理发展

上海合作组织区域内中国与上海合作组织其他国家之间，就能源合作领域发表了一些联合声明、联合公报、政府间经济贸易协定和涉及能源的投资及优惠贷款协议等，形成了纵横交错的能源合作双边协议网络。在上海合作组织区域内，各国间围绕传统化石能源开展的双边、小多边能源合作，主要还是通过政府协商、企业合作的形式进行。目前，上海合作组织区域内传统化石能源领域的合作已初具规模，但可再生能源的发展尚未成规模。总体上，因为传统化石能源的蕴藏受地域所限而致分布不均衡，区域内很多发展中国家的油气资源较为贫乏，严重影响了这些发展中国家的经济发展水平。然而，水能、风能、太阳能、生物质能等清洁低碳能源和可再生能源的全球分布却较为均衡，因此发展中国家也可以因地制宜地开发利用这些可再生能源，以补给传统能源的缺乏。2019年在吉尔吉斯斯坦比什凯克召开元首理事会峰会，对外公布的新闻公报中提出，在应对气候变化问题合作背景下，各成员国注意到在卡托维兹《联合国气候变化框架公约》第24次缔约方大会上通过的《巴黎协定》实施细则。重申致力于应对气候变化的承诺成员国基于维护上合组织地区生态平衡、恢复生物多样性的重要性，保障人民福祉和可持续发展，造福子孙后代，欢迎签署《〈上海合作组织环保合作构想〉落实措施计划》。

作为一个负责任的大国，中国积极实施"煤改气"、"煤改电"，推动国内"能源革命"，积极践行巴黎协定，为实现联合国可持续发展目标而主动有所作为。中国从自身能源革命出发，结合全球能源格局转型的大趋势，未雨绸缪，积极引导上海合作组织区域内能源治理格局向绿色、低碳能源转型，为区域能源治理水平和治理能力提升，发挥大国引领作用。

第二，中国将上海合作组织区域能源治理对接更大范围、更高水平、更深层次的区域能源治理体系

上海合作组织能源俱乐部的发展迟缓，与该组织安全合作领域在全

球的影响力之间不相匹配。区域内各国对能源俱乐部的向心力不强,尤其是同为大国的俄罗斯,更愿意与区域内其他国家进行双边或小多边的能源合作,而对上海合作组织能源俱乐部这样一个独具特色的区域能源组织机制的设计、构建、运行等投入有限。能源安全是非传统安全的重要组成部分,上海合作组织是全球非传统安全领域治理水平的典范。因而,中国一直在为将上海合作组织能源俱乐部建设成"区域能源共同体"而不懈努力。

中国希望打造开放型的区域能源共同体,然而上海合作组织区域范围有限,且区域内能源利益多样,故当面对上海合作组织能源俱乐部机制建设停滞不前时,中国积极将其与"一带一路"、欧亚经济联盟等区域机制进行对接,实现区域公共产品的共享,带动融入更大范围的区域能源治理体系。上海合作组织国家是"一带一路"倡议的最早支持者,也是"一带一路"建设成果的较早享用者。比如,区域内持续热议的上海合作组织开发银行和发展基金(专用账户)的建议,始终没有太大进展,但亚洲基础设施投资银行、丝路基金等金融机制的运行填补了空白并提供了有效的示范。通过这种外溢机制,可考虑将上海合作组织打造成为"一带一路"合作机制下的"特殊利益群体"或"机制的外延机制",使得中亚国家在"一带一路"沿线国家中享有一些特殊优势,倒逼上海合作组织能源俱乐部的机制转型和完善,构建更为广泛、合作更为紧密的能源一体化组织。

第三,中国推进区域能源合作与全球能源治理的协同,积极参与全球能源治理体系

2015年9月,习近平主席在联合国发展峰会上倡议,探讨构建全球能源互联网,推动以清洁和绿色方式满足全球电力需求探讨。[①] 2016年,二十国集团(G20)杭州峰会上,习近平主席全面阐述了我国的全球经济治理观,其中要抓住的一个重点就是,共同构建绿色低碳的全球能

---

① 习近平:《谋共同永续发展 做合作共赢伙伴——在联合国发展峰会上的讲话》,2015年9月26日,http://www.xinhuanet.com/world/2015-09/27/c_1116687809.htm。

源治理格局,推动全球绿色发展合作。①2016年,我国公布的能源发展"十三五"规划中提出,积极参与全球能源治理,务实参与二十国集团、亚太经合组织、国际能源署、国际可再生能源署、能源宪章等国际平台和机构的重大能源事务及规则制订。加强与东南亚国家联盟、阿拉伯国家联盟、上海合作组织等区域机构的合作,通过基础设施互联互通、市场融合和贸易便利化措施,协同保障区域能源安全。探讨构建全球能源互联网。②可见,我国正由被动接受全球能源治理规则的接受者,力求转变为主动参与治理和塑造规则的影响者。③

全球治理有一个两难困境,那就是世界经济是全球的,但世界政治却是国家的。④对于全球能源治理也一样,一方面,日益全球化的能源市场呼唤全球性的能源规则与能源秩序,另一方面,能源又是系"战略资源、领土主权、国家安全"于一身的国家高级政治的重要内容。⑤当前,全球能源的"政治外溢性"愈发明显,中国虽参与了多项能源治理体制,也发挥了重要作用,但总体上还只是停留在对话、交流及政策协调的阶段,对能源价格、能源治理规则的影响力极为有限。因而,伴随着全球能源格局正在发生"东升西降"的变革,正向绿色低碳能源转型,中国已经占据先发优势,有可能也有实力融入新一代全球能源治理体系并在其中取得话语权和规则制定权,占据全球能源治理体系的主导地位,为构建全球能源命运共同体贡献中国智慧和中国力量。而中国主导成立的上海合作组织及能源俱乐部,也理应在中国参与全球能源治理、区域能源治理方面有卓著的表现。

---

① 二十国集团领导人杭州峰会,新华网,http://www.xinhuanet.com/world/2016G20/.
② 国家发展和改革委员会、国家能源局:《能源发展"十三五"规划》,2016年12月,http://www.ndrc.gov.cn/zcfb/zcfbtz/201701/W020170117335278192779.pdf.
③ 鲁刚、毛吉康:《全球能源治理:理论、趋势与中国路径》,社会科学文献出版社2018年版,引言。
④ 英国《金融时报》首席经济评论员马丁·沃尔夫(Martin Wolf):《全球治理的两难困境》,FT中文网http://www.ftchinese.com。
⑤ 黄进:《中国能源安全问题研究》,武汉大学出版社2008年版,第312—313页。

附录：重要网站

上海合作组织（The Shanghai Cooperation Organisation, SCO），chn.sectsco.org

英国石油公司（British Petroleum, BP），www.bp.com

阿拉伯石油输出国组织（Organization of Arab Petroleum Exporting Countries, OAPEC），www.oapecorg.org

石油输出国组织（欧佩克）（Organization of the Petroleum Exporting Countries, OPEC），www.opec.org

天然气输出国论坛（Gas Exporting Countries Forum, GECT），www.gecf.org

国际能源论坛（International Energy Forum, IEF）www.ief.org

亚太经济合作组织（Asia-Pacific Economic Cooperation, APEC），www.apec.org

东南亚国家联盟（Association of Southeast Asian Nations, ASEAN），www.asean.org

能源宪章条约组织（Energy Charter, EC），www.energycharter.org

国际可再生能源机构（International Renewable Energy Agency, IRENA），www.irena.org

亚洲相互信任与协作措施会议（Conference on Interaction and Confidence-Building Measures in Asia, CICA），www.s-cica.kz

中亚区域经济合作计划（Central Asia Regional Economic Cooperation, CAREC），www.carecprogram.org

联合国"人人享有可持续能源"倡议(Sustainable Energy For All),www.se4all.org

中巴经济走廊(China–Pakistan Economic Corridor, CPEC),cpec.gov.pk

参考文献

一 专著

贝文力:《上海合作组织发展报告(2016)》,时事出版社2017年版。

丁力:《能缘大战略 中国的地缘政治环境及其战略选择》,山西人民出版社2010年版。

丁力:《能缘大战略2 经济和文化:中国离崛起还有多远》,山西人民出版社2010年版。

段秀芳:《中国对上海合作组织成员国直接投资研究》,社会科学文献出版社2013年版。

方光华、任保平:《丝绸之路经济带发展选择与陕西对策论文集》,中国经济出版社2014年版。

冯绍雷:《上海合作组织发展报告(2013)》,上海人民出版社2013年版。

李金叶等:《中亚俄罗斯经济发展研究报告》,经济科学出版社2016年版。

李进峰、吴宏伟、李少捷:《上海合作组织发展报告(2016)》,社会科学文献出版社2016年版。

李进峰、吴宏伟、李伟:《上海合作组织发展报告(2013)》,社会科学文献出版社2013年版。

李进峰、吴宏伟、李伟:《上海合作组织发展报告(2014)》,社会科学文献出版社2014年版。

李进峰、吴宏伟:《上海合作组织发展报告(2012)》,社会科学文献出版社 2012 年版。

李进峰、吴宏伟:《上海合作组织发展报告（2015）》,社会科学文献出版社 2015 年版。

李进峰:《上海合作组织发展报告（2017）》,社会科学文献出版社 2017 年版。

李进峰:《上海合作组织发展报告（2018）》,社会科学文献出版社 2018 年版。

李进峰:《上海合作组织发展报告（2019）》,社会科学文献出版社 2019 年版。

李永全:《俄罗斯发展报告（2014）》,社会科学文献出版社 2014 年版。

李中海、张昊琦:《俄罗斯发展报告（2018）》,社会科学文献出版社 2018 年版。

潘光:《稳步前进的上海合作组织》,时事出版社 2014 年版。

孙力:《中亚国家发展报告（2018）》,社会科学文献出版社 2018 年版。

王海运、许勤华:《能源外交概论》,社会科学文献出版社 2012 年版。

王灵桂:《全球战略观察报告——国外智库看"一带一路"》（Ⅰ）（Ⅱ）,中国社会科学出版社 2016 年版。

王灵桂:《全球战略观察报告——国外智库看"一带一路"》（Ⅲ）,中国社会科学出版社 2017 年版。

王维然:《中亚区域经济一体化研究》,知识产权出版社 2014 年版。

吴恩远、汪涛、吴宏伟:《上海合作组织发展报告（2011）》,社会科学文献出版社 2011 年版。

吴恩远、吴宏伟:《上海合作组织发展报告（2010）》,社会科学文献出版社 2010 年版。

吴昭义:《印度国情报告（2012—2013）》,社会科学文献出版社 2014 年版。

邢广程、吴宏伟、张宁:《上海合作组织发展报告（2009）》,社会科学文献出版社 2009 年版。

杨成:《上海合作组织发展报告（2014）》,上海人民出版社 2015 年版。

中国社会科学院世界经济与政治研究所《世界能源中国展望》课题组：《世界能源中国展望（2013—2014）》，社会科学文献出版社2013年版

中国社会科学院世界经济与政治研究所《世界能源中国展望》课题组：《世界能源中国展望（2015—2016）》，中国社会科学出版社2016年版

中国社会科学院世界经济与政治研究所世界能源室：《世界能源中国展望（2018—2019）》，中国社会科学出版社2018年版

中国社会科学院语言研究所词典编辑室：《现代汉语词典》（第6版），商务印书馆2013年版。

《"一带一路"与区域性公共产品》（复旦国际关系评论），上海人民出版社2018年10月。

《党的十九大报告辅导读本》，人民出版社2017年版。

《能源宪章条约》（条约、贸易修正案及相关文件），中国电力出版社2000年版。

阿不都热合曼·卡德尔：《上海合作组织经济合作法律机制研究》，社会科学文献出版社2013年版。

白中红：《〈能源宪章条约〉争端解决机制研究》，武汉大学出版社2012年版。

布娲鹣·阿布拉：《上海合作组织自由贸易区可行性研究》，中国大地出版社2009年版。

曹新：《中国能源发展战略问题研究》，中国社会科学出版社2012年版。

查道炯：《中国石油安全的国际政治经济学分析》，当代世界出版社2005年版。

柴利：《中国与中亚国家能源合作对策研究》，社会科学文献出版社2013年版。

陈小沁：《国际能源安全体系中的俄罗斯因素》，社会科学文献出版社2012年版。

陈玉刚：《国家与超国家——欧洲一体化理论比较研究》，上海人民出版

社 2001 年版。

陈臻、杨卫东、周章贵：《能源投资典型案例评析："一带一路"战略下企业风险防控和争议解决》，法律出版社 2015 年版。

崔宏伟：《欧盟能源安全战略研究》，知识产权出版社 2010 年版。

崔颖：《上海合作组织区域经济合作——共同发展的新实践》，经济科学出版社 2007 年版。

戴永红、力行：《世界油气管道的地缘政治经济研究：以中缅油气管道为例》，时事出版社 2015 年版。

刁秀华：《俄罗斯与东北亚的能源合作》，北京师范大学出版社 2011 年版。

刁秀华：《俄罗斯与东北亚地区经济合作的进展：以能源合作和中俄区域合作为视角的分析》，东北财经大学出版社 2011 年版。

樊钢、马蔚华：《中国能源安全：现状与战略选择》，中国经济出版社 2012 年版。

樊思明、薄思胜：《区域公共产品理论与实践：解读区域合作新视点》，上海人民出版社 2011 年版。

樊思明、钱亚平、饶芸燕：《区域国际公共产品与东亚合作》，上海人民出版社 2014 年版。

范必:《中国能源政策研究》，中国言实出版社 2013 年版。

高世宪、朱跃中：《依托"一带一路"深化国际能源合作》，中国经济出版社 2016 年版。

高世宪：《中国—东北亚区域能源合作战略》，中国经济出版社 2014 年版。

郭建平：《美国亚太战略调整与台海和平稳定问题研究》，中共中央党校出版社 2014 年版。

国家能源局石油天然气司、国务院发展研究中心资源与环境政策研究所、国土资源部油气资源战略研究中心：《中国天然气发展报告（2016）》，石油工业出版社 2016 年版。

国家统计局：《中国统计年鉴（2018）》，中国统计出版社 2018 年版。

韩晓平：《美丽中国的能源革命》，石油工业出版社2016年版。

黄人慧、李光辉、王星宇：《东业地区发展研究报告（2013）》，中国人民大学出版社2014年版。

黄进：《中国能源安全若干法律与政策问题研究》，经济科学出版社2013年版。

黄进：《中国能源安全问题研究——法律与政策分析》，武汉大学出版社2008年版。

纪云飞：《中国"海上丝绸之路"研究年鉴（2013）》，浙江大学出版社2014年版。

金强一、朴东勋：《东北亚国际合作：困境与出路》（图们江论坛2013年论文集），社会科学文献出版社2014年版。

景春梅：《能源革命与能源供给侧改革》，经济科学出版社2016年版。

李钢、刘华芹：《上海合作组织——加速推进的区域经济合作》，中国海关出版社2004年版。

李进峰：《上海合作组织15年：发展形势分析与展望》，社会科学文献出版社2017年版。

李晓辉：《保障我国能源安全的经济法律制度研究》，厦门大学出版社2011年版。

李学林：《"一带一路"中亚石油安全与共享》，石油工业出版社2017年版。

李义虎：《地缘政治学：二分论及其超越——兼论地缘整合中的中国选择》，北京大学出版社2007年版。

李增学：《非常规天然气地质学》，中国矿业大学出版社2013年版。

连雪君：《"一带一路"背景下上海合作组织经济合作制度研究——基于组织社会学新制度主义视角的考察》，上海大学出版社2017年版。

廖峥嵘：《"一带一路"、中国与世界》，社会科学文献出版社2017年版。

林伯强：《中国能源发展报告2015》，北京大学出版社2015年版。

林文勋、郑永年：《中国向西开放：历史与现实的考察》，社会科学文献出版社2014年版。

刘汉元、刘建生：《能源革命改变21世纪》，中国言实出版社2010年版。

刘素霞：《国际能源投资合同稳定性条款研究》，中国社会科学出版社 2018年版。

刘育红：《"新丝绸之路"经济带交通基础设施与区域经济增长》，中国社会科学出版社2014年版。

刘振林：《上海合作组织经济合作研究》，中国商务出版社2010年版。

鲁刚、毛吉康：《全球能源治理：理论、趋势与中国路径》，社会科学文献出版社2018年10月。

罗英杰：《国际能源安全与能源外交》，时事出版社2013年版。

马莉莉、任保平：《丝绸之路经济带发展报告（2014）》，中国经济出版社2014年版。

马迅：《〈能源宪章条约〉投资规则研究》，武汉大学出版社2012年版。

马振岗：《稳步向前的上海合作组织——专家学者纵论SCO》，世界知识出版社2006年版。

朴光姬、钟飞腾、李芳：《"一带一路"建设与东北亚能源安全》，中国社会科学出版社2017年版。

祁怀高：《中国崛起背景下的周边安全与周边外交》，中华书局2014年版。

饶戈平：《全球化进程中的国际组织》，北京大学出版社2005年版。

史丹：《中国能源安全的新问题与新挑战》，社会科学文献出版社2013年版。

王春婕：《区域贸易争端解决机制比较研究》，法律出版社2012年版。

王贵国、李鋈麟、梁美芬：《"一带一路"争端解决机制》，浙江大学出版社2017年版。

王海运：《上海合作组织与中国》，上海大学出版社2015年版。

王家枢：《石油与国家安全》，地震出版社2001年版。

王健：《上海合作组织发展进程研究：地区公共产品的视角》，上海世纪出版集团2014年版。

王杰：《国际机制论》，新华出版社2002年版。

王军:《中国石油安全保障体系建设》,社会科学文献出版社2010年版。

王龙:《俄罗斯与东北亚能源合作多样化进程》,上海人民出版社2014年版。

魏一鸣、吴刚、梁巧梅、廖华等:《中国能源报告(2012):能源安全研究》,科学出版社2012年版。

夏义善:《中国国际能源发展战略研究》,世界知识出版社2009年版。

谢克昌等:《推动能源生产和消费革命战略研究》,科学出版社2017年版。

邢广程、孙壮志主编:《上海合作组织研究》,长春出版社2007年版。

须同凯:《上海合作组织区域经济合作——发展历程与前景展望》,人民出版社2010年版。

徐雅雯:《上海合作组织贸易投资便利化问题研究》,山东大学出版社2015年版。

闫海、高宁:《中国能源革命的法制建构研究》,法律出版社2017年版。

闫世刚:《"一带一路"下中国能源合作新战略:打造能源合作共同体》,对外经济贸易大学出版社2018年版。

杨解君:《非欧佩克国家能源法概论》,世界图书出版社2013年版。

杨丽、丁开杰:《全球治理与国际组织》,中央编译出版社2017年版。

杨言洪:《海湾油气与我国能源安全》,对外经济贸易大学出版社2010年版。

杨泽伟:《中国能源安全法律保障研究》,中国政法大学出版社2009年版。

张德广:《聚集上合访谈与演讲》,世界知识出版社2011年版。

张恒龙:《"一带一路"与扩员中的上合组织》,时事出版社2018年版。

张建新:《国际公共产品与地区合作》,上海人民出版社2009年版。

张宁:《上海合作组织的经济职能》,吉林文史出版社2006年版。

张宁:《中亚能源与大国博弈》,长春出版社2009年版。

张生玲等:《能源资源开发利用与中国能源安全研究》,经济科学出版社2011年版。

张叔岩:《翁文灏的石油业绩》,石油工业出版社 2006 年版。

张晓涛:《中国与"一带一路"沿线国家经贸合作国别报告(东亚、中亚与西亚篇》,经济科学出版社 2017 年版。

张耀:《中国能源安全与上海合作组织能源合作》,上海辞书出版社 2015 年版。

张玉卓:《世界能源版图变化与能源生产消费革命》,科学出版社 2017 年版。

赵常庆:《中国与中亚国家合作析论》,社会科学文献出版社 2012 年版。

赵宏图:《新能源观:从"战场"到"市场"的国际能源政治》,中信出版集团 2016 年版。

赵华胜:《上海合作组织评析与展望》,时事出版社 2012 年版。

赵剑:《世界能源战略与能源外交(中国卷)》,知识产权出版社 2011 年版。

郑新业:《突破"不可能三角":中国能源革命的缘起、目标与实现路径》,科学出版社 2016 年版。

中国国际经济交流中心课题组:《中国能源生产与消费革命》,社会科学文献出版社 2014 年版。

中华人民共和国国家计划委员会交通能源司:《中国能源 97 白皮书》,中国物价出版社 1997 年版。

中华人民共和国自然资源部:《中国矿产资源报告(2018)》,地质出版社 2018 年版。

周弘、[德]贝娅特·科勒-科赫:《欧盟治理模式》,社会科学文献出版社 2008 年版。

周云亨:《中国能源安全中的美国因素》,上海人民出版社 2012 年版。

朱建荣:《东亚能源合作:寻求共同繁荣之路》,上海人民出版社 2012 年版。

朱显平、陆南泉:《俄罗斯东部及能源开发与中国的互动合作》,长春出版社 2009 年版。

朱雄关:《中国与"一带一路"沿线国家能源合作》,社会科学文献出版社

2019年版。

二 译著

［俄］C.3. 日兹宁:《全球能源安全与俄罗斯能源外交》,《俄罗斯学刊》2011年第3期。

［美］R.P.巴斯顿:《现代外交》(第2版),赵怀普等译,世界知识出版社2002年。

［俄］阿列克佩罗夫:《俄罗斯石油：过去、现在和未来》,石泽译审,人民出版社2012年版。

［西］安东尼·埃斯特瓦多道尔、［美］布莱恩·弗朗兹、［美］谭·罗伯特·阮:《区域性公共产品：从理论到实践》,上海人民出版社2010年版。

［德］贝娅特·科勒科赫、托马斯·康策尔曼、米歇勒·克诺特:《欧洲一体化与欧盟治理》,中国社会科学出版社2005年版。

［美］彼得·J·卡赞斯坦、［日］白石隆编:《东亚大局势：日本的角色与东亚走势》,王星宇译,中国人民大学出版社2015年版。

戴炳然译:《欧洲共同体条约集》,复旦大学出版社1993年版。

［美］丹尼尔·波特金、戴安娜·佩雷茨著:《大国能源的未来》,草沐译,电子工业出版社2013年版。

［美］丹尼尔·耶金著:《能源重塑世界（上）》,朱玉犇、阎志敏译,石油工业出版社2012年版。

［美］道格拉斯·C.诺斯:《制度、制度变迁与经济绩效》,杭行译,格致出版社、上海三联书店、上海人民出版社2008年版。

冯玉军、丁晓星、李东编译:《2020年前俄罗斯能源战略（上）》,《国际石油经济》2003年第9期。

傅崐成等编译:《弗吉尼亚大学海洋法论文三十年精选集1977—2007》,厦门大学出版社2010年。

［美］盖尔·勒夫特、安妮·科林:《能源安全辩论中的现实主义与理想主义》,《21世纪能源安全挑战》,石油工业出版社2013年版。

［美］亨利·基辛格，Henry Kissinger：《大外交》，顾淑馨、林添贵译，海南出版社2012年版。

［美］杰里米·里夫金：《第三次工业革命——新经济模式如何改变世界》，张体伟译，中信出版社2012年版。

［哈］卡·托卡耶夫：《中亚之鹰的外交战略》，赛力克·纳雷索夫译，新华出版社2002年版。

［乌］卡里莫娃：《建立上海合作组织能源俱乐部的前景》，《俄罗斯中亚东欧市场》2007年第5期。

［塔］拉希德·阿利莫夫：《上海合作组织的创建、发展和前景》，王宪举、胡昊、许涛译，人民出版社2018年版。

［美］罗伯特·海夫纳三世：《能源大转型：气体能源的崛起与下一波经济大发展》，马圆春、李博抒译，中信出版社2013年版。

［美］罗伯特·基欧汉：《霸权之后：世界政治经济中的合作与纷争》，苏长和、信强、何曜译，上海人民出版社2012年版。

［美］罗伯特·基欧汉：《局部全球化世界中的自由主义、权力与治理》，门洪华译，北京大学出版社2004年版。

［英］马丁·怀特：《权力政治》，世界知识出版社2004年版。

［新加坡］马凯硕、孙合记：《东盟奇迹》，翟崑、王丽娜等译，北京大学出版社2017年版。

［日］木村泛：《普京的能源战略》，王炜译，社会科学文献出版社2013年版。

王海运、石泽译审：《俄罗斯能源外交》，人民出版社2006年版。

［英］亚当·斯密：《国民财富的性质和原因的研究（下）》，商务印书馆1974年版。

［美］英吉·考尔等编：《全球化之道——全球公共产品的提供与管理》，张春波、高静译，人民出版社2006年版。

［瑞典］英瓦尔·卡尔松、［圭亚那］什里达特·兰法尔主编：《天涯成比邻——全球治理委员会的报告》，赵仲强、李正凌译，中国对外翻译出版社1995年版。

［美］兹比格纽·布热津斯基:《大棋局:美国的首要地位及其地缘战略》,中国国际问题研究所译,上海人民出版社2007年版。

三 报刊

《巴基斯坦能源部长:能源危机猛于恐怖主义》,《中国能源报》2013年8月12日

白联磊:《印度对上合组织的认识和诉求》,《印度洋经济体研究》2017年第4期。

曹斌、胡勇、岳小文、李金乘、徐舜华:《石油规划设计》2015年7月,第26卷第4期。

陈福来、高燕、陈相、卫庆远:《哈萨克斯坦原油出口管道发展现状与趋势》,《国际石油经济》2014年第12期。

陈维:《论"中亚区域经济合作计划"的地位与作用》,《西部学刊》2014年第6期。

陈卫东:《谁是下一个"能源皇帝"》,《能源评论》2014年第10期。

陈小鼎、王亚琪:《东盟扩员对上海合作组织的启示与借鉴——兼论上海合作组织扩员的前景》,《当代亚太》2013年第2期。

陈小沁:《上海合作组织能源合作机制化问题初探》,《教学与研究》2009年第9期。

陈玉荣:《从上合组织论坛到"上海精神"》,《解放军报》2015年12月22日。

成宁、张炎:《里海油气管道控制权争夺现状》,《国际资料信息》2002年第4期。

冯玉军、丁晓星、李东编译:《2020年前俄罗斯能源战略(上)》,《国际石油经济》2003年第9期。

甘均先:《中美印围绕新丝绸之路的竞争与合作分析》,《东北亚论坛》2015年第1期。

高国伟、马莉、徐杨:《中国与"一带一路"沿线国家能源合作研究》,人民日报出版社2017年版。

谷维:《俄、哈、土签署建设濒里海天然气管道的协议》,《中亚信息》2008第1期。

洪飞:《世界第三大能源消费国印度加入IEA》,《能源研究与利用》2017年第3期。

黄晓勇:《全球能源格局的新特点和发展趋势》,《国家电网报》,2016年8月2日。

焦一强:《〈里海法律地位公约〉的签署及其影响》,《国际问题研究》2019年第1期。

孔祥永、李莉文:《特朗普政府能源政策的调整及其成效》,《国际论坛》2018年第4期。

匡增军、马晨晨:《〈里海法律地位公约〉评析》,《现代国际关系》2018年第11期。

李进峰:《上合组织扩员与东盟扩员比较借鉴》,《俄罗斯学刊》2016年第3期。

李兴:《论上海合作组织的发展前途——基于中俄战略构想比较分析的视角》,《东北亚论坛》2009年1月。

李扬、徐洪峰:《特朗普政府"美国第一能源计划"及其影响》,《东北亚论坛》2017年第5期。

梁桐:《中巴经济合作助巴降低能源对外依赖》,《经济日报》2018年8月31日。

刘恒、Masera D.和Esser L.等:《〈世界小水电发展报告2013〉摘编:亚洲篇》,《中国能源报》2015年3月2日。

刘乾:《能源俱乐部:对中国意味着什么?》,《能源》2013年第8期。

刘强:《全球能源安全新格局》,《中国石油报》2019年1月15日。

刘强:《"一带一路"倡议与全球能源互联(2018)》,社会科学文献出版社2019年版。

刘素霞:《"上海精神"促进人类命运共同体建设》,《人民日报》2018年9月4日。

刘素霞:《"丝绸之路经济带"能源合作的法律进路研究》,《新疆大学学报

（哲学人文社会科学版）》，2015年第5期。

刘星：《关于联盟的几种理论》，《江汉论坛》2004年第4期。

《能源安全的发展进程》，《能源与节能》2012年第10期。

鲁刚、郑宽、丁丹：《俄罗斯能源战略——国运之锚》，《中国能源报》2018年12月3日。

聂书岭：《俄天然气工业公司获得乌天然气勘探许可》，《中亚信息》2007年第2期。

潘光、周国建：《和平共处五项原则的成功实践和创新发展：上海合作组织及"上海精神"》，《毛泽东邓小平理论研究》2004年第12期。

潘忠歧：《新功能主义扩溢理论及其批判》，《上海交通大学学报（哲学社会科学版）》2003年第5期。

《上海合作组织能源俱乐部章程》，《国际石油经济》2007年第7期。

强晓云：《从公共产品的视角看上海合作组织能源俱乐部发展前景》，《上海商学院学报》2014年第15卷第6期。

石磊、段希：《欧佩克的属性以及欧佩克石油政策行为的合法性》，《中国能源安全问题研究》，武汉大学出版社2008年版。

孙静：《中俄在中亚的共同利益及其实现机制研究》，光明日报出版社2014年版。

孙永祥：《上合组织能源合作的进展及问题》，《亚非纵横》2009年第5期。

田慧芳：《新一轮全球能源革命态势与中国应对》，《中国发展观察》2018年Z2期。

王海滨：《欧佩克减产能复制2008年的成功吗》，《中国石化》2017年第1期。

王海滨：《世界能源格局变化以及中国的应对》，《紫光阁》2018年第3期。

王海运：《上海合作组织能源俱乐部：中国的立场选择》，《国际石油经济》2007年第6期。

王能：《印度能源结构十年蓝图发布》，《能源研究与利用》，2017年第

1期。

王能全:《阿拉伯石油输出国组织》,《国际研究参考》1990年第9期。

王青松:《哈萨克斯坦新能源立法与政策研究》,《新疆大学学报(哲学·人文社会科学版)》2015年9月。

王琼:《海湾国家合作委员会将何去何从?——探析卡塔尔断交风波对其影响》,《当代世界》2017第10期。

王淑玲、张炜、吴西顺、田黔宁:《全球非常规能源勘查开发现状及发展趋势》,《矿床地质》2014年第33卷。

王涛、曹峰毓:《天然气出口国论坛的缘起发展及困境》,《国际石油经济》2015年第4期。

王涛、曹峰毓:《天然气出口国论坛的缘起发展及困境》,《国际石油经济》2015年第4期。

王新萍:《构建绿色低碳的全球能源治理格局》,《人民日报》2016年9月30日。

王旭辉:《煤炭产量须设"天花板"》,《中国能源报》2010年11月29日。

王赵宾:《2015—2020年蒙古国的能源投资研究报告》,《能源》2014年第12期。

王志:《印度"连接中亚政策"的战略评析》,《国际关系研究》2017年第1期。

吴刚、刘兰翠、魏一鸣:《能源安全政策的国际比较》,《中国能源》2004年12月。

伍福佐、沈丁立:《东亚能源开发与能源安全保障合作——中国的法律与政策视野》,《复旦国际关系评论》2007年第1期。

肖新建:《改革开放40年能源发展:从跟随到引领》,《能源情报研究》2018年8月。

肖鑫利、闫晓卿:《土耳其能源战略——能源枢纽》,《中国能源报》2018年12月24日。

徐洪峰、王海燕:《乌克兰危机背景下美欧对俄罗斯的能源制裁》,《美国研究》2015年第3期。

薛志华:《巴基斯坦加入上海合作组织的原因、挑战及前景分析》,《东南亚南亚研究》2015年第4期。

薛志华:《权力转移与中等大国:印度加入上海合作组织评析》,《南亚研究季刊》2016年第2期。

闫晓卿、杨捷、王晓培:《印度能源战略——全球买家(世界能源风向)》,《中国能源报》,2019年1月7日。

杨成:《关于在上海合作组织框架内建立统一能源空间的几点思考》,《西伯利亚研究》2008年第1期。

杨恕、李亮:《寻求合作共赢:上合组织吸纳印度的挑战与机遇》,《外交评论:外交学院学报》2018年第1期。

《英国石油公司能源展望:世界能源格局正在转变中》,《天然气勘探与开发》2017年3月。

杨泽伟:《中国能源安全问题:挑战与应对》,《世界经济与政治》2008年第8期。

于庚申:《冷战后美国的中亚里海能源战略与中国能源战略的选择》,《世界经济研究》2004年第4期。

张德广:《总结经验,深化合作,推动上海合作组织迈向新的辉煌》,《求是杂志》2006年第12期。

张国宝:《中俄原油管道十五年谈判纪实》,《中国经济周刊》2018年第2期。

张国宝:《我亲历的中亚天然气管道谈判及决策过程》,《中国经济周刊》2016年1月4日。

张宁:《关于上海合作组织扩员的战略方向的分析》,《辽宁大学学报(哲学社会科学版)》2016年第4期。

张宁:《中亚一体化新趋势及其对上海合作组织的影响》,《国际问题研究》2018年第3期。

张帅、任欣霖:《印度能源外交的现状与特点》,《国际石油经济》,2018年第3期。

张玉国:《上海合作组织能源俱乐部建设:问题与前景》,《俄罗斯研究》

2007 年第 3 期。

赵常庆:《亚洲开发银行〈中亚区域经济合作综合行动计划〉与中国和上海合作组织的关系》,《俄罗斯中亚东欧市场》2009 年第 5 期。

赵华胜:《上海合作组织:评估与发展问题》,《现代国际关系》2005 年第 5 期。

赵敏燕等:《"一带一路"沿线国家安全形势评估及对策》,《中国科学院院刊》2016 年第 6 期。

赵志敏、殷建平:《三大集团稳健拓展国际化经营》,《中国石油和化工》2007 年第 15 期。

《〈中国电力行业年度发展报告 2019〉显示——新能源新增装机容量占比超五成》,《经济日报》2019 年 6 月 17 日。

中国现代国际关系研究所民族与宗教研究中心著:《上海合作组织——新安全观与新机制》,时事出版社 2002 年版。

周琪、付随鑫:《对特朗普政府能源政策的分析与评估》,《国际石油经济》2017 年第 10 期。

朱光强:《困境与协调:探析中俄能源合作的博弈——以俄远东输油项目为例》,《俄罗斯研究》2009 年第 4 期。

朱彤:《能源革命的概念内涵、国际经验及应注意的问题》,《煤炭经济研究》2014 年第 11 期。

朱永彪、魏月妍:《上海合作组织的发展阶段及前景分析——基于组织生命周期理论的视角》,《当代亚太》2017 年第 3 期。

四 学位论文

曾乔圆:《美国主流新闻媒体对上海合作组织的报道研究》,硕士学位论文,华东师范大学,2014 年。

贾孟奇:《〈能源宪章条约〉暂时适用条款分析及对我国的启示》,硕士学位论文,中国政法大学,2011 年。

刘国锋:《从国际机制理论看上海合作组织的发展动力和制约因素》,硕士学位论文,苏州大学,2008 年。

王宝龙:《上海合作组织能源俱乐部构建的法律问题研究》,硕士学位论文,新疆大学,2015年。

王欢:《"呼包银榆"经济区能源安全评价及预警系统构建研究》,硕士学位论文,内蒙古科技大学,2015年。

王汝佳:《俄罗斯的"上海合作组织能源俱乐部"构想:提出、推进及困境》,硕士学位论义,北京外国语大学,2015年。

吴绩新:《里海石油、天然气与中国能源安全》,博士学位论文,华东师范大学,2008年。

杨锟:《上海合作组织发展模式探析》,硕士学位论文,新疆大学,2007年。

叶蓁蓁:《国际能源合作模式与中国战略选择》,博士学位论文,外交学院,2005年。

于游:《上海合作组织扩员问题分析——以印度为例》,硕士学位论文,外交学院,2015年。

周琳:《〈2035年前俄罗斯能源战略〉俄语文本汉译翻译报告》,硕士学位论文,黑龙江大学,2016年。

朱雄关:《"一带一路"背景下中国与沿线国家能源合作问题研究》,博士学位论文,云南大学,2016年。

五 网络资料

BP《2018世界能源统计年鉴》(2018年6月),https://www.bp.com/content/dam/bp-country/zh_cn/Publications/2018SRbook.pdf.

《BP世界能源展望(2019年版)》,https://www.bp.com/content/dam/bp-country/zh_cn/Publications/19EOBook.pdf.

商务部国际贸易经济合作研究院、中国驻阿塞拜疆大使馆经济商务参赞处、商务部对外投资和经济合作司:《对外投资合作国别(地区)指南》系列丛书之《阿塞拜疆》(2018版),"走出去"公共服务平台,http://fec.mofcom.gov.cn/article/gbdqzn/#.

商务部国际贸易经济合作研究院、中国驻白俄罗斯大使馆经济商务参赞处、商务部对外投资和经济合作司:《对外投资合作国别(地区)指南》系列丛书之《白俄罗斯》(2018版),"走出去"公共服务平台, http://fec.mofcom.gov.cn/article/gbdqzn/#.

商务部国际贸易经济合作研究院、中国驻俄罗斯大使馆经济商务参赞处、商务部对外投资和经济合作司:《对外投资合作国别(地区)指南》系列丛书之《俄罗斯》(2018版),"走出去"公共服务平台, http://fec.mofcom.gov.cn/article/gbdqzn/#.

商务部国际贸易经济合作研究院、中国驻吉尔吉斯斯坦大使馆经济商务参赞处、商务部对外投资和经济合作司:《对外投资合作国别(地区)指南》系列丛书之《吉尔吉斯斯坦》(2018版),"走出去"公共服务平台, http://fec.mofcom.gov.cn/article/gbdqzn/#.

商务部国际贸易经济合作研究院、中国驻柬埔寨大使馆经济商务参赞处、商务部对外投资和经济合作司:《对外投资合作国别(地区)指南》系列丛书之《柬埔寨》(2018版),"走出去"公共服务平台, http://fec.mofcom.gov.cn/article/gbdqzn/#.

商务部国际贸易经济合作研究院、中国驻尼泊尔大使馆经济商务参赞处、商务部对外投资和经济合作司:《对外投资合作国别(地区)指南》系列丛书之《尼泊尔》(2018版),"走出去"公共服务平台, http://fec.mofcom.gov.cn/article/gbdqzn/#.

商务部国际贸易经济合作研究院、中国驻斯里兰卡大使馆经济商务参赞处、商务部对外投资和经济合作司:《对外投资合作国别(地区)指南》系列丛书之《斯里兰卡》(2018版),"走出去"公共服务平台, http://fec.mofcom.gov.cn/article/gbdqzn/#.

商务部国际贸易经济合作研究院、中国驻塔吉克斯坦大使馆经济商务参赞处、商务部对外投资和经济合作司:《对外投资合作国别(地区)指南》系列丛书之《塔吉克斯坦》(2018版),"走出去"公共服务平台, http://fec.mofcom.gov.cn/article/gbdqzn/#.

商务部国际贸易经济合作研究院、中国驻土库曼斯坦大使馆经济商务参赞处、商务部对外投资和经济合作司:《对外投资合作国别(地区)

指南》系列丛书之《土库曼斯坦》（2017 版），"走出去"公共服务平台，http://fec.mofcom.gov.cn/article/gbdqzn/upload/tukumansitan.pdf.

商务部国际贸易经济合作研究院、中国驻乌兹别克斯坦大使馆经济商务参赞处、商务部对外投资和经济合作司：《对外投资合作国别（地区）指南》系列丛书之《乌兹别克斯坦》（2018 版），"走出去"公共服务平台，http://fec.mofcom.gov.cn/article/gbdqzn/#.

商务部国际贸易经济合作研究院、中国驻亚美尼亚大使馆经济商务参赞处、商务部对外投资和经济合作司：《对外投资合作国别（地区）指南》系列丛书之《亚美尼亚》（2018 版），"走出去"公共服务平台，http://fec.mofcom.gov.cn/article/gbdqzn/#.

商务部国际贸易经济合作研究院、中国驻伊朗大使馆经济商务参赞处、商务部对外投资和经济合作司：《对外投资合作国别（地区）指南》系列丛书之《伊朗》（2018 版），"走出去"公共服务平台，http://fec.mofcom.gov.cn/article/gbdqzn/#.

六 外文资料

"A New World: The Geopolitics of the Energy Transformation", January 2019, IRENA(International Renewable Energy Agency), https://www.irena.org/publications/2019/Jan/A-New-World-The-Geopolitics-of-the-Energy-Transformation.

"A New World: The Geopolitics of the Energy Transformation", January 2019, IRENA(International Renewable Energy Agency), https://www.irena.org/publications/2019/Jan/A-New-World-The-Geopolitics-of-the-Energy-Transformation.

Ajay Patnaik, Central Asia: Geopolitics, Security and Stability, London and New York: Routledge, 2016.

Alexander Lukin, "Should the Shanghai Cooperation Organization Be Enlarged?" Russia in Global Affairs, No.2, June 22, 2011

Ananth Krishnan, "India Backs Greater SCO Role in Afghanistan", The Hindu,

June 7, 2012,

Brece Russet, John Sullivan, "Collective Goods and International Organization", International Organization, 1971(4),

Caye Christofferwen, The Dilemmas of China's Energy Governance: Recentralization and Regional Cooperation, The China and Eurasia Forum Quarterly, Vol.3, No.3, 2005

Christian Constantin, China's Conception of Energy Security: Sources and International Impacts, Working Paper, No.43, March 2005

"Clean Energy Investment Trends, 2018", Bloomberg NEF, January 16,2019.https://data.bloomberglp.com/professional/sites/24/BNEF-Clean-Energy-Investment-Trends-2018.pdf.

Daniel Yergin, Energy Security in the 1990s, Foreign Affairs, Vol.67, No.1, 1988

Emilian Kavlski, "Partnership or Rivalry between the EU,China and India in Central Asia: The Normative Power of Regional Actors with Global Aspirations",European Law Journal, Vol.13, No.6, November 2007

Emilian Kavlski, "Partnership or Rivalry between the EU,China and India in Central Asia: The Normative Power of Regional Actors with Global Aspirations",European Law Journal, Vol.13, No.6, November 2007

"GSR 2018 HIGHLIGHTS", http://www.ren21.net/wp-content/uploads/2018/07/GSR2018_Highlights_CH_FINAL.pdf.

Gulshan Sachdeva,"India's Attitude towards China's Growing Influence in Central Asia", China and Eurasia Forum Quarterly, Vol.4, No.3, 2006

Jan Klabbers, An Introduction to International Institutional Law, New York: Cambridge University Press, 2002.

Jerome Guilet, "More on Russian-Ukrainian gas dispute", European Tribune, in Johnson's Russian List, 2005.1.3,#24; Washington Post, 2006.1.5; Fred Weir, "Russia's new cold war", Christian Science Monitor, 2006.1.24.

John D. Grace, Russian Oil Supply: Performance and Prospect (Oxford

University Press, 2005)

Leon N. Lindberg, The Political Dynamics of Europe Intergration, Stanford University Press (Stanford,California,1963)

Maria Levitov, "Gazprom Has Eye on Komsomolskaya Pravda", Moscow Times, 2006.4.20. "Baku-Ceyhan Pipeline: Another West-East Fault Line-Part 1", Turkish Daily News, 2005.6.2,in Russian Environmental Digest, Vol.7 No.23(2005.5.30-6.5),#2.

Marlene Laruelle, Jean-Francois Huchet, Sebastien Peyrouse and Bayram Baci, "Why Central Asia? The Strategic Rationale of Indian and Chinese Involvement in the Region", in Marlene Laruelle, et al., eds., China and India in Central Asia: A New "Great Game"?

Meena Singh Roy, The Shanghai Cooperation Organization: India Seeking New Role in the Eurasian Regional Mechanism, Institute for Defence and Analyses, Febuary 2014.

Michael Connolly, "Public Goods, Externalities and International relations", The Journal of Political Economy, 1970(2)

P. Stobdan, "The SCO: India Enters Eurasia", IDSA Policy Brief, July 14, 2016.

Patrik Stalgren, "Regional Public Goods and the Future of International Development Cooperation: A Review of the Literature on Regional Public Goods," Working Paper, 2000: 2, Expert Group on Development Issues, Ministry for Foreign Affairs of Sweden, Stockholm.

Persia and the Russian Socialist Federal Soviet Republic-Treaty of Friendship, Signed at Moscow, February 26, 1921(1922) LNTSer 69; 9 LNTS 383.

"RENEWABLES 2018 GLOBAL STATUS REPORT", http://www.ren21.net/gsr-2018/.

"RENEWABLES 2018 GLOBAL STATUS REPORT", REN21, http://www.ren21.net/wp-content/uploads/2018/06/17-8652_GSR2018_FullReport_web_final_.pdf.

Robert O. Keohane, "International Institutions: Two Approaches," in Robert Keohane, International Institutions and State Power, Boulder Westview, 1989.

Robert O. Keohane, After Hegemony: Cooperation and Disorder in the world Political Economy, in Robert Keohane, International Institutions and State Power, Boulder Westview, 1989.

Roger Hansen, European Integration Reflection on a Decade of Theoretical Efforts, World Politics, 1969, 21(2)

Sebastin Pdyrouse, "Domestic and International Articulations of the Indian Involvement in Central Asia", in Marlene Laruelle and Sebastien Peyrouse, eds., Mapping Central Asia: Indian Perception and Strategies, Ashgate, 2013

Sherr, "Europe and the Gas Crisis"; Jerome Guillet, "The free market ideologues want to break Gazprom", European Tribune (www.eurotirb.com), 2006.3.26.

Stanislav Zhukov, Adapting to Globalization, in Boris Rumer eds. Central Asia and the New Global Economy, New York, 2000

Stanley Hoffman, Obstinate or Obsolete? The Fate of the Nation State and the Case of Western Europe, (Daedalus, 1996)

Stephen Boykewich, "Putin Takes 800 People to China", Moscow Times, 2006.3.21

V.C. Khanna, "Implications for India: Competition or Cooperation?" in P. Vohra and P. K. Ghosh, eds.,China and the Indian Ocean Region, National Maritime Foundation,2008

William W. Burke-White, "Power Shirts in International Law: Structural Realignment and Substantive Pluralism", Harvard International Law Journal, Vol.56, No.1, 2015

Winston Churchill, Parliamentary Debates(Commons, July 17,1913)

后　记

这本书是我承担的国家社科基金课题。做课题期间，我做梦都在盼望着写后记的时刻，也常常无数次模拟情境，"如果我写完了这个课题，我将要去拥抱诗和远方"，"如果我写完了这个课题，我会去评茶煮食、弄花品文"，"如果我写完了这个课题……"似乎我距离轻松的生活就隔着这么几十万字，如此这般，我一路激励自己踽踽前行。否则，真要息心收起仗剑走天涯的梦想、"喂马劈柴周游世界"的追寻，在冰冷缺血的文字中找寻一个一个的"小确幸"，还真真是一种修炼。

日常的生活，需要我多频道切换，在很多个"既要……又要……"的矛盾中挣扎。这不是在练习造句，而是一个科研人的不易，想必同道中人都有切肤之感。第一本专著出版于2018年2月，我戏称那是我的"二孩"，这本书当是我的"三孩"了。尽管悉心抚弄，但付梓之际仍难免有"画眉深浅入时无"的惴惴不安。潜心于上海合作组织能源合作专题多有几载，进而牵心"一带一路"能源合作的进展。奉上拙作，见笑于大方之家。

感谢陕西师范大学博士后合作导师王蓓教授一直以来对我的包容与支持，包容我在科研之路上的"蜗牛"慢行，支持我在追求个人发展方面的"任性"而为。感谢我的博士导师西安交通大学单文华教授对我科研之路的持续关照。感谢前辈卢飞鹰教授对本书成稿给予的悉心指导和关怀。感谢北京大成（西安）律师事务所刘晓燕律师及团队成员的担当和默默支持。感谢家人们的后方支持与鼓励。尤要郑重将本书送给生病的母亲，感谢她给了我如此这般综合的性格和种种优点（缺点都是我自己的），祝她身心自在。那些无论是帮助我写文字或是帮助我"捋心情"的朋友们，感谢一路走来有你们相携。

感谢中共陕西省委党校（陕西行政学院）对本书出版的资助，感谢科研处同仁们对课题结项、专著出版的默默帮助，感谢中国博士后基金、陕西省博士后基金的资助。感谢中国社会科学出版社许琳老师及各位编辑对本书出版所做的贡献。